Crückeberg   Vorläufiger Rechtsschutz

ANWALTFORMULARE
DeutscherAnwaltVerein

Vorläufiger Rechtsschutz

Schriftsätze und Erläuterungen

Von
VRiLG Harald Crückeberg
Oldenburg

2. Auflage 2001

DeutscherAnwaltVerlag

Zitiervorschlag:
Crückeberg, Vorläufiger Rechtsschutz, § 1 Rn 1

Hinweis
Die Formulierungsbeispiele in diesem Buch wurden mit Sorgfalt und nach bestem Wissen erstellt. Sie stellen jedoch lediglich Arbeitshilfen und Anregungen für die Lösung typischer Fallgestaltungen dar. Die Eigenverantwortung für die Formulierung von Verträgen, Verfügungen und Schriftsätzen trägt der Benutzer. Autoren und Verlag übernehmen keinerlei Haftung für die Richtigkeit und Vollständigkeit der in dem Buch und auf der CD-ROM enthaltenen Ausführungen und Formulierungsbeispiele.

Copyright 2001 by Deutscher Anwaltverlag, Bonn
Satz und Druck: Richarz Publikations Service GmbH, St. Augustin

Die Deutsche Bibliothek – CIP-Einheitsaufnahme

Crückeberg, Harald:
Vorläufiger Rechtsschutz: Schriftsätze und Erläuterungen / von Harald Crückeberg.
– 2. Aufl. – Bonn: Dt. Anwaltverl., 2001
   (Anwaltformulare)
   ISBN 3-8240-0404-6

Vorwort zur 2. Auflage

In der 2. Auflage sind die Rechtsprechung und das Schrifttum bis August 2000 ausgewertet. Ich habe alle Teile gründlich überarbeitet und praxisrelevante Probleme vertieft. Das Kapitel über den vorläufigen Rechtsschutz im Familienrecht wurde völlig neu verfaßt, zusätzlich aufgenommen wurden Kapitel zum vorläufigen Rechtsschutz im Mietrecht und im Gesellschaftsrecht sowie zahlreiche Muster zu den bereits bestehenden Kapiteln.

Mein Bestreben war es dabei nach wie vor, Praktikern eine Hilfe an die Hand zu geben, sich besser in dem zum Teil komplizierten und für einen Anwalt regreßträchtigen Gebiet des vorläufigen Rechtsschutzes zurechtzufinden. Die freundliche Aufnahme der ersten Auflage hat mir bestätigt, daß hierfür ein Bedürfnis besteht.

Oldenburg, im September 2000   Harald Crückeberg

Inhaltsübersicht

Inhaltsverzeichnis

§ 1 Systematik und Strukturen

Der vorläufige Rechtsschutz soll Gefahren für eine erfolgreiche Prozeßführung, die spätere Durchsetzung von Ansprüchen sowie aus der Vollstreckung noch nicht rechtskräftiger Entscheidungen abwehren. Mittel sind

- selbständige Beweisverfahren,
- Arreste,
- einstweilige Verfügungen,
- einstweilige und vorläufige Anordnungen sowie
- gerichtliche Anordnungen, die eine Vollstreckung aus rechtsmittelfähigen Entscheidungen gestatten und erleichtern oder verhindern.

Die Erfolgsaussichten eines Prozesses können durch den drohenden Verlust von Beweismitteln gefährdet werden. Davor schützen vorweggenommene Beweisaufnahmen im **selbständigen Beweisverfahren.**

Der Gefahr, wegen des Zeitablaufs bis zur endgültigen Entscheidung im Hauptsacheprozeß bei der Vollstreckung auszufallen, beugen Verfahren vor, die dem Gläubiger Sicherheiten für die künftige Erfüllung seines Anspruchs verschaffen oder zur sofortigen Titulierung seines Anspruchs führen. Der Sicherung von Ansprüchen dienen **Arreste** (Geldforderungen) und **einstweilige Sicherungsverfügungen** (andere Ansprüche), der vorläufigen Erfüllung **einstweilige Leistungsverfügungen.** Mit einstweiligen Verfügungen können außerdem streitige Rechtsverhältnisse vorläufig geordnet werden (**Regelungsverfügungen**).

In Ehe-, Familien- und Kindschaftssachen wird vorläufiger Rechtsschutz durch einstweilige und vorläufige Anordnungen gewährt. **Einstweilige Anordnungen** sind vorgesehen bei anhängigen Ehesachen sowie auf Unterhaltszahlungen, Prozesskostenvorschüsse und Herausgabe persönlicher Sachen, **vorläufige Anordnungen** in isolierten Familiensachen, die den Bestimmungen des FGG unterliegen (elterliche Sorge, Umgangsrecht, Kindesherausgabe, Benutzung von Hausrat und Ehewohnung).

Nach noch nicht rechtskräftigen Entscheidungen ermöglichen Maßnahmen der **vorläufigen Vollstreckbarkeit** dem Gläubiger, den zuerkannten Anspruch schon vor dem Ablauf der Rechtsmittelfrist oder dem Abschluß des Rechtsmittelverfahrens durchzusetzen. Der Schuldner kann dies mit bestimmten Anträgen verhindern.

2 **Selbständige Beweisverfahren, Arrestverfahren** und **einstweilige Verfügungsverfahren** werden **unabhängig von dem Prozeß in der Hauptsache** betrieben. Sie können ihm vorausgehen oder neben ihm geführt werden. Arreste und einstweilige Verfügungen bleiben auch nach Entscheidungen im Hauptsacheverfahren wirksam. Sie treten erst außer Kraft, wenn sie aufgehoben werden. Dies kann der Antragsgegner im Anordnungs- oder Aufhebungsverfahren beantragen, wenn der Hauptsacheprozeß entschieden ist. Der Antragsteller braucht den Rechtsstreit in der Hauptsache nicht zu führen. Der Antragsgegner kann aber darauf hinwirken (§ 926 ZPO) oder den gesicherten Anspruch selbst mit einer Klage im ordentlichen Verfahren überprüfen lassen. Ein Übergang vom Arrest- oder einstweiligen Verfügungsverfahren in das Hauptsacheverfahren ist nach herrschender Meinung ausgeschlossen (§ 3 Rn 95).

Einstweilige und vorläufige Anordnungen in Ehe-, Familien- und Kindschaftssachen setzen ein **anhängiges Hauptverfahren** voraus. Sie verfallen automatisch nach Entscheidungen im Hauptverfahren und wenn das Hauptverfahren ohne Entscheidung endet. Hauptverfahren sind bei **einstweiligen Anordnungen** Ehesachen (für Anordnungen nach § 620 ZPO), Unterhaltsklagen (für Unterhaltsanordnungen nach § 644 ZPO und Kostenvorschußanordnungen nach § 127 a ZPO), isolierte FGG-Familiensachen und Güterrechtssachen (für Kostenvorschußanordnungen nach § 621 f ZPO) sowie Vaterschaftsfeststellungsklagen (für Unterhaltsanordnungen nach § 641 d ZPO). In jedem Fall reicht ein Antrag auf Prozesskostenhilfe aus. **Vorläufige Anordnungen** können regelmäßig nur ergehen, wenn ein FGG-Hauptverfahren über dieselbe Angelegenheit anhängig ist. Ein PKH-Antrag genügt hierfür nicht.

Die **vorläufige Vollstreckbarkeit** und der **Schutz vor der Vollstreckung** aus noch nicht rechtskräftigen Entscheidungen sind Teil des ordentlichen Verfahrens.

Vorläufiger Rechtsschutz wird in der Regel nicht von Amts wegen gewährt. **3** Voraussetzung ist der **Antrag** eines Beteiligten (Ausnahmen: bestimmte vorläufige Anordnungen und Entscheidungen über die vorläufige Vollstreckbarkeit sowie Räumungsfrist). Zuständig ist immer das **Gericht der Hauptsache**, auch in den davon unabhängigen Verfahren (Beweissicherung, Arrest, einstweilige Verfügung). Diese können wahlweise aber auch stets (Arrest und einstweilige Verfügung nach § 942 Abs. 2 ZPO) oder in besonders eiligen Fällen (Beweissicherung und einstweilige Verfügung nach § 942 Abs. 1 ZPO) bei bestimmten Amtsgerichten geführt werden.

Über die Sicherung von Ansprüchen (Arrest, einstweilige Verfügung, einstweilige und vorläufige Anordnung) wird in **beschleunigten Verfahren** entschieden. Erforderlich ist im allgemeinen ein **Regelungsbedürfnis**. Eine vorläufige Entscheidung muß notwendig sein, um Gefährdungen abzuwenden. **Streitgegenstand** ist die Sicherung des Anspruchs oder eine vorläufige Regelung, nicht – wie im Hauptsachverfahren – der Anspruch selbst. Deshalb wird durch Arrest-, Verfügungs- und Anordnungsanträge in vermögensrechtlichen Angelegenheiten die Verjährungsfrist nicht unterbrochen. Vorläufige Regelungen hindern weder den Gläubiger noch den Schuldner, endgültige Entscheidungen im ordentlichen Verfahren herbeizuführen.

Das **Verfahrensrecht** ist teilweise ausdrücklich im Gesetz geregelt und richtet sich im übrigen nach den Bestimmungen, die für den Hauptprozeß gelten. Das ist bei Arresten, einstweiligen Verfügungen und einstweiligen Anordnungen in vermögensrechtlichen Angelegenheiten die ZPO, bei einstweiligen Anordnungen aus dem Bereich der freiwilligen Gerichtsbarkeit und bei vorläufigen Anordnungen das FGG.

Die Beschleunigung wird in **ZPO-Verfahren** erreicht durch ein **erleichtertes Beweisverfahren** und die Möglichkeit, **ohne mündliche Verhandlung** zu entscheiden. Eine mündliche Verhandlung ist zwingend nur vorgeschrieben für einstweilige Unterhaltsanordnungen in Kindschaftssachen (§ 641 d

21

Abs. 3 ZPO). Zugelassen sind Beweismittel jeder Art, nicht nur die des ordentlichen Klageverfahrens (§ 294 Abs. 1 ZPO). Mit ihnen sind die entscheidungserheblichen Tatsachen nur glaubhaft zu machen, nicht zu beweisen. Die Darlegungs- und Glaubhaftmachungslast ist nach der Anhörung des Gegners so verteilt wie die Darlegungs- und Beweislast im Hauptsacheprozeß. In einseitigen Verfahren ohne Anhörung des Gegners muß der Antragsteller auch glaubhaft machen, daß seinem Anspruch keine naheliegenden Einwendungen und Einreden entgegenstehen. Bei einer mündlichen Verhandlung werden nur präsente Beweismittel berücksichtigt (§ 294 Abs. 2 ZPO). Das Gericht braucht Zeugen nicht zu laden, auf die sich eine Partei berufen hat. Die zweiwöchige Einlassungsfrist des § 274 Abs. 3 ZPO ist nicht zu beachten, sondern nur die Ladungsfrist. Sie kann auf Antrag abgekürzt werden. In der Regel unzulässig ist die Vertagung eines Verhandlungstermins, die Zurückweisung eines Vorbringens als verspätet, die Gewährung eines Schriftsatznachlasses und die Aussetzung des Verfahrens.

Auch in **FGG-Sachen** muß der entscheidungserhebliche Sachverhalt nur glaubhaft sein, nicht feststehen. Das Gericht hat dies aber **von Amts wegen** zu ermitteln (§ 12 FGG) und hierzu unter Umständen Zeugen und Sachverständige zu laden. Eine Darlegungs- und Glaubhaftmachungslast gibt es nicht (Ausnahmen: Verfahren auf Wohnungs- und Hausratsregelung).

5   Vor einer Entscheidung erhält der Antragsgegner grundsätzlich **Gelegenheit zur Stellungnahme**. Nur in besonders eilbedürftigen Fällen darf hiervon abgewichen werden. Dem kann der Antragsgegner mit einer **Schutzschrift** vorbeugen. Sonst ist er auf nachträgliches rechtliches Gehör angewiesen. Dies kann er sich bei Arresten und einstweiligen Verfügungen mit dem Widerspruch verschaffen (§§ 924, 936 ZPO), bei einstweiligen Anordnungen mit dem Antrag auf mündliche Verhandlung (§ 620 b Abs. 2 ZPO) und bei vorläufigen Anordnungen mit einem Abänderungsantrag (§ 18 FGG) oder der Beschwerde (§ 19 FGG).

6   **Entscheidungen** ergehen in Arrest- und einstweiligen Verfügungsverfahren nach mündlicher Verhandlung durch Urteil und ohne mündliche Verhandlung durch Beschluß, stets mit einem Kostenausspruch. Er richtet sich nach den Bestimmungen, die für das ordentliche Klageverfahren gelten. In einstweili-

gen und vorläufigen Anordnungsverfahren wird immer durch Beschluß entschieden. Eine Kostenentscheidung entfällt in der Regel. Die Kosten werden im allgemeinen nach der Kostenentscheidung im Hauptsacheverfahren verteilt.

Aus Arresten und einstweiligen Verfügungen muß der Gläubiger die 7 **Zwangsvollstreckung** betreiben, aus einstweiligen und vorläufigen Anordnungen sowie vorläufig vollstreckbaren Urteilen nicht. Die Vollstreckung aus nicht gerechtfertigten Arresten, einstweiligen Verfügungen, Unterhaltsanordnungen im Kindschaftsprozeß und vorläufig vollstreckbaren Urteilen führt unter bestimmten Voraussetzungen zu **Schadensersatzansprüchen** des Schuldners unabhängig vom Verschulden des Gläubigers (§§ 945, 641 g, 717 Abs. 2 ZPO). Nachteile aus ungerechtfertigten sonstigen einstweiligen Anordnungen und aus vorläufigen Anordnungen sind nur nach dem Bereicherungs- oder allgemeinen Deliktsrecht auszugleichen.

§ 2   Selbständiges Beweisverfahren

A.   Ziele und Alternativen

Das selbständige Beweisverfahren dient dazu, durch eine vorweggenom-   1
mene Beweisaufnahme des Gerichts gefährdete Beweismittel zu sichern (**Beweissicherung**) oder Sachverhalte aufzuklären, um Prozesse zu vermeiden
(**streitschlichtendes Verfahren**). Es kann außerdem mit Zustimmung des
Gegners betrieben werden (**einvernehmliches Verfahren**).

Als Beweisthemen sind alle Tatsachen zugelassen, die eine Partei für relevant
hält. Es kommt nicht darauf an, ob davon die Entscheidung in einem Rechtsstreit wirklich abhängt oder eine Klage Aussicht auf Erfolg verspricht.[1] Der
Antragsgegner braucht auch nicht der wahre Schuldner zu sein. Es reicht aus,
wenn er einem Anspruch des Antragstellers ausgesetzt sein kann. Ausgenommen sind nur Fälle, in denen kein Rechtsverhältnis vorliegt, aus dem ein Anspruch in Betracht kommt. Das muß dann aber klar auf der Hand liegen.[2]

Selbständige Beweisverfahren sind auch für echte Streitverfahren der **freiwilligen Gerichtsbarkeit** zulässig.[3] Dazu gehören z.B. Wohnungseigen-
tums- und Landwirtschaftssachen.

Eine **Beweissicherung** ist geboten, wenn der Ausgang eines künftigen oder   2
bereits anhängigen Prozesses von beweisbedürftigen Tatsachen abhängt, das
Gericht darüber noch keinen Beweis erhoben hat und bis dahin der Verlust
des Beweismittels zu befürchten ist. Wartet die Partei dann eine Beweisaufnahme im Klageverfahren ab, läuft sie Gefahr, ihr Beweismittel und damit
unter Umständen auch den Prozeß zu verlieren.

Das **streitschlichtende Verfahren** soll zu einer gütlichen Einigung vor allem   3
in Fällen beitragen, in denen der Streit im wesentlichen auf ungeklärten Tatsachen beruht, die nur ein Sachverständiger zuverlässig feststellen kann. Die

---

1 BGH NJW 2000, 960, 961.
2 OLG Köln NJW-RR 1996, 573 f.; OLG Bamberg NJW-RR 1995, 893 f.
3 OLG Frankfurt NJW-RR 1997, 581; BayObLG MDR 1996, 144.

Parteien können darüber zunächst ein gerichtliches Sachverständigengutachten einholen lassen und brauchen keinen kostspieligen und zeitaufwendigen Prozeß zu führen, um dies zu erreichen. Gutachten eines vom Gericht bestellten Sachverständigen klären häufig den Streit und erleichtern es den Parteien, sich zu einigen. Eine Gefährdung des Beweismittels ist nicht erforderlich. Das Verfahren kann so dazu dienen, Parteien und Gerichte von Streitverfahren zu entlasten.

Der Gläubiger kann ein streitschlichtenden Verfahren aber auch einleiten, um mit dem Gutachten Tatsachen in Erfahrung zu bringen, die ihm infolge seiner fehlenden Sachkunde nicht bekannt sind und von denen seine Prozeßaussichten abhängen. Es ist dann auch in Fällen sinnvoll, in denen der Gläubiger keinen Vergleich anstrebt oder der Gegner sich nicht vergleichen will: Der Gläubiger kann damit einen **Prozeß vorbereiten**.

Hieran ist vor allem bei Gewährleistungsansprüchen und einem Streit über Ursachen oder Folgen von Schäden zu denken. Mit einem gerichtlichen Sachverständigengutachten gegen verschiedene an einem Bau Beteiligte (Generalunternehmer, Subunternehmer, Statiker, Architekt) läßt sich z.B. vorab klären, wer von ihnen für bestimmte Baumängel verantwortlich ist (Rn 10).

4   **Alternativen** zu Sachverständigengutachten im selbständigen Beweisverfahren sind **Privatgutachten** und **Schiedsgutachten**.

Ein Gutachten im **selbständigen Beweisverfahren** ist meistens vorteilhafter. Es beschleunigt einen nachfolgenden Prozeß, unterbricht bei bestimmten Ansprüchen die Verjährungsfrist und ist relativ kostengünstig, weil der Sachverständige nach dem ZuSEG abrechnen muß.

5   Ein **Privatgutachten** ist in der Regel teurer, führt nicht zur Unterbrechung oder Hemmung der Verjährungsfrist und darf in einem nachfolgenden Rechtsstreit nur mit Zustimmung beider Parteien als Sachverständigengutachten verwertet werden.[4] Widerspricht eine Partei, so ist es als substantiier-

---

4 BGH NJW-RR 1994, 255, 256.

ter Parteivortrag zu würdigen, der durch eine Urkunde belegt ist.[5] Er reicht zum Nachweis nur aus, wenn das Gutachten ohne besondere Sachkunde nachzuvollziehen ist und der Gegner keine substantiellen Einwendungen erhebt.[6] Sonst muß das Gericht ein weiteres Gutachten einholen, sich mit dem entgegenstehenden Privatgutachten auseinandersetzen und den gerichtlichen Sachverständigen anhören, wenn Zweifel verbleiben.[7] Die Parteien können außerdem den Privatgutachter als sachverständigen Zeugen zu seinen Feststellungen benennen.

Ein **Schiedsgutachten** setzt eine Vereinbarung der Parteien voraus, daß ein   6
bestimmter Sachverständiger Tatsachen feststellen soll. Kommen mehrere als Haftende in Betracht, so ist eine Vereinbarung aller erforderlich. Das ist oft nicht zu erreichen. Die Parteien sind an das Ergebnis eines Schiedsgutachtens stärker gebunden als an die Feststellungen eines gerichtlichen Sachverständigen. Das Gericht darf nach § 319 BGB ein Schiedsgutachten nur daraufhin überprüfen, ob der Sachverständige zu einem offenbar unrichtigen oder unbilligen Ergebnis gekommen ist oder das Gutachten schwerwiegende Begründungsmängel enthält.[8] Es unterbricht die Verjährungsfrist nicht, sondern hemmt sie nach § 639 Abs. 2 BGB nur bei Gewährleistungsansprüchen aus Werkverträgen, solange das Verfahren nicht verzögert wird.[9]

In VOB-Verträgen kann jede Partei Meinungsverschiedenheiten über Eigenschaften von Stoffen und Bauteilen, über die allgemeingültige Prüfungsverfahren bestehen, durch ein Schiedsgutachten einer staatlichen oder staatlich anerkannten Materialprüfungsstelle klären lassen (§ 18 Nr. 3 VOB/B). Voraussetzung ist eine vorherige Benachrichtigung des Gegners. Die Kosten muß der Vertragspartner tragen, dessen Behauptung durch die Prüfung widerlegt worden ist.

---

5 BGH NJW 1982, 2874, 2875; OLG Oldenburg OLG-Report 1999, 259, 260; *Thomas/Putzo* Rn 5 vor § 402; *Zöller/Greger* § 402 Rn 2; *Stein/Jonas/Leipold* Rn 56 vor § 402.
6 BGH VersR 1989, 587.
7 BGH NJW-RR 1994, 219, 220.
8 *Palandt/Heinrichs* § 319 Rn 5 mit weiteren Nachweisen.
9 BGH NJW 1990, 1231 f.

B. Voraussetzungen

I. Beweissicherung

7 Eine Beweissicherung ist nicht für alle Beweismittel zugelassen, sondern nur für die **Einnahme des Augenscheins**, die **Vernehmung von Zeugen** und die schriftliche oder mündliche **Begutachtung durch Sachverständige** (§ 485 Abs. 1 ZPO). Parteien können nicht vernommen werden. Ausgeschlossen ist auch der Urkundenbeweis.

Die **Tatsachen**, über die Beweis erhoben werden soll, brauchen nicht streitig zu sein. Eine Beweissicherung ist auch über unstreitige Tatsachen zulässig. Der Antragsteller ist sonst nicht geschützt, wenn der Gegner sie später in einem Prozeß bestreitet.[10]

Parteien können Beweismittel vor dem Streitverfahren sichern, aber auch während des Prozesses, solange das Gericht die Beweisaufnahme noch nicht beschlossen hat, bei einer bereits angeordneten Beweisaufnahme nur, wenn sie nicht durchgeführt werden kann, weil z.B. das Verfahren ausgesetzt oder unterbrochen ist.

8 Erforderlich ist eine **Gefährdung des Beweismittels**. Sie liegt vor, wenn die berechtigte Besorgnis besteht, daß es später verlorengeht oder seine Benutzung erschwert wird (§ 485 Abs. 1 ZPO). Dies kann sich nur aus bevorstehenden tatsächlichen Veränderungen ergeben. Die **drohende Verjährung** eines Anspruchs reicht nicht aus. Dadurch wird die Beweisaufnahme nicht beeinträchtigt, sondern in einem folgenden Prozeß allenfalls unnötig.[11]

Die **Einnahme eines Augenscheins** und die **Begutachtung** durch einen Sachverständigen sind vor allem in Fällen gefährdet, in denen Sachen zu besichtigen oder zu überpüfen sind, die zu verderben drohen oder deren Zustand verändert werden soll, wie z.B. ein mangelhaftes Bauwerk durch bevorstehende Nachbesserungsarbeiten oder den Baufortschritt, ein nur teilweise fertiggestelltes Bauvorhaben nach einer Kündigung des Werkvertrages

---

10 OLG Karlsruhe NJW-RR 1989, 1465.
11 *Zöller/Herget* § 485 Rn 5; *MüKo/Schreiber* § 485 Rn 11; *Stein/Jonas/Leipold* § 485 Rn 9; *Werner/Pastor* Rn 16; *Weise* Rn 187; a.A. *Baumbach/Lauterbach/Hartmann* § 485 Rn 5.

durch Nachfolgearbeiten oder ein beschädigtes Mietobjekt durch Renovierungsarbeiten. Unzulässig ist die Begutachtung der Testierfähigkeit eines noch lebenden Menschen.[12]

Zeugen können bei einer schweren Erkrankung oder einem bevorstehenden längeren Aufenthalt im Ausland vorweg vernommen werden, nach verbreiteter Auffassung auch schon dann, wenn sie sehr alt sind.[13] Nicht ausreichend ist die Besorgnis, der Zeuge werde sich bei seiner späteren Vernehmung vor dem Prozessgericht nicht mehr genau an den Geschehensablauf erinnern oder seine Zeugenstellung verlieren, weil er z.B. Geschäftsführer oder Vorstand der klagenden oder zu verklagenden Partei werden soll.[14]

Das Beweisverfahren ist ohne weitere Voraussetzung zulässig, wenn der Antragsteller keine Möglichkeit hat, die Veränderung oder den Untergang des Beweismittels zu verhindern. Beabsichtigt er, selbst Veränderungen vorzunehmen, ist ein Beweissicherungsantrag **rechtsmißbräuchlich**, wenn es dem Antragsteller zuzumuten ist, den bestehenden Zustand bis zur Beweisaufnahme im Hauptprozeß aufrechtzuerhalten.[15] Die Grenzen der Zumutbarkeit werden unterschiedlich weit gezogen. Nach überwiegender Auffassung ist ein Antrag auf Beweissicherung nicht schon dann unzulässig, wenn der Antragsteller das Beweismittel ohne erhebliche Nachteile, Kosten, Schäden oder Behinderungen erhalten kann. Zur Unzulässigkeit führt nur ein eindeutiger Rechtsmißbrauch.[16] Ein Bauherr braucht hiernach im allgemeinen nicht die Beweisaufnahme des Hauptprozesses abzuwarten, bis er Mängel behebt.[17]

Das Gericht darf mit **Zustimmung des Gegners** die Einnahme eines Augenscheins, die Vernehmung von Zeugen und die Begutachtung durch einen Sachverständigen auch anordnen, wenn das Beweismittel nicht gefährdet ist (§ 485 Abs. 1 ZPO). Die Zustimmung ist gegenüber dem Gericht oder dem

9

---

12 OLG Frankfurt NJW 1997, 581 ff.
13 Z.B. OLG Nürnberg MDR 1997, 594.
14 *Hdb.priv.BauR/Oelmaier* § 17 Rn 107.
15 Z.B. *Stein/Jonas/Leipold* § 485 Rn 12; *MüKo/Schreiber* § 485 Rn 10.
16 Z.B. *MüKo/Schreiber* § 485 Rn 10; *Weise* Rn 191.
17 OLG Köln MDR 1994, 94; *Stein/Jonas/Leipold* § 485 Rn 12; *Werner/Pastor* Rn 20.

Antragsteller zu erklären. Sie muß sich auf bestimmte Beweismittel und -tatsachen beziehen und ist mit dem Zugang beim Gericht unwiderruflich.

II. Streitschlichtendes Verfahren

10 Im streitschlichtenden Verfahren sind nur **schriftliche Gutachten** über den Zustand einer Person, den Zustand oder Wert einer Sache, die Ursache eines Personenschadens, Sachschadens bzw. Mangels oder den Aufwand für die Beseitigung dieses Schadens oder Mangels zugelassen (§ 485 Abs. 2 Satz 1 ZPO). Die Parteien können es vom Sachverständigen mündlich erläutern lassen.

Beweisthema kann sowohl der gegenwärtige **Zustand oder Wert einer Sache** sein (z.B. Sachmängel beim Kauf, Wertminderung, Baumängel, Mängel einer Mietwohnung) als auch ein früherer,[18] wie der Wert eines Grundstücks im Anfangs- oder Endvermögen beim Zugewinnausgleich. Unter dem **Wert** ist nach herrschender Meinung der Verkehrswert zu verstehen, wie z.B. auch ein merkantiler Minderwert,[19] nicht der Ertragswert. Deshalb ist nach überwiegender Rechtsprechung eine Beweiserhebung über die **ortsübliche Vergleichsmiete** und die Höhe einer **Mietminderung** unzulässig.[20] Ob als **Zustand** einer Sache das Ausmaß von **Lärmbelästigungen** festzustellen ist, die von einem Gewerbebetrieb ausgehen, ist umstritten. Nach verbreiteter Auffassung soll dies nur bei gleichbleibenden Geräuschen gelten, die keinem ständigen Wechsel unterliegen.[21]

Zur **Feststellung der Ursache** gehört auch, wer für bestimmte Schäden oder Mängel verantwortlich ist, ob also z.B. Baumängel auf Planungs-, Ausschreibungs-, Bauüberwachungs- und/oder Ausführungsfehlern beruhen.

---

18 OLG Oldenburg MDR 1995, 746 f.; *Stein/Jonas/Leipold* § 485 Rn 16; *Weise* Rn 218.

19 OLG Schleswig OLG-Report 2000, 61.

20 Zur **Vergleichsmiete**: LG Freiburg WuM 1997, 337; LG Berlin NJW-RR 1997, 585 f.; LG Köln WuM 1996, 484; LG Braunschweig WuM 1996, 221; a.A. LG Köln WuM 1995, 490 und in der Literatur *Zöller/Herget* § 485 Rn 9; *Fischer in Bub/Treier* Kap. VIII Rn 103; zur **Mietminderung**: LG Saarbrücken WuM 1992, 144 f.; LG Berlin WuM 1991, 163 f.; *Weise* Rn 218.

21 OLG Düsseldorf MDR 1992, 807; LG Hamburg MDR 1999, 1344; *Stein/Jonas/Leipold* § 485 Rn 16; *Zöller/Herget* § 485 Rn 9; a.A. *Weise* Rn 217.

Der Antragsteller braucht in einem Verfahren gegen mehrere Antragsgegner nicht vorzutragen, weshalb er sie für verantwortlich hält. Sie müssen nur ernsthaft als Verursacher in Betracht kommen.[22] Bei einem Baumangel, den mehrere verursacht haben, kann der Sachverständige auch die Verursachungsquote aus technischer Sicht feststellen.[23]

Der Antrag darf sich nicht auf die Klärung von Rechtsfragen beziehen, wie z.B. ob bestimmte Mängel einem Handwerksmeister hätten auffallen müssen.[24]

An dem Gutachten muß ein **rechtliches Interesse** bestehen. Davon ist auszugehen, wenn die Feststellungen des Sachverständigen dazu dienen können, einen Rechtsstreit der Parteien zu vermeiden (§ 485 Abs. 2 Satz 2 ZPO).

11

Der Sachverhalt, der im streitschlichtenden Beweisverfahren geklärt werden soll, darf daher nicht schon **Gegenstand eines Hauptsacheprozesses** sein. Das ist er, wenn eine Partei hieraus bereits Ansprüche eingeklagt oder sich hiermit gegen eine Klage verteidigt hat, wie. z.B. mit Baumängeln gegenüber einer Werklohnforderung.[25] Unzulässig ist auch ein Verfahren über die Höhe eines Schadens, den eine Partei in einem Prozeß bereits geltend gemacht, aber noch nicht beziffert hat.[26] Wird der Hauptsacheprozeß nach der Einleitung des streitschlichtenden Beweisverfahrens anhängig, ist es einzustellen und an das Hauptsachegericht abzugeben.[27] Anders verhält es sich nur in Fällen, in denen eine Beweissicherung geboten ist. Dann ist das Verfahren fortzusetzen.

Außerdem müssen die **Tatsachen streitig** sein. Für ein Gutachten über unstreitige Tatsachen besteht – anders als bei der Beweissicherung – kein Rechtsschutzbedürfnis.

---

22 OLG München MDR 1998, 495; OLG Frankfurt BauR 1995, 275.

23 OLG München MDR 1998, 495; *Thomas/Putzo* § 485 Rn 6.

24 OLG Köln BauR 1999, 195.

25 *Stein/Jonas/Leipold* § 485 Rn 13.

26 OLG Düsseldorf NJW-RR 1996, 510; *Stein/Jonas/Leipold* § 485 Rn 13.

27 OLG Dresden NJW-RR 1998, 1101, 1102; OLG Köln OLG-Report 95, 215; *Zöller/Herget* § 485 Rn 7; *Stein/Jonas/Leipold* § 485 Rn 14.

Ausgenommen sind auch Tatsachen, die sich **ohne besondere Sachkunde** feststellen lassen[28] oder die nach den Vereinbarungen der Parteien von einem **Schiedsgutachter** zu ermitteln sind, wie z.B. im Sachverständigenverfahren nach § 14 AKB.[29]

Die Oberlandesgerichte Köln[30] und Hamm[31] haben das Rechtsschutzinteresse für ein streitschlichtendes Beweisverfahren ohne Zustimmung des Gegners in **Arzthaftungsfällen** verneint, weil das Gutachten durch die einseitig vom Antragsteller formulierten Fragen und die ungesicherten tatsächlichen Grundlagen eher geeignet sei, die Klärung im normalen Erkenntnisverfahren zu stören. Andere Oberlandesgerichte bejahen regelmäßig das rechtliche Interesse.[32]

Das Verfahren ist schon dann zulässig, wenn es dazu führen kann, daß ein Rechtsstreit in der Hauptsache vermieden wird. Das muß nicht feststehen oder wahrscheinlich sein. Ein rechtliches Interesse besteht auch für Verfahren gegen Antragsgegner, die zu erkennen gegeben haben, sie werden es unter allen Umständen auf einen Prozeß ankommen lassen, weil sie z.B. aus Rechtsgründen nicht haften oder an einem Vergleich nicht interessiert seien. Das Gutachten kann dann einen Rechtsstreit vermeiden, wenn es für den Antragsteller negativ ausfällt.[33]

C. Selbständiger Beweisantrag

12 Für den Antrag besteht **kein Anwaltszwang** (§§ 486 Abs. 4, 78 Abs. 3 ZPO). Der Antragsteller braucht keine Gerichtsgebühren vorzuschießen. Arme Parteien können **Prozeßkostenhilfe** beanspruchen. Voraussetzung ist, daß Er-

---

28 OLG München OLGZ 1993, 252, 253.

29 OLG Hamm NJW 1998, 689.

30 NJW 1999, 875.

31 Zitiert bei *Rehborn* MDR 1999, 1175 in Fußnote 82.

32 Z.B. OLG Stuttgart NJW 1999, 874 f.; OLG Karlsruhe MDR 1999, 496 f.; OLG Düsseldorf MDR 1998, 1241 f.; so auch *Thomas/Putzo* § 485 Rn 7.

33 OLG Stuttgart NJW 1999, 874, 875; OLG Oldenburg MDR 1995, 746, 747; OLG Zweibrücken OLGZ 1993, 218 ff.; *Zöller/Herget* § 485 Rn 7a.

folgsaussichten für den beantragten Beweisbeschluß bestehen.[34] Die Beiordnung eines Anwalts richtet sich nach § 121 Abs. 1 oder 2 ZPO. Wird ein Beweissicherungsantrag bei einem bereits anhängigen Hauptprozeß gestellt, ist ein gesonderter Prozeßkostenhilfeantrag erforderlich, weil das selbständige Beweisverfahren nicht zum Rechtszug des Klageverfahrens gehört.[35]

I. Zuständiges Gericht

Der Antrag ist bei dem **Gericht der Hauptsache** einzureichen.

13

Das ist bei einem bereits **anhängigen Rechtsstreit** über die Hauptsache das damit befaßte Prozeßgericht (§ 486 Abs. 1 ZPO), ggf. also auch das Berufungsgericht. Ein Arrest- oder Verfügungsverfahren reicht nicht aus.[36] Haben die Parteien eine **Schiedsgerichtsvereinbarung** getroffen, so bleibt nach § 1033 ZPO auch das staatliche Gericht zuständig.[37]

14

Die Parteien des selbständigen Beweisverfahrens müssen auch Parteien des anhängigen Prozesses sein und sich in diesem auf die Tatsachen berufen haben, über die Beweis erhoben werden soll. Zulässig ist dann aber nur eine Beweissicherung oder eine Beweisaufnahme mit Zustimmung des Antragsgegners (§ 485 Abs. 1 ZPO). Für ein Gutachten im streitschlichtenden Verfahren bestünde kein Rechtsschutzinteresse, weil es den Rechtsstreit nicht mehr vermeiden kann.

Die Zuständigkeit der ersten Instanz endet mit der Einlegung der Berufung, die Zuständigkeit des Berufungsgerichts mit der Einlegung der Revision. Während der Revisionsinstanz bleibt das Berufungsgericht zuständig, wenn die Beweistatsache nicht vom Revisionsgericht festzustellen ist.[38] Nach einer Berufung gegen ein Teil-, Vorbehalts- oder Grundurteil ist das Berufungsgericht zuständig, wenn die Tatsachen, über die Beweis erhoben werden soll,

---

34 OLG Köln Rpfleger 1995, 303; *Stein/Jonas/Leipold* Rn 7 vor § 485; *Weise* Rn 561.
35 *Zöller/Philippi* § 119 Rn 21; *Weise* Rn 561.
36 OLG Frankfurt NJW 1985, 811.
37 OLG Koblenz MDR 1999, 502 f.; *Stein/Jonas/Leipold* § 486 Rn 15; *Werner*/Pastor Rn 522.
38 BGHZ 17, 117 f.

für das in der Berufungsinstanz anhängige Verfahren von Bedeutung sind, sonst das Gericht erster Instanz.

15   Bei einem noch **nicht anhängigen Rechtsstreit** über die Hauptsache ist das Gericht zuständig, das nach dem Vorbringen des Antragstellers über die Klage zu entscheiden hätte (§ 486 Abs. 2 ZPO). Der Antragsteller muß daher den Anspruch nennen, den er verfolgen will. Will er sich – z.B. im Vorgriff auf eine negative Feststellungsklage – gegen den Antragsgegner verteidigen, muß er vortragen, was dieser von ihm verlangt.

Sind mehrere Gerichte **örtlich zuständig,** kann sich der Antragsteller aussuchen, an welches er sich wendet (§ 35 ZPO). Hieran ist er dann innerhalb des selbständigen Beweisverfahrens gebunden,[39] aber nicht auch für den anschließenden Prozeß in der Hauptsache. Sowohl er als auch der Gegner können die Klage bei einem anderen Gericht erheben.[40] Sind in einem Verfahren gegen mehrere Antragsgegner verschiedene Gerichte örtlich zuständig und fehlt ein gemeinsamer Gerichtsstand, ist das für das Beweisverfahren zuständige Gericht nach § 36 ZPO zu bestimmen.[41] Der Antragsteller kann – vor allem in eiligen Fällen – aber auch mehrere Verfahren bei dem jeweils zuständigen Gericht einleiten.

Der Antragsteller kann sich im nachfolgenden Streitverfahren nicht auf die fehlende Zuständigkeit des Gerichts berufen (Rn 63).

16   In **dringenden Fällen** kann der Antragsteller eine **Beweissicherung** auch bei dem **Amtsgericht** beantragen, in dessen Bezirk sich der zu vernehmende Zeuge aufhält oder die Sache befindet, die in Augenschein genommen oder begutachtet werden soll (§ 486 Abs. 3 ZPO). Ein dringender Fall liegt vor, wenn eine Beweisaufnahme sofort notwendig, vor dem an sich zuständigen Gericht aber nicht durchzuführen ist.[42] Das sind **extreme Ausnahmefälle.**

---

39 OLG Zweibrücken BauR 1997, 885.
40 *Stein/Jonas/Leipold* § 486 Rn 6.
41 BayObLG NJW-RR 1998, 209.
42 *Thomas/Putzo* § 486 Rn 6; *Zöller/Herget* § 486 Rn 5; *Baumbach/Lauterbach/Hartmann* § 486 Rn 8 und 9.

II. Inhalt des Antrages

In einem selbständige Beweisantrag sind nach § 487 ZPO die **Parteien**, die **Beweisthemen** und die **Beweismittel** zu bezeichnen. Außerdem muß er eine **Begründung** enthalten.

17

1. Parteien

Partei eines selbständigen Beweisverfahrens kann nur sein, wer partei- und prozeßfähig ist (§§ 50, 51 ZPO). Der Antragsteller muß außerdem prozeßführungsbefugt sein.

18

Der Antragsgegner ist grundsätzlich so genau zu bezeichnen wie der Beklagte in einer Klageschrift.

Kommen für einen Schaden oder Mangel **mehrere Verantwortliche** in Betracht und soll die Beweisaufnahme klären, wer von ihnen haftet, so empfiehlt es sich trotz des damit verbundenen Kostenrisikos in der Regel, alle als Antragsgegner zu benennen. Richtet sich das Verfahren nur gegen einzelne, so sind die anderen an das Ergebnis nicht gebunden. Ergibt sich aus dem Gutachten deren Haftung, dann ist die Verjährungsfrist der Ansprüche gegen sie nicht unterbrochen.

Kennt der Antragsteller den Schuldner nicht, wie z.B. einen Schädiger, der noch nicht ermittelt ist, so kann er das Verfahren gegen den **unbekannten Antragsgegner** richten (§ 494 ZPO). Das Ergebnis der Beweisaufnahme ist dann in einem nachfolgenden Prozeß gegen ihn zu verwerten. Die Verjährungsfrist wird aber durch das Beweisverfahren nicht unterbrochen.[43]

19

2. Beweisthemen

Die Tatsachen, über die Beweis erhoben werden soll, sind konkret anzugeben. Eine **Ausforschung**, wie z.B. mit den Fragen, ob Mängel vorliegen, ein

20

---

43 BGH NJW 1980, 1458 f.

Bau von der Planung abweicht oder Arbeiten entsprechend einem Angebot durchgeführt worden sind, ist unzulässig.[44]

Im **Gewährleistungsrecht aus Bauverträgen** sollten sich die Beweisfragen auf die Feststellung der Mängel, deren Ursachen, die notwendigen Maßnahmen zu ihrer Behebung und die dafür anfallenden Kosten richten. Dabei empfiehlt es sich, das **äußere Erscheinungsbild von Mängeln** zu beschreiben (z.B. „Putzrisse") und die Stellen anzugeben, an denen sie aufgetreten sind. Die Verjährungsfrist wird dann hinsichtlich aller Schäden unterbrochen, die auf der gleichen Ursache beruhen, auch wenn sie an anderen Stellen noch nicht zutage getreten sind.[45] Gibt der Antragsteller die Ursache an (z.B. „fehlerhafter Putz"), liegt tatsächlich aber eine andere vor (z.B. „mangelhafte Steine"), so ist die Verjährungsfrist hierfür nicht unterbrochen.

Sollen Mängel von EDV Hard- oder Software festgestellt werden, ist als Beweisthema zumindest das aufgetretene Fehlerbild mitzuteilen. Unzulässig sind Beweisfragen, ob die „gelieferte Hard- oder Software fehlerhaft ist und die betrieblichen Anforderungen des Bestellers nicht erfüllt" und „ob die installierten Programme ständig systemimmanente Fehler produzieren, die einen ordnungsgemäßen Betriebsablauf nicht ermöglichen". Sie dienen der Ausforschung.[46]

3. Beweismittel

21 Der Antragsteller muß die Beweismittel benennen. Verlangt er die **Einnahme des Augenscheins**, so ist das Objekt anzugeben und der Ort, an dem es sich befindet (§ 371 ZPO). **Zeugen** sind mit dem vollständigen Namen und ihrer Anschrift zu bezeichnen (§ 373 ZPO). Einen **Sachverständigen** braucht der Antragsteller nicht zu benennen. Er wird vom Gericht ausgewählt, sofern sich die Parteien nicht auf einen bestimmten Sachverständigen geeinigt haben (§ 404 Abs. 4 ZPO).

---

44 Weitere Beispiele bei *Werner/Pastor* Rn 56.
45 BGH NJW 1987, 381, 382.
46 OLG Köln MDR 2000, 226 f.

4. Begründung

Zur Begründung sind die Tatsachen vorzutragen und glaubhaft zu machen, 22
aus denen sich die Zuständigkeit des Gerichts und ein Rechtsverhältnis der
Parteien mit möglichen Ansprüchen ergibt, bei einer einvernehmlichen Beweisaufnahme überdies die Zustimmung des Gegners, bei einer Beweissicherung deren Notwendigkeit (§ 485 Abs. 1 ZPO) und bei einem Antrag gegen
einen unbekannten Gegner, daß der Antragsteller ihn ohne sein Verschulden
nicht kennt (§ 494 Abs. 1 ZPO).

D. Einwendungen und Rechte des Antragsgegners

I. Beteiligung am Verfahren

Das Gericht leitet vor einer Entscheidung dem Antragsgegner die Antrags- 23
schrift zur Stellungnahme zu. Er kann sich an dem Verfahren beteiligen. Dies
ist ihm zu empfehlen, wenn er das Ergebnis beeinflussen will. Er kann dann
zunächst **Einwendungen gegen den Antrag** erheben und sich an der **Beweisaufnahme beteiligen**, insbesondere Zeugen befragen und nach einem
schriftlichen Gutachten die Anhörung des Sachverständigen beantragen. Damit ist er in einem späteren Klageverfahren unter Umständen ausgeschlossen.

Prozeßkostenhilfe ist auch für den Antragsgegner zugelassen. Ihre Bewilligung hängt von seinen Erfolgsaussichten im selbständigen Beweisverfahren ab, wenn er andere Beweisthemen einführen oder Gegenbeweis antreten
will (Rn 24 ff.). Dann muß insoweit Aussicht auf einen entsprechenden Beweisbeschluß bestehen. Will er nur Einwendungen gegen den Antrag erheben
oder sich an der Beweisaufnahme beteiligen, hängt die Bewilligung von Prozeßkostenhilfe nicht von seinen Erfolgsaussichten im selbständigen Beweisverfahren ab, weil das Gericht sie vor der Beweisaufnahme nicht verneinen
kann. Nach Auffassung des LG Bielefeld[47] soll es darauf ankommen, ob die
Verteidigung in der Hauptsache hinreichende Aussicht auf Erfolg bietet. Dies

---

47 BauR 1999, 1209 f.

kann das Gericht allenfalls bei einer Beweissicherung während des Hauptprozesses beurteilen. Dem Antragsgegner ist auch dann noch Prozeßkostenhilfe zu bewilligen, wenn das Gericht dem Beweisantrag des Gegners bereits
stattgegeben hat.[48] Die Beiordnung eines Anwalts hängt von den Voraussetzungen des § 121 Abs. 1 oder 2 ZPO ab.

II. Ergänzungs- und Gegenanträge

24   Ob der Antragsgegner mit Gegenanträgen das Beweisthema des Antragstellers erweitern, andere Beweisthemen einführen und Gegenbeweis antreten darf, ist umstritten. Die herrschende Meinung bejaht dies grundsätzlich.[49] Eine Mindermeinung hält Gegenanträge für unzulässig. Sie verlangt
ein eigenes selbständiges Beweisverfahren des Gegners und läßt eine Verbindung der beiden Verfahren zu.[50]

25   Der Antragsgegner darf nach herrschender Meinung im **streitschlichtenden
Verfahren** Ergänzungs- und Gegenanträge stellen, die mit dem Beweisthema
im Zusammenhang stehen und keine weiteren Beteiligten in das Verfahren
einbeziehen.[51] In einem selbständigen Beweisverfahren des Bauherrn gegen
den ausführenden Bauunternehmer wegen Baumängel ist z.B. ein Gegenantrag des Bauunternehmers zulässig, mit dem zusätzlich geklärt werden soll,
ob die Mängel auf Planungsfehler zurückzuführen sind.[52] Für einen Gegenantrag, mit dem anstatt der Mangelhaftigkeit nur die Mangelfreiheit der Leistung behauptet wird, besteht kein rechtliches Interesse.[53]

26   Bei einer **Beweissicherung** sind Gegenanträge nur unter den Voraussetzungen des § 485 Abs. 1 ZPO zulässig. Auf Gegenzeugen kann sich der Antrags-

---

48 LG Freiburg BauR 1998, 400 f.; *Stein/Jonas/Leipold* Rn 7 vor § 485; a.A. LG Karlsruhe MDR 1993,
    914.
49 *Zöller/Herget* § 485 Rn 3; *Thomas/Putzo* § 485 Rn 1; *Werner/Pastor* Rn 84 und weitere Nachweise
    in Rn 25.
50 OLG München BauR 1993, 365 ff.; *Baumbach/Lauterbach/Hartmann* § 487 Rn 6; *Weise* Rn 315.
51 OLG Jena MDR 1997, 1160 f.; OLG München NJW-RR 1996, 1277 f.; OLG Düsseldorf BauR 1996,
    896.
52 OLG Frankfurt BauR 1996, 896 f.
53 OLG Frankfurt BauR 1997, 167.

gegner daher nur berufen, wenn der Antragsteller zustimmt oder die Gefahr besteht, daß auch sie später nicht mehr oder nur unter erschwerten Bedingungen vernommen werden können.

Für die Kosten eigenständiger Beweisanträge haftet nach § 49 GKG der Antragsgegner der Staatskasse.[54]   27

E. Streitverkündung

Der Bundesgerichtshof hält eine Streitverkündung für zulässig.[55] Dieser Meinung sind auch ganz überwiegend die Oberlandesgerichte.[56]   28

An eine Streitverkündung ist in Fällen zu denken, in denen eine Partei von einem Dritten Schadensersatz oder Gewährleistung verlangen kann, wenn sie den Hauptprozeß verliert (§ 72 Abs. 1 ZPO), wie z.B. der auf Gewährleistung in Anspruch genommene Generalunternehmer seinen Subunternehmer, den er für etwaige Baumängel verantwortlich machen will. Die Streitverkündung des Generalunternehmers im selbständigen Beweisverfahren **unterbricht die Verjährungsfrist** seines Regreßanspruchs gegen den Subunternehmer (§ 209 Abs. 2 Nr. 4 BGB) und **bindet** diesen **an das Ergebnis der Beweisaufnahme** (§ 68 ZPO). Der Bauunternehmer braucht, um dies zu erreichen, kein eigenes selbständiges Beweisverfahren gegen den Subunternehmer einzuleiten.

Der Streit wird mit einem **Schriftsatz der Partei** verkündet (§ 73 ZPO).   29
Darin ist mitzuteilen, wem sie den Streit verkündet, warum sie glaubt, ihn in Regreß nehmen zu können, und in welchem Stadium sich das Verfahren befindet. Das Gericht muß dem Streitverkündeten die Streitverkündungsschrift zustellen. Unterbleibt dies, so ist die Streitverkündung wirkungslos. Der Anwalt sollte sie daher deutlich hervorheben und im Verlaufe des Verfahrens die **Zustellung überprüfen**.

---

54 OLG Koblenz NJW-RR 1997, 1024.
55 BGH NJW 1997, 859 f.
56 Nachweise bei *Zöller/Herget* § 487 Rn 3 und zuletzt OLG Karlsruhe MDR 1998, 238, 239.

Der Streitverkündete kann dem selbständigen Beweisverfahren auf Seiten des Antragstellers oder Antragsgegners **beitreten**, sich dann wie diese an dem Verfahren beteiligen und insbesondere auch zusätzliche Beweisanträge stellen. Zugelassen sind aber nur Anträge, die den Standpunkt der Partei unterstützen, der er beigetreten ist (§§ 67, 74 Abs. 1 ZPO). Will er Beweisfragen klären lassen, die sich ungünstig für die Partei auswirken, muß er ein eigenes selbständiges Beweisverfahren einleiten. Hierfür besteht dann ein rechtliches Interesse.[57]

Der Streitverkündete muß den Beitritt erklären, bevor das Verfahren beendet ist (Rn 66). Ein Beitritt erst danach ist unwirksam.[58]

F.   Entscheidung des Gerichts und Rechtsmittel

30   Das Gericht entscheidet über den Beweisantrag durch **Beschluß**. Es darf den Antrag nur zurückweisen, wenn er oder das Beweisverfahren unzulässig ist. Liegt bereits ein gerichtliches Sachverständigengutachten über bestimmte Beweisthemen vor, ist ein Beweisantrag hinsichtlich anderer Beweisthemen zulässig, auch wenn sich der Sachverständige dazu bereits geäußert hat.[59] Die erneute Begutachtung desselben Beweisthemas durch einen anderen Sachverständigen kann eine Partei nur unter den Voraussetzungen des § 412 ZPO verlangen (Rn 40).

31   Ein **stattgebender Beschluß** entspricht einem Beweisbeschluß. Das Gericht darf ihn abändern oder wieder aufheben. Hierauf können die Parteien mit **Gegenvorstellungen** hinwirken.[60] Eine **Beschwerde** ist grundsätzlich ausgeschlossen (§ 490 Abs. 2 Satz 2 ZPO). Ausgenommen sind allenfalls Fälle **greifbarer Gesetzwidrigkeit**.[61] Das OLG Frankfurt[62] hat eine Beschwerde

---

57 OLG Stuttgart OLG-Report 2000, 57 f.
58 OLG Karlsruhe MDR 1998, 238, 239.
59 BGH NJW 2000, 960 f.
60 Z.B. KG MDR 1999, 564, 565.
61 *Baumbach/Lauterbach/Hartmann* § 490 Rn 5; *Weise* Rn 280; a.A. KG MDR 1999, 564, 565; *Thomas/Putzo* § 490 Rn 2.
62 NJW-RR 1990, 1023 f.

bei einer Beweisanordnung für zulässig gehalten, die über den Antrag hinausging.[63]

Gegen einen ganz oder teilweise **zurückweisenden Beschluß** kann sich der Antragsteller mit der **Beschwerde** wenden, gegen einen zurückweisenden Gegenantrag der Antragsgegner (§ 567 Abs. 1 ZPO). Davon ausgenommen sind Beschlüsse der Landgerichte im Berufungs- oder Beschwerdeverfahren (§ 567 Abs. 3 ZPO) und Beschlüsse der Oberlandesgerichte (§ 567 Abs. 4 ZPO).   32

G. Beweisaufnahme

Das Gericht führt die angeordnete Beweisaufnahme durch. Das Verfahren folgt den allgemeinen Vorschriften und den Regeln für die einzelnen Beweismittel (§ 492 Abs. 1 ZPO).   33

Es wird durch ein Insolvenzverfahren nicht unterbrochen.[64] Auch eine **Aussetzung** ist ausgeschlossen.[65]

Der Antragsteller muß einen **Auslagenvorschuß** einzahlen (§ 68 Abs. 1 GKG), wenn er nicht Prozeßkostenhilfe erhalten hat (§ 122 Abs. 1 Nr. 1 a ZPO). Die Parteien werden zu den Beweisaufnahmeterminen geladen (§ 491 Abs. 1 ZPO). Der Antragsteller sollte vor der Beweisaufnahme überprüfen, ob dies ordnungsgemäß geschehen ist, wenn der Gegner nicht erscheint. Die Beweisaufnahme ist sonst unter Umständen im Hauptsacheprozeß nicht zu verwerten (Rn 63). Über Einwendungen gegen die Zulässigkeit der Beweisaufnahme entscheidet das Gericht des selbständigen Beweisverfahrens durch Beschluß.

---

63 A.A. *Stein/Jonas/Leipold* § 490 Rn 6.

64 OLG Hamm NJW-RR 1997, 723, 724; *Baumbach/Lauterbach/Hartmann* Übersicht vor § 485 Rn 4; *Zöller/Herget* vor § 484 Rn 6; *Weise* Rn 87.

65 *Zöller/Herget* vor § 485 Rn 6; *Baumbach/Lauterbach/Hartmann* Übersicht vor § 485 Rn 4.

I.   Augenscheinseinnahme

34   Das Gericht nimmt den Gegenstand in Augenschein. Es kann dabei einen Sachverständigen zuziehen (§ 372 Abs. 1 ZPO). Das Ergebnis ist in einem Protokoll festzuhalten (§ 160 Abs. 3 Nr. 5 ZPO), von dem die Parteien Abschriften erhalten.

II.   Vernehmung von Zeugen

35   Zeugen werden vernommen und ihre Aussage wird protokolliert (§ 160 Abs. 3 Nr. 4 ZPO). Anwälte können das Ergebnis beeinflussen, indem sie **nachfragen** und auf eine genaue **Protokollierung** der Aussage achten.

36   Sollen Zeugen einen Sachverhalt bekunden, den die Partei selbst wahrgenommen hat, so ist ihr in der Regel zu empfehlen, am Termin teilzunehmen. Sie kann dann Einzelheiten ansprechen und dem Zeugen vorhalten, die der Anwalt nicht kennt.

Zeugen werden befragt, um den Beweiswert einer günstigen Aussage zu erhöhen oder den Beweiswert einer ungünstigen Aussage zu erschüttern. Bei einer ungünstigen Aussage ist intensiv nachzufragen, bei einer schon günstigen Aussage im allgemeinen nicht.

Ein Zeuge kann nur schildern, was er früher wahrgenommen hat. Er kann sich dabei irren, aber auch lügen. Irrtümer ergeben sich aus einer falschen Wahrnehmung oder einer falschen Erinnerung. Auf diese Fehlerquellen ist bei der Vernehmung zu achten:

Eine zuverlässige **Wahrnehmung** setzt voraus, daß der Zeuge den Vorgang, den er schildert, beobachten konnte und auch aufmerksam beobachtet hat. Angaben über Zeitspannen, Geschwindigkeiten und Entfernungen beruhen im allgemeinen nur auf Schätzungen. Ob der Zeuge dazu imstande ist, läßt sich bei seiner Vernehmung testen. Eine zutreffende Beobachtung ist eher von jemandem zu erwarten, der sich für einen Vorgang interessiert und ihn nicht nur routinemäßig wahrgenommen hat oder sogar abgelenkt war.

Das **Erinnerungsvermögen** hängt im wesentlichen vom Zeitablauf und vom Gedächtnis des Zeugen ab. Zu **bewußt** – aber auch unbewußt – **falschen Aussagen** kann es vor allem bei Zeugen kommen, die voreingenommen sind. Dies läßt sich häufig aus einer einseitig gefärbten Darstellung erkennen, oft hervorgerufen durch persönliche Zuneigung oder Abneigung, aber auch durch die Abhängigkeit von einer Partei oder ein eigenes wirtschaftliches Interesse am Ausgang des Rechtsstreits. Bei der Vernehmung ist daher klarzustellen, was der Zeuge mit den Parteien und der Sache zu tun hat.

Der Anwalt sollte **klare Fragen** stellen und neue erst, wenn die alte beantwortet ist. Er kann dem Zeugen **Widersprüche** z.B. in seiner Aussage, zu objektiven Umständen oder anderen Beweismitteln vorhalten. **Mutmaßungen** ersetzen keine Fakten. Der Zeuge ist danach zu befragen, wie er dazu kommt.

Die Parteien können **Fragen** des Gerichts oder des Gegners **beanstanden**, die nichts mit dem Beweisthema zu tun haben, der Ausforschung dienen oder dem Zeugen die Antwort in den Mund legen. Hierüber entscheidet dann das Gericht (§ 140 ZPO).

Bei der **Protokollierung** ist auf eine möglichst objektive Wiedergabe des **37** Verlaufs der Vernehmung zu achten. Die Parteien können dies verlangen (§ 160 Abs. 4 ZPO). Erweckt das Protokoll einen falschen Eindruck, so kann es sich nachteilig in einem anschließenden Hauptsacheprozeß auswirken.

Eine unklare Aussage darf nicht in eine klare umformuliert werden, eine unsichere nicht in eine sichere. Hat der Zeuge seine Aussage berichtigt, so ist auch aufzunehmen, was er zunächst bekundet hat, nicht nur die berichtigte Aussage. Teile der Aussage dürfen nur unterschlagen werden, wenn sie weder für das Beweisthema noch für die Glaubwürdigkeit des Zeugen relevant sind. Aufschlußreiche Ausdrücke sollten wörtlich wiedergegeben werden. Hieraus kann sich z.B. ergeben, daß der Zeuge voreingenommen war.

Über die **Vereidigung** eines Zeugen entscheidet bei einer bereits anhängigen **38** Hauptsache das Prozeßgericht, sonst das Gericht des selbständigen Beweisverfahrens.

Eine **Wiederholung der Vernehmung** ist zulässig (§ 398 Abs. 1 ZPO). Das Gericht muß sie anordnen, wenn die erste Vernehmung verfahrensrechtlich fehlerhaft war und eine Partei dies gerügt hat (§ 295 ZPO) oder der Verfahrensverstoß auch durch einen Rügeverzicht nicht geheilt werden kann, wie z.B. die Nichtbeeidigung eines hinzugezogenen Dolmetschers,[66] oder wenn eine Partei schuldlos verhindert war, an der Beweisaufnahme teilzunehmen (§ 367 Abs. 2 ZPO).

III. Sachverständigengutachten

39 Das Gericht beauftragt einen Sachverständigen mit der Erstattung des Gutachtens. Es kann zur Beweissicherung und bei einer Beweisaufnahme im Einverständnis des Antragsgegners eine mündliche oder schriftliche Begutachtung anordnen (§ 485 Abs. 1 ZPO), im streitschlichtenden Verfahren nur eine schriftliche Begutachtung. (§ 485 Abs. 2 ZPO).

40 Eine **erneute Begutachtung** durch einen anderen Sachverständigen ist nur in Fällen zulässig, in denen das bereits vorliegende Gutachten ungenügend oder der bisherige Sachverständige mit Erfolg abgelehnt worden ist (§§ 485 Abs. 3, 412 ZPO). Das gilt auch, wenn der Antragsgegner ein neues selbständiges Beweisverfahren gegen den Antragsteller zu demselben Beweisthema einleitet.[67]

Ungenügend ist ein Gutachten, aus dem sich trotz Ergänzung oder Anhörung des Sachverständigen keine sichere Überzeugung gewinnen läßt. Ist eine Partei dieser Auffassung, so sollte sie dies begründen und ausdrücklich beantragen, ein weiteres Gutachten einzuholen. Anlaß hierzu besteht

■ wenn die Sachkunde des bisherigen Gutachters zweifelhaft ist,[68]

■ sein Gutachten nicht aufklärbare Widersprüche enthält,[69]

■ Schlußfolgerungen nicht nachprüfbar sind,[70]

---

66 BGH NJW 1994, 941, 942.
67 OLG Düsseldorf NJW-RR 1997, 1086.
68 BayObLG NJW 1986, 2892, 2893.
69 BGH VersR 1982, 849 f.
70 BGH NJW 1994, 2899.

- das Gutachten unvollständig ist[71] oder
- ein anderer Sachverständiger über bessere Forschungsmittel verfügt.[72]

1. Anhörung des Sachverständigen

Die Parteien können nach einem schriftlichen Gutachten die Anhörung **des**   41
Sachverständigen verlangen (§§ 402, 397 ZPO). Dies muß in einem angemessenen Zeitraum nach dem Zugang des Gutachtens geschehen (§ 411
Abs. 4 ZPO). Einem späteren Antrag ist im selbständigen Beweisverfahren
nicht mehr nachzugehen, weil es beendet ist.[73] Die Parteien können ihn **im**
Hauptsacheprozeß nachholen, müssen dann aber auf die **Verspätungsvor-**
schriften achten. Eine Verzögerung wird dort mit einem Antrag schon im
ersten Schriftsatz vermieden. Das Gericht kann den Sachverständigen dann
zum Verhandlungstermin laden.

Hat das Gericht im selbständigen Beweisverfahren eine **Frist** für Einwendungen gegen das schriftliche Gutachten gesetzt (§ 411 Abs. 4 Satz 2 ZPO),
so müssen die Parteien die Anhörung des Sachverständigen innerhalb dieser
Frist beantragen. Ein späterer Antrag ist nur zulässig, wenn sich hierdurch
die Erledigung des Beweisverfahrens nicht verzögert oder die Partei die Ver-
spätung genügend entschuldigt (§ 411 Abs. 4 Satz 2 ZPO). Eine Verzögerung
hat das OLG Köln[74] bei einem um drei Tage verspäteten Antrag verneint, das
Gutachten zu mehreren Fragen zu ergänzen.

Hat das Gericht **keine Frist** gesetzt, richtet sich der angemessene Zeitraum
danach, in welcher Zeit angesichts des Umfangs und des Schwierigkeitsgrads
des Gutachtens eine Stellungnahme zumutbar ist. Ein Zeitraum von zehn
Wochen kann bei einem technisch nicht einfachen Gutachten noch ausreichend sein.[75] Mehr als vier Monate sind bei einem einfach gelagerten Fall
zu lang.[76]

---

71 BGH NJW 1996, 730, 731.
72 BGHZ 53, 245, 258.
73 *Weise* Rn 405.
74 OLG-Report 2000, 27 f.
75 OLG Frankfurt NJW-RR 1996, 1527 f.
76 OLG Köln BauR 1997, 886 f.

42   Das Gericht darf einen rechtzeitigen Antrag, den Sachverständigen anzuhören, nicht mit der Begründung ablehnen, es halte das Gutachten auch ohne weitere Erläuterungen für überzeugend.[77] Als **rechtsmißbräuchlich** sind nur Anträge zurückzuweisen, die überhaupt nicht oder nicht nachvollziehbar begründet worden sind.[78] Die Partei muß daher mitteilen, inwiefern sie das Gutachten für erklärungsbedürftig hält.[79] Sie braucht die Fragen, die sie dem Sachverständigen stellen will, aber nicht im voraus im einzelnen zu formulieren.[80] Dies ist aber in bestimmten Fällen zu empfehlen, damit sich der Sachverständige besser auf den Termin vorbereiten kann.

43   Lehnt das Gericht den Antrag ab, hat der Antragsteller ein Beschwerderecht nach § 567 ZPO.

2. Ablehnung wegen Befangenheit

44   Die Parteien können den Sachverständigen nach § 406 Abs. 1 ZPO wegen der **Besorgnis der Befangenheit ablehnen**, Dies ist allgemein anerkannt.[81] Ausgeschlossen sind nur Ablehnungsanträge, die wegen der damit verbundenen Verzögerung zu einer Beweisvereitelung führten. Sie sind erst im Hauptsacheprozeß statthaft.[82]

45   Erfährt eine Partei im **Verlaufe des selbständigen Beweisverfahrens** Ablehnungsgründe, muß sie schon dort die Ablehnung des Sachverständigen beantragen. Dies kann sie sonst nicht mehr nachholen. In einem anschließenden Hauptsacheprozeß sind nur Ablehnungsgründe zugelassen, die erst später entstanden oder bekanntgeworden sind.[83]

Die Parteien müssen einen Ablehnungsantrag **so früh wie möglich** stellen. Sie dürfen nicht abwarten, ob das Gutachten für sie günstig ausfällt. Werden

---

77 BVerfG NJW 1998, 2273; BGH NJW 1998, 162, 163; 1997, 802 f.
78 BGH NJW 1994, 1286, 1287; OLG Oldenburg NJW-RR 1999, 178, 179; *Zöller/Greger* § 411 Rn 5a.
79 BVerwG NJW 1996, 2318.
80 OLG Köln BauR 1995, 885.
81 Zuletzt: KG BauR 1998, 364; OLG Düsseldorf NJW-RR 1997, 1428; OLG Celle NJW-RR 1996, 1086.
82 KG BauR 1998, 364; OLG Frankfurt OLGZ 1993, 330 f.; OLG Düsseldorf BauR 1985, 725, 726.
83 OLG Köln BauR 1992, 408 f.; OLG Bamberg BauR 1991, 656; OLG Düsseldorf NJW-RR 1986, 63; OLG München BauR 1985, 241 f.; a.A. OLG Hamm BauR 1989, 366 f.

Ablehnungsgründe bekannt, bevor das Gericht den Sachverständigen beauftragt hat, so ist der Ablehnungsantrag spätestens innerhalb von zwei Wochen nach der Bekanntgabe der Ernennung des Sachverständigen einzureichen (§ 406 Abs. 2 Satz 1 ZPO), bei einer späteren Kenntnis, z.B. erst aus dem Gutachten, unverzüglich danach.[84] Eine vom Gericht gesetzte Frist zur Stellungnahme zu dem Gutachten dürfen die Parteien nicht in jedem Fall ausschöpfen.[85] Ihnen steht nur eine angemessene Prüfungs- und Überlegungsfrist zu. Gerichte haben einen Zeitraum von 15 Tagen[86] und 18 Tagen[87] im Einzelfall als unschädlich angesehen.

Der Antragsteller muß in einem Ablehnungsantrag den **Ablehnungsgrund glaubhaft machen**. Seine eidesstattliche Versicherung genügt nicht (§ 406 Abs. 3 ZPO).

Die Ablehnung eines Sachverständigen kommt in Betracht, wenn Gründe 46 vorliegen, die geeignet sind, **Mißtrauen gegen** seine **Unparteilichkeit** zu rechtfertigen (§§ 406 Abs. 1, 42 Abs. 2 ZPO). Dies kann sich aus persönlichen oder geschäftlichen Beziehungen des Sachverständigen zu einer Partei ergeben, wirtschaftlichen Interessen am Streitobjekt, aber auch z.B. in Fällen, in denen der Sachverständige bereits früher in derselben Sache ein Privatgutachten im Auftrag einer Partei oder ihrer Versicherung erstattet,[88] eine Partei beraten,[89] zu einem Ortstermin eine Partei nicht geladen,[90] einen fachlichen Berater einer Partei zum Ortstermin nicht zugelassen,[91] sich Informationen von einer Partei ohne Wissen der anderen verschafft[92] oder in seinem Gutachten die Beweisfrage nicht beantwortet, sondern sie als rechtlich unerheblich angesehen hat.[93]

---

84 Z.B. OLG Koblenz NJW-RR 1999, 72, 73.
85 OLG Frankfurt OLG-Report 1995, 139 f.
86 OLG Köln OLG-Report 2000, 16, 17.
87 BayObLG MDR 1995, 412, 413.
88 BGH NJW 1972, 1133, 1134, OLG Frankfurt VersR 1987, 418.
89 OLG Hamm BauR 1989, 366, 376 f.
90 OLG Frankfurt FamRZ 1986, 1021; KG MDR 1982, 762.
91 OLG Düsseldorf MDR 1979, 409.
92 BGH NJW 1975, 1363; OLG Koblenz MDR 1978, 148.
93 OLG Köln NJW-RR 1987, 1198 f.

Die **Ablehnung** ist **nicht zu rechtfertigen** mit einer mangelnden Qualifikation des Sachverständigen oder Fehlern im Gutachten.[94] Nach der Auffassung des OLG München[95] reicht es bei einem öffentlich bestellten Sachverständigen auch nicht aus, daß er Konkurrent einer Partei ist.[96]

47 Das Gericht entscheidet über einen Ablehnungsantrag durch Beschluß. Eine stattgebende **Entscheidung** ist unanfechtbar. Gegen einen **zurückweisenden Beschluß** kann sich der Antragsteller mit der sofortigen Beschwerde wenden (§ 406 Abs. 5 ZPO). Davon ausgenommen sind Beschlüsse der Oberlandesgerichte (§ 567 Abs. 4 ZPO) und der Landgerichte in Berufungs- und Beschwerdeverfahren (§ 567 Abs. 3 ZPO). Das Gutachten eines erfolgreich abgelehnten Sachverständigen darf nicht verwertet werden. Die Parteien können den Sachverständigen aber im Hauptsacheprozeß für seine tatsächlichen Feststellungen als Zeugen benennen (§ 414 ZPO).

48 Übergeht das Gericht im Beweisverfahren einen Ablehnungsantrag, so ist darüber im Hauptsacheverfahren zu entscheiden.[97]

H. Vergleich

49 Die Parteien können das selbständige Beweisverfahren mit einem Prozeßvergleich beenden (§ 492 Abs. 3 ZPO). Dabei ist – ebenso so wie bei einem Vergleich im Hauptsacheprozeß nach einem selbständigen Beweisverfahren – eine **Regelung über die Kosten** dieses Verfahrens zu empfehlen. Werden die Kosten „gegeneinander aufgehoben", läuft der Antragsteller Gefahr, daß ihm die Kosten aus dem selbständigen Beweisverfahren – vor allem Sachverständigengebühren – nicht erstattet werden. Verschiedene Gerichte ordnen sie nämlich den außergerichtlichen Kosten des Antragstellers zu,[98] nicht den

---

94 OLG München Rpfleger 1980, 303.
95 BauR 1990, 117 f.
96 A.A. *Zöller/Greger* § 406 Rn 8; *Stein/Jonas/Leipold* § 406 Rn 10.
97 OLG München ZIP 1983, 1515 f.; *Thomas/Putzo* § 487 Rn 6; *Stein/Jonas/Leipold* § 406 Rn 20.
98 Z.B. OLG Oldenburg OLG-Report 1999, 12 f.; OLG Nürnberg BauR 1995, 275.

Gerichtskosten.[99] Ein Streit hierüber wird durch eine Quotelung der Kosten vermieden (z.B.: „Beide Parteien tragen die Hälfte der Kosten").

I. Kosten und Kostenerstattung

I. Gebühren und Streitwert

Im selbständigen Beweisverfahren fällt eine **halbe Gerichtsgebühr** an.[100] **Anwälte** erhalten nach § 48 BRAGO die vollen Gebühren des § 31 BRAGO. Vertritt ein Anwalt eine Partei nach dem selbständigen Beweisverfahren auch im Hauptsacheprozeß, so muß er sich die Gebühren aus dem selbständigen Beweisverfahren vollständig anrechnen lassen (§ 37 Nr. 3 BRAGO). Im Hauptsacheverfahren entsteht keine Beweisgebühr, wenn dort lediglich das Ergebnis eines selbständigen Beweisverfahrens eingeführt und sonst kein Beweis erhoben wird.[101]

50

Der **Streitwert** ist mit dem vollen Wert des zu sichernden Anspruchs anzusetzen, auf den sich die Beweiserhebung bezieht.[102] In Verfahren gegen mehrere Antragsgegner sind verschiedene Streitwerte festzusetzen, wenn der Antragsteller mehrere Beweisfragen stellt und nicht alle Antragsgegner hieran beteiligt.[103] Hat der Antragsteller den Wert zunächst geschätzt, wie z.B. die Höhe der Mängelbeseitigungskosten, kann der Streitwert nachträglich korrigiert werden, wenn sich aus dem Gutachten des Sachverständigen ein höherer oder niedrigerer Betrag ergibt.[104]

---

99 So aber z.B. OLG Stuttgart BauR 2000, 136 f.; OLG Düsseldorf BauR 1994, 406.
100 KV-GKG Nr. 1600.
101 OLG Koblenz MDR 1994, 103.
102 Zuletzt OLG Köln NJW-RR 2000, 802, 803 mit einer Zusammenstellung der einschlägigen Rechtsprechung; a.A. OLG Schleswig OLG-Report 2000, 61 und JurBüro 1999, 595: in der Regel halber Wert.
103 OLG Nürnberg MDR 1999, 1522.
104 OLG Köln NJW-RR 2000, 802; OLG Naumburg MDR 1999, 1093; OLG Koblenz JurBüro 1998, 267; OLG Jena OLG-Report 98, 24; OLG Köln NJW-RR 1997, 1292; OLG Frankfurt OLG-Report 97, 104; *Schneider* MDR 1998, 255 f.; a.A. OLG Düsseldorf NJW-RR 1996, 319, 320.

II. Kostenerstattung

1. Nach Prozeß in der Hauptsache

51 Führen die Parteien einen Prozeß über den Anspruch, der dem selbständigen Beweisverfahren zugrunde lag,richtet sich die Erstattung der Kosten des Beweisverfahrens grundsätzlich nach der Kostenentscheidung im Hauptsacheprozeß. Die Parteien gelangen dann im Kostenfestsetzungsverfahren zu einem Titel. Ob Beweisverfahrenskosten auch aufgrund einer Kostenentscheidung im **einstweiligen Verfügungsverfahren** festgesetzt werden können, ist umstritten. Dies wird zum Teil mit der Begründung verneint, Voraussetzung sei ein Verfahren mit einer abschließenden sachlichen Entscheidung über den Gegenstand des Beweisverfahrens, die nur im Klageverfahren ergehe.[105]

Die Kosten des selbständigen Beweisverfahrens gehören nur dann zu den Kosten der Hauptsache, wenn die **Parteien** der Hauptsache mit denen des selbständigen Beweisverfahrens **identisch** oder deren Rechtsnachfolger sind, wie z.B. aufgrund einer späteren Abtretung[106] oder im Erbfall.[107] Das gleiche gilt für Insolvenzverwalter über das Vermögen einer Partei des Beweisverfahrens,[108] Zwangsverwalter anstelle eines im Beweisverfahren beteiligten Eigentümers[109] und Klagen im Wege der gewillkürten Prozeßstandschaft.[110]

Die Parteien müssen sich außerdem – wenn auch zusammen mit anderen – als **Gegner im selbständigen Beweisverfahren** gegenübergestanden haben. Sie dürfen nicht gemeinsam Antragsteller oder Antragsgegner gewesen sein.[111]

---

105 OLG München NJW-RR 1999, 655 f.; OLG Schleswig JurBüro 1987, 1223 f.; a.A. OLG Koblenz JurBüro 1995, 481 f.; *Stein/Jonas/Leipold* Rn 11 vor § 485.

106 OLG Düsseldorf MDR 1985, 1032, 1033; KG JurBüro 1981, 1392 f.; a.A. *Handb.priv.Baur./Oelmaier* § 17 Rn 333.

107 OLG München JurBüro 1992, 105, 106.

108 OLG Köln JurBüro 1987, 433 f.

109 OLG Hamburg JurBüro 1983, 1257 f.

110 OLG Karlsruhe JurBüro 1986, 1087.

111 OLG Düsseldorf BauR 1997, 349, 350; OLG Köln JurBüro 1978, 1820.

Weitere Voraussetzung ist, daß sich eine Partei im Hauptsacheprozeß auf die **Tatsachen berufen** hat, über die der selbständige Beweis erhoben worden ist. Das Gericht braucht in seiner Entscheidung das Beweisergebnis nicht verwertet zu haben.[112] Ausreichend – aber auch erforderlich – ist nach herrschender Meinung, daß im Hauptsacheprozeß **über den Anspruch sachlich entschieden** worden ist, der dem selbständigen Beweisverfahren zugrunde lag. Dies wird damit begründet, die Parteien könnten ihn sonst zum Gegenstand eines neuen Prozesses machen und dann unter Umständen eine Kostenentscheidung erwirken, die hinsichtlich der Beweissicherungskosten der vorangegangenen Entscheidung widerspreche.[113]

Das Gericht entscheidet im Hauptsacheprozeß über Ansprüche aus dem selbständigen Beweisverfahren nicht, wenn der Kläger die Klage zurücknimmt, das Gericht die Klage als unzulässig abweist oder wenn sich der Beklagte hilfsweise mit den Ansprüchen verteidigt hat, die Klage aber schon aus anderen Gründen abgewiesen wird.   52

Die Kosten eines selbständigen Beweisverfahrens über Forderungen, mit denen der **Beklagte hilfsweise aufgerechnet** oder aus denen er **hilfsweise ein Zurückbehaltungsrecht** hergeleitet hat, werden nach allgemeiner Ansicht nur dann von der Kostenentscheidung des Hauptsacheprozesses umfaßt, wenn das Gericht im Streitverfahren über die Forderung entschieden hat.[114]

Wie es sich bei einer **Klagerücknahme** oder einer als **unzulässig abgewiesenen Klage** verhält, ist umstritten. Überwiegend werden hierbei die Kosten eines selbständigen Beweisverfahrens anders behandelt als die Kosten einer Beweisaufnahme vor dem Prozeßgericht. Hat das Prozeßgericht Beweis erhoben und der Kläger die Klage anschließend zurückgenommen oder

---

112 OLG Hamm MDR 2000, 790; OLG Schleswig JurBüro 1983, 602; *Pastor* Rn 124; *Hdb.priv.BauR./Oelmeier* § 17 Rn 336.

113 Z.B. OLG Hamburg MDR 1998, 1124; OLG Düsseldorf BauR 1997, 349, 350; OLG München RPfleger 1982, 1996.

114 OLG Hamburg MDR 1998, 1124; OLG Koblenz JurBüro 1994, 626; OLG München JurBüro 1982, 1254; KG JurBüro 1982, 408, 409; *Zöller/Herget* § 91 Rn 13; *Musielak/Wolst* § 91 Rn 65; *Pastor* Rn 126; *Weise* Rn 538.

das Gericht sie als unzulässig abgewiesen, erstreckt sich die Kostenentscheidung auch auf die Kosten der Beweisaufnahme. Die Kosten eines selbständigen Beweisverfahrens werden hiervon nach überwiegender Auffassung ausgenommen.[115] Zum Teil wird aber eine Kostenentscheidung entsprechend § 494 a Abs. 2 ZPO im selbständigen Beweisverfahren für zulässig gehalten.[116] Der Beklagte kann hiernach zunächst im Kostenfestsetzungsverfahren des Hauptsachegerichts vorgehen, danach ggf. mit einem Kostenantrag entsprechend § 494 a Abs. 2 ZPO im selbständigen Beweisverfahren und – wenn auch dies scheitert –. mit einem Antrag nach § 494 a Abs. 1 ZPO (Rn 56).

Wird eine Klage des Antragstellers mit der Begründung abgewiesen, der Kläger sei nicht Inhaber des Anspruchs (fehlende Aktivlegitimation) oder der Beklagte nicht der wahre Schuldner (fehlende Passivlegitimation), schließt die Kostenentscheidung die Kosten des Beklagten aus dem Beweisverfahren ein.[117]

52 a Die Kostenentscheidung des Hauptsacheprozesses ist auch dann maßgebend, wenn das selbständige Beweisverfahrens einen höheren Streitwert aufweist, weil derselbe Anspruch unterschiedlich bewertet worden ist[118] oder weil eine Partei Schadensersatzansprüche, auf die sich die Beweisaufnahme bezogen hat, im Hauptsacheprozeß um unstreitige Gegenforderungen gekürzt hat.[119] Voraussetzung ist aber, daß alle Ansprüche, die Gegenstand des selbständigen Beweisverfahrens waren, auch Gegenstand des Klageverfahrens geworden sind. Bezog sich das Beweisverfahren auf Mängel, die nur teilweise bestätigt wurden, und leitet der Antragsteller nur hieraus Ansprüche

---

115 **Klagerücknahme:** OLG München NJW-RR 1998, 1078 f.; OLG Schleswig JurBüro 1995, 36; OLG Köln BauR 1994, 411; OLG Koblenz VersR 1990, 1135; *Stein/Jonas/Leipold* Rn 15 vor § 485; *Musielak/Wolst* § 91 Rn 65; a.A. OLG Celle JurBüro 1984, 1581 ff.; OLG Stuttgart Rpfleger 1988, 117 f.; *Thomas/Putzo* § 494 a Rn 5; *MüKo/Lüke* § 269 Rn 51; OLG Hamburg MDR 1998, 1124 bei einer Klagerücknahme nach der Erörterung des Beweisergebnisses, weil dies dafür spreche, der Kläger halte den Prozeß für aussichtslos und werde daher keine neue Klage erheben; *Zöller/Greger* § 269 Rn 18 b bei einer Beweissicherung während des Hauptprozesses; **unzulässige Klage:** OLG Düsseldorf BauR 1997, 349, 350; *MüKo/Schreiber* § 485 Rn 20; a.A. KG NJW-RR 1997, 960.

116 **Klagerücknahme:** OLG Düsseldorf BauR 1997, 349 ff.; *Zöller/Herget* § 494 a Rn 4 a; *Stein/Jonas/Leipold* Rn 15 vor § 485 und § 494 a Rn 18; **unzulässige Klage:** *Zöller/Herget* § 494 a Rn 4 a.

117 BGHZ 20, 4, 15 – fehlende Passivlegitimation -; *Hdb.priv.BauR/Oelmeier* Rn 337; *Weise* Rn 536.

118 OLG München MDR 1995, 1073.

119 OLG München JurBüro 2000, 39.

im Klageverfahren her, erstreckt sich die Kostenentscheidung nach herrschender Meinung nur auf einen entsprechenden Anteil der Kosten des Beweisverfahrens; hinsichtlich des Restes kann der Antragsgegner nach § 494 a ZPO im selbständigen Beweisverfahren eine Teilkostenentscheidung erwirken.[120] Umstritten ist, ob zu quoteln ist (anhängiger Teil: nicht anhängiger Teil) oder ob im Hauptsacheverfahren die Kosten festzusetzen sind, die entstanden wären, wenn sich das selbständige Beweisverfahren auf den anhängig gewordenen Hauptsachestreitgegenstand beschränkt hätte.[121]

Verklagt der Antragsteller von mehreren Antragsgegnern eines selbständigen Beweisverfahrens nur einen und obsiegt er, sind dem Beklagten nach herrschender Meinung die Kosten des Klägers aus dem Beweisverfahren nur anteilig aufzuerlegen.[122] Wird ein selbständiges Beweisverfahren Gegenstand mehrerer Prozesse, sind die Kosten auf die Verfahren zu verteilen.[123]

2. Ohne Prozeß in der Hauptsache

a) Erstattungsanspruch des Antragstellers

Kommt es nicht zu einem Hauptsacheprozeß der Parteien, so kann der **Antragsteller** im selbständigen Beweisverfahren grundsätzlich keine Kostenentscheidung zu seinen Gunsten erwirken. Der Antragsgegner ist nicht schon deshalb unterlegen, weil der beantragte Beweisbeschluß ergangen ist oder die Beweisaufnahme die Behauptung des Antragstellers bestätigt hat. Er muß die Kosten einer Beweiserhebung tragen, wenn der materielle Anspruch bestanden hat, der Anlaß für das Beweisverfahren war. Dies ist nur mit einer Klage zu klären, nicht im selbständigen Beweisverfahren.

53

---

120 OLG Koblenz MDR 2000, 669 und NJW-RR 1998, 68 f.; OLG München JurBüro 2000, 39; OLG Düsseldorf NJW-RR 1998, 210 f.; *Zöller/Herget* § 494 a Rn 4 a; *Stein/Jonas/Leipold* § 494 a Rn 17; a.A. OLG Düsseldorf NJW-RR 1998, 358 f.; *Pastor* Rn 133.

121 So: OLG Koblenz MDR 2000, 669; zum Meinungsstand: OLG Karlsruhe JurBüro 1996, 36.

122 OLG Köln NJW-RR 2000, 361 und MDR 1986, 764; OLG Hamburg MDR 1993, 1130 f.; *Stein/Jonas/Leipold* Rn 14 vor § 485; *Musielak/Wolst* § 91 Rn 66; a.A. OLG Schleswig JurBüro 1990, 57 f.: bei nicht ausscheidbaren Mehrkosten die gesamten Kosten.

123 Im Verhältnis der Streitwerte: OLG Hamburg MDR 1986, 591, 592; *Stein/Jonas/Leipold* Rn 14 vor § 485; *Zöller/Herget* § 91 Rn 13; zu gleichen Teilen: OLG München MDR 1989, 548 f.

Das gilt auch in Fällen, in denen der Antragsgegner den Anspruch nachträglich anerkannt oder erfüllt hat. Hieraus ergibt sich nicht ohne weiteres, daß der Anspruch schon vorher während des Beweisverfahrens bestanden hat. Der Antragsgegner kann z.B. nur deshalb nachgegeben haben, weil er einen riskanten Prozeß vermeiden wollte oder an weiteren Geschäftsbeziehungen mit dem Antragsteller interessiert war.

Erklären die Parteien das selbständige Beweisverfahren für **erledigt**, weil sie sich z.B. geeinigt haben oder ein Zeuge verstorben ist, der vernommen werden sollte, ist eine Kostenentscheidung analog § 91 a ZPO zum Nachteil des Antragsgegners ebenfalls unzulässig. Auch sie hinge von einer Bewertung des Sach- und Streitstandes ab, die das Gericht des selbständigen Beweisverfahrens nicht vornehmen kann, weil ihm dafür die erforderlichen Grundlagen fehlen.[124] Das OLG Frankfurt[125] hält aber eine Kostenentscheidung analog § 91 a ZPO zugunsten des Antragstellers für zulässig, wenn der Antragsgegner im Verlaufe eines streitschlichtenden Verfahrens die unter Beweis gestellte Behauptung zugesteht und der Antragsteller es allein deshalb für erledigt erklärt.[126] Ein Zugeständnis im Beweissicherungsverfahren nach § 485 Abs. 1 ZPO führt nicht zur Erledigung (Rn 7).

54   Die Kosten einer Beweisaufnahme, die sich auf begründete Ansprüche bezogen hat, kann der Antragsteller – wenn sich die Parteien hierüber nicht in einem gerichtlichen Vergleich geeinigt haben – nur als Schadensersatzanspruch geltend machen, z.B. aus Gewährleistung, Verzug, Verschulden bei Vertragsschluß, positiver Vertragsverletzung oder wegen Nichterfüllung. Diesen **materiellen Kostenerstattungsanspruch** muß er dann notfalls im Wege des Mahnverfahrens oder mit einer Klage durchsetzen.

b) Erstattungsanspruch des Gegners

55   Der **Antragsgegner** hat in der Regel keinen materiellen Kostenerstattungsanspruch, den er mit einer Klage oder im Wege des Mahnverfahrens durch-

---

124 OLG Dresden JurBüro 1999, 594, 595; OLG Hamburg MDR 1998, 242 f.
125 OLGZ 1993, 441 f.
126 Zustimmend *Musielak/Wolst* § 91 a Rn 3.

setzen könnte.[127] Er kann bei einem für ihn günstigen Ergebnis der Beweisaufnahme mit einer **negativen Feststellungsklage** zu einer prozessualen Kostenerstattung gelangen. Dies ist aber nicht mehr aussichtsreich, wenn ihm der Gegner erklärt hat, daß er auf die Ansprüche verzichte, die dem Beweisverfahren zugrunde lagen. Für eine negative Feststellungsklage besteht dann kein Rechtsschutzbedürfnis mehr. Sie ist überdies mit dem Risiko verbunden, daß der Antragsgegner den Prozeß verliert. Wird seine Klage aus sachlichen Gründen abgewiesen, steht rechtskräftig fest, daß der streitige Anspruch besteht.[128].

Auf einen materiellen Kostenerstattungsanspruch oder eine negative Feststellungsklage ist der Antragsgegner nach einem selbständigen Beweisverfahren meistens nicht angewiesen. Er kann unter bestimmten Umständen zu seinen Gunsten eine **Kostenentscheidung im selbständigen Beweisverfahren** erwirken und dann seine Kosten und Auslagen festsetzen lassen.

In bestimmten Fällen ergeht auf Antrag ohne weiteres eine Kostenentscheidung zugunsten des Antragsgegners: Dem Antragsteller sind analog § 91 ZPO bzw. § 269 Abs. 3 Satz 2 ZPO die Kosten des selbständigen Beweisverfahrens aufzuerlegen, wenn der **Beweissicherungsantrag zurückgewiesen**[129] oder **zurückgenommen** wird[130] und analog § 494 a Abs. 2 ZPO, wenn er auf den Anspruch oder eine Klage **verzichtet** hat.[131]   **55 a**

In der Rechtsprechung wird überdies eine Kostenentscheidung zugunsten des Antragsgegners für zulässig gehalten, wenn der Antragsteller das Verfahren **nicht weiter betreibt**, indem er z.B. den Auslagenvorschuß für die Beweiserhebung nicht einzahlt.[132] Davon auszunehmen sind Fälle, in denen der Be-

---

127 BGH NJW 1983, 284 f.; KG NJW-RR 1996, 846 f.
128 BGH NJW 1983, 2032 f.
129 OLG Karlsruhe MDR 2000, 975 f.; OLG Hamm NJW-RR 1997, 959; OLG Braunschweig BauR 1993, 122.
130 Z.B. OLG Koblenz MDR 2000, 478 f.; OLG Frankfurt MDR 1999, 1223 f.; KG MDR 1996, 968 f.; OLG Brandenburg BauR 1996, 584; a.A. noch OLG Koblenz NJW-RR 1996, 384; OLG Celle JurBüro 1992, 632.
131 OLG Karlsruhe NJW-RR 1996, 1343 f.; OLG Köln MDR 1997, 105; *Zöller/Herget* § 494 a Rn 4; *Thomas/Putzo* § 494 a Rn 6, *Stein/Jonas/Leipold* § 494 a Rn 8.
132 OLG Celle NJW-RR 1998, 1079; OLG Frankfurt -RR 1995, 1150.

weis nicht mehr erhoben werden kann (z.B. wegen des inzwischen eingetretenen Beweisverlustes) oder die Voraussetzungen für das Verfahren entfallen sind (z.B. weil der Antragsgegner im streitschlichtenden Verfahren die Beweistatsachen nicht mehr bestreitet oder die Hauptsacheforderung erfüllt worden ist). Der Antragsteller braucht das Beweisverfahren dann nicht fortzusetzen.

Anders verhält es sich auch, wenn der Antragsteller seinen Beweisantrag aufgrund eines **außergerichtlichen Vergleichs** der Parteien zurückgenommen oder nicht weiter verfolgt hat.[133] Maßgebend ist dann die Kostenregelung im Vergleich. Enthält er keine, sind die Kosten des selbständigen Beweisverfahrens entsprechend § 98 ZPO gegeneinander aufzuheben.[134]

In Betracht kommt auch eine Kostenentscheidung **analog § 91 a ZPO** zugunsten des Antragsgegners nach einer übereinstimmenden Erledigungserklärung. Dem Antragsteller sind die Kosten aufzuerlegen, wenn sein Beweisantrag zurückgewiesen worden wäre.[135]

Für einen Kostenantrag besteht beim Landgericht kein Anwaltszwang.[136]

56 Liegen die Voraussetzungen einer sofortigen Kostenentscheidung nicht vor, kann der Antragsgegner eine Kostenentscheidung herbeiführen, indem er dem Antragsteller nach dem Abschluß des Beweisverfahrens von dem Gericht, das die Beweisaufnahme angeordnet hat, eine **Frist zur Erhebung der Klage in der Hauptsache** setzen läßt (§ 494 a Abs. 1 ZPO). Der Antrag kann sich auch gegen den Antragsgegner richten, sofern er einen Gegenantrag gestellt hat. Kommt der Beweisführer der Anordnung nicht nach, so sind ihm auf Antrag die Kosten des Gegners aufzuerlegen, auch die eines Streithelfers des Gegners.[137] Er bleibt hiermit auch dann belastet, wenn er die Klage später erhebt und damit obsiegt.[138]

---

133 OLG Dresden JurBüro 1999, 594, 595; OLG Köln JurBüro 1992, 632.

134 OLG Köln JurBüro 92, 632.

135 OLG München BauR 2000, 139 f.; OLG Hamm MDR 1985, 415.

136 OLG Frankfurt MDR 1999, 1223 f.; OLG Stuttgart BauR 1995, 135 f.

137 OLG Oldenburg NJW-RR 1995, 829, 830.

138 *Baumbach/Lauterbach/Hartmann* 494 a Rn 15.

Ob für den Antrag, die Erhebung der Klage anzuordnen, vor dem Landgericht **Anwaltszwang** besteht, ist umstritten.[139] Er kann mit dem Kostenantrag nach § 494 a Abs. 2 ZPO verbunden werden.[140]

Eine Anordnung nach § 494 a Abs. 1 ZPO stellt den Beweisführer vor die **57** Alternative, entweder die Klage in der Hauptsache zu erheben mit der Folge einer Kostenentscheidung im Hauptsacheverfahren oder die Kosten des Beweisverfahrens tragen zu müssen. Diese Alternative hat er nicht, wenn der dem Beweisverfahren zugrundeliegende Anspruch erloschen ist, weil er dann keine Klage mit Aussicht auf Erfolg mehr erheben kann (§ 2 Rn 159).

Das Gericht darf dem Antragsteller daher **keine Frist zur Erhebung der Klage** in der Hauptsache setzen, wenn der Antragsgegner, einer von mehreren Antragsgegnern[141] oder ein Dritter[142] die **Hauptsacheforderung erfüllt** oder der Antragsteller mit ihr als Beklagter in einem bereits anhängigen Rechtsstreit der Parteien **aufgerechnet** hat.[143] Rechtsmißbräuchlich ist überdies ein Antrag, wenn der Antragsgegner die Forderung **vorbehaltlos anerkannt** hat.[144] Eine dennoch getroffene Anordnung ist gegenstandslos. Der Antragsteller braucht sie nicht zu beachten. Nach der Auffassung des OLG Rostock[145] soll dies auch gelten, wenn der Antragsteller eine offensichtlich begründete Klage nicht erhoben hat, weil der Antragsgegner vermögenslos ist und die weitere Rechtsverfolgung daher wirtschaftlich sinnlos wäre.[146]

---

139 **Bejahend**: OLG Zweibrücken NJW-RR 1996, 573; *Thomas/Putzo* § 494 a Rn 1; *MüKo/Herget* § 494 a Rn 2; *Zöller/Herget* § 494 a Rn 6; **verneinend**: OLG Jena MDR 2000, 783; OLG Braunschweig OLG-Report 1997, 71; OLG Schleswig BauR 1996, 590; OLG Karlsruhe BauR 1995, 135; OLG Stuttgart BauR 1995, 135 f.; *Musielak/Huber* § 494 a Rn 2; *Baumbach/Lauterbach/Hartmann* § 494 a Rn 4.

140 *Baumbach/Lauterbach/Hartmann* § 494 a Rn 10.

141 OLG Dresden NJW-RR 1999, 1516; OLG Hamm MDR 1999, 1406.

142 OLG Schleswig JurBüro 1999, 595 f.

143 *Weise* Rn 53.

144 OLG Düsseldorf MDR 1994, 201; *Zöller/Herget* § 494 a Rn 5.

145 BauR 1997, 169.

146 Ebenso *Stein/Jonas/Leipold* § 494 a Rn 23; a.A. *Zöller/Herget* § 494 a Rn 5 und OLG Dresden BauR 2000, 137 ff. jedenfalls in Fällen, in denen der Gegner bereits bei der Einleitung des selbständigen Beweisverfahrens in Vermögensfall geraten war und der Antragsteller dies wußte.

58   Ein Beschluß, der die Erhebung der Klage anordnet, ist unanfechtbar. Gegen einen zurückweisenden Beschluß kann sich der Antragsgegner mit der Beschwerde wenden (§ 567 ZPO).

59   Will der Antragsteller einem **Anordnungsbeschluß** nachkommen, muß er rechtzeitig die **Klage erheben** oder Widerklage in einem vom Antragsgegner des selbständigen Beweisverfahrens bereits begonnenen Rechtsstreit. Ausreichend sind auch ein Antrag auf Erlaß eines Mahnbescheids, ein Prozeßkostenhilfeantrag mit einem beigefügten Klageentwurf,[147] die Einleitung eines vereinbarten Schiedsgerichtsverfahrens und bei einer Insolvenzforderung deren Anmeldung im Insolvenzverfahren.[148] Die festgesetzte Frist kann nach § 224 Abs. 2 ZPO auf Antrag verlängert werden. Die **Versäumung** wird geheilt, wenn die Klageschrift noch bis zum Erlaß der Entscheidung über die Kosten zugestellt wird (§ 231 ZPO).

Einzuklagen ist der Anspruch, dessen Vorbereitung das selbständige Beweisverfahren dienen sollte. Die **Verteidigung** mit dem Anspruch in einem Prozeß des Antragsgegners gegen den Antragsteller genügt nicht. Ein Bauherr, der ein Beweissicherungsverfahren geführt hat, um Mängel feststellen zu lassen, darf daher nach einer Werklohnklage des Gegners aus seinen Gewährleistungsansprüchen nicht nur ein Zurückbehaltungsrecht herleiten oder mit ihnen aufrechnen. Er muß sie mit einer Klage oder Widerklage verfolgen.[149] Auch eine Klage des Antragstellers auf Erstattung der Kosten des selbständigen Beweisverfahrens reicht nicht aus.[150]

Parteien des Hauptsacheverfahrens müssen die des Beweisverfahrens sein oder ihre Rechtsnachfolger (Rn 51). Hat der Antragsteller das Beweisverfahren gegen mehrere Antragsgegner gerichtet und erhebt er die angeordnete Klage nicht gegen alle, so können die anderen mit einem Kostenantrag nach § 494 a Abs. 2 ZPO vorgehen.

60   Erhebt der Antragsteller die Klage nicht rechtzeitig, ergeht auf Antrag des Gegners ein **Kostenbeschluß** (§ 494 a Abs. 2 ZPO). Das gilt auch, wenn

---

147 *Musielak/Huber* § 494 a Rn 4; *Weise* Rn 520.
148 *Stein/Jonas/Leipold* § 494 a Rn 15.
149 OLG Köln NJW-RR 1997, 1295; a.A. OLG Köln NJW-RR 2000, 361.
150 OLG Nürnberg OLGZ 1994, 240 ff.

der Antragsteller die Klage zunächst erhoben, dann aber zurückgenommen hat, oder wenn sie als unzulässig abgewiesen worden ist.[151] Bei einer Klage nur wegen eines Teils der im Beweisverfahren geltend gemachten Ansprüche kann der Antragsgegner nach herrschender Meinung eine Teilkostenentscheidung in Höhe des auf den Rest entfallenden Bruchteils erwirken (Rn 52 a).

Gegen einen Kostenbeschluß kann sich der Antragsteller mit der **sofortigen** **61** **Beschwerde** wenden, gegen einen ablehnenden Beschluß der Antragsgegner (§ 494 a Abs. 2 Satz 3 ZPO). Unanfechtbar sind Beschlüsse von Landgerichten, die im Berufungs- oder Beschwerdeverfahren die Beweisaufnahme und dann die Erhebung der Klage angeordnet haben (§ 567 Abs. 3 ZPO) sowie Beschlüsse der Oberlandesgerichte (§ 567 Abs. 4 ZPO).

J. Wirkungen des selbständigen Beweisverfahrens

I. Im Hauptsacheprozeß

Das Ergebnis eines selbständigen Beweisverfahrens ist im Hauptsachepro- **62** zeß von Amts wegen zu verwerten, wenn sich eine Partei dort auf Tatsachen beruft, über die Beweis erhoben worden ist. Es wird dann **wie eine Beweisaufnahme im Hauptsacheverfahren** behandelt (§ 493 Abs. 1 ZPO). Voraussetzung ist, daß sich die Parteien im selbständigen Beweisverfahren als Antragsteller und Antragsgegner gegenübergestanden haben oder deren Rechtsnachfolger sind (Rn 51). Sonst kann das Beweisergebnis nur auf Antrag als Urkundenbeweis verwertet und bei einem Gutachten der Sachverständige als Zeuge benannt werden.[152]

Das Prozeßgericht darf nur eine Beweisaufnahme verwerten, die **gesetz-** **63** **mäßig verlaufen** ist. Unzulässig ist eine Verwertung, wenn das Beweisergebnis auch bei einer entsprechenden Beweisaufnahme des Prozeßgerichts

---

151 *Zöller/Herget* § 494 a Rn 4 a.
152 BGH BB 1990, 1798; OLG Frankfurt MDR 1985, 853 und *Handbpriv.Baur./Oelmaier* § 17 Rn 299 mit weiteren Nachweisen in Fußnote 396.

nicht verwertet werden dürfte. Die Parteien können sich im Hauptsacheverfahren nicht mehr darauf berufen, der selbständige Beweisantrag sei unzulässig gewesen;[153] der Antragsteller nicht auf die fehlende Zuständigkeit des mit der Beweisaufnahme befaßten Gerichts (§ 486 Abs. 2 Satz 2 ZPO), wohl aber der Antragsgegner, auch wenn er dies im selbständigen Beweisverfahren nicht gerügt hat.[154] Hat eine Partei an dem Beweisaufnahmetermin oder dem Ortstermin eines Sachverständigen nicht teilgenommen, so ist das Ergebnis nur zu verwerten, wenn sie rechtzeitig geladen war (§ 493 Abs. 2 ZPO). Eine nicht rechtzeitige Ladung ist in der ersten mündlichen Verhandlung vor dem Hauptsachegericht zu rügen. Sonst wird dieser Mangel geheilt (§ 295 ZPO).

II. Unterbrechung der Verjährungsfrist

64 Ein selbständiger Beweisantrag unterbricht die Verjährung **bestimmter Ansprüche**. Das gilt vor allem für Gewährleistungsansprüche aus Kauf- und Werkverträgen und für Ansprüche aus positiver Vertragsverletzung sowie Verschulden bei Vertragsschluß, die mit Sachmängeln in Zusammenhang stehen (§§ 477 Abs. 2, 639 Abs. 1 BGB), nicht für Ansprüche aus Miet- oder Pachtverträgen.[155]

Die Unterbrechung der Verjährung setzt voraus, daß der Antragsteller während des selbständigen Beweisverfahrens Inhaber des Anspruchs war[156] und der Antragsgegner Schuldner.[157] Sind Gewährleistungsansprüche vor der Einleitung des selbständigen Beweisverfahrens an Dritte abgetreten worden, wie häufig von Bauträgern an den Erwerber des Bauvorhabens, unterbricht nur ein selbständiges Beweisverfahrens des Erwerbers gegen den Bauunternehmer die Verjährung der Gewährleistungsansprüche, nicht ein Verfahren

---

153 *Zöller/Herget* § 493 Rn 3; *Stein/Jonas/Leipold* § 493 Rn 3; *Thomas/Putzo* § 493 Rn 1.
154 *Zöller/Herget* § 486 Rn 4; *Stein/Jonas/Leipold* § 486 Rn 6.
155 BGH NJW 1995, 252, 253.
156 BGH NJW 1993, 1916.
157 BGH NJW 1980, 1458.

des Bauträgers. Erwirbt der Antragsteller die Gewährleistungsrechte während des Beweisverfahrens, wird die Verjährung von da an unterbrochen, auch wenn die Abtretung nicht offengelegt worden ist.[158]

Die Verjährungsunterbrechung erstreckt sich bei Gewährleistungsansprüchen nur auf Mängel, die Gegenstand des Verfahrens waren. Liegen bei einem Bauvorhaben mehrere, voneinander unabhängige Mängel vor, so wird die Verjährungsfrist nur für Ansprüche aus den Mängeln unterbrochen, die im Beweisantrag aufgeführt waren.[159] Ergeben sich aus dem Gutachten des Sachverständigen neue Mängel, muß der Gläubiger die Verjährung hierfür durch neue Maßnahmen unterbrechen.[160]

Die **Unterbrechung** der Verjährungsfrist **beginnt** mit dem Eingang des Be-   65
weisantrages beim Gericht. Sie **entfällt**, wenn der Antrag rechtskräftig als unzulässig zurückgewiesen worden ist[161] oder der Antragsteller ihn zurücknimmt. Stellt er binnen sechs Monaten einen neuen selbständigen Beweisantrag, so gilt die Verjährungsfrist weiter als unterbrochen (§ 212 Abs. 2 BGB analog).

Die **Unterbrechung endet** mit dem **Abschluß des Beweisverfahrens**. Die   66
Einnahme des Augenscheins und die Vernehmung von Zeugen oder Sachverständigen ist mit der Protokollierung beendet, eine **schriftliche Begutachtung** regelmäßig mit der Übersendung des Gutachtens an die Parteien.[162] Werden mehrere Gutachten wegen desselben Mangels eingeholt, so ist der Zugang des letzten Gutachtens maßgebend, bei mehreren Gutachten über verschiedene Mängel hinsichtlich eines jeden Mangels der Zugang des Gutachtens, das ihn untersucht.[163]

Ordnet das Gericht eine **Ergänzung oder Erläuterung des Gutachtens** an, so endet das Verfahren erst mit dem Zugang der schriftlichen Ergänzung oder der mündlichen Erläuterung. Hat das Gericht eine **Frist für Einwendungen**

---

158 BGH NJW 1993, 1916.
159 BGH BauR 1993, 221 ff.
160 *Werner/Pastor* Rn 101.
161 BGH NJW 1983, 1901.
162 BGH NJW 1993, 851.
163 BGH BauR 1993, 221 ff.

gegen ein schriftliches Gutachten gesetzt und äußern sich die Parteien nicht, ist das selbständige Beweisverfahren nach dem Ablauf der Frist beendet. War keine Frist gesetzt, so verlängert ein Antrag, den Sachverständigen anzuhören, das Verfahren nur, wenn er in einem angemessenem Zeitraum nach dem Zugang des Gutachtens gestellt wird (Rn 41).

K. Muster für das selbständige Beweisverfahren

I. Muster: Antrag auf Beweissicherung (Zeugenvernehmung)

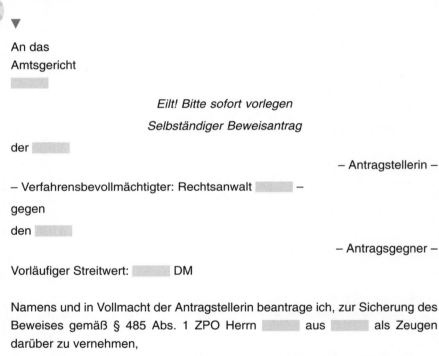

67 An das
Amtsgericht

Eilt! Bitte sofort vorlegen

Selbständiger Beweisantrag

der

– Antragstellerin –

– Verfahrensbevollmächtigter: Rechtsanwalt   –

gegen

den

– Antragsgegner –

Vorläufiger Streitwert: DM

Namens und in Vollmacht der Antragstellerin beantrage ich, zur Sicherung des Beweises gemäß § 485 Abs. 1 ZPO Herrn   aus   als Zeugen darüber zu vernehmen,

> daß der Antragsgegner beim Abschluß des Kaufvertrages der Parteien über den Pkw   der Antragstellerin erklärt hat, das Fahrzeug befinde sich in einem technisch einwandfreien Zustand.

Begründung:

Die Antragstellerin hat am ▒▒ für ▒▒ DM vom Antragsgegner mit dem in Kopie beigefügten Kaufvertrag den gebrauchten Pkw ▒▒ erworben. Sie verlangt die Wandelung des Vertrages, weil die aufgezogenen Reifen für die Felgen nicht zugelassen waren. Dies hat sich bei der späteren Inspektion in einer Werkstatt herausgestellt. Der Antragsgegner hat es wegen des vereinbarten Gewährleistungsausschlusses bislang abgelehnt, den Kaufvertrag rückgängig zu machen. Ein Prozeß ist noch nicht anhängig.

Die Antragstellerin kann durch den Zeugen ▒▒ nachweisen, daß der Antragsgegner beim Abschluß des Kaufvertrages einen technisch einwandfreien Zustand des Pkw zugesichert hat. Der Zeuge war dabei, als sich die Parteien darüber unterhalten haben.

Der Zeuge hat der Antragstellerin jetzt mitgeteilt, er werde im nächsten Monat nach Brasilien übersiedeln. Dies mache ich durch die anliegende eidesstattliche Versicherung der Antragstellerin glaubhaft. Seine Vernehmung in einem späteren Prozeß wäre dann erschwert, weil eine Beweisaufnahme in Brasilien nur unter schwierigen Bedingungen durchgeführt werden kann. Es ist daher zur Beweissicherung geboten, den Zeugen zu vernehmen, bevor er Deutschland verlassen hat.

Das Gericht wird gebeten, die Beweisaufnahme ohne mündliche Verhandlung sofort anzuordnen und den Zeugen unverzüglich zu vernehmen. Für den Kostenvorschuß übernehme ich persönlich die Haftung.

(Rechtsanwalt)

Anlagen:
1) Kaufvertrag der Parteien vom ▒▒
2) eidesstattliche Versicherung der Antragstellerin vom ▒▒

▲

63

II. Muster: Antrag auf Beweissicherung (Sachverständigengutachten)

▼

68 An das
Landgericht

▯▯▯▯▯

Eilt! Bitte sofort vorlegen

Selbständiger Beweisantrag

der ▯▯▯▯

– Antragstellerin –

– Verfahrensbevollmächtigter: Rechtsanwalt ▯▯▯▯ –

gegen

den ▯▯▯▯

– Antragsgegner –

Vorläufiger Streitwert: ▯▯▯▯ DM

Namens und in Vollmacht der Antragstellerin beantrage ich, zur Beweissicherung gemäß § 485 Abs. 1 ZPO ein schriftliches Sachverständigengutachten darüber einzuholen,

> daß bei dem Bauvorhaben ▯▯▯▯ in ▯▯▯▯ 50 % der Maurerarbeiten ausgeführt worden sind, die nach den beiliegenden Vertragsunterlagen vorgesehen waren.

Begründung:

Der Antragsgegner hat die Antragstellerin mit dem in Kopie beigefügten Bauvertrag vom ▯▯▯▯ beauftragt, zu einem Pauschalendpreis von ▯▯▯▯ DM die Maurerarbeiten bei dem Bauvorhaben ▯▯▯▯ in ▯▯▯▯ auszuführen. Der vorgesehene Leistungsumfang ergibt sich aus der anliegenden Bauzeichnung und Baubeschreibung.

Während der Arbeiten kam es zwischen den Parteien zu Differenzen. Der Antragsgegner hat deshalb den Vertrag mit dem beigefügten Schreiben vom ▯▯▯▯ fristlos gekündigt, den Mitarbeitern der Antragstellerin verboten, die

Baustelle zu betreten, und angekündigt, daß er die Restarbeiten an einen anderen Unternehmer vergeben werde. Er weigert sich, die erbrachten Leistungen zu bezahlen.

Die Antragstellerin hat 50 % der vorgesehenen Maurerarbeiten ausgeführt und beansprucht hierfür die Hälfte des vereinbarten Pauschalendpreises. Den Umfang ihrer Leistungen kann sie in einem späteren Prozeß mit einem Sachverständigengutachten nicht mehr beweisen, wenn der Antragsgegner, wie er angekündigt hat, die Arbeiten durch einen anderen Unternehmer fortführen läßt. Zur Sicherung dieses Beweismittels ist daher eine sofortige Begutachtung geboten.

Das Gericht wird gebeten, den Beweisbeschluß ohne mündliche Verhandlung zu erlassen und unverzüglich einen Sachverständigen mit der Erstattung des Gutachtens zu beauftragen. Für den Kostenvorschuß übernehme ich bis zur Höhe von   persönlich die Haftung. Sollte das Gericht einen höheren Vorschuß verlangen, bitte ich, mir dies telefonisch mitzuteilen.

(Rechtsanwalt)

Anlagen:
1) Bauvertrag der Parteien vom
2) Bauzeichnung des   vom
3) Baubeschreibung des   vom
4) eidesstattliche Versicherung des Bauleiters   vom

▲

65

III. Muster: Antrag im streitschlichtenden Verfahren

▼

69 An das
Landgericht
▨▨▨▨

Selbständiger Beweisantrag

des ▨▨▨

– Antragstellers –

– Verfahrensbevollmächtigter: ▨▨▨ –

gegen

1) die ▨▨▨
2) den ▨▨▨

– Antragsgegner –

Vorläufiger Streitwert: ▨▨▨ DM

Namens und in Vollmacht des Antragstellers beantrage ich, gemäß § 485 Abs. 2 ZPO ein schriftliches Sachverständigengutachten darüber einzuholen,

1) ob die Außenwand des Kellers im Gebäude ▨▨▨ in ▨▨▨ feucht ist,
2) worauf dies beruht,
3) welche Maßnahmen erforderlich sind, um den Mangel zu beheben, und
4) welche Kosten bei einer fachgerechten Beseitigung des Mangels anfallen.

Begründung:

Die Antragsgegnerin zu 1) hat im Auftrag des Antragstellers den Rohbau des Gebäudes ▨▨▨ in ▨▨▨ errichtet und dabei u. a. die Keller-Betonwanne gefertigt. Sie ist 0,75 m hoch. Dies hatte der Antragsgegner zu 2) in der Bauzeichnung so vorgesehen. Er war als Architekt vom Antragsteller mit der Planung beauftragt.

Nachdem das Gebäude fertiggestellt war, traten an der Außenwand des Kellers wiederholt Feuchtigkeitsschäden auf. Die Betonwanne dichtet den Keller offensichtlich nicht richtig ab. Die Antragsgegnerin zu 1) hat es abgelehnt, den Mangel zu beheben. Nach ihrer Darstellung in dem beigefügten Schreiben vom ▨ ist die Wanne fehlerfrei. Die Antragsgegnerin zu 1) führt die Feuchtigkeitsschäden auf einen Planungsfehler des Antragsgegners zu 2) zurück. Die von ihm vorgegebene Höhe der Kellerwanne reiche bei dem Grundwasserstand nicht aus. Der Antragsgegner zu 2) hat dies in dem anliegenden Schreiben vom ▨ bestritten und sich auf Mängel der Kellerwanne berufen. Ein Prozeß ist noch nicht anhängig.

Der Antragsteller hat ein rechtliches Interesse, die im Beweisantrag genannten Tatsachen durch einen gerichtlichen Sachverständigen feststellen zu lassen. Aus seinem Gutachten wird sich ergeben, wer für die unzulängliche Abdichtung verantwortlich ist. Es ist zu erwarten, daß die Antragsgegner dies dann akzeptieren und zu einer einvernehmlichen Lösung bereit sind, sodaß sich ein Prozeß erübrigt.

Das Landgericht ▨ ist gemäß § 486 Abs. 2 ZPO als Gericht der Hauptsache zuständig. Der Antragsteller veranschlagt die Mängelbeseitigungskosten auf ▨ DM. Diesen Betrag hat die Antragsgegnerin zu 1) in dem beigefügten Kostenvoranschlag verlangt.

Das Gericht wird gebeten, den Beweisbeschluß ohne mündliche Verhandlung zu erlassen.

Zur Glaubhaftmachung sind beigefügt:
1) der Bauvertrag mit der Antragsgegnerin zu 1) vom ▨
2) der Architektenvertrag mit dem Antragsgegner zu 2) vom ▨
3) die Bauzeichnung des Antragsgegners zu 2)
4) das Schreiben der Antragsgegnerin zu 1) vom ▨
5) das Schreiben des Antragsgegners zu 2) vom ▨
6) der Kostenvoranschlag der Antragsgegnerin zu 1) vom ▨

(Rechtsanwalt)

▲

IV. Muster: Beschwerde gegen ablehnenden Beschluß

▼

70   An das
Amtsgericht/Landgericht

███████

Az.: ███████

In dem selbständigen Beweisverfahren

███████ ./. ███████

lege ich namens und in Vollmacht des Antragstellers

Beschwerde

gegen den Beschluß vom ███████ mit dem Antrag ein,

ihn aufzuheben und die beantragte Beweisaufnahme anzuordnen.

Begründung:

Das Amtsgericht/Landgericht hat dem Antragsteller zu Unrecht ein Rechtsschutzbedürfnis für den selbständigen Beweisantrag vom ███████ abgesprochen. Der Antrag beruht auf § 485 Abs. 2 ZPO. Ein rechtliches Interesse ist danach anzunehmen, wenn die Feststellungen des Sachverständigen dazu dienen können, einen Prozeß zu vermeiden. Die Antragsgegnerin hat zwar eine gütliche Einigung mit der Begründung ausgeschlossen, sie brauche schon aus Rechtsgründen für etwaige Gewährleistungsansprüche des Antragstellers nicht einzustehen. Das Gericht hat hieraus entnommen, das Gutachten eines Sachverständigen über die behaupteten Mängel sei nicht geeignet, den Streit der Parteien beizulegen; die Antragsgegnerin werde es in jedem Fall auf einen Rechtsstreit ankommen lassen. Das mag für die Antragsgegnerin zutreffen. Der Antragsteller ist unabhängig von dem Ergebnis des Sachverständigengutachtens nicht entschlossen, einen Prozeß gegen sie zu führen. Sollte sich – wider Erwarten – herausstellen, daß die Mängel auf Ursachen beruhen, die von der Antragsgegnerin nicht zu verantworten sind, wird er sie nicht verklagen. Ein Rechtsstreit der Parteien würde dann durch das Gutachten vermieden. Dies reicht für ein rechtliches Interesse an einem selbständigen Beweisverfahren nach § 485 Abs. 2 ZPO aus (vgl. OLG Oldenburg MDR 1995, 746, 747; OLG Zweibrücken OLGZ 1993, 218 ff.).

(Rechtsanwalt)

V. Muster: Erweiterungsantrag

An das   71
Amtsgericht/Landgericht

Az.:

In dem selbständigen Beweisverfahren

 ./.

beantrage ich namens und in Vollmacht des Antragsgegners, den Sachverständigen zusätzlich damit zu beauftragen, festzustellen,

ob der behauptete Baumangel auf Planungsfehler des Architekten zurückzuführen ist.

Begründung:

Wenn tatsächlich – wie die Antragstellerin behauptet hat – die Außenwand des Hauses undicht ist, dann beruht dies nicht auf den Arbeiten des Antragsgegners. Er hat die Fassadenplatten fehlerfrei verlegt und sich dabei an die beigefügte Bauzeichnung des von der Antragstellerin beauftragten Architekten gehalten, der die Verkleidung geplant hat. Ihm muß dann hierbei ein Fehler unterlaufen sein. Um dies zu klären, ist eine Stellungnahme des Sachverständigen auch hierzu erforderlich. Von seinem Gutachten ist sonst eine gütliche Einigung nicht zu erwarten.

(Rechtsanwalt)

Anlage: Bauzeichnung des ▨▨▨ vom ▨▨▨

VI.   Muster: Streitverkündung des Antragsgegners

72   An das

Amtsgericht / Landgericht

▨▨▨

Az.: ▨▨▨

Streitverkündung

In dem selbständigen Beweisverfahren

▨▨▨ ./. ▨▨▨

verkünde ich namens und im Auftrag des Antragsgegners der Firma ▨▨▨
den Streit.

Das Gericht wird gebeten, der Streitverkündeten Abschriften dieses Schriftsatzes sowie die beigefügten Kopien der Antragsschrift und der Erwiderung des
Antragsgegners alsbald zuzustellen.

Begründung:

Der Antragsteller hat beantragt, ein Sachverständigengutachten wegen angeblich mangelhafter Estricharbeiten im Badezimmer seines neu gebauten Wohnhauses einzuholen. Er will hierfür den Antragsgegner als Generalunternehmer
des Bauvorhabens verantwortlich machen. Sollten tatsächlich Mängel vorliegen, wird der Antragsgegner die Kosten seiner Gewährleistung von der Streitverkündeten ersetzt verlangen. Die Streitverkündete muß hierfür einstehen,
weil sie im Auftrag des Antragsgegners als Subunternehmerin die Estricharbeiten ausgeführt und trotz einer vorsorglichen Aufforderung des Antragsgegners
nicht nachgebessert hat.

Das Gericht hat den beantragten Beweisbeschluß noch nicht erlassen.

(Rechtsanwalt)

Anlagen:
1) Kopie der Antragsschrift des Antragstellers vom
2) Kopie der Erwiderung des Antragsgegners vom

VII. Muster: Streitverkündung des Antragstellers

▼

An das   73
Amtsgericht / Landgericht

Az.:

Streitverkündung

In dem selbständigen Beweisverfahren

  ./.

verkünde ich namens und im Auftrag des Antragstellers dem Architekten den Streit.

Das Gericht wird gebeten, dem Streitverkündeten Abschriften dieses Schriftsatzes sowie die beigefügten Kopien der Antragsschrift und der Erwiderung des Antragsgegners alsbald zuzustellen.

Begründung:
Der Antragsteller hat beantragt, ein schriftliches Sachverständigengutachten wegen der Risse an seinem Neubau einzuholen. Er macht hierfür den Antragsgegner als Bauunternehmer verantwortlich. Der Antragsgegner hat eingewandt, es handele sich um Setzungsrisse. Sollte sich dies herausstellen, wird der Antragsteller den Streitverkündeten in Regreß nehmen. Der Streitverkündete hat als Architekt das Bauvorhaben geplant und auch die statischen Be-

rechnungen durchgeführt. Er ist daher zum Schadensersatz verpflichtet, wenn ihm hierbei Fehler unterlaufen sind.

Das Gericht hat den beantragten Beweisbeschluß noch nicht erlassen.

(Rechtsanwalt)

Anlagen:
1) Kopie der Antragsschrift des Antragstellers vom
2) Kopie der Erwiderung des Antragsgegners vom

▲

VIII.   Muster: Beitritt des Streitverkündeten

▼

74   An das
Amtsgericht / Landgericht

Az.:

In dem selbständigen Beweisverfahren

 ./.

vertrete ich den Streitverkündeten   .

Er tritt dem Verfahren auf seiten   bei, schließt sich dessen Antrag an und trägt ergänzend vor:

(Rechtsanwalt)

▲

72

IX. Muster: Antrag auf Erläuterung eines schriftlichen Gutachtens

▼

An das   **75**
Amtsgericht / Landgericht

Az.:

In dem selbständigen Beweisverfahren

.../.

beantrage ich namens und im Auftrag des Antragstellers / Antragsgegners / Streithelfers,

den Sachverständigen   zur mündlichen Erläuterung seines schriftlichen Gutachtens vom   zu laden.

Die Ausführungen in dem Gutachten über   sind nicht überzeugend. Der Sachverständige hat dabei nicht hinreichend berücksichtigt, daß   . Außerdem ist nicht nachzuvollziehen,   .

Der Antragsteller / Antragsgegner / Streithelfer will den Sachverständigen hiernach befragen. Hierauf hat er ein Recht, auch wenn das Gericht keine Fragen hat (vgl. u. a. BGH NJW 1998, 162, 163; NJW 1997, 802 f.).

(Rechtsanwalt)

▲

X. Muster: Ablehnung eines Sachverständigen wegen der Besorgnis der Befangenheit

▼

76 An das
Amtsgericht / Landgericht

░░░░░░

Az.: ░░░░░░

In dem selbständigen Beweisverfahren

░░░░░░ ./. ░░░░░░

lehne ich namens und im Auftrag des Antragsgegners den Sachverständigen ░░░░░░ wegen der Besorgnis der Befangenheit ab.

Begründung:
Der Sachverständige hat – wie der Seite ░░░░░░ seines schriftlichen Gutachtens zu entnehmen ist – Konstruktionspläne des Antragstellers verwertet, die er von ihm angefordert hatte, ohne den Antragsgegner darüber zu informieren. Das wird der Sachverständige bestätigen, wenn ihn das Gericht danach befragt. Der Antragsgegner kennt diese Pläne nicht. Er wußte auch nicht, daß sie dem Sachverständigen vorlagen. Dies hat er erst aus dem Gutachten erfahren.

Der Sachverständige hat sich danach auf einseitige Informationen des Antragstellers gestützt und es ihm dadurch ermöglicht, das Gutachten zu beeinflussen, dies aber dem Antragsgegner versagt, indem er ihn nicht beteiligt hat. Der Antragsgegner befürchtet daher, daß der Sachverständige voreingenommen ist.

(Rechtsanwalt)

XI. Muster: Anträge gemäß § 494 a ZPO

An das Amtsgericht/Landgericht

Az:

In dem selbständigen Beweisverfahren

./.

beantrage ich namens und in Vollmacht des Antragsgegners,

1) dem Antragsteller aufzugeben, binnen zwei Wochen Klage zu erheben und

2) ihm nach dem Ablauf der Frist die Kosten des Antragsgegners aus dem selbständigen Beweisverfahren aufzuerlegen.

Begründung:

Das Beweisverfahren ist beendet, nachdem die Parteien innerhalb der gesetzten Frist keine Einwendungen gegen das schriftliche Gutachten des Sachverständigen vom erhoben haben. Damit sind die Voraussetzungen des § 494 a Abs. 1 ZPO für die beantragte Anordnung erfüllt. Sie ist erforderlich, weil der Antragsteller seinen vermeintlichen Anspruch bislang nicht eingeklagt hat. Eine Frist von zwei Wochen dürfte angemessen sein.

Sollte der Antragsteller keine Klage erheben, wird schon jetzt der Kostenantrag nach § 494 a Abs. 2 ZPO gestellt.

Es wird angeregt, ohne mündliche Verhandlung zu entscheiden.

(Rechtsanwalt)

§ 3 Einstweilige Verfügung

Gläubiger können mit einer einstweiligen Verfügung gefährdete Ansprüche   1
sichern, bis sie tituliert sind (§ 935 ZPO), und in dringenden Fällen streitige
Rechtsverhältnisse vorläufig regeln lassen (§ 940 ZPO). Diese **Sicherungs-
und Regelungsverfügungen** führen nicht zur Erfüllung des Anspruchs. Sie
verschaffen dem Gläubiger nur einen Titel, mit dem er die Zeitspanne bis
zur Entscheidung im Klageverfahren überbrücken kann, um die Zwangsvollstreckung zu sichern, wenn er in der Hauptsache obsiegt hat

In Ausnahmefällen sind schon im einstweiligen Verfügungsverfahren Ansprüche vorläufig durchzusetzen (**Leistungsverfügung**). Darauf sind Gläubiger angewiesen, die sich in einer **Notlage** befinden oder denen sonst **irreparable Schäden** drohen.

Bestimmte Leistungsverfügungen sind zugelassen, auch wenn kein Notfall
besteht. Bei ihnen wird häufig vermutet, daß der Anspruch gefährdet ist. Sie
sind eine Alternative zum Klageverfahren und diesem in der Regel vorzuziehen, weil der Verfügungsantrag schneller und leichter zu einem Titel führt.
Eine Klage erübrigt sich dann häufig. Die Parteien können den Rechtsstreit
auf das Verfügungsverfahren beschränken.

Das Verfügungsverfahren bietet einen **effektiven Rechtsschutz**. Es ist über-   2
dies billiger als das Klageverfahren, weil der Streitwert in der Regel niedriger
ist.

Der Gläubiger geht mit einem Verfügungsantrag aber ein **zusätzliches Ko-**   3
stenrisiko ein. Hat er eine einstweilige Verfügung erwirkt, so steht es nicht
mehr in seinem Belieben, ob er die **Klage in der Hauptsache** erhebt. Nach
einer sichernden und regelnden Verfügung ist er hierzu gezwungen, wenn
der Schuldner den Anspruch nicht freiwillig erfüllt. Nach einer Leistungsverfügung muß er den Anspruch unter Umständen einklagen, damit er nicht
verjährt. Außerdem kann ihm der Schuldner eine Frist für die Klage setzen
lassen (§§ 926, 936 ZPO). Erhebt der Gläubiger sie nicht oder unterliegt er

im Klageverfahren, so muß er die Kosten der einstweiligen Verfügung tragen, auch wenn er im Verfügungsverfahren obsiegt hat.

Deshalb ist vor einem Verfügungsantrag das Kostenrisiko einer Klage einzukalkulieren. Von einer einstweiligen Verfügung ist nicht nur abzuraten, wenn für sie keine Aussicht auf Erfolg besteht. Sie ist auch dann nicht zu empfehlen, wenn der Antragsteller zwar im einstweiligen Verfügungsverfahren erfolgversprechend vorgehen kann, nicht aber mit einer Klage.

4 Das Verfügungsverfahren ist überdies mit einem **Schadensersatzrisiko** verbunden. Der Antragsteller **muß** aus einer einstweiligen Verfügung – anders als aus einem noch nicht rechtskräftigen Urteil – die **Zwangsvollstreckung betreiben** (§§ 929 Abs. 2, 936 ZPO). Entstehen dem Antragsgegner hierdurch Schäden und erweist sich die einstweilige Verfügung später als von Anfang an ungerechtfertigt, so ist der Antragsteller unabhängig von seinem Verschulden zum Schadensersatz verpflichtet (§ 945 ZPO).

5 *Hinweis*
Im einstweiligen Verfügungsverfahren endet der Instanzenzug spätestens bei den Oberlandesgerichten. Dies hat bei verschiedenen Rechtsfragen zu einer **regional unterschiedlichen Entscheidungspraxis** geführt. Anwälte sollten sich daher mit der örtlichen Rechtsprechung vertraut machen.

A. Arten der einstweiligen Verfügung

6 Sicherungs-, Regelungs- und Leistungsverfügungen unterscheiden sich nicht durch ihre **Voraussetzungen**. Erforderlich ist in jedem Fall
- ein materieller Anspruch des Antragstellers (**Verfügungsanspruch**) und in der Regel
- die Gefährdung dieses Anspruchs (**Verfügungsgrund**).

Abweichungen bestehen bei den **Rechtsfolgen**.

Sicherungs- und Regelungsverfügungen dienen dazu, Ansprüche oder Rechte zu schützen. Mit ihnen sind nur Anordnungen zu erreichen, die es ermöglichen sollen, gefährdete Ansprüche später durchzusetzen.

Leistungsverfügungen führen – ganz oder teilweise – zur Erfüllung eines Anspruchs. Sie nehmen Urteile vorweg, verpflichten den Gegner aber auch dann nur vorläufig, weil sie – ebenso wie Sicherungs- und Regelungsverfügungen – unter dem Vorbehalt der endgültigen Klärung im Hauptverfahren stehen. Ergeht dort eine abweichende Entscheidung, so wird die einstweilige Verfügung auf Antrag des Gegners aufgehoben.

I. Sicherungsverfügung

Sicherungsverfügungen bezwecken, die künftige Durchsetzung eines Rechts zu sichern. Sie sollen verhindern, daß Ansprüche nicht mehr zu realisieren sind, wenn sie tituliert werden.

7

1. Verfügungsanspruch

Eine Sicherungsverfügung kann sich auf alle materiellen Ansprüche bis auf Geldforderungen erstrecken, die mit einer Leistungs-, Feststellungs- oder Gestaltungsklage einklagbar sind (**Verfügungsanspruch**). In Betracht kommen vor allem Ansprüche auf

8

- Herausgabe,
- Handlungen,
- Duldungen und Unterlassungen sowie
- Abgabe von Willenserklärungen.

Zahlungsansprüche sind nur mit einem Arrest zu sichern.

2. Verfügungsgrund

Ein **Verfügungsgrund** liegt vor, wenn zu befürchten ist, daß der Gläubiger wegen einer drohenden Veränderung des bestehenden Zustandes seinen An-

9

spruch ohne die Sicherungsverfügung nicht mehr oder nur noch unter wesentlich erschwerten Umständen durchsetzen kann (§ 935 ZPO).

Ein **Herausgabeanspruch** kann z.B. gefährdet sein durch den bevorstehenden Verbrauch der Sache oder die drohende Zerstörung, Veräußerung, Belastung, Verarbeitung bzw. übermäßige Abnutzung. Ob schon der normale Wertverlust durch die bloße Weiterbenutzung ausreicht, ist umstritten. Der 11. Zivilsenat des OLG Düsseldorf[1] hat dies zunächst bejaht[2] und später verneint.[3]

3. Sicherungsmittel

10 Ein typisches **Sicherungsmittel** ist die **Verwahrung** und – wenn erforderlich – **Verwaltung** von Sachen.

11 Müssen Sachen **nur verwahrt** werden, so nimmt der Gerichtsvollzieher sie in Besitz. Beweglichen Sachen lagert er in einer behördeneigenen Pfandkammer oder z.B. bei einem Spediteur ein, Grundstücke kann er räumen lassen. Der Gerichtsvollzieher ist hierzu dienstlich verpflichtet. Seine Kosten sind Vollstreckungskosten. Der Gläubiger kann sie festsetzen lassen (§ 103 ZPO) und dann vom Schuldner beitreiben.

12 Ist **auch eine Verwaltung** erforderlich, so muß ein **Sequester** damit beauftragt werden. Der Gerichtsvollzieher braucht dies nicht zu übernehmen. Die Sequestration ist für ihn eine freiwillige Nebentätigkeit. Das Gericht bestellt den Sequester. Der Gerichtsvollzieher übergibt ihm die Sachen. Der Sequester hat gegen den Gläubiger einen Vergütungsanspruch. Die Höhe kann er mit dem Gläubiger vereinbaren. Sonst setzt sie das Gericht – im allgemeinen nach den Vergütungssätzen für Zwangsverwalter – fest.

Bei einer Sequestration sind die Kosten der Inbesitznahme durch den Gerichtsvollzieher und der Übergabe an den Sequester Vollziehungskosten. Ob

---

1 MDR 1984, 411.
2 Ebenso OLG Karlsruhe WM 1994, 1983, 1986.
3 MDR 1995, 635; ebenso OLG Dresden MDR 1998, 305 f. und OLG Köln ZIP 1988, 445, 446.

das auch für das Honorar des Sequesters und die weiteren Verwaltungskosten gilt, ist umstritten.[4]

Hinweis

Der Gläubiger sollte zunächst mit einem **Kostenfestsetzungsantrag** vorgehen. Scheitert er hiermit, so ist er auf einen materiellen Schadensersatzanspruch angewiesen, den der notfalls mit einer Klage oder im Wege des Mahnverfahrens durchsetzen muß. Als Anspruchsgrundlagen kommen vor allem Verzug, positive Vertragsverletzung oder unerlaubte Handlung in Betracht.

Grundstücke werden durch die Eintragung der Sequestration im Grundbuch oder die Anordnung der Zwangsverwaltung sequestriert, Forderungen oder Rechte durch die Überleitung mit einem Pfändungs- und Überweisungsbeschluß auf den Sequester.[5]

Einer **drohenden Veräußerung** kann der Gläubiger auch mit einem Veräußerungs- oder Erwerbsverbot vorbeugen, einer **drohenden Belastung** mit einem Belastungsverbot (§ 938 Abs. 2 ZPO).   13

Ein **Veräußerungsverbot** ist billiger als eine Sequestration, weil keine Lagerkosten anfallen. Es schützt aber nicht vor einem gutgläubigen Erwerb durch Dritte (§§ 136, 135 Abs. 2 BGB). Um dies zu erreichen, kann der Gläubiger bei **beweglichen Sachen** zusätzlich und mit vergleichsweise geringen Kosten die **Siegelung** anordnen lassen. Sie sind dann gleichermaßen gesichert wie gepfändete Sachen, die zunächst beim Schuldner verbleiben. Ein Veräußerungsverbot hinsichtlich eines **Grundstücks** ist **im Grundbuch eintragungsfähig**.[6] Hieran ist vor allem bei Ansprüchen zu denken, die nicht nach § 883 BGB durch eine Vormerkung zu sichern sind, wie z.B. Rückgewähransprüche nach dem Anfechtungsgesetz. Sonst führt eine Vormerkung oder ein Widerspruch einfacher zum Ziel.   14

---

4 Dafür OLG Karlsruhe JurBüro 1993, 495; dagegen SchlHOLG JurBüro 1992, 703, jeweils mit weiteren Nachweisen.

5 *Wieczorek/Thümmel* § 938 Rn 14.

6 *Schuschke/Walker* Vorbemerkung zu § 935 Rn 45.

15 Ein **Erwerbsverbot** kann nur gegenüber dem Schuldner des Antragstellers ergehen, nicht gegenüber einem Dritten. Mit ihm kann z.B. der Verkäufer eines Grundstücks, der den Kaufvertrag angefochten hat oder von ihm zurückgetreten ist, es dem Käufer untersagen lassen, die Umschreibung des Eigentums im Grundbuch zu beantragen oder den Eintragungsantrag aufrechtzuerhalten. Es ist nach wohl überwiegender Auffassung nicht im Grundbuch einzutragen.[7] Das Grundbuchamt muß ein Erwerbsverbot von Amts wegen beachten, wenn es hiervon Kenntnis erlangt. Verstößt der Käufer dagegen und trägt ihn das Grundbuchamt ein, so wird er Eigentümer. Der Verkäufer ist dann auf einen Rückübertragungsanspruch angewiesen, den er mit einer Vormerkung sichern kann.

16 Bei zu **befürchtenden Einwirkungen** kann der Gläubiger statt einer Verwahrung oder Sequestration auch beantragen, dem Schuldner die Einwirkungen zu untersagen, wie z.B. durch ein **Verbot der Benutzung** oder der Bebauung eines herauszugebenden Grundstücks. Davon ist im allgemeinen abzuraten, weil der Gläubiger hierdurch nicht hinreichend gesichert ist. Er kann bei einem Verstoß nur mit einem Ordnungsgeldantrag nach § 890 ZPO vorgehen und ist auf Schadensersatzansprüche angewiesen.

II. Regelungsverfügung

17 Regelungsverfügungen dienen dazu, streitige Rechtsbeziehungen vorläufig zu ordnen. Aus ihnen müssen noch keine Ansprüche des Antragstellers entstanden sein. Ein **Verfügungsanspruch** besteht schon dann, wenn Ansprüche oder Rechte entstehen können.[8]

18 Ein **Verfügungsgrund** liegt vor, wenn eine vorläufige Regelung bis zu einer Entscheidung im ordentlichen Prozeßweg nötig ist, um wesentliche Nachteile abzuwenden (§ 940 ZPO). Die einstweilige Regelung muß so dringlich sein, daß es dem Antragsteller nicht zuzumuten ist, mit der Realisierung seines Rechts bis zur Entscheidung im normalen Klageverfahren zu

---

7 *Stein/Jonas/Grunsky* § 938 Rn 26 mit Nachweisen in Fußnote 69.

8 OLG Koblenz NJW-RR 1986, 1039; *Thomas/Putzo/Reichold* § 940 Rn 2; *Zöller/Vollkommer* § 940 Rn 2; *Stein/Jonas/Grunsky* § 940 Rn 2; *Schuschke/Walker* § 940 Rn 2; *MüKo/Heinze* § 940 Rn 3.

warten.[9] Dabei sind die schutzwürdigen Interessen des Gläubigers und des Schuldners gegeneinander abzuwägen. Der Vorteil für den Gläubiger darf nicht außer Verhältnis zu den Nachteilen des Schuldners stehen.[10]

Ein Bedürfnis nach Regelungsverfügungen besteht in der Praxis häufig im **Gesellschaftsrecht**. Gegenstand der Verfahren sind meistens Auseinandersetzungen über Abstimmungen oder über Geschäftsführungs- und Vertretungsbefugnisse (Siehe in diesem Buch § 8).   19

III. Leistungsverfügung

Die Gefahr von Fehlentscheidungen ist im einstweiligen Verfügungsverfahren – vor allem wegen der Beschränkung der Beweismittel – größer als im normalen Klageverfahren. Deshalb sind einstweilige Verfügungen, die Parteien verpflichten, Ansprüche zu erfüllen, im allgemeinen unzulässig. Das Verfügungsverfahren soll das Hauptsacheverfahren nicht ersetzen.   20

Nur aus besonderen Gründen können schon mit einer einstweiligen Verfügung **Ansprüche vorläufig durchgesetzt** werden. Dies ergibt sich entweder

- aus **gesetzlichen Bestimmungen** oder
- weil sich Gläubiger in einer **„Notlage"** befinden. Eine „Notlage" besteht, wenn Parteien auf die sofortige Erfüllung eines Anspruch so dringend angewiesen sind, daß sie ein ordentliches Verfahren nicht abwarten können, ohne einen unverhältnismäßig großen oder sogar irreparablen Schaden zu erleiden.[11]

Diese Leistungsverfügungen nehmen **Leistungsurteile** vorweg. Ob sie auch **Feststellungs- und Gestaltungsurteilen** vorgreifen können, ist umstritten und noch weitgehend ungeklärt.

---

9 *Stein/Jonas/Grunsky* § 940 Rn 7.

10 *Thomas/Putzo/Reichold* § 940 Rn 5; *Zöller/Vollkommer* § 940 Rn 4.

11 Z.B. OLG Düsseldorf NJW-RR 1996, 123, 124; *Thomas/Putzo/Reichold* § 940 Rn 6; *Zöller/Vollkommer* § 940 Rn 8; *MüKo/Heinze* § 935 Rn 15 ff.

21　Leistungsverfügungen liegen nur vor, wenn sie zur vorläufigen Erfüllung einer **Hauptpflicht** führen. **Keine Leistungsverfügungen** sind Anordnungen, die sich aus **Nebenpflichten** ergeben und lediglich dazu dienen, die Erfüllung der Hauptpflicht zu sichern. Sie ersetzen nicht das Urteil im Hauptsacheverfahren und sind daher grundsätzlich zulässig. Dazu zählen vor allem rechtsgestaltende Maßnahmen zur vorläufigen Regelung eines Rechtsverhältnisses sowie Ge- und Verbote, mit denen erreicht werden soll, daß der Hauptanspruch erfüllbar bleibt, wie z.B. das Verbot eines anderweitigen Bierbezugs zur Sicherung einer Bierbezugsverpflichtung.[12]

1.　Vorweggenommene Leistungsurteile

a)　Geldleistungen

22　Nach § 1615 o BGB sind einstweilige Unterhaltsverfügungen eines nichtehelichen Kindes und der Mutter gegen den mutmaßlichen Vater zulässig.

23　In **Notlagen** kann der Gläubiger überdies zeitlich begrenzt – in der Regel für einen Zeitraum von sechs Monaten[13] – **Abschlagszahlungen** z.B. auf den **Arbeitslohn**[14] sowie auf **Schadenseratzrenten** nach den §§ 843, 844 BGB verlangen[15] und ein Vermieter **Mietzinsen** (§ 7 Rn 2). Voraussetzung ist, daß er diese Beträge dringend benötigt, um seinen Lebensunterhalt bestreiten zu können. Eine Zahlungsverfügung darf darüber nicht hinausgehen.

Auf **Sozialhilfeleistungen** braucht sich der Gläubiger nach herrschender Meinung jedenfalls nicht verweisen zu lassen, solange er keine Sozialhilfe bezieht.[16] Ein Anspruch auf **Arbeitslosengeld oder -hilfe** steht einer einstweiligen Verfügung nicht entgegen.[17]

12　*Berneke* Rn 31.

13　U. a. *Stein/Jonas/Grunsky* vor § 935 Rn 43.

14　Nachweise bei *Stein/Jonas/Grunsky* vor § 935 Rn 41 in Fußnote 117.

15　Z.B. OLG Düsseldorf VersR 1988, 803; OLG Celle VersR 1990, 212.

16　*Stein/Jonas/Grunsky* vor § 935 Rn 39 a mit Nachweisen in Fußnote 107; a.A. OLG Hamm MDR 2000, 847.

17　*Schuschke/Walker* Vorbem. zu § 935 Rn 28 und *Stein/Jonas/Grunsky* vor § 935 Rn 39 a mit Nachweisen in Fußnote 111.

Auch **einmalige Zahlungen** kommen in Betracht, wie z.B. **Arzt- oder Kur-** 24
kosten nach Unfällen, die der Gläubiger dringend benötigt, um ernsthafte
Dauerschäden abzuwenden.[18] Voraussetzung ist eine materielle Notlage. Sie
besteht nicht, wenn der Geschädigte Leistungen von einem Krankenversiche-
rer, Rente oder Pensionszahlungen erhält. In der Literatur werden überdies
einstweilige Verfügungen auf Zahlung von **Schmerzensgeld** in Fällen für zulässig gehalten, in denen das Opfer den Abschluß eines Klageverfahrens mit
einer gewissen Wahrscheinlichkeit nicht mehr erleben wird.[19]

b) Herausgabe von Sachen

Parteien können im Wege der einstweiligen Verfügung die Herausgabe von 25
Sachen verlangen, die ihnen durch **verbotene Eigenmacht** rechtswidrig entzogen worden sind (§ 861 BGB). Dies ist für die Räumung von Wohnraum
ausdrücklich im Gesetz bestimmt (§ 940 a ZPO), hinsichtlich anderer Sachen
allgemein anerkannt[20] und gilt auch für Beseitigungs- und Unterlassungsansprüche aus Besitzstörungen.[21] Ein Verfügungsgrund wird in diesen Fällen
vermutet.[22] Er ergibt sich aus dem Rechtsgedanken des § 859 BGB. Der Ge-
setzgeber gewährt dem Besitzer gegen verbotene Eigenmacht ein Selbsthilferecht. Dann muß es erst Recht möglich sein, die Gerichte im Wege des
einstweiligen Rechtsschutzes anzurufen.

Herausgabeverfügungen sind außerdem in Fällen zulässig, in denen der
Gläubiger auf den unmittelbaren Besitz einer Sache für seinen **Lebensunter-**
halt dringend angewiesen ist, wie Arbeitspapiere, Arbeitsgeräte, Betrieb-
saufzeichnungen oder Buchführungsunterlagen, ohne die er seinen Beruf
nicht ausüben kann.[23]

---

18 KG NJW 1969, 2019; *Thomas/Putzo/Reichold* § 940 Rn 10.
19 *Spickhoff* VersR 1994, 1155 ff.
20 OLG Stuttgart NJW-RR 1996, 1516; OLG Hamm NJW-RR 1991, 1526; OLG Köln JMBl NW 1990,
    178; OLG Frankfurt BB 1981, 148.
21 *Stein/Jonas/Grunsky* vor § 935 Rn 44.
22 OLG Stuttgart NJW-RR 1996, 1516; *Zöller/Vollkommer* § 940 Rn 8 „Herausgabe, Räumung, Besitz-
    schutz".
23 OLG Köln NJW-RR 1997, 57; OLG Hamm NJW-RR 1992, 640; *Zöller/Vollkommer* § 940 Rn 8
    „Herausgabe, Räumung und Besitzschutz".

c) Handlungen

26 Mit einer einstweiligen Verfügung sind **presserechtliche Gegendarstellungen** nach den Landespressegesetzen und **Auskunftsansprüche** bei offensichtlichen Rechtsverletzungen im **gewerblichen Rechtsschutz** durchzusetzen (§§ 19 Abs. 3 MarkenG, 14 a Abs. 3 GeschmMG, 24 b Abs. 3 GebrMG, 140 b Abs. 3 PatG, 101 a Abs. 3 UrhG).

Einstweilige Verfügungen zur Erteilung von **Auskünften** sind sonst in der Regel unzulässig.[24] Ausgenommen sind Auskünfte, auf die der Gläubiger dringend angewiesen ist, um Zahlungsansprüche zu beziffern, die er mit einer Geldleistungsverfügung durchsetzen kann.[25] Das OLG Karlsruhe[26] hat eine einstweilige Verfügung für zulässig gehalten, mit der einem in Konkurs gefallenen Schuldner, der vom Gläubiger Waren unter verlängertem Eigentumsvorbehalt bezogen und weiterverkauft hatte, aufgegeben wurde, einem vom Gläubiger zu benennenden Rechtsanwalt Auskunft über die Bezieher der Waren zu erteilen. Der Gläubiger hatte glaubhaft gemacht, daß er die Bezieher nicht kannte und in Liquidationsschwierigkeiten geriete, wenn er mit seiner Forderung gegen den Schuldner ausfiele. Der Anwalt sollte die Bezieher der Waren von der Vorausabtretung unterrichten, um befreiende Zahlungen an den Schuldner zu verhindern.

27 **Andere Handlungen** sind mit einem Verfügungsantrag durchzusetzen, wenn sie nur innerhalb eines bestimmten Zeitraums vorgenommen werden können und der Gläubiger bis zum Ablauf kein Urteil im Klageverfahren erwirken kann[27] oder wenn der Gläubiger auf die Erfüllung dringend angewiesen ist, weil er sonst in eine Notlage geriete, wie z.B. die ausreichende Belieferung mit lebensnotwendigen Gütern, wie Wasser, Gas und Strom oder die Beheizung einer Mietwohnung (§ 7 Rn 3).

---

24 OLG Hamm NJW-RR 1992, 640; KG GRUR 1988, 404 und weitere Nachweise bei *Stein/Jonas/ Grunsky* vor § 935 Rn 53 in Fußnote 176.

25 *Stein/Jonas/Grunsky* vor § 935 Rn 53; *Zöller/Vollkommer* § 940 Rn 8 „Auskunft"; *Schuschke/Walker* Vorbem. zu § 935 Rn 22; *Wieczorek/Thümmel* § 938 Rn 10; *Berneke* Rn 39.

26 NJW 1984, 1905 ff.

27 *Stein/Jonas/Grunsky* vor § 935 Rn 55 mit Nachweisen in Fußnote 184.

d) Unterlassung und Duldung

Unterlassungsverfügungen kommen vor allem im **Wettbewerbsrecht** (§ 25   28
UWG) sowie zum **Schutz der Ehre und des Persönlichkeitsrechts** vor, wie
z.B. mit der Untersagung, ehrenrührige Behauptungen zu verbreiten.

Parteien können mit Unterlassungs- und Duldungsverfügungen aber auch
Haupt- oder Nebenpflichten aus Verträgen durchsetzen, um irreparable Schäden abzuwenden.

Beispiele aus dem **Mietrecht** sind die Abwehr von Störungen oder Beein-   29
trächtigungen, die Duldung unaufschiebbarer Reparaturarbeiten oder der Besichtigung der Wohnung durch Interessenten nach einer Kündigung des Mietvertrages und die Untersagung der Vermietung bestimmter Räumlichkeiten an ein Konkurrenzunternehmen aufgrund einer Konkurrenzschutzklausel
(§ 7 Rn 2 f.).

Schuldner können es Gläubigern untersagen lassen, eine **Bürgschaft** oder   30
Bankgarantie in Anspruch zu nehmen, wenn die Hauptforderung (noch)
nicht besteht und zu befürchten ist, daß der Gläubiger nicht in der Lage ist,
die zu Unrecht in Anspruch genommene Leistung zurückzuerstatten.[28]

Der Zahlungsanspruch eines Berechtigten aus einer Bankbürgschaft oder
Bankgarantie „**auf erstes Anfordern**" scheitert nach ständiger Rechtsprechung des Bundesgerichtshofs[29] nur, wenn offensichtlich oder liquide be-
weisbar ist, daß der Bürgschafts- oder Garantiefall nicht eingetreten ist.
Der Hauptschuldner kann dann dem **Gläubiger** im Wege der einstweiligen
Verfügung die Inanspruchnahme der Bürgschaft oder Garantie untersagen
lassen.[30] Er muß den drohenden Rechtsmißbrauch aber mit „liquiden Beweismitteln" belegen. Eidesstattliche Versicherungen reichen hierfür nicht

---

28 OLG Düsseldorf OLG-Report 1995, 29; OLG Celle OLG-Report 1995, 269; OLG Frankfurt NJW-RR
    1991, 174 ff.
29 Zuletzt NJW 2000, 1563, 1564.
30 OLG Stuttgart MDR 1998, 435, 436; OLG Hamm MDR 1991, 636; *Zöller/Vollkommer* § 940 Rn 8
    „Bankrecht"; *Schuschke/Walker* Vorbemerkung zu § 935 Rn 71; *MüKo/Heinze* § 935 Rn 198 f.; *Jedzig*
    WM 1988, 1469 ff.

aus.[31] Liquide Beweismittel sind Urkunden und Sachverständigengutachten.[32]

Umstritten ist, ob der Hauptschuldner dann auch der **Bank** die Auszahlung der Bürgschafts- oder Garantiesumme untersagen lassen kann. Das OLG Frankfurt[33] hat dies mit der Begründung verneint, dem Hauptschuldner drohe durch die Auszahlung kein Schaden, weil die Bank bei einer offensichtlich rechtsmißbräuchlichen Inanspruchnahme keinen Rückgriffsanspruch gegen ihn habe.[34]

31 Nur in Fällen eines extremen Rechtsmißbrauchs ist es zulässig, Gläubigern den Protest eines **Wechsels** verbieten zu lassen, weil ihnen hierdurch der Rückgriffsanspruch abgeschnitten wird.[35] Besteht die Gefahr einer rechtsmißbräuchlichen Verwendung, ist vor dem Protest oder dem Ablauf der Protestfrist eine einstweilige Sicherungsverfügung auf Herausgabe an einen Sequester zur Einziehung zulässig, um den gutgläubigen Erwerb der Wechselforderung durch einen Dritten zu verhindern.[36] Ein Verfügungsgrund besteht nicht, wenn ein gutgläubiger Erwerb nicht mehr möglich ist.[37]

e) Willenserklärung

32 Im Gesetz ausdrücklich vorgesehen sind einstweilige Verfügungen zur Bewilligung der Eintragung eines **Widerspruchs** und einer **Vormerkung** im **Grundbuch** (§§ 899, 885 BGB). Hierdurch können sich Parteien vor Veränderungen schützen, die ihren Anspruch gefährden. Die unmittelbare Eintragung eines Rechts im Grundbuch oder die Löschung einer unzutreffenden Eintragung ist mit einer einstweiligen Verfügung nicht zu erreichen, weil der Gläubiger schon durch eine Vormerkung hinreichend abgesichert ist.[38]

---

31 OLG Düsseldorf NJW-RR 1998, 767, 777; OLG Stuttgart OLG-Report 1997, 103, 104.

32 *Werner/Pastor* Rn 373.

33 WM 1988, 1480.

34 Zustimmend: *Zöller/Vollkommer* § 940 Rn 8 „Bankrecht"; *Werner/Pastor* Rn 371; *Jedzig* WM 1988, 1469, 1471; a.A. *Schuschke/Walker* Vorbemerkung zu § 935 Rn 72 mit weiteren Nachweisen in Fußnote 309.

35 *Schuschke/Walker* Vorbemerkung zu § 935 Rn 69; *Beisswinger/Vossius* BB 1986, 2358 ff.

36 *Schuschke/Walker* Vorbem. zu § 935 Rn 69; *Zöller/Vollkommer* § 940 Rn 8 „Wechselrecht".

37 OLG Hamm ZIP 1988, 1245.

38 *Schuschke/Walker* Vorbem. zu § 935 Rn 45.

Der uneingeschränkte **Widerruf einer Behauptung** kann nach herrschender   33
Meinung mit einer einstweiligen Verfügung grundsätzlich nicht erzwungen
werden.[39] In Betracht kommen – sofern nicht eine einstweilige Verfügung
ausreicht, die Behauptung nicht zu wiederholen – nur vorläufige Regelungen,
wie z.B. dem Schuldner die Erklärung aufzugeben, er halte seine Behauptung
bis zur Entscheidung im Hauptsacheverfahren nicht aufrecht.[40]

Die Zulässigkeit einstweiliger Verfügungen zur Abgabe einer Willenserklä-   34
rung wird sonst teils generell verneint, teils auf vorläufige Regelungen oder
Sicherungen beschränkt, teils auf Nebenpflichten, die nur der Sicherung einer Hauptpflicht dienen. Das OLG Köln[41] hat eine einstweilige Verfügung
zur Genehmigung einer Grundschuldbestellung in einem Fall für zulässig
gehalten, in dem der Gläubigerin durch die Verzögerung Schäden in Millio-
nenhöhe drohten und die abzugebende Erklärung den Gegner nicht wesentlich beeinträchtigte. In Betracht kommt auch ein Verfügungsantrag, der Auszahlung eines hinterlegten Arbeitslohnes zuzustimmen, auf den der Gläubiger dringend angewiesen ist, um seinen Lebensunterhalt bestreiten zu können.[42]

2. Vorweggenommene Feststellungsurteile

Feststellungsverfügungen werden **grundsätzlich** für **unzulässig** gehalten,   35
weil sie nicht geeignet sind, das Rechtsverhältnis verläßlich zu klären, solange eine abweichende Entscheidung im Hauptverfahren nicht ausgeschlossen ist.[43]

Die Literatur bejaht sie teilweise in Fällen, in denen es unzumutbar ist, den
Antragsteller auf das Hauptsacheverfahren zu verweisen.[44] Als Beispiele

---

39 *Stein/Jonas/Grunsky* vor § 935 Rn 52 mit Nachweisen in Fußnote 172.
40 *Schuschke/Walker* Vorbem. zu § 935 Rn 23 mit Nachweisen in Fußnote 76.
41 NJW-RR 1997, 59 f.
42 *Stein/Jonas/Grunsky* vor § 935 Rn 50.
43 Zuletzt OLG Frankfurt OLG-Report 1997, 23 f.
44 Z.B. *Stein/Jonas/Grunsky* vor § 935 Rn 60 und eingehend *Kohler* ZZP 103, 184 ff. sowie *Vogg* NJW
   1993, 1357 ff.

werden genannt die Feststellung der Berechtigung eines Mieters, eine dringend erforderliche Reparatur auszuführen, und die Feststellung der Unwirksamkeit eines Gesellschafterbeschlusses über die Entziehung der Geschäftsführungsbefugnis.

3. Vorweggenommene Gestaltungsurteile

36 Einstweilige Verfügungen, die Gestaltungsurteile vorwegnehmen, sind **grundsätzlich nicht statthaft**.[45] Für zulässig gehalten werden sie im Gesellschaftsrecht, wie z.B. mit der vorläufigen Entziehung der Geschäftsführungsbefugnis (§ 8 Rn 5).

B. Zulässigkeit des Verfügungsverfahrens

37 Der Gläubiger kann eine einstweilige Verfügung nur erwirken, wenn sie als Sicherungsmittel zulässig ist und die allgemeinen Verfahrensvoraussetzungen vorliegen. Außerdem muß in der Regel ein Verfügungsgrund bestehen.

I. Zulässiges Sicherungsmittel

Die ZPO enthält für bestimmte Fälle **Sonderregelungen des vorläufigen Rechtsschutzes**. Eine einstweilige Verfügung ist dann in der Regel unzulässig.

1. Gefährdung von Beweismitteln

38 Einstweilige Verfügungen dienen der Sicherung materiellrechtlicher Ansprüche. Sind keine Ansprüche gefährdet, sondern Beweismittel, so ist nur das selbständige Beweisverfahren zulässig.[46] Das Verfügungsverfahren kann in dringenden Fällen allenfalls dazu dienen, einen Beweisbeschluß durchzusetzen, wie z.B. mit dem Antrag, Sachen zur Besichtigung vorzulegen oder an

45 *Stein/Jonas/Grunsky* § 938 Rn 7.
46 OLG Köln BauR 1995, 874 f.

90

einen Sequester herauszugeben,[47] die Besichtigung eines Objekts zu dulden oder dem Verbot, den gegenwärtigen Zustand zu verändern.[48]

Der Verfügungsanspruch ist bei einem Vertragsverhältnis der Parteien aus einer vertraglichen Nebenpflicht herzuleiten, sonst aus § 809 BGB. Im Rahmen eines bereits anhängigen selbständigen Beweisverfahrens besteht keine prozessuale Möglichkeit, den Antragsgegner zu zwingen, eine Beweisaufnahme zu dulden oder an ihr mitzuwirken.[49] Der Antragsgegner muß bei einer grundlosen Weigerung nachteilige Folgen im Hauptprozeß befürchten (Beweisvereitelung). Sie können zu Beweiserleichterungen für den Gegner und in bestimmten Fällen zur Umkehr der Beweislast führen.[50] In der Literatur wird auch der Standpunkt vertreten, der Antragsteller sei hierdurch in der Regel hinreichend geschützt, so daß für ein einstweiliges Verfügungsverfahren kein Rechtsschutzbedürfnis bestehe.[51]

2. FGG-Verfahren

Gegenstand eines einstweiligen Verfügungsverfahrens können nur Ansprüche sein, die im ordentlichen Klageverfahren der ZPO durchzusetzen sind. Bei Ansprüchen in **Verfahren der freiwilligen Gerichtsbarkeit** – wie z.B. in bestimmten Familiensachen (§ 9 Rn 1) – richtet sich der vorläufige Rechtsschutz nach dem FGG. Er wird durch vorläufige Anordnungen gewährt. Einstweilige Verfügungen sind ausgeschlossen. Hierauf ist auch bei Auseinandersetzungen unter Mitgliedern einer Wohnungseigentümergemeinschaft zu achten. Eine einstweilige Verfügung zur Sicherung von Ansprüchen aus dem Gemeinschaftsverhältnis kommt nur gegen Wohnungseigentümer in Betracht, die aus der Gemeinschaft ausgeschieden sind. Sonst sind beim FGG-Gericht vorläufige Anordnungen nach § 44 Abs. 3 WEG zu beantragen.[52] Das

39

---

47 *Wieczorek/Thümmel* § 935 Rn 9; *Zöller/Vollkommer* § 940 Rn 8 „Beweissicherung".
48 Hdb.priv. Baur/*Oelmaier* § 17 Rn 198; *Werner/Pastor Rn 353*; einschränkend OLG Stuttgart NJW-RR 1986, 1448.
49 OLG Stuttgart NJW-RR 1986, 1448; *Werner/Pastor* Rn 86; *Weise* Rn 470.
50 BGH NJW 1998, 79, 81.
51 *Schuschke/Walker* vor § 935 Rn 9.
52 BayObLG MDR 1975, 934.

Gericht kann aber einen Antrag auf Erlaß einer einstweiligen Verfügung in einen Antrag auf Erlaß einer vorläufigen Anordnung umdeuten.[53]

3. Familiensachen

40 In Ehesachen kann das Familiengericht **einstweilige und vorläufige Anordnungen** treffen. Eine einstweilige Verfügung ist dann unzulässig. Sie kommt nur in ZPO-Familiensachen in Betracht, die nicht mit dem Scheidungsverfahren verbunden sind und bei denen keine einstweilige Anordnung vorgesehen ist (§ 9 Rn 3).

41 Im Wege der einstweiligen Verfügung kann ein **nichteheliches Kind** vom Vater den Unterhalt für die ersten drei Lebensmonate verlangen (§ 1615 o Abs. 1 BGB) und die **Mutter** die ihr nach § 1615 l BGB geschuldeten Unterhaltsbeträge, solange das Statusverfahren noch nicht anhängig ist (§ 641 d ZPO).

4. Vollstreckbare Urteile

42 Hat der **Gläubiger** bereits einen Titel erwirkt, aus dem er ohne Sicherheitsleistung die Zwangsvollstreckung betreiben oder den er auf sich umschreiben lassen kann, so ist er auf eine zusätzliche **Sicherung** des titulierten Anspruchs nicht angewiesen. Eine Sicherungsverfügung kommt nur in Betracht, wenn die Zwangsvollstreckung von einer Sicherheitsleistung abhängt, die der Gläubiger nicht aufbringen kann[54] oder wenn die Vollstreckung durch das Rechtsmittelgericht einstweilen eingestellt worden ist.[55]

Ob nach Urteilen, die gegen Sicherheitsleistung des Gläubigers vorläufig vollstreckbar sind, auch entsprechende **Leistungsverfügungen** zulässig bleiben, wenn der Gläubiger zur Sicherheitsleistung nicht imstande ist, ist zweifelhaft, weil der Gläubiger vor dem Schluß der mündlichen Verhandlung im

---

53 BGH JZ 1983, 73.
54 OLG Karlsruhe WRP 1996, 590 f.
55 BGH GRUR 1957, 506.

Hauptsacheprozeß hätte beantragen können, das Urteil ohne Sicherheitsleistung für vorläufig vollstreckbar zu erklären (§ 10 Rn 2). In der Literatur wird die Zulässigkeit von Leistungsverfügungen bejaht, die einer Notlage abhelfen sollen.[56]

Will der **Schuldner** die Zwangsvollstreckung aus einem vorläufig vollstreckbaren Urteil verhindern, so fehlt für eine Unterlassungsverfügung das Rechtsschutzbedürfnis, wenn er dies auf dem einfacheren und billigeren Weg der einstweiligen Einstellung erreichen kann.[57]   43

5. Arrest

Eine **Geldforderung** ist nur mit einem Arrestantrag zu **sichern**, nicht im Wege der einstweiligen Verfügung.   44

Das Arrestverfahren ist auch für Zahlungsansprüche vorgesehen, die aus anderen **Individualansprüchen hervorgehen** können (§ 5 Rn 2). Ist sowohl der Individualanspruch als auch der aus ihm hervorgehende Zahlungsanspruch gefährdet, so kann der Gläubiger nebeneinander den Individualanspruch mit einer Sicherungsverfügung und den Zahlungsanspruch mit einem Arrest sichern, wenn beide Leistungen gefährdet sind.   45

Liegen die Voraussetzungen einer **einstweiligen Verfügung** auf **Zahlung einer Geldsumme** vor (Rn 23 f.), kann der Gläubiger eine Leistungsverfügung beantragen, sich mit einer Sicherung durch einen Arrest begnügen oder mit dem Hauptantrag eine Leistungsverfügung begehren und hilfsweise einen Arrest.[58] Ein bereits erwirkter Arrest schließt eine Zahlungsverfügung nicht aus. Führt eine Leistungsverfügung nur zu einer teilweisen Befriedigung, so kann der Gläubiger die Restforderung zusätzlich mit einem Arrest sichern.

Hat der Gläubiger anstelle des allein zulässigen Arrestes eine einstweilige Verfügung beantragt oder umgekehrt, so muß er die **Verfahrensart wechseln**. Der Antrag wird sonst als unzulässig zurückgewiesen. Ob ein Wechsel   46

---

56 *Stein/Jonas/Grunsky* vor § 935 Rn 39 a; *MüKo/Heinze* vor § 935 Rn 16.
57 BGH LM Nr. 14 zu § 719 ZPO; OLG Köln NJW-RR 1995, 576.
58 *Schuschke/Walker* § 916 Rn 8.

des Verfahrens ohne weiteres möglich ist[59] oder nur nach den Grundsätzen der Klageänderung,[60] ist umstritten. Dieser Streit hat keine praktische Bedeutung, weil der Verfahrenswechsel immer sachdienlich ist.

Der Übergang in das richtige Verfahren ist auch noch mit einem Rechtsmittel gegen die zurückweisende Entscheidung zulässig.[61]

II. Allgemeine Verfahrensvoraussetzungen

47 Bestimmte **Sachurteilsvoraussetzungen des ordentlichen Klageverfahrens** müssen auch im einstweiligen Verfügungsverfahren vorliegen. Dies sind:

- die Gerichtsbarkeit über den Antragsgegner (§§ 18–20 GVG),
- die internationale Zuständigkeit des angerufenen Gerichts,
- die Partei- und Prozeßfähigkeit beider Parteien und
- die Prozeßführungsbefugnis des Antragstellers.

Die übrigen Sachurteilsvoraussetzungen gelten zum Teil nicht oder nur mit Abweichungen. Dies ergibt sich aus gesetzlichen Bestimmungen oder der Eilbedürftigkeit des Verfügungsverfahrens.

1. Rechtsweg

48 Das Verfügungsverfahren steht nur für **Ansprüche** offen, die **im ordentlichen Klageverfahren** geltend gemacht werden können. Ist in der Hauptsache der ordentliche Rechtsweg unzulässig, so ist dort auch eine einstweilige Verfügung ausgeschlossen. Das angerufene Gericht hat in diesem Fall die Sache von Amts wegen in den richtigen Rechtsweg zu verweisen (§ 17 a Abs. 2 GVG). Eine sofortige Beschwerde gegen den **Verweisungsbeschluß** ist im

---

59 So KG NJW 1961, 1978; *Stein/Jonas/Grunsky* vor § 916 Rn 54; *Zöller/Vollkommer* § 916 Rn 3; *MüKo/Heinze* vor § 916 Rn 66.
60 So OLG Düsseldorf NJW 1991, 2028 f.
61 OLG Düsseldorf NJW 1991, 2028 f.; KG NJW 1961, 1978; *Thomas/Putzo/Reichold* § 916 Rn 8; *Stein/Jonas/Grunsky* vor § 916 Rn 54.

einstweiligen Rechtsschutz – anders als nach § 17 a Abs. 4 GVG im Klageverfahren – unzulässig.[62] Da hierüber das Rechtsmittelgericht zu entscheiden
hat, ist einem Antragsteller, der die damit verbundene Verzögerung vermeiden will, unter Umständen zu empfehlen, nach einer sofortigen Beschwerde
des Gegners den Verfügungsantrag zurückzunehmen und ihn in dem anderen
Rechtsweg zu erneuern.

Hält das im Eilverfahren angerufene Gericht entgegen der Rüge einer Partei
den Rechtsweg für gegeben, so entscheidet es darüber wegen der sonst ein-
tretenden Verzögerung nicht vorab, sondern – abweichend von § 17 a Abs. 3
GVG – im Rahmen der Entscheidung über den Verfügungsantrag.[63]

2. Zuständiges Gericht

Für die einstweilige Verfügung ist das **Gericht der Hauptsache** zuständig   49
(§ 937 Abs. 1 ZPO), in dringenden Fällen und für einstweilige Verfügungen
mit dem Ziel der Eintragung einer Vormerkung oder eines Widerspruchs im
Grundbuch, im Schiffsregister oder im Schiffsbauregister auch das **Amtsgericht**, in dessen Bezirk sich der Streitgegenstand befindet (§ 942 ZPO). Es
handelt sich hierbei um eine **ausschließliche Zuständigkeit** (§ 802 ZPO).
Die Parteien können weder die Zuständigkeit eines anderen Gerichts vereinbaren noch wird ein anderes Gericht zuständig, wenn der Antragsgegner
rügelos verhandelt (§ 40 Abs. 2 ZPO).

a) Gericht der Hauptsache

Prozeßgericht der Hauptsache ist bei einem bereits **anhängigen Rechtsstreit**   50
der Parteien über den zu sichernden Anspruch oder das zu regelnde Rechtsverhältnis das damit in erster oder zweiter Instanz befaßte Gericht (§ 943
Abs. 1 ZPO). Nach einer Berufung gegen ein Grund-, Zwischen- oder Vorbehaltsurteil ist das Gericht erster Instanz zuständig; in der Literatur wird da-

---

62 Z.B. *Stein/Jonas/Grunsky* vor § 916 Rn 29; *Zöller/Vollkommer* vor § 916 Rn 4; *Schuschke/Walker* vor
§ 916 Rn 41.
63 *Schuschke/Walker* vor § 916 Rn 18; *Stein/Jonas/Grunsky* vor § 916 Rn 36.

neben auch die Zuständigkeit des Berufungsgerichts bejaht.[64] Nach der Berufung gegen ein Teilurteil ist das Gericht zuständig, auf dessen Anspruchsteil sich der Verfügungsantrag bezieht.[65]

Der Antragsteller muß den Anspruch im Wege der **Klage oder Widerklage** geltend gemacht haben. Leitet er daraus nur eine Einrede her, wie z.B. ein Zurückbehaltungsrecht, oder rechnet er auf, so ist das damit befaßte Gericht nicht Gericht der Hauptsache.[66]

51   Umstritten ist, ob der Schuldner mit einer **negativen Feststellungsklage** das Gericht der Hauptsache bestimmen kann. Die wohl herrschende Meinung bejaht dies.[67] In der neueren Literatur zum Wettbewerbsrecht wird zunehmend die Ansicht vertreten, der Gläubiger dürfe den Verfügungsantrag auch bei einem anderen Gericht einreichen, das für die Leistungsklage zuständig ist.[68]

52   Das **erstinstanzliche Gericht** bleibt zuständig, auch wenn es bereits ein Endurteil erlassen hat. Das **Berufungsgericht** wird zuständig, wenn Berufung eingelegt ist. War bei der Einlegung der Berufung schon ein Verfügungsverfahren anhängig, so bleibt dafür das erstinstanzliche Gericht zuständig (§ 261 Abs. 3 Nr. 2 ZPO). Die Zuständigkeit des Berufungsgerichts endet mit der Rechtskraft des Berufungsurteils oder der Einlegung der Revision. Bei einem **Hauptsacheverfahren vor dem Bundesgerichtshof** ist die einstweilige Verfügung bei dem Landgericht zu beantragen, das in erster Instanz über die Klage entschieden hat. Wird während des einstweiligen Verfügungsverfahrens die Hauptsache an ein anderes Gericht verwiesen, so ist es auch für die einstweilige Verfügung zuständig.[69]

---

64 *Zöller/Vollkommer* § 919 Rn 7; *Gloy/Spätgens* § 82 Rn 59; *Thomas/Putzo/Reichold* § 943 Rn 2 bei Grundurteil; *Schuschke/Walker* § 919 Rn 7 bei Grund- und Vorbehaltsurteil; a.A. *Stein/Jonas/Grunsky* § 919 Rn 6; *Baumbach/Lauterbach/Hartmann* § 919 Rn 4.

65 *Zöller/Vollkommer* § 919 Rn 7; *MüKo/Heinze* § 919 Rn 10; *Schuschke/Walker* § 919 Rn 7.

66 *MüKo/Heinze* § 919 Rn 4.

67 OLG Frankfurt GRUR 1997, 485; *Stein/Jonas/Grunsky* § 919 Rn 3; *Großkomm/Schultz-Süchting* § 25 UWG Rn 177; *Berneke* Rn 111; *Dunkl* A Rn 129; *Gloy/Spätgens* § 82 Rn 57.

68 *Teplitzky* Kap. 54 Rn 3; *Melullis* Rn 186 f.; *Schmuke in Schuschke/Walker* Anhang zu § 935 A Rn 39; *Fritze* GRUR 1996, 571 ff.; *Borck* WRP 1997, 265 ff.

69 *Stein/Jonas/Grunsky* § 919 Rn 5 a.

Bei einer **noch nicht anhängigen Hauptsache** kann sich der Antragsteller an 53
jedes Gericht wenden, bei dem er in erster Instanz die Klage erheben könnte
(§ 943 Abs. 1 ZPO). In Familiensachen ist dies das Familiengericht[70] Das
Gericht bleibt für das weitere einstweilige Verfügungsverfahren auch dann
zuständig, wenn die Hauptsacheklage später vor einem anderen Gericht erhoben wird (§ 261 Abs. 3 Nr. 2 ZPO).

Die sachliche Zuständigkeit richtet sich nach dem Streitwert der Hauptsacheklage, nicht des Verfügungsverfahrens.

b) Sonderzuständigkeit des Amtsgerichts

In **besonders dringenden Fällen** ist anstelle des Gerichts der Hauptsache 54
auch das Amtsgericht zuständig, in dessen Bezirk sich der Streitgegenstand
befindet (§ 942 Abs. 1 ZPO). Der Antragsteller muß dann darlegen und
glaubhaft machen, daß beim Amtsgericht eine schnellere Entscheidung zu
erwarten ist als beim Gericht der Hauptsache und daß sich die Verzögerung
nachteilig für ihn auswirken würde. Das ist in der Regel nicht anzunehmen,
wenn sich das Amtsgericht am selben Ort befindet wie das Gericht der Hauptsache.

Die Eintragung einer **Vormerkung** oder eines **Widerspruchs** gegen die 55
Richtigkeit des Grundbuchs, des Schiffsregisters oder des Schiffsbauregisters
kann der Gläubiger auch bei dem in der Hauptsache nicht zuständigen Amtsgericht der belegenen Sache beantragen (§ 942 Abs. 2 ZPO). Eine besondere
Dringlichkeit ist dafür nicht erforderlich.

Das in der Hauptsache nicht zuständige Amtsgericht darf nur über die An- 56
ordnung der einstweiligen Verfügung entscheiden und sie wegen der Versäumung der Frist zur Einleitung des Rechtfertigungsverfahrens aufheben
(§ 942 Abs. 3 ZPO), nicht über einen Widerspruch oder die Aufhebung nach
den §§ 926 und 927 ZPO. Ob die einstweilige Verfügung zu Recht besteht,
wird im Rechtfertigungsverfahren vom Gericht der Hauptsache überprüft
(Rn 85).

---

70 BGH NJW 1980, 191 zum Arrest.

3. Postulationsfähigkeit des Antragstellers

57 Für den Verfügungsantrag besteht **kein Anwaltszwang** (§§ 936, 920 Abs. 3, 78 Abs. 3 ZPO). Die Partei kann ihn daher selbst einreichen und auch von einem beim Verfügungsgericht nicht zugelassenen Anwalt einreichen lassen.

4. Rechtshängigkeit

58 Das Verfügungsverfahren wird nach allgemeiner Ansicht – anders als nach § 253 Abs. 1 ZPO das Klageverfahren – bereits mit dem **Eingang der Antragsschrift beim Gericht** rechtshängig, nicht erst mit der Zustellung an den Gegner.[71]

Die Rechtshängigkeit **endet** im Urteilsverfahren mit der formellen Rechtskraft der Entscheidung, im Beschlußverfahren mit dem Erlaß des anordnenden oder zurückweisenden Beschlusses.[72] Es wird nach einem Widerspruch des Antragsgegners wieder rechtshängig.

Während der Rechtshängigkeit ist ein **identischer weiterer Verfügungsantrag** unzulässig.

59 Die Rechtshängigkeit des Verfügungsantrags steht einer **Klage in der Hauptsache** nicht entgegen, weil beide Verfahren **unterschiedliche Streitgegenstände** haben. Im Klageverfahren wird über den materiellen Anspruch entschieden, im Eilverfahren über die Sicherung der Zwangsvollstreckung wegen dieses Anspruchs. Dies gilt auch für Leistungsverfügungen. Der Antragsteller kann daher auch während des Hauptsacheprozesses eine einstweilige Verfügung beantragen und während des Verfügungsverfahrens die Klage zur Hauptsache erheben.

---

71 U. a. *Stein/Jonas/Grunsky* vor § 935 Rn 12 und *Wieczorek/Thümmel* vor § 916 Rn 15 mit weiteren Nachweisen in Fußnote 43.

72 *Wieczorek/Thümmel* vor § 916 Rn 15.

5. Rechtskraft

Entscheidungen über den Verfügungsantrag werden **formell rechtskräftig**, wenn im Anordnungsverfahren kein Rechtsmittel mehr zulässig ist. Der Rechtsstreit ist dann abgeschlossen.

60

Verfügungsbeschlüsse sind nach einem Verzicht des Antragsgegners auf den Widerspruch unanfechtbar, **zurückweisende Beschlüsse** nach einer erfolglosen Beschwerde, **Urteile in erster Instanz**, wenn eine Berufung nicht statthaft ist, die unterlegene Partei die Berufungsfrist versäumt, auf das Rechtsmittel verzichtet oder es zurückgenommen hat. **Urteile in zweiter Instanz** werden mit der Verkündung formell rechtskräftig.

Inwieweit Entscheidungen im einstweiligen Verfügungsverfahren auch in **materielle Rechtskraft** erwachsen, ist im einzelnen umstritten.

61

Nach einer **stattgebenden Entscheidung** ist ein neuer identischer Verfügungsantrag im allgemeinen unzulässig. Davon ausgenommen sind Fälle, in denen der Gläubiger aus dem Titel nicht die Vollstreckung betreiben kann, z.B. weil er zu unbestimmt ist oder weil der Gläubiger die Vollziehungsfrist versäumt hat. Dann darf er den Verfügungsantrag in einem neuen Verfahren wiederholen (Rn 137).

61 a

Problematisch ist, ob dies auch bei Zweifeln über die Reichweite des Titels gilt. Dies kommt insbesondere bei **Unterlassungsverfügungen im Wettbewerbsrecht** vor. Hat der Schuldner eine „neue" Verletzungshandlung begangen, kann fraglich sein, ob die dem Titel unterfällt oder nicht (Rn 68 a). Klärt der Gläubiger dies zunächst mit einem Ordnungsgeldantrag im Vollstreckungsverfahren, verliert er Zeit, wenn nach der Auffassung des Vollstreckungsgerichts kein Verstoß gegen den Titel vorliegt. Womöglich wird einem anschließenden Verfügungsantrag wegen der Verzögerung auch noch die fehlende Dringlichkeit entgegengehalten. Nach verbreiteter Auffassung soll deshalb ein neuer Verfügungsantrag schon bei „Zweifeln" über die Reichweite des Titels zulässig sein.[73] Hierfür reicht nicht aus, daß der

---

73 OLG Frankfurt WRP 1997, 51; *Baumbach/Hefermehl* Einl. UWG Rn 456.

Schuldner Zweifel äußert. Es müssen auch für das mit dem zweiten Verfügungsantrag befaßte Gericht „ernsthafte Zweifel" bestehen.[74] Ist es zugleich Vollstreckungsgericht für den bereits vorliegenden Titel, soll nach der Auffassung von *Kehl*[75] die Zulässigkeit des zweiten Verfügungsantrags davon abhängen, ob es einen Verstoß gegen den Titel bejaht oder verneint. Dies ist zweifelhaft, weil bei einer Bejahung des Verstoßes und einem anschließenden erfolgreichen Ordnungsgeldantrag das Beschwerdegericht hierüber auch anders entscheiden kann.

61 b Der Antragsteller darf auch ein **abgelehntes Gesuch** nicht beliebig wiederholen. **Der Antragsgegner** kann sich – abgesehen von dem Fall der Versäumung einer gesetzten Klagefrist – gegen eine formell rechtskräftig gewordene Entscheidung nach § 927 ZPO nur wenden, wenn veränderte Umstände vorliegen (Rn 171).

Dies muß aus Gründen der „Waffengleichheit"[76] auch für den **Antragsteller** gelten. Ein neuer Antrag mit identischen Tatsachen und Beweismitteln ist daher im allgemeinen unzulässig. Er kommt nur in Betracht, wenn der Verfügungsantrag mit der Begründung abgewiesen worden ist, das angerufene Gericht sei unzuständig. Der Antragsteller kann sich dann mit dem Antrag an das zuständige Gericht wenden. Er darf ihn auch wiederholen, wenn eine einstweilige Verfügung zunächst ergangen, später aber aufgehoben worden ist, weil der Antragsteller sie nicht rechtzeitig vollzogen hat (Rn 137).

Hat das Gericht die ablehnende Entscheidung damit begründet, der Antragsteller habe die **Voraussetzungen eines Verfügungsanspruchs oder -grundes nicht schlüssig vorgetragen**, so ist ein neuer Antrag zulässig, wenn er sich auf Tatsachen stützt, die erst nach dem ersten Verfahrens entstanden sind.[77] Nach herrschender Meinung in der Literatur reichen auch Tatsachen aus, die dem Antragsteller erst nachträglich bekannt geworden sind.[78]

---

74 *Teplitzky* GRUR 1998, 322 f.
75 WRP 1999, 46 ff.
76 So zutreffend *Stein/Jonas/Grunsky* vor § 916 Rn 14.
77 KG MDR 1979, 64; *Stein/Jonas/Grunsky* vor § 916 Rn 15; *Thomas/Putzo/Reichold* § 922 Rn 10; *MüKo/Heinze* vor § 916 Rn 57.
78 Z.B. *Stein/Jonas/Grunsky* vor § 916 Rn 17; *MüKo/Heinze* vor § 916 Rn 57; *Wieczorek/Thümmel* vor § 916 Rn 16; *Schuschke/Walker* § 922 Rn 25.

Ist der Antrag zurückgewiesen worden, weil der **Verfügungsanspruch oder der Verfügungsgrund nicht glaubhaft gemacht** war, so ist nach herrschender Meinung ein Antrag mit Beweismitteln zulässig, die der Antragsteller im ersten Verfahren noch nicht vorbringen konnte.[79]

Bei einem **zurückweisenden Urteil** ist maßgebend der Zeitpunkt der mündlichen Verhandlung. Der Antragsteller braucht gegen ein erstinstanzliches Urteil keine Berufung einzulegen. Er kann stattdessen eine neue einstweilige Verfügung beantragen.[80]

6. Rechtsschutzbedürfnis

Das Rechtsschutzinteresse ergibt sich im allgemeinen aus dem **Verfügungsgrund**. Es entfällt, wenn der Gläubiger sein Ziel auf einem einfacheren und billigeren Weg erreichen kann, wie vor allem durch einstweilige Anordnungen. Für **einstweilige Unterhaltsverfügungen** besteht daher im allgemeinen kein Rechtsschutzinteresse (§ 9 Rn 36). Der Gläubiger braucht sich aber nicht auf ein **Selbsthilferecht** verweisen zu lassen, wie z.B. nach § 561 Abs. 1 BGB. Der Vermieter kann daher ein gefährdetes Vermieterpfandrecht im Eilverfahren sichern (§ 7 Rn 2).

62

7. Prozeßhindernde Einreden

Der Antragsgegner kann sich im Eilverfahren nicht – wie im Klageverfahren nach § 1027 a ZPO – auf eine **Schiedsvereinbarung** der Parteien berufen. Der Antragsteller hat – wenn die Parteien keine abweichenden Vereinbarung im Schiedsvertrag getroffen haben – die Wahl zwischen dem einstweiligen Verfügungsverfahren und dem einstweiligen Rechtsschutz im Schiedsverfahren (§§ 1033, 1041 ZPO). Das einstweilige Verfügungsverfahren ist im allgemeinen vorzuziehen, weil eine einstweilige Verfügung sofort vollstreckbar

63

---

79 *Stein/Jonas/Grunsky* vor § 916 Rn 16; *Thomas/PutzoReichold* § 922 Rn 9; *Zöller/Vollkommer* vor § 916 Rn 13; *MüKo/Heinze* vor § 916 Rn 57; *Wieczorek/Thümmel* vor § 916 Rn 16; *Schuschke/Walker* § 922 Rn 25.
80 OLG Zweibrücken FamRZ 1982, 413 f.; *Thomas/Putzo/Reichold* § 922 Rn 10.

ist, während einstweilige Maßnahmen des Schiedsgerichts zunächst durch das ordentliche Gericht für vollziehbar erklärt werden müssen (§ 1041 Abs. 2 ZPO). Dies kann wertvolle Zeit kosten (zum einstweiligen Rechtsschutz im Schiedsverfahren: Schütze BB 1998, 1650 ff.).

Nach wohl überwiegender Auffassung ist ebenfalls die Einrede der **fehlenden Ausländersicherheit** nach den §§ 110, 113 ZPO ausgeschlossen.[81] Der Antragsgegner braucht sich aber – wie nach § 269 Abs. 4 ZPO im Klageverfahren – nach der Rücknahme eines Verfügungsantrags auf einen neuen identischen Antrag erst einzulassen, wenn ihm der Antragsteller die **Kosten des Vorprozesses** erstattet hat.[82]

III. Verfügungsgrund

64 Voraussetzung für den Erlaß einer einstweiligen Verfügung ist in der Regel eine Gefährdung des zu sichernden Anspruchs (Rn 9) oder eine besondere Dringlichkeit für eine sofortige Regelung (Rn 18).

Der Verfügungsgrund muß bei einer Beschlußverfügung im Zeitpunkt ihres Erlasses vorliegen, sonst – auch im Widerspruchs- und Berufungsverfahren – beim Schluß der mündlichen Verhandlung. Entfällt er bis zur Widerspruchsverhandlung oder im Rechtsmittelverfahren, so muß der Gläubiger den Rechtsstreit für erledigt erklären. Sonst unterliegt er.

Ob der Verfügungsgrund zur Zulässigkeit des Verfügungsantrags gehört oder ob davon die Begründetheit abhängt, ist umstritten. Diese Frage hat keine praktische Bedeutung. Das Gericht braucht nach allgemeiner Ansicht nicht zu klären, ob ein Verfügungsgrund besteht, wenn es den Verfügungsanspruch verneint.

65 In bestimmten Fällen wird ein **Verfügungsgrund vermutet**. Der Antragsteller braucht ihn dann weder vorzutragen noch glaubhaft zu machen. In diesen Fällen ist das Verfügungsverfahren im allgemeinen einer Klage vorzuziehen.

---

81 *Schuschke/Walker* vor § 916 und weitere Nachweise bei *Leible* NJW 1995, 2817 ff.; a.A. OLG Köln NJW 1987, 76.

82 *Schuschke/Walker* vor § 916 Rn 26.

Der Gläubiger kommt rascher zum Ziel und er muß die Tatsachen, die zu seinem Anspruch führen, nur glaubhaft machen, nicht – wie im Klageverfahren – beweisen.

Zu empfehlen ist dann aber unter Umständen zunächst eine Aufforderung, den Anspruch freiwillig zu erfüllen. Sonst geht der Gläubiger ein Kostenrisiko ein (Rn 166).

Ein Verfügungsgrund wird vor allem vermutet bei **Unterlassungsansprüchen im Wettbewerbsrecht** (§ 25 UWG), **Vormerkungen** und **Widersprüchen** im Grundbuch (§§ 885, 899 BGB), **Besitzschutzansprüchen** (Rn 25), **Rückgewähransprüchen aus § 7 Abs. 1 AnfG**, die sich auf ein im Grundbuch eingetragenes Recht beziehen[83] und einstweiligen Verfügungen gegen den mutmaßlichen Vater eines nichtehelichen Kindes auf Zahlung von Unterhalt (§ 1615 o BGB).

C. Antragsschrift

Das Verfügungsverfahren wird mit einer Antragsschrift des Gläubigers eingeleitet. Er darf damit nicht zu lange ohne sachlichen Grund warten, nachdem er die maßgebenden Umstände kennt. Sonst kann der Verfügungsgrund entfallen, auch wenn der vermutet wird (§ 4 Rn 9 ff.).   66

Der Gläubiger braucht für das Verfahren **keinen Kostenvorschuß** zu zahlen. Die Vorschriften über die **Prozeßkostenhilfe** gelten auch im Eilverfahren.

In der Antragsschrift sind die **Parteien** – wie in einer Klageschrift – zu bezeichnen. Sie muß einen **Antrag** und eine **Begründung** enthalten. Außerdem sind ihr **Beweismittel** beizufügen.

---

83 OLG Köln VersR 1997, 466; OLG Koblenz NJW-RR 1993, 1343, 1344.

I. Antrag

67 Der Antragsteller muß angeben, was er mit der einstweiligen Verfügung erreichen will (**Sachantrag**). Außerdem kann er anregen, wie das Verfahren ablaufen soll (**Verfahrensanträge**).

1. Sachantrag

68 Für eine **Leistungsverfügung** ist nach allgemeiner Ansicht – wie im Klageverfahren – ein bestimmter Sachantrag erforderlich.[84] Bei **Sicherungs- und Regelungsverfügungen** muß der Antragsteller wenigstens das Rechtsschutzziel angeben (§ 938 Abs. 1 ZPO).

Will der Gläubiger eine Forderung in erster Linie durchsetzen, aber hilfsweise wenigstens sichern lassen, so kann er mit dem Hauptantrag die Leistungsverfügung verlangen und mit dem Hilfsantrag die Sicherungsverfügung (oder den Arrest).

68 a Schwierigkeiten bereitet häufig die richtige Formulierung eines **Unterlassungsantrags**, vor allem im Wettbewerbsrecht. Er muß so deutlich gefaßt sein, daß der Antragsgegner erkennen kann, wogegen er sich verteidigen soll und was ihm bei einer entsprechenden Verurteilung verboten ist. Die Entscheidung hierüber darf nicht dem Vollstreckungsverfahren überlassen bleiben.[85]

Gegenstand eines Unterlassungsantrags ist bei einem bereits begangenen Verstoß stets die **konkrete Verletzungshandlung**. Wird nur sie in den Antrag übernommen, läuft der Antragsteller Gefahr, daß der Antragsgegner den Titel schon mit kleinen Änderungen seines Verhaltens umgehen kann. Dem beugt die ganz herrschende Meinung mit der „Kerntheorie" vor. Sie besagt, daß sich der Unterlassungstitel auch auf Handlungen erstreckt, die im „Kern" bzw. im „Charakteristischen" der begangenen Verletzungshandlung

---

84 U. a. *Stein/Jonas/Grunsky* vor § 935 Rn 10; *Schuschke/Walker* § 938 Rn 4; *Wieczorek/Thümmel* § 938 Rn 4.
85 BGH WRP 2000, 390, 391; WRP 1999, 1035, 1036.

entsprechen.[86] Damit wird die Prüfung des Verbotsumfangs bei künftigen Verletzungshandlungen in das Vollsttreckungsverfahren verlagert.

Hinweis

Zweckmäßiger – wenn nicht sogar verfassungsrechtlich geboten – ist es, schon den Verfügungsantrag nicht auf die konkrete Verletzungsform zu beschränken, sondern auf kerngleiche Handlungen zu erstrecken. Im Wettbewerbsrecht wird eine Wiederholungsgefahr auch für kerngleiche Formen vermutet.[87] Der Schuldner kann dann bei einer entsprechenden Verurteilung besser erkennen, was ihm verboten ist, und der Gläubiger bei weiteren Verletzungshandlungen, ob er hiergegen im Vollstreckungsverfahren oder mit einem neuen Prozeß vorgehen muß.

Die Rechtsprechung läßt bei den Erweiterungsformen **Verallgemeinerungen** zu, die das Charakteristische der konkreten Verletzungshandlung richtig erfassen, wie z.B. „im geschäftlichen Verkehr"[88] und bei bestimmten Behauptungen „werben",[89] „Waren"[90] bzw. „wörtlich oder sinngemäß".[91] Ihre Bedeutung muß dann aber zwischen den Parteien unstreitig sein. Verallgemeinerungen, die den **Kern des Rechtsstreits** betreffen, sind unzulässig, weil sie den Umfang des Verbots nicht eindeutig festlegen. So können z.B. einem Presseunternehmen nicht „redaktionelle Beiträge werbenden Inhalts" untersagt werden, wenn die Parteien darüber streiten, ob ein bestimmter Beitrag eine unzulässige Werbung oder eine unbedenkliche redaktionelle Berichterstattung enthielt.[92] Zu unbestimmt sind dann auch Formulierungen wie „Zeitungsanzeigen, ähnlich wie die veröffentlichten";[93] „irreführende Werbean-

---

86 BGH WRP 1991, 113, 115; *Großkomm./Jacobs* vor § 13 D Rn 130–139; *Teplitzky* Kap. 51 Rn 141; *Melullis* Rn 328.
87 BGH WRP 1997, 1067, 1069; WRP 1996, 734, 736; WRP 1996, 199, 201.
88 BGH GRUR 1962, 310, 313.
89 BGH WRP 2000, 390, 392.
90 BGH GRUR 1987, 371, 372.
91 BGH GRUR 1977, 114, 115.
92 BGH WRP 2000, 390, 392; WRP 1993, 478.
93 BGH GRUR 1991, 254, 257.

gaben",[94] „herabsetzende Äußerungen"[95] oder „überwiegend pauschale Anpreisung".[96]

In der Regel unzulässig sind überdies Verfügungsanträge mit auslegungsbedürftigen Formulierungen wie „eindeutig", „angemessen" oder „unübersehbar". Anders verhält es sich, wenn damit bei einer irreführenden Werbung nur klargestellt werden soll, unter welchen Voraussetzungen eine Irreführung vermieden wird.[97] Dies Einschränkung ist überflüssig.[98] Verfügungsanträge dürfen sich auch nicht darauf beschränken, den Wortlaut des Gesetzes oder einzelner Tatbestandsmerkmale wiederzugeben.[99] Davon sind nur gesetzliche Bestimmungen ausgenommen, die die Verletzungshandlung genau beschreiben, wie bei Rabattverstößen.[100]

Um seinen verallgemeinenderen Antrag zu verdeutlichen, kann der Antragsteller durch einen „insbesondere" – Zusatz der konkreten Verletzungshandlung kennzeichnen, worin er den Kern des wettbewerbswidrigen Verhaltens des Gegners sieht.[101] Dieser Zusatz schränkt den Antrag nicht ein. Er ist kein Hilfsantrag.

69 *Hinweis*

Erstrebt der Antragsteller eine **Unterlassungs- oder Duldungsverfügung**, so sollte er zugleich die **Androhung von Ordnungsmitteln** beantragen (§ 890 Abs. 2 ZPO). Das Gericht darf dies nicht ohne Antrag aussprechen. Eine Unterlassungs- oder Duldungsverfügung, die keine Ordnungsmittel androht, ist nicht vollziehbar (Rn 128 f.). Bei einem Antrag gegen juristische Personen oder Handelsgesellschaften ist eine Androhung von Ordnungshaft gegen das Organ oder die Gesellschafter zu empfehlen, weil die Ordnungshaft sonst nicht festgesetzt werden kann.[102]

---

94 *Pastor/Ahrens/Jestaedt* Kap. 27 Rn 13.
95 *Baumbach/Hefermehl* Einl. UWG Rn 457.
96 BGH WRP 1998, 42, 45 f.
97 BGH WRP 1999, 1035, 1036.
98 BGH GRUR 1992, 525, 526; GRUR 1989, 445, 446; GRUR 1989, 110, 113.
99 BGH WRP 2000, 390, 392.
100 BGH GRUR 1995, 832, 833.
101 BGH GRUR 1990, 1022, 1023; GRUR 1990, 606.
102 *Stein/Jonas/Brehm* § 890 Rn 61; *Schuschke/Walker* § 890 Rn 38; *Pastor/Ahrens/Jestaedt* Kap. 27 Rn 36.

Soll die einstweilige Verfügung zu einer **Eintragung im Grundbuch** füh- 70
ren, so kann der Antragsteller beantragen, daß das Gericht das Eintragungs-
gesuch stellt (§ 941 ZPO). Dies gilt insbesondere bei der Eintragung einer
Vormerkung (§§ 883 ff. BGB), eines Widerspruchs (§ 899 BGB), eines Ver-
äußerungsverbots (§ 136 BGB) und einer Löschung. Das Ersuchen des Gerichts an das Grundbuchamt verursacht keine Gerichtsgebühren.

Ob das Gericht dem Antrag nachkommt, steht in seinem freien Ermessen.
Eine ablehnende Entscheidung ist unanfechtbar.

Anträge, das **Gericht** solle um die Eintragung ersuchen, sind riskant. Kommt
es dem nach, muß der Antragsteller nach verbreiteter Ansicht die einstweilige Verfügung spätestens innerhalb einer Woche nach dem Eingang des Ein-
tragungsgesuchs beim Grundbuchamt zustellen (Rn 119) Der Antragsteller
muß sich daher darüber informieren, ob das Gericht tätig geworden ist.

Will der Antragsteller **selbst die Eintragung bewirken**, so sollte er beim
Verfügungsgericht beantragen, ihm zwei Ausfertigungen des Titels zu erteilen. Sonst ist die rechtzeitige Zustellung im Parteibetrieb gefährdet, weil eine
Ausfertigung mit dem Eintragungsantrag beim Grundbuchamt einzureichen
ist.

2. Verfahrensanträge

Das Gericht kann in besonders dringenden Fällen **ohne mündliche Ver-** 71
handlung entscheiden (§ 937 Abs. 2 ZPO). Dem Antragsteller ist ein entsprechender Antrag zu empfehlen, wenn er dies erreichen will. Das Gericht
setzt sonst in der Regel einen Verhandlungstermin an, weil der fehlende Antrag ein Indiz dafür ist, daß der Antragsteller selbst die Sache nicht für besonders dringlich hält.

Der Antragsteller muß die **besondere Dringlichkeit darlegen und glaub-**
haft machen. Sie ergibt sich nicht schon aus dem Verfügungsgrund. Voraussetzung ist, daß der zu sichernde Anspruch durch eine mündliche Verhandlung stärker gefährdet ist als ohne sie. Dies kann sich aus der längeren Dauer
des Verfahrens ergeben oder deshalb zu befürchten sein, weil anspruchsge-

fährdende Handlungen des Gegners drohen, wenn er vor einer Entscheidung erfährt, daß eine einstweilige Verfügung beantragt ist.

72 Beim Land- und Oberlandesgericht kann außerdem auf Antrag der **Vorsitzende** allein entscheiden (§ 944 ZPO). Voraussetzung hierfür ist, daß eine Entscheidung mit den Beisitzern zu Verzögerungen führt, die mit Nachteilen für den Antragsteller verbunden sind. Dies ist in der Praxis allenfalls bei Kammern für Handelssachen zu befürchten, deren ehrenamtliche Beisitzer nicht sofort zu erreichen sind.

II. Begründung

73 Der Antragsteller muß die **Tatsachen** vortragen, aus denen sich der **Verfügungsanspruch** und der **Verfügungsgrund** ergibt, sofern dieser nicht vermutet wird. Erstrebt er eine Entscheidung ohne mündliche Verhandlung, allein durch den Vorsitzenden oder des Amtsgerichts nach § 942 Abs. 1 ZPO, so ist außerdem die besondere Dringlichkeit darzulegen.

III. Glaubhaftmachung

1. „Beweislast"

74 In der **Antragsschrift** sind **alle relevanten Tatsachen** glaubhaft zu machen, die zu dem Verfügungsanspruch und dem Verfügungsgrund führen, in Zweifelsfällen auch die Verfahrensvoraussetzungen. Liegen Hinweise auf **Einwendungen oder Einreden des Antragsgegners** gegen den Verfügungsanspruch vor, so muß der Antragsteller nach herrschender Meinung im einseitigen Beschlußverfahren überdies glaubhaft machen, daß die tatsächlichen Voraussetzungen dafür nicht vorliegen.[103] Hierauf ist insbesondere zu achten, wenn der Antragsschrift Schreiben des Gegners beigefügt werden. Einwendungen oder Einreden können sich aber auch aus einer **Schutzschrift** ergeben.

---

103 Z.B. *Schuschke/Walker* vor § 916 Rn 49; *Thomas/Putzo/Reichold* § 916 Rn 9; *Stein/Jonas/Grunsky* § 920 Rn 11; *Teplitzky* Kap. 54 Rn 45 f.; *Melullis* Rn 191.

Bei einer **mündlichen Verhandlung** gelten die **Beweislastregeln des Klage-** 75
verfahrens: Unstreitige Tatsachen sind glaubhaft. Streitige entscheidungserhebliche Tatsachen muß die Partei glaubhaft machen, die sie im Hauptsacheverfahren beweisen müßte.[104]

Ein Verfügungsantrag muß nicht in jedem Fall scheitern, in dem der Antrag- 76
steller den Verfügungsanspruch oder -grund nicht glaubhaft gemacht hat. Das
Gericht kann dann die Anordnung der einstweiligen Verfügung oder die Vollziehung von einer **Sicherheitsleistung** des Antragstellers abhängig machen
(Rn 82). Das kommt in der Praxis aber nur selten vor.

2. Beweismittel

Tatsachen sind glaubhaft, wenn das Gericht sie für **wahrscheinlich** hält. Zu- 77
gelassen sind alle **Beweismittel** des ordentlichen Klageverfahrens, die der
Antragsschrift beigefügt werden, wie
- **Urkunden**,
- **Bescheinigungen von Privatpersonen oder Behörden**,
- **Augenscheinsobjekte**,
- **schriftliche Sachverständigengutachten**,
- **eidesstattliche Versicherungen** (§ 294 ZPO) oder
- die **anwaltliche Versicherung** über Vorgänge, die der Rechtsanwalt in
  seiner Berufstätigkeit wahrgenommen hat.[105]

Der Antragsteller kann überdies auf die **Akten des Hauptverfahrens** verweisen, vor allem auf dort bereits erhobene Beweise oder ein ergangenes
Urteil. Zu achten ist auch auf vorprozessuale **Schreiben des Gegners**. Hat
er darin bestimmte Tatsachen eingeräumt, so sind sie hiermit glaubhaft zu
machen.

---

104 *Thomas/Putzo/Reichold* § 916 Rn 9; *Stein/Jonas/Grunsky* § 920 Rn 11; *Zöller/Vollkommer* vor § 916
Rn 6 a; *Schuschke/Walker* § 920 Rn 21 f.; *Großkomm./Schultz-Süchting* § 25 UWG Rn 77-GZ-79;
Baumbach/Hefermehl § 25 UWG Rn 8; *Köhler/Piper*§ 25 UWG Rn 20; *Teplitzky* Kap. 54 Rn 54;
Melullis Rn 191; a.A. *Baumbach/Lauterbach/Hartmann* § 920 Rn 5; *Hirtz* NJW 1986, 110 ff.
105 OLG Köln WRP 1986, 170.

Als Beweismittel **nicht zugelassen** sind Anträge auf Einholung von Sachverständigengutachten und von amtlichen Auskünften.

78 Eine **eidesstattliche Versicherung** sollte nicht nur pauschal auf die Antragsschrift oder einen Schriftsatz Bezug nehmen. Sie ist dann meistens wertlos.[106] Bedenklich sind auch wortgleiche Erklärungen mehrerer Personen. Überzeugender ist es, wenn Parteien oder Zeugen in eidesstattlichen Versicherungen mit eigenen Worten detailliert schildern, was sie wahrgenommen haben.

D. Beschlußverfahren und Rechtsmittel

79 Das Gericht kann in **dringenden Fällen** über den Verfügungsantrag ohne mündliche Verhandlung durch Beschluß entscheiden (§ 937 Abs. 2 ZPO).

I. Zurückweisender Beschluß

80 Ein **zurückweisender Beschluß** wird dem Gegner nicht mitgeteilt (§ 922 Abs. 3 ZPO). Der Antragsteller kann **Beschwerde** einlegen (§ 567 Abs. 1 ZPO). Ob sie dem Anwaltszwang unterliegt, ist umstritten.[107]

Die Beschwerde ist an **keine Frist** gebunden. Der Antragsteller darf damit aber nicht zu lange warten. Sonst entfällt die Dringlichkeit. Hat sich das Eilverfahren nach dem zurückweisenden Beschluß ohne Anhörung des Gegners erledigt, halten die Oberlandesgerichte Karlsruhe[108] und Hamm[109] eine Beschwerde mit dem Antrag für unzulässig, dies festzustellen.[110]

---

106 BGH NJW 1988, 2045.

107 **Verneinend**: OLG Hamm OLG-Report 1996, 44; OLG Karlsruhe NJW-RR 1993, 1470 f.; KG NJW-RR 1992, 576; OLG Köln NJW-RR 1988, 254 f.; OLG München NJW 1984, 2414**; bejahend**: OLG Saarbrücken OLG-Report 1998, 250; OLG Frankfurt Rpfleger 1995, 468; OLG Düsseldorf OLGZ 1983, 358; OLG Hamm NJW 1982, 1711; *MüKo/Heinze* § 922 Rn 8; *Zöller/Vollkommer* § 922 Rn 13.

108 WRP 1988, 429 f.

109 WRP 1985, 227, 228.

110 Ebenso: *MüKo/Heinze* § 922 Rn 15; a.A. OLG Frankfurt NJW-RR 1992, 493 f.; *Stein/Jonas/Grunsky* § 922 Rn 18; *Zöller/Vollkommer* § 922 Rn 4; *Teplitzky* Kap. 55 Rn 6.

Hält das Gericht die Beschwerde für begründet, so ordnet es die einstweilige   81
Verfügung durch Beschluß an (§ 571 ZPO). Sonst legt es die Sache dem Beschwerdegericht vor. Dieses kann die Beschwerde durch Beschluß zurückweisen, die einstweilige Verfügung durch Beschluß erlassen, nach verbreiteter Ansicht den Beschluß des erstinstanzlichen Gerichts aufheben und eine
mündliche Verhandlung vor ihm anordnen (§ 575 ZPO) oder nach mündlicher Verhandlung selbst durch Urteil entscheiden. Mit einem zurückweisenden Beschluß oder einem Urteil des Beschwerdegerichts ist das Verfügungsverfahren abgeschlossen.

II. Stattgebender Beschluß

Der Antragsteller erreicht mit einer stattgebenden Beschlußverfügung am   82
schnellsten sein Ziel.

Das Gericht darf die Anordnung oder Vollziehung – auch im Urteilsverfahren – von einer **Sicherheitsleistung abhängig** machen (§ 921 Abs. 2 ZPO).
Dies kommt vor allem in Betracht, wenn dem Schuldner aus dem Vollzug
ein besonders hoher Schaden droht oder zweifelhaft ist, ob der Gläubiger
bei einer späteren Aufhebung der einstweiligen Verfügung Schadensersatzansprüche erfüllen kann.[111] Ausgenommen sind Zahlungsverfügungen, weil
der Gläubiger bei ihnen auf einen sofortigen Eingang des Geldes angewiesen
ist.[112] Gegen die Anordnung einer Sicherheitsleistung ist die **Beschwerde**
zulässig, wenn sich der Antragsteller nicht selbst zur Sicherheitsleistung er-
boten hat.

Ist die Vollziehung von einer Sicherheit abhängig, muß der Gläubiger innerhalb der Vollziehungsfrist die Sicherheitsleistung erbringen, dem Schuldner den Nachweis im Parteibetrieb zustellen und mit der Vollziehung begin-
nen.[113]

---

111 *Dunkl* A Rn 233.
112 *Stein/Jonas/Grunsky* § 936 Rn 4.
113 *Stein/Jonas/Grunsky* § 929 Rn 15; *Dunkl* A Rn 235; *Ahrens/Spätgens* Rn 97.

83 Das Gericht kann außerdem – auch noch im Widerspruchsverfahren – unter besonderen Umständen die **Aufhebung** der einstweiligen Verfügung **gegen Sicherheitsleistung** gestatten (§ 939 ZPO). Dies kommt vor allem bei einstweiligen Verfügungen in Betracht, die der Sicherung eines Zahlungsanspruchs dienen, wie die Eintragung einer Vormerkung für eine **Bauhandwerkersicherungshypothek** (§ 6 Rn 7) oder eine einstweilige Verfügung zur Sicherung der Rechte eines Vermieters aus einem **Vermieterpfandrecht**.[114] Ihr Zweck wird auch durch eine Sicherheitsleistung des Schuldners in Höhe der Werklohn- oder Mietzinsforderung erreicht.

1. Reaktion des Antragsgegners

84 Die sachgerechte Reaktion auf eine Beschlußverfügung hängt im wesentlichen davon ab, ob der Antragsgegner ihr mit Aussicht auf Erfolg entgegentreten kann oder nicht: In erfolgversprechenden Fällen ist ihm zu einem **Widerspruch** zu raten (Rn 143 ff.), bei einer auch seiner Auffassung begründeten Beschlußverfügung unter bestimmten Umständen zu einem **Kostenwiderspruch** (Rn 147).

Will er sich nicht auch noch dem Risiko einer für ihn **aussichtslosen Klage** in der Hauptsache aussetzen, muß er den gesicherten **Anspruch erfüllen** oder dem Antragsteller darüber **freiwillig einen Titel verschaffen**, z.B. mit einem notariellen Schuldanerkenntnis im Sinne des § 794 Abs. 1 Nr. 5 ZPO. Bei einer Leistungsverfügung, die zur Befriedigung der Ansprüche des Gläubigers führt, wie vor allem bei Unterlassungsansprüchen, genügt eine **Abschlußerklärung** (§ 4 Rn 70 ff.). Für eine Klage besteht dann kein Rechtsschutzbedürfnis mehr.

2. Rechtfertigungsverfahren

85 Erläßt das **in der Hauptsache nicht zuständige Amtsgericht** in einem besonders dringenden Fall eine einstweilige Verfügung, muß es dem Antrag-

---

114 *Zöller/Vollkommer* § 939 Rn 1.

steller eine Frist setzen, innerhalb der er beim Gericht der Hauptsache zu beantragen hat, eine mündliche Verhandlung im Rechtfertigungsverfahren anzuberaumen (§ 942 Abs. 1 ZPO). Versäumt der Antragsteller die Frist, so
hebt das Amtsgericht die einstweilige Verfügung auf Antrag des Gegners auf
(§ 942 Abs. 3 ZPO). Es entscheidet hierüber nach mündlicher Verhandlung
oder ohne mündliche Verhandlung (§ 942 Abs. 4 ZPO). Ordnet es eine mündliche Verhandlung an, so kann der Antragsteller die Ladung des Antragsgegners zum Rechtfertigungsverfahren noch bis zum Schluß der mündlichen
Verhandlung beantragen (§ 231 Abs. 2 ZPO), sonst bis zur Entscheidung über
den Aufhebungsantrag. Das Rechtfertigungsverfahren folgt den **Regeln des
Widerspruchsverfahrens.**

E. Urteilsverfahren und Rechtsmittel

Das Gericht entscheidet über einen Verfügungsantrag nach mündlicher Ver-   86
handlung, wenn es nicht im Beschlußwege vorgeht, der Antragsgegner gegen
eine Beschlußverfügung Widerspruch erhoben hat oder im Rechtfertigungsverfahren.

I. Terminsbestimmung und Ladung

Zu dem Verhandlungstermin werden die Parteien geladen. Die **Ladungsfrist**   87
des § 217 ZPO ist einzuhalten, kann aber auf Antrag abgekürzt werden (§ 226
ZPO). Die **Einlassungsfrist** des § 274 Abs. 3 ZPO gilt nicht.[115] Der Antragsgegner erhält mit der Ladung eine Abschrift der Antragsschrift.

II. Mündliche Verhandlung

Verfügungsanträge sind grundsätzlich in **einer mündlichen Verhandlung**   88
zu erledigen. Die Regeln des normalen Urteilsverfahrens gelten deshalb nur
mit Einschränkungen. Soweit sie zu einer Verzögerung führen, sind sie nicht

---

115 Z.B. *Zöller/Greger* § 274 Rn 5.

anzuwenden. Weitere Besonderheiten ergeben sich aus den abweichenden Voraussetzungen des Verfügungsverfahrens.

Uneingeschränkt anzuwenden sind die Vorschriften des **Säumnisverfahrens** (§§ 330 ff. ZPO). Bei einem **Verzicht** des Antragstellers auf sein Sicherungsbegehren ergeht – wie nach § 306 ZPO im Klageverfahren – auf Antrag des Gegners ein Verzichtsurteil,[116] bei einem **Anerkenntnis** ein Anerkenntnisurteil.[117]

1. Aussetzung und Unterbrechung des Verfahrens

89 Eine Aussetzung des Verfahrens **nach § 148 ZPO** ist unzulässig.

Bei Zweifelsfragen über die **Auslegung des europäischen Gemeinschaftsrechts** entscheidet das Gericht im Eilverfahren selbst. Es legt die streitige Rechtsfrage nicht dem Europäischen Gerichtshof gemäß Art. 177 EWG-Vertrag zur Vorabentscheidung vor. Eine Vorlagepflicht besteht nur für das letztinstanzliche Gericht (§ 177 Abs. 3 EWG-Vertrag). Das Oberlandesgericht wird im Verfügungsverfahren wegen dessen vorläufigen Charakters nicht als letztinstanzliches Gericht angesehen.[118]

Ausgeschlossen ist auch eine Aussetzung wegen **kartellrechtlicher Vorfragen**. Die Bestimmung des § 96 Abs. 2 GWB, die dies früher für Klageverfahren vorsah, gilt seit der 6. GWB-Novelle vom 29. Juni 1998[119] nicht mehr. Werden kartellrechtliche Vorfragen erheblich, hat über den Rechtsstreit das Kartellgericht zu entscheiden (§ 87 Abs. 1 Satz 2 GWB). Es ist ausschließlich zuständig (§ 95 GWB). Ein Verfügungsantrag bei einem anderen Gericht ist dann unzulässig, wenn die Hauptsache dort nicht anhängig ist (Rn 50). Das Verfahren ist auf Antrag an das Kartellgericht zu verweisen.

---

116 *Thomas/Putzo* § 922 Rn 1; *Stein/Jonas/Grunsky* vor § 916 Rn 24; *Berneke* Rn 227; a.A. *Wieczorek/Thümmel* § 922 Rn 5.

117 *Stein/Jonas/Grunsky* vor § 916 Rn 22 mit Nachweisen in Fußnote 48.

118 OLG Frankfurt NJW-RR 1990, 190, 191; *Schuschke/Walker* Vorbem. zu § 935 Rn 36; *Zöller/Vollkommer* Rn 10 vor § 916; *Berneke* Rn 153; *Teplitzky* Kap. 55 Rn 21; *Pastor/Ahrens/Bähr* Kap. 56 Rn 13.

119 BGBl I S. 2521.

Ein Insolvenzverfahrens über das Vermögen einer Partei unterbricht nach § 240 ZPO das Verfahren bei Verfügungsanträgen, die sich auf die Insolvenz- masse auswirken können.[120]

90

2. Zurückweisung von Vorbringen und Schriftsatznachlaß

Die Parteien können bis zum Schluß der mündlichen Verhandlung neue Tat- sachen vortragen und glaubhaft machen. Der Gegner erhält grundsätzlich keinen Schriftsatznachlaß.[121] Er muß sich sofort äußern.

91

Hinweis
In Fällen, in denen der maßgebende Sachverhalt nicht von vornherein un- streitig ist, empfiehlt es sich daher, die **Partei** oder einen Vertreter **mit- zubringen**, der die Sache kennt. Diese können sich dann zu einem neuen Tatsachenvorbringen des Gegners sofort äußern und ihre entgegengesetzte Darstellung durch eine eidesstattliche Versicherung glaubhaft machen.

Das Vorbringen einer Partei erst im Verhandlungstermin darf – wenn keine Fristen gesetzt sind – allenfalls nach § 296 Abs. 2 ZPO als **verspätet zurück- gewiesen** werden.[122] Dies kommt nur in Betracht, wenn es den Rechtsstreit verzögert, weil der Gegner nicht sofort reagieren kann, setzt dann aber ein grob nachlässiges Verhalten voraus, wie z.B. in Fällen, in denen eine Partei ihr Vorbringen zurückgehalten hat, um den Gegner in der mündlichen Ver- handlung zu überrumpeln.[123] Dafür müssen dann aber hinreichende Anhalts- punkte vorliegen.

92

Wird der **Antragsgegner** im Verhandlungstermin von einem neuen Tatsa- chenvorbringen des Antragstellers oder Beweismitteln überrascht und kann er hierauf nicht sachgerecht reagieren, ist ihm unter Umständen nach ei- ner Beschlußverfügung die **Rücknahme des Widerspruchs** und sonst die

93

---

120 *Wieczorek/Thümmel* § 922 Rn 2; *Teplitzky* Kap. 48 Rn 4 ff.; *Gloy/Samwer* § 77 Rn 23.
121 Z.B. *Thomas/Putzo* § 922 Rn 1; *Schuschke/Walker* vor § 916 Rn 40; *Stein/Jonas/Grunsky* § 922 Rn 23 a.
122 So *Thomas/Putzo/Reichold* § 922 Rn 1; *Stein/Jonas/Grunsky* § 922 Rn 23 a; *Schuschke/Walker* § 922 Rn 4; a.A. *Zöller/Vollkommer* § 922 Rn 15; *Pastor/Ahrens/Bähr* Kap. 56 Rn 18.
123 OLG Koblenz GRUR 1987, 319, 321 f.

Flucht in die Säumnis anzuraten. Mit einem erneuten Widerspruch oder dem Einspruch gegen ein Versäumnisurteil kann er sich dann auf den nachfolgenden Termin besser vorbereiten.

Der **Antragsteller** muß es in der Regel auf eine Entscheidung ankommen lassen. Nimmt er den Verfügungsantrag zurück, so wäre ein neues Begehren nicht mehr eilbedürftig (§ 4 Rn 18). Dies könnte auch aus einer Flucht in die Säumnis entnommen werden (§ 4 Rn 16).

3. Antragsänderung und -rücknahme

94   Der Antragsteller kann den Verfügungsantrag bis zum rechtskräftigen Abschluß des Verfahrens **zurücknehmen**, auch noch und in der Berufungsinstanz. Eine Einwilligung des Antragsgegners ist auch nach mündlicher Verhandlung – anders als im Klageverfahren (§ 269 Abs. 1 ZPO) – nicht erforderlich.[124] Die herrschende Meinung begründet dies damit, der Antragsgegner könne – anders als im Klageverfahren – durch eine Verweigerung der Zustimmung einen wiederholten Verfügungsantrag nicht verhindern (Rn 61 b).

Hat der Antragsteller eine Beschlußverfügung erwirkt und der Gegner noch keinen Widerspruch erhoben, ist eine Rücknahme des Verfügungsantrags ausgeschlossen, weil das Verfahren nicht mehr rechtshängig ist.[125] Der Antragsteller kann dann entweder die Vollziehungsfrist verstreichen lassen oder – wenn er die einstweilige Verfügung bereits vollzogen hat – den Verfügungsantrag nach einem Widerspruch zurücknehmen.

Will er einen Widerspruch wegen der damit verbundenen zusätzlichen Kosten vermeiden, muß er auf seine Rechte aus der einstweiligen Verfügung (einschließlich der Kostenentscheidung) verzichten und dem Antragsgegner

---

124 OLG Düsseldorf NJW 1982, 2452 f.; KG MDR 1988, 239; *Thomas/Putzo/Reichold* § 920 Rn 2; *Zöller/Stephan* § 269 Rn 14; *Stein/Jonas/Grunsky* § 920 Rn 4; *Schuschke/Walker* § 920 Rn 12; *Berneke* Rn 225; *Baumbach/Hefermehl* § 25 UWG Rn 51; a.A. OLG Koblenz WRP 1980, 646; *Großkomm./Schultz-Süchting* § 25 UWG Rn 99; *Pastor/Ahrens/Jestaedt* Kap. 53 Rn 13.

125 Rn 58 und *Pastor/Ahrens/Jestaedt* Kap. 53 Rn 13.

den Titel aushändigen. Für einen Widerspruch besteht dann kein Rechtsschutzbedürfnis mehr.[126] Hatte der Antragsgegner eine Schutzschrift eingereicht, muß der Antragsteller außerdem deren Kosten erstatten. Sonst kann der Antragsgegner Widerspruch einlegen, um eine Kostenentscheidung zu seinen Gunsten zu erwirken.[127]

Beim Landgericht besteht für die Rücknahme nach einem Widerspruch gegen eine Beschlußverfügung Anwaltszwang.[128] Eine bereits erlassene einstweilige Verfügung wird mit der Rücknahme des Antrags wirkungslos (§ 269 Abs. 3 Satz 1 ZPO entspr.). Ihrer Aufhebung bedarf es nicht. Sie ist aber auf Antrag entsprechend § 269 Abs. 3 Satz 3 ZPO für wirkungslos zu erklären.[129]

Nach einer Rücknahme muß der Antragsteller die Kosten des Verfahrens tragen (§ 269 Abs. 3 ZPO entspr.).

Eine **Änderung des Antrags** ist wie im ordentlichen Prozeß zulässig.[130] Ausgeschlossen ist nach ganz überwiegender Auffassung ein Übergang vom einstweiligen Verfügungsverfahren in das Klageverfahren.[131]

95

4. Gegenanträge

Widerklagen sind unzulässig. Die herrschende Meinung in der Literatur läßt aber einen **Gegenantrag** des Antragsgegners auf Erlaß einer einstweiligen Verfügung zu.[132]

96

---

126 *Berneke* Rn 185.

127 *Berneke* Rn 185: mit einem Vollwiderspruch; *Schuschke/Walker* § 924 Rn 11: mit einem Kostenwiderspruch.

128 *Stein/Jonas/Grunsky* § 920 Rn 4; *Thomas/Putzo/Reichold* § 920 Rn 2.

129 *Schuschke/Walker* § 920 Rn 12.

130 *Berneke* Rn 147; *Gloy/Spätgens* § 82 Rn 133; *Dunkl* A Rn 215.

131 OLG München OLG-Report 1994, 178; OLG Karlsruhe OLGZ 1977, 484; OLG Hamm NJW 1971, 387; *Zöller/Vollkommer* § 920 Rn 14; *Thomas/Putzo/Reichold* § 920 Rn 3; *Stein/Jonas/Grunsky* § 920 Rn 3; *Schuschke/Walker* vor § 916 Rn 15; *Dunkl/Baur* H Rn 329; *Berneke* Rn 149; a.A. bei Einverständnis beider Parteien: OLG Frankfurt FamRZ 1989, 296; OLG Celle WRP 1972, 323; OLG Braunschweig MDR 1971, 1017.

132 *Stein/Jonas/Grunsky* vor § 935 Rn 27; *Thomas/Putzo/Reichold* § 936 Rn 2; *Baumbach/Lauterbach/Hartmann* § 936 Rn 2; *Wieczorek/Thümmel* § 922 Rn 1; a.A. *Weber* WRP 1985, 527 ff.

5. Beweisaufnahme

97 Beweise werden nur erhoben, wenn dies sofort möglich ist (§ 294 Abs. 2 ZPO). Das Gericht lädt im allgemeinen keine Zeugen. Es ist hierzu allenfalls verpflichtet, wenn eine Partei arm ist und glaubhaft macht, daß sie deshalb einen Zeugen nicht selbst zum Termin stellen kann.[133] Sollen sonst **Zeugen** vernommen werden, so müssen die Parteien sie **mitbringen**. Dies ist im allgemeinen zu empfehlen, wenn der entscheidungserhebliche Sachverhalt streitig oder damit zu rechnen ist, daß er streitig werden könnte, und sich der Gegner auf Zeugen oder andere Beweismittel berufen kann. Aussagen von Zeugen sind häufig ergiebiger als eidesstattliche Versicherungen, weil sich das Gericht bei der Vernehmung einen persönlichen Eindruck von Zeugen verschaffen und nachfragen kann.

Reisekosten von Zeugen, die eine Partei zum Nachweis streitiger Tatsachen sistiert, sind erstattungsfähig, auch wenn das Gericht sie nicht vernimmt.[134]

6. Anerkenntnis

98 Meint der Antragsgegner, zu Recht in Anspruch genommen worden zu sein, kann er der Verfügungsantrag anerkennen, um das Verfahren möglichst **kostengünstig** zu beenden. Es ergeht dann auf Antrag ein **Anerkenntnisurteil** (§ 93 ZPO). Das Risiko einer Klage wird dadurch noch nicht ausgeschlossen (Rn 84).

99 Ein **sofortiges Anerkenntnis** mit der Kostenfolge des § 93 ZPO kommt in einstweiligen Verfügungsverfahren nur in Ausnahmefällen in Betracht. Es setzt im Widerspruchsverfahren nach **einer Beschlußverfügung** voraus, daß der Antragsgegner den gesicherten Anspruch schon vor dem Widerspruch erfüllt oder den Widerspruch auf die Kostenentscheidung beschränkt

---

133 *Thomas/Putzo* § 273 Rn 5; *Teplitzky* DRiZ 1982, 41; a.A. *Pastor/Ahrens/Scharen* Kap. 54 Rn 27.
134 OLG Koblenz NJW-RR 1997, 1293.

hat (Rn 147). Im Urteilsverfahren muß er den Verfügungsantrag sofort anerkennen. Er darf in der mündlichen Verhandlung keinen Abweisungsantrag stellen.

Bei **Sicherungs- und Regelungsverfügungen** bleibt ein sofortiges Anerkenntnis dennoch meistens erfolglos, weil sich aus dem Verfügungsgrund der **Anlaß für das Verfahren** ergibt.

Anders sind unter Umständen Fälle zu beurteilen, in denen ein **Verfügungsgrund vermutet** wird (Rn 65). Da hier eine konkrete Gefährdung nicht vorzuliegen braucht, kann es dem Antragsteller zuzumuten sein, den Antragsgegner zunächst aufzufordern, den Verfügungsanspruch freiwillig zu erfüllen. Ist dies unterblieben, so besteht für den Verfügungsantrag nur Anlaß, wenn der Antragsgegner zu erkennen gegeben hat, daß er der Aufforderung nicht nachgekommen wäre, wie z.B. in einer **Schutzschrift**, mit der er dem Verfügungsantrag entgegengetreten war.[135] Eine Abmahnung ist in der Regel geboten, bevor der Gläubiger eine Unterlassungsverfügung im Wettbewerbsrecht **beantragt. Ob dies auch bei Anträgen auf Eintragung einer** Vormerkung **oder eines** Widerspruchs im Grundbuch **gilt, ist umstritten** (§ 6 Rn 6).

Alternative zu einem sofortigen Anerkenntnis ist – wie beim Kostenwiderspruch – die Erfüllung des Verfügungsanspruchs bis zum Verhandlungstermin, bei Unterlassungsansprüchen die Abgabe einer strafbewehrten Unterlassungsverpflichtung (Rn 150).

100

Hat der Antragsgegner das **Verfügungsverfahren veranlaßt**, so kann er auch mit einem sofortigen Anerkenntnis keine Kostenentscheidung mehr zu seinen Gunsten erwirken, sondern nur die Kosten des Verfügungsverfahrens ermäßigen.

101

Die **geringsten Prozeßkosten** fallen an, wenn der Antragsgegner den Verfügungsanspruch erfüllt oder bei einem Unterlassungsanspruch eine vertragsstrafebewehrte Unterlassungserklärung abgibt, dem Antragsteller die notwendigen außergerichtlichen Kosten erstattet und auf die Erstattung seiner

---

135 *Werner/Pastor* Rn 308 und 336.

eigenen außergerichtlichen Kosten verzichtet. Der Antragsteller kann dann den Verfügungsantrag zurücknehmen. Hiernach fällt nur eine Gerichtsgebühr an.[136]

Die bloße Erfüllung des Verfügungsanspruchs verteuert das Verfahren, wenn der Antragsteller den Rechtsstreit weiter betreibt, um einen Kostentitel zu erwirken. Er muß dann das Verfahren in der Hauptsache für erledigt erklären. Die sachgerechte Reaktion des Antragsgegners hierauf ist in aussichtslosen Fällen ein Anerkenntnis (Rn 108).

Ohne Erfüllung des Verfügungsanspruchs sind im Urteilsverfahren die Kosten mit einem Anerkenntnis oder dadurch zu ermäßigen, daß der Antragsgegner ein Versäumnisurteil gegen sich ergehen läßt.

Ein **Versäumnisurteil** ist nur dann billiger, wenn der Verfügungsbeklagte keinen Anwalt einschaltet oder sein Anwalt keine volle Prozeßgebühr verdient, weil er z.B. nur beratend tätig wird. Es verursacht

- drei Gerichtsgebühren[137] sowie
- eine 10/10 Prozeßgebühr und
- eine 5/10 Verhandlungsgebühr für den Anwalt des Verfügungsklägers (§ 31 Abs. 1 und § 33 Abs. 1 in Verbindung mit § 40 Abs. 1 BRAGO).

Die volle Prozeß- und die halbe Verhandlungsgebühr verdient bei einem Anerkenntnis auch der Anwalt des Verfügungsbeklagten; es entsteht jedoch nur eine Gerichtsgebühr.[138]

7. Erledigungserklärung

102 Das Verfügungsverfahren kann sich – ebenso wie das Klageverfahren – in der „Hauptsache" erledigen. Ein **Erledigungsgrund** liegt vor, wenn der Verfügungsanspruch oder der Verfügungsgrund nachträglich weggefallen ist. Nach

---

136 KV-GKG Nr. 1312 lit. a.
137 KV-GKG Nr. 1311.
138 KV-GKG Nr. 1312 lit. b.

überwiegender Auffassung reicht ein „erledigendes Ereignis" nach dem Eingang der Antragsschrift aus; der Antragsgegner braucht nicht schon am Verfahren beteiligt gewesen zu sein, wie z.B. durch die Zustellung der Antragsschrift.[139] Erklärt der Antragsteller das Verfahren für erledigt, bevor das Gericht über den Verfügungsantrag entschieden oder eine mündliche Verhandlung angeordnet hat, wird die Erledigungserklärung dem Antragsgegner zusammen mit dem Verfügungsantrag zugestellt, damit er sich zur Erledigungserklärung äußern kann.[140]

Der **Verfügungsanspruch entfällt**, wenn die zu sichernde **Forderung erloschen** ist (z.B. durch Erfüllung, weil sich der Sachverhalt geändert hat oder ein Unterlassungsanspruch durch eine „Unterwerfungserklärung") oder das Gericht sie im Hauptsachverfahren – auf eine Klage des Gläubigers oder eine negative Feststellungsklage des Schuldners – **rechtskräftig aberkannt** hat. Ein noch nicht rechtskräftiges Urteil genügt nur, wenn eine Abänderung in der zweiten Instanz unwahrscheinlich ist.[141]

103

Der **Verfügungsgrund entfällt,** wenn der **Schuldner** in der Hauptsache **rechtskräftig verurteilt** ist. Ein Feststellungsurteil genügt nicht, weil der Gläubiger aus ihm nicht die Vollstreckung betreiben kann. Ein gegen Sicherheitsleistung vorläufig vollstreckbares Urteil reicht allenfalls, wenn der Gläubiger die Sicherheitsleistung aufbringen kann.[142]

Ein „erledigendes Ereignis" liegt auch dann vor, wenn der Verfügungsgläubiger es verursacht oder zu verantworten hat, wie z.B. bei der Verjährung des Anspruchs im Verlaufe des Verfügungsverfahrens[143] oder einem Verzicht auf den Anspruch.

---

139 *Stein/Jonas/Grunsky* § 922 Rn 18; *Zöller/Vollkommer* § 91 a Rn 58 „Arrest und einstweilige Verfügung"; *Dunkl* A Rn 50; *Berneke* Rn 238 mit weiteren Nachweisen in Fußnote 227; a.A. OLG Brandenburg NJW-RR 1996, 1470.

140 *Schuschke/Walker* § 935 Rn 27.

141 BGH WM 1976, 134; OLG Düsseldorf NJW-RR 1987, 993; *Zöller/Vollkommer* § 927 Rn 5.

142 OLG Karlsruhe NJW-RR 1996, 960; *Berneke* Rn 57; *Thomas/Putzo/Reichold* § 927 Rn 13; a.A. OLG Hamm NJW-RR 1990, 1536; KG WRP 1979, 547, 548 f.; *Pastor/Ahrens* Kap. 64 Rn 25; *Zöller/Vollkommer* § 927 Rn 7; *Schuschke/Walker* § 927 Rn 16.

143 BGH NJW-RR 1993, 1319, 1320.

104 Kein „erledigendes Ereignis" ist die **Versäumung der Klagefrist** des § 926 ZPO. Die einstweilige Verfügung wird danach für von Anfang an unbegründet gehalten.[144]

Das gleiche gilt nach herrschender Meinung bei der **Versäumung der Vollziehungsfrist**.[145] Begründet wird dies im wesentlichen damit, aus der Versäumung der Vollziehungsfrist ergebe sich, daß die Sache von Anfang an nicht eilbedürftig gewesen sei. Der Antragsteller kann hiernach durch eine Erledigungserklärung eine für ihn negative Kostenentscheidung im einstweiligen Verfügungsverfahren nicht vermeiden. Ihm sind auch die Kosten des Anordnungsverfahrens aufzuerlegen, wenn die einstweilige Verfügung im Verfahren nach § 927 ZPO wegen der Versäumung der Vollziehungsfrist aufgehoben wird (Rn 175).

Die herrschende Meinung unterstellt bei einer Versäumung der Vollziehungsfrist das anfängliche Fehlen eines Verfügungsgrundes. Sie berücksichtigt nicht, ob diese Schlußfolgerung auch nach den konkreten Umständen des Einzelfalls gerechtfertigt ist.

Dagegen haben sich mehrere Oberlandesgerichte ausgesprochen. Sie bejahen ein „erledigendes Ereignis" insbesondere, wenn die Vollziehung unterblieben ist, weil der Verfügungsanspruch nachträglich vor dem Ablauf der Vollziehungsfrist erloschen ist. Eine Erledigungserklärung führt hiernach zu einer Kostenentscheidung zugunsten des Antragstellers. Auch bei einer Aufhebung der einstweiligen Verfügung im Verfahren nach § 927 ZPO braucht der Verfügungsgläubiger die Kosten des Anordnungsverfahrens nicht zu tragen.[146]

---

144 *Teplitzky* Kap. 55 Rn 28.
145 OLG Karlsruhe WRP 1998, 330; OLG Hamm GRUR 1989, 931, 932; OLG Düsseldorf GRUR 1985, 458, 460; OLG Köln WRP 1985, 362; OLG Koblenz WRP 1980, 646; *Stein/Jonas/Grunsky* § 922 Rn 18 ; *Baumbach/Hefermehl* § 25 UWG Rn 63; *Großkomm./Schultz-Süchting* § 25 UWG Rn 181; *Teplitzky* Kap. 55 Rn 28; *Berneke* Rn 241; a.A. *Pastor/Ahrens* Kap. 64 Rn 13 f. und *Ulrich* WRP 1996, 84, 86.
146 OLG Karlsruhe WRP 1998, 330 und WRP 1996, 120, 121 f.; OLG München NJW-RR 1986, 998, 99 f.; OLG Frankfurt OLGZ 1982, 346, 351; zustimmend: *Zöller/Vollkommer* § 927 Rn 12; *Pastor/Ahrens* Kap. 64 Rn 12; *Schuschke/Walker* § 927 Rn 22.

Die herrschende Meinung setzt einstweilige Verfügungen voraus, die vollzogen werden müssen. Wer in bestimmten Fällen eine Vollziehung für entbehrlich hält (Rn 130), kann keinen Verfügungsgrund verneinen, weil die Vollziehung unterblieben ist.

Ist der Verfügungsanspruch oder der Verfügungsgrund entfallen, so muß der **105** Antragsteller den Rechtsstreit **für erledigt erklären**. Er unterliegt sonst. Das weitere Verfahren richtet sich dann danach, wie der Antragsgegner hierauf reagiert. Er kann sich der **Erledigungserklärung anschließen** oder ihr **widersprechen**. Was für ihn günstiger ist, hängt vor allem davon ab, ob er dem ursprünglichen Verfügungsantrag mit Aussicht auf Erfolg entgegentreten konnte oder nicht.

Nach einer **übereinstimmenden Erledigungserklärung** entscheidet das Gericht mit einem **Beschluß** nach § 91 a ZPO darüber, wer die **Kosten des Rechtsstreits** zu tragen hat. Ob sich der Rechtsstreit tatsächlich erledigt hat, wird nicht geprüft. Das Gericht ist an eine übereinstimmende Erledigungserklärung gebunden. Eine bereits erlassene einstweilige Verfügung wird wirkungslos. Einer besonderen Aufhebung bedarf es nicht.[147] **106**

Die Entscheidung über die Kosten richtet sich in erster Linie danach, wie das **Verfügungsverfahren voraussichtlich ausgegangen** wäre. Beweise werden grundsätzlich nicht mehr erhoben.

Der Antragsteller muß die Kosten tragen, wenn der Verfügungsantrag unzulässig oder unbegründet war. Bei einem ursprünglich begründeten Antrag sind die Kosten in der Regel dem Antragsgegner aufzuerlegen. Anders verhält es sich, wenn kein Anlaß für das Verfügungsverfahren bestanden und der Antragsgegner bis zur mündlichen Verhandlung den Verfügungsanspruch erfüllt oder bei einem Unterlassungsanspruch eine strafbewehrte Unterlassungsverpflichtung abgegeben hat. Dann werden dem Antragsteller nach dem Rechtsgedanken des § 93 ZPO die Kosten auferlegt.

---

147 OLG Nürnberg GRUR 1996, 79; OLG Hamburg WRP 1987, 260; OLG Hamm WRP 1985, 591.

Ob nach einer Erledigungserklärung für frühere Verstöße gegen Unterlassungsverfügungen noch **Ordnungsmittel** verhängt werden dürfen, ist umstritten.[148]

107 **Widerspricht der Antragsgegner** der Erledigungserklärung, so entscheidet das Gericht mit einem **Urteil** darüber, ob sich der Rechtsstreit erledigt hat Der Antragsteller begehrt mit der einseitigen Erklärung, dies festzustellen. Sein Antrag ist begründet, wenn der Verfügungsantrag zunächst zulässig und begründet war, später aber unzulässig oder unbegründet geworden ist. Dies ist ggf. durch eine Beweisaufnahme zu klären. Bein einer Feststellung der Erledigung wird die einstweilige Verfügung ebenfalls wirkungslos.[149]

Bei **Zweifeln** darüber, ob tatsächlich ein erledigendes Ereignis vorliegt, ist dem Antragsteller zu empfehlen, den Rechtsstreit für erledigt zu erklären und den ursprünglichen Verfügungsantrag als Hilfsantrag aufrechtzuerhalten. Ohne den Hilfsantrag unterliegt er, wenn sich der Rechtsstreit nicht erledigt hat und der Antragsgegner der Erledigungserklärung widerspricht. Von einer hilfsweisen Erledigungserklärung ist abzuraten, weil der Bundesgerichtshof sie für unzulässig hält.[150]

Der Antragsgegner wird einer Erledigungserklärung des Antragstellers in der Regel **nicht zustimmen**, wenn der Verfügungsantrag **unzulässig oder unbegründet** war. Müßte das Gericht Beweis erheben, um dies zu klären, so unterliegt der Antragsgegner bei einer einseitigen Erledigungserklärung, wenn die Beweisaufnahme für ihn ungünstig ausfällt. Will er dieses Risiko nicht eingehen, dann muß er der Erledigungserklärung zustimmen. Hierdurch kann er unter Umständen eine Kostenquote erwirken.

---

148 Bejahend z.B. OLG Karlsruhe GRUR 1992, 207; OLG Hamburg NJW-RR 1987, 1024; OLG Frankfurt NJW 1977, 1204; verneinend z.B. OLG Hamm WRP 1992, 338; OLG Düsseldorf NJW-RR 1988, 510; OLG Köln WRP 1986, 428.
149 BGH NJW 1973, 1329.
150 BGH NJW 1989, 2885, 2887.

Hinweis

108

In **aussichtslosen Fällen** ist dem Antragsgegner von einer übereinstimmenden Erledigungserklärung abzuraten. Sie ermäßigt nicht die Gerichtsgebühren. Dies kann der Antragsgegner erreichen, indem er der Erledigungserklärung des Antragsteller nicht zustimmt, sondern die damit begehrte Feststellung **anerkennt**. Das ist prozessual zulässig.[151] Dann entstehen zwar zusätzlich 5/10 Verhandlungsgebühren für die Anwälte (§§ 33 Abs. 1 BRAGO). Die herrschende Meinung berechnet sie aber nur nach dem Kosteninteresse.[152] Bei einer übereinstimmenden Erledigungserklärung fallen höhere Kosten an.

8. Vergleich

Die Parteien können das Verfügungsverfahren mit einem Vergleich beenden und dabei auch die Hauptsache und andere Streitigkeiten mit erledigen.

109

Wollen die Parteien eine **Entscheidung im Hauptprozeß** herbeiführen und keine weiteren Kosten mehr für das Verfügungsverfahren aufwenden, so können sie vereinbaren, daß sie das einstweilige Verfügungsverfahren nicht weiter betreiben und die bereits entstandenen Kosten die Partei tragen soll, die mit der Klage über den zu sichernden Anspruch unterliegt.

Dies kann zu Streitigkeiten führen, wenn das Klageverfahren nicht zu einer Entscheidung über den Anspruch führt, wie bei einem Prozeßvergleich, einer Erledigungserklärung, einer Klagerücknahme oder einer Klageänderung. Ähnlich verhält es sich bei einer Vereinbarung, wonach die Kostenentscheidung des Verfügungsverfahrens der Kostenregelung im Hauptsacheverfahren folgen soll. Zweifelhaft bleibt dann, was in Fällen der Klageänderung, der Klageerweiterung oder der Einbeziehung Dritter in den Hauptsacheprozeß gelten soll.

---

151 OLG Hamm NJW-RR 1995, 1073; *Ahrens/Spätgens* Rn 559; *Schneider* MDR 1999, 1182 mit weiteren Nachweisen in Fußnote 4.
152 Z.B. BGH NJW 1986, 588, 589.

Die Parteien können diese Risiken berücksichtigen, indem sie nur einen **Zwischenvergleich** abschließen. Ergeht dann im Klageverfahren keine geeignete Kostenentscheidung, so ist diese mit einer Erledigungserklärung im einstweiligen Verfügungsverfahren herbeizuführen.[153]

110   *Hinweis*

In einem Vergleich sind Regelungen über den Verfügungsanspruch zu empfehlen, wenn die **einstweilige Verfügung bereits ergangen** ist. Der Antragsgegner muß sich sonst hieran halten. Erweist sie sich im Hauptprozeß als ungerechtfertigt, so kann der Antragsgegner Schadensersatz verlangen (§ 945 ZPO). Will der Antragsteller dieses Risiko nicht eingehen, so müssen die Parteien Schadensersatzansprüche im Vergleich ausschließen. Sie können aber auch vereinbaren, daß der Antragsteller bis zur Entscheidung in der Hauptsache aus der einstweiligen Verfügung keine Rechte herleiten darf.

Ist eine **einstweilige Verfügung noch nicht ergangen**, so kann sich der Antragsgegner im Vergleich zur Sicherung des Antragstellers oder zur vorläufigen Erfüllung seines Anspruchs verpflichten. Ihm stehen dann aber keine Schadensersatzansprüche zu, wenn der Anspruch im Hauptprozeß abgewiesen wird. Will er sich Ansprüche nach § 945 ZPO vorbehalten, muß sich der Antragsteller im Vergleich zum Schadensersatz verpflichten.

111   Bei einer **Unterlassungsverpflichtung** ist es nicht möglich, eine Androhung von Ordnungsmitteln in den Vergleich aufzunehmen. Das Gericht kann im Anschluß an den Vergleich einen Androhungsbeschluß verkünden.[154]

Eine vereinbarte Vertragsstrafe ist bei einem späteren Verstoß nicht aus dem Vergleich vollstreckbar. Der Gläubiger muß sie notfalls einklagen. Dies schließt eine zusätzliche Sanktion nach § 890 ZPO nicht aus. Eine titulierte Vertragsstrafe wirkt sich dann aber mindernd auf die Höhe eines zusätzlich zu verhängenden Ordnungsgeldes aus; ebenso kann ein bereits verhängtes

---

153 *Großkomm./Schultz-Süchting* § 25 UWG Rn 100.
154 *Gloy/Samwer* § 70 Rn 29.

Ordnungsgeld Anlaß sein, die Vertragsstrafe nach § 343 BGB herabzusetzen.[155]

III. Verjährung des Verfügungsanspruchs

Der Antragsteller muß im Verfügungsverfahren besonders darauf achten, daß der zu sichernde Anspruch nicht verjährt. Dies ist vor allem bei **wettbewerbsrechtlichen Unterlassungsansprüchen** von praktischer Bedeutung. Sie verjähren nach § 21 Abs. 1 UWG in sechs Monaten. Das Verfahren der einstweiligen Verfügung ist bei ihnen häufig erst nach dem Ablauf der Verjährungsfrist abgeschlossen, wenn der Antragsgegner gegen eine Beschlußverfügung spät Widerspruch erhebt oder eine Berufung durchgeführt wird.

112

Die Verjährungsfrist wird durch das Verfügungsverfahren nur unterbrochen, wenn der Gläubiger aus der einstweiligen Verfügung die **Zwangsvollstreckung** betreibt (§ 209 Abs. 2 Nr. 5 BGB), nicht schon durch den Verfügungsantrag oder die Zustellung der einstweiligen Verfügung, auch wenn sie nach § 890 Abs. 2 ZPO eine Androhung von Ordnungsmitteln enthält.[156] Vollstreckungsmaßnahmen sind die Anträge, Ordnungsmittel durch einen gesonderten Beschluß anzudrohen oder zu verhängen (Rn 128). Geschieht dies vor dem Ablauf der Verjährungsfrist, wird sie hierdurch unterbrochen.

Die Verjährung ist sonst durch eine rechtzeitige **Klage in der Hauptsache** zu unterbrechen. Sind beide Parteien an einem Klageverfahren nicht interessiert, weil sie z.B. den Ausgang des Verfügungsverfahrens abwarten wollen, können sie vereinbaren, daß der Antragsgegner bis zum Ablauf einer bestimmten Zeit nach dem rechtskräftigen Abschluß des Verfügungsverfahrens auf die **Einrede der Verjährung verzichtet**. Der Antragsteller braucht auf ein solches Angebot des Antragsgegners aber nicht einzugehen. Für eine Klage bestünde dennoch ein Rechtsschutzinteresse.[157]

---

155 BGH NJW 1998, 1138, 1139.
156 BGH NJW 1979, 217.
157 OLG Hamm GRUR 1992, 563.

Der Antragsgegner kann sich auf die eingetretene Verjährung nicht nur im Verfügungsverfahren berufen, sondern auch noch danach mit einem Aufhebungsantrag nach § 927 ZPO.

113 Die **sachgerechte Reaktion des Antragstellers** auf eine Verjährungseinrede im Verfügungsverfahren hängt davon ab, ob er seinen zu sichernden Anspruch auch auf einen unverjährten Sachverhalt stützen kann. Hieran ist bei **Unterlassungsverfügungen** zu denken. Beschränkt der Antragsgegner seine Verteidigung nicht auf die Verjährungseinrede, sondern beruft er sich auch darauf, sein beanstandetes Verhalten sei gerechtfertigt, so ist hieraus unter Umständen die Gefahr künftiger Zuwiderhandlungen zu entnehmen. Der Antragsteller kann dann damit einen **vorbeugenden Unterlassungsanspruch** begründen, der nicht verjährt ist. Will der Antragsgegner dieses Risiko ausschließen, so muß er sich entweder mit der Verjährungseinrede begnügen oder aber wenigstens klarstellen, daß sich seine Rechtsauffassung nur auf das anhängige Verfahren bezieht, er aber das beanstandete Verhalten nicht wiederholen werde.[158]

114 Ist der Anspruch verjährt und auch aus einem unverjährten Sachverhalt nicht herzuleiten, so unterliegt der Antragsteller, wenn er seinen Antrag weiter verfolgt. Dies kann er mit einer **Erledigungserklärung** vermeiden. Widerspricht der Antragsgegner, so verliert er den Rechtsstreit, weil sich das Verfügungsverfahren durch die eingetretene Verjährung erledigt hat. Schließt er sich der Erledigungserklärung an, so muß das Gericht nach § 91 a ZPO über die Kosten des Rechtsstreits entscheiden. War der Verfügungsantrag bis zur Verjährung begründet, so erlegen einige Gerichte dem Antragsgegner die Kosten auf,[159] andere dem Antragsteller, weil er den Anspruch verjähren lassen hat.[160]

---

158 BGH WRP 1988, 359, 360.
159 OLG Stuttgart NJW-RR 1996, 1520; OLG Koblenz NJW-RR 1996, 1520 f.; OLG Celle GRUR 1997, 716.
160 OLG Hamburg GRUR 1989, 296.

IV. Entscheidung und Rechtsmittel

Das Gericht entscheidet nach mündlicher Verhandlung durch **Urteil**. Es kann   **115**
die beantragte einstweilige Verfügung ganz oder teilweise erlassen, den Verfügungsantrag zurückweisen, im Widerspruchs- und Rechtfertigungsverfahren die ergangene einstweilige Verfügung ganz bzw. teilweise bestätigen, abändern oder aufheben und den zugrunde liegenden Antrag zurückweisen.

Die Parteien können für sie nachteilige Urteile nach den allgemeinen Vorschriften mit der Berufung angreifen (Rn 152).

F. Vollziehung

Der Antragsteller muß eine erwirkte einstweilige Verfügung **innerhalb eines**   **116**
Monats vollziehen (§§ 936, 929 Abs. 2 ZPO). Unterläßt er dies, so kann er aus der einstweiligen Verfügung nicht mehr vorgehen. Bereits durchgeführte Vollstreckungsmaßnahmen werden unwirksam. Der Gläubiger kann dann z.B. nicht mehr die Eintragung einer Sicherungshypothek im Rang einer im einstweiligen Verfügungsverfahren erwirkten, aber nicht rechtzeitig vollzogenen Vormerkung verlangen.[161] Nach einer Versäumung der Vollziehungsfrist wird die einstweilige Verfügung auf Antrag des Gegners aufgehoben. Der Antragsteller muß dann in der Regel die Kosten des Verfügungsverfahrens tragen.

Die Vollziehungsfrist kann weder vom Gericht noch durch eine Vereinbarung der Parteien **verlängert** werden[162] . Eine Versäumung ist nicht nach § 295 ZPO heilbar, eine Wiedereinsetzung in den vorigen Stand ausgeschlossen.[163] Der Ablauf der Frist wird nicht durch Rechtsbehelfe des Schuldners gehemmt, sondern nur unterbrochen, wenn das Gericht die Zwangsvollstreckung aus der einstweiligen Verfügung einstellt.[164]

---

161 BGH NJW 1999, 3494.
162 *Zöller/Vollkommer* § 929 Rn 3; *Schuschke/Walker* § 929 Rn 7.
163 BGH NJW 1993, 1076, 1079.
164 OLG Düsseldorf OLGZ 1987, 367, 370; *Musielak/Huber* § 929 Rn 4; *Schuschke/Walker* § 929 Rn 10.

Unter der Vollziehung ist die **Zwangsvollstreckung** aus der einstweiligen Verfügung zu verstehen, nicht auch aufgrund der Kostenentscheidung. Der Antragsteller kann die Kostenfestsetzung auch noch nach dem Ablauf der Vollziehungsfrist beantragen, solange die einstweilige Verfügung nicht aufgehoben ist.[165]

Einstweilige Verfügungen sind auch ohne besonderen Ausspruch vollstreckbar. Eine **Vollstreckungsklausel** ist nur erforderlich, wenn die Vollziehung für einen anderen als den einstweiligen Verfügung bezeichneten Gläubiger erfolgen soll oder gegen einen anderen als den in der einstweiligen Verfügung bezeichneten Schuldner (§§ 936, 929 Abs. 1 ZPO).

I.   Beginn der Vollziehungsfrist

1.   Beschlußverfügung

117   Die Vollziehungsfrist beginnt bei der Beschlußverfügung mit deren **Zustellung an den Antragsteller**. Sie wird nach herrschender Meinung auch bei einer formlosen Aushändigung in Gang gesetzt.[166]

2.   Urteilsverfügung

118   Bei einer Urteilsverfügung beginnt die Vollziehungsfrist, sobald das Urteil **verkündet** ist. Erhält der Antragsteller das Urteil nicht rechtzeitig, muß er sich um eine Ausfertigung ohne Tatbestand und Entscheidungsgründe bemühen, um sie innerhalb der Monatsfrist noch zustellen zu können (§ 317 Abs. 2 ZPO). Riskant ist, eine „vollstreckbare Ausfertigung" zu beantragen. Das Kammergericht[167] hat die Auffassung vertreten, ein solcher Antrag könne unbeachtet bleiben, weil einstweilige Verfügungen grundsätzlich keiner Vollstreckungsklausel bedürfen (Rn 116). Die Zustellung einer Ablichtung des

---

165   *Schuschke/Walker* § 929 Rn 8.
166   *Stein/Jonas/Grunsky* § 929 Rn 3; *Thomas/Putzo/Reichold* § 929 Rn 3; *MüKo/Heinze* § 929 Rn 4; *Zöller/Vollkommer* § 929 Rn 5; *Schuschke/Walker* § 929 Rn 9.
167   WRP 1995, 325, 327.

Protokolls über die mündliche Verhandlung mit der Urteilsverkündung ist kein wirksamer Ersatz.[168]

II. Vollziehungsvoraussetzungen

Die Zwangsvollstreckung setzt die **Zustellung eines wirksamen Titels** voraus (§ 750 Abs. 1 Satz 1 ZPO). Einstweilige Verfügungen können auch noch nach der Einleitung von Vollstreckungsmaßnahmen zugestellt werden. Dies muß dann aber innerhalb einer Woche und noch vor dem Ablauf der Vollziehungsfrist geschehen (§§ 936, 929 Abs. 3 ZPO). Das gilt auch für Beschlußverfügungen.[169]

119

Eine **Vollstreckung vor der Zustellung** der einstweiligen Verfügung ist insbesondere sinnvoll, wenn der Schuldner von der Existenz des Titels noch keine Kenntnis hat. Der Gläubiger kann so der Gefahr vorbeugen, daß der Schuldner schnell noch seine Handlungen zu Ende führt, die das Eilverfahren gerechtfertigt hatten.[170] Die Wochenfrist für die Zustellung der einstweiligen Verfügung beginnt nach verbreiteter Auffassung mit dem Eingang des Vollstreckungsantrags beim zuständigen Vollstreckungsorgan,[171] nach der Auffassung des OLG Frankfurt[172] erst wenn die Vollstreckung beendet ist, weil dem Schuldner bei einer früheren Zustellung gläubigerschädigende Handlungen ermöglicht würden.[173]

Versäumt der Verfügungsgläubiger die Wochenfrist, wird die zuvor getroffene Vollstreckungsmaßnahme unwirksam. Der Schuldner kann dies mit der Erinnerung nach § 766 ZPO geltend machen. Die einstweilige Verfügung

---

168 OLG Frankfurt NJW-RR 1995, 445.

169 *Thomas/Putzo/Reichold* § 929 Rn 7; *Zöller/Vollkommer* § 929 Rn 24; *Schuschke/Walker* § 929 Rn 45; *Dunkl* A Rn 403; a.A. *Pastor/Ahrens/Wedemeyer* Kap. 61 Rn 47 mit der Begründung, Beschlussverfügungen seien erst mit der Parteizustellung wirksam.

170 *Schuschke/Walker* § 929 Rn 42.

171 *Zöller/Vollkommer* § 929 Rn 24; *Stein/Jonas/Grunsky* § 929 Rn 21; *MüKo/Heinze* § 929 Rn 16.

172 Rpfleger 1999, 84 ff.

173 Zustimmend *Thomas/Putzo/Reinhold* § 929 Rn 7.

bleibt wirksam. Der Gläubiger kann die Vollziehung wiederholen, solange die Monatsfrist des § 929 Abs. 2 ZPO noch läuft.[174]

1. Wirksamer Titel

a) Beschlußverfügung

120 **Verfügungsbeschlüsse** werden wirksam mit der Zustellung im Parteibetrieb (§ 922 Abs. 2 ZPO). Der Antragsteller muß sie durch den Gerichtsvollzieher in vollständiger Ausfertigung oder beglaubigter Abschrift zustellen lassen (§ 170 Abs. 1 ZPO). Die beglaubigte Abschrift muß einen Ausfertigungsvermerk enthalten.[175] Die Zustellung einer einfachen Abschrift oder Fotokopie der Ausfertigung reicht nicht aus.[176] Anlagen, auf die im Tenor Bezug genommen wird, sind mit zuzustellen.[177]

121 Hat sich für den Antragsgegner ein **Prozeßbevollmächtigter** bestellt, ist grundsätzlich an ihn zuzustellen (§ 176 ZPO). Ergibt sich die Bestellung aus einer **Schutzschrift**, muß der Antragsteller dies erkennen können, wie z.B. aus dem Rubrum der Beschlußverfügung oder der mit ihr übersandten Schutzschrift. Sonst ist eine Zustellung an den Antragsgegner wirksam.[178]

Umstritten ist, ob die einstweilige Verfügung auch einem beim Verfügungsgericht **nicht zugelassenen** Anwalt zuzustellen ist.[179] Dem Antragsteller ist in diesem Fall zu empfehlen, den Beschluß sicherheitshalber dem Antragsgegner persönlich und dem in der Schutzschrift genannten Rechtsanwalt zuzustellen.

---

174 *Thomas/Putzo/Reichold* § 929 Rn 7.
175 Z.B. OLG Düsseldorf GRUR 1989, 542.
176 OLG Koblenz NJW-RR 1987, 509; OLG Köln WRP 1980, 226.
177 Z.B. OLG Köln NJW-RR 1987, 575; OLG Koblenz GRUR 1982, 571.
178 OLG Stuttgart WRP 1996, 60, 61; OLG Hamburg NJW-RR 1995, 444 f.; OLG Frankfurt GRUR 1988, 858; OLG Düsseldorf WRP 1982, 531, 532; *Berneke* Rn 320.
179 Bejahend: OLG Stuttgart NJW-RR 1994, 624; OLG Karlsruhe WRP 1987, 44, 46; a.A. OLG Hamburg WRP 1996, 441 f.; OLG Köln WRP 1994, 322, 323; OLG Hamm WRP 1992, 724 f.

Mängel der Zustellung können nicht gemäß § 187 ZPO rückwirkend geheilt werden,[180] weil sonst nicht sicher wäre, ob die einstweilige Verfügung gilt: Die Heilung von Zustellungsmängeln tritt nicht kraft Gesetzes ein, sondern hängt vom Ermessen des Gerichts ab. **122**

b) Urteilsverfügung

Urteile, die eine einstweilige Verfügung erlassen oder eine ergangene einstweilige Verfügung bestätigen, sind mit der Verkündung wirksam. **123**

2. Zustellung der einstweiligen Verfügung

Bei einer **Beschlußverfügung** reicht die **Zustellung im Parteibetrieb** aus, mit der die einstweilige Verfügung wirksam wird. **124**

Eine Urteilsverfügung wird **von Amts wegen** zugestellt (§ 317 Abs. 1 ZPO). Der Antragsteller muß sie im **Parteibetrieb** zustellen, wenn die Amtszustellung innerhalb der Monatsfrist unterbleibt (§ 750 Abs. 1 Satz 2 ZPO). **125**

Eine **Zustellung im Parteibetrieb** ist nach herrschender Meinung auch dann erforderlich, wenn der Gläubiger aus einer einstweiligen Unterlassungsverfügung innerhalb der Vollziehungsfrist die Zwangsvollstreckung nicht betreiben kann. Dies ist dann eine Vollziehungsmaßnahme (Rn 128).

Mängel einer Parteizustellung können bei einer Urteilsverfügung nach herrschender Meinung gemäß § 187 Satz 1 ZPO rückwirkend geheilt werden,[181] wie z.B. durch eine nachfolgende Amtszustellung des Urteils innerhalb der Vollziehungsfrist.[182] Die Zustellung des Urteils von Amts wegen heilt aber nicht eine unterbliebene Parteizustellung.[183]

---

180 Z.B. KG WRP 1998, 410, 411; OLG Koblenz WRP 1998, 227; OLG Frankfurt WRP 1998, 222; OLG Rostock OLG-Report 1997, 114, 115; *Thomas/Putzo/Reichold* § 922 Rn 2; *Schuschke/Walker* § 929 Rn 30; *Teplitzky* Kap. 55 Rn 46.

181 Nachweise bei *Teplitzky* Kap. 55 Rn 47 in Fußnote 105.

182 OLG Frankfurt WRP 2000, 411; OLG Hamburg WRP 1997, 53, 55.

183 OLG Frankfurt WRP 1988, 680; *Pastor/Ahrens/Wedemeyer* Kap. 61 Rn 39.

III. Vollziehungsmaßnahmen

126 Der Antragsteller muß innerhalb der Monatsfrist das zuständige Vollstreckungsorgan **mit der Zwangsvollstreckung** aus der einstweiligen Verfügung **beauftragen**. Es reicht aus, wenn er dies so in die Wege geleitet hat, daß der Vollziehung keine Hindernisse entgegenstehen. Er muß daher z.B. innerhalb der Frist eine angeordnete Sicherheitsleistung erbringen.[184]

Die beantragte Vollstreckung braucht innerhalb der Vollziehungsfrist nicht beendet zu sein und nach herrschender Meinung auch nicht begonnen zu haben, weil der Gläubiger dies nicht beeinflussen kann.[185]

1. Beschluß- und Urteilsverfügungen

a) Vollstreckbare Verfügungen

127 Welche Vollstreckungsmaßnahme innerhalb der Monatsfrist einzuleiten ist, richtet sich nach dem Inhalt der einstweiligen Verfügung.

Sind **Sachen sicherzustellen oder herauszugeben**, so muß der Gläubiger den Gerichtsvollzieher damit beauftragen (§§ 883, 885 ZPO).

Eine **Eintragung im Grundbuch** wird durch den Eintragungsantrag beim Grundbuchamt vollzogen. Er muß dort vor dem Ablauf der Vollziehungsfrist eingehen.[186] Der Gläubiger kann selbst das Grundbuchamt um die Eintragung ersuchen, auf seinen Antrag aber auch das Verfügungsgericht (Rn 70).

Einstweilige Verfügungen zur **Vornahme von Handlungen** sind durch Anträge nach den §§ 887, 888 ZPO zu vollziehen,[187] **Geldleistungsverfügungen** durch Vollstreckungsaufträge beim zuständigen Vollstreckungsorgan

---

184 OLG München NJW-RR 1988, 1466; *Stein/Jonas/Grunsky* § 929 Rn 15.

185 BGH NJW 1991, 496, 497; 1990, 122, 124; OLG Frankfurt Rpfleger 1999, 84, 85; OLG Hamm NJW-RR 1990, 1536; OLG Oldenburg FamRZ 1989, 879, 880; 1986, 367; a.A. OLG Karlsruhe NJW-RR 1987, 760 f.

186 OLG Düsseldorf NJW-RR 1997, 781.

187 OLG Hamburg WRP 1996, 1047 f.; OLG Hamm NJW-RR 1993, 959, 960; a.A. OLG Frankfurt WRP 1998, 223 f. für Auskunftsverfügungen.

(z.B. Pfändungsauftrag an den Gerichtsvollzieher oder Antrag auf Erlaß eines Pfändungs- und Überweisungsbeschlusses).

Bei Verfügungen, die zu **wiederkehrenden Geldleistungen** verpflichten, wie z.B. Unterhaltszahlungen, muß der Gläubiger wegen der Einzelleistungen, die der Schuldner nicht freiwillig erbringt, jeweils innerhalb eines Monats ab Fälligkeit die Vollstreckung beantragen.[188] In der Rechtsprechung ist umstritten, ob er bei einer Versäumung dieser Frist die einstweilige Verfügung insgesamt nicht mehr vollziehen darf[189] oder nur nicht wegen der betroffenen Rate.[190] Wird wegen Unterhaltsansprüchen oder Renten aus Körperverletzung Arbeitslohn gepfändet, reicht eine rechtzeitige Vorratspfändung aus (§ 850 d Abs. 3 ZPO).

b) Unterlassungsverfügungen

Eine Unterlassungsverfügung kann der Gläubiger nur vollziehen, wenn darin **Ordnungsmittel angedroht** sind.[191]   **128**

Eine **Beschlußverfügung** wird dann durch die **Zustellung im Parteibetrieb** vollzogen. Läßt der Gläubiger vorher einen Ordnungsmittelantrag zustellen, muß er gemäß § 929 Abs. 3 ZPO den Verfügungsbeschluß innerhalb einer Woche und vor dem Ablauf der Vollziehungsfrist zustellen.[192]

Bei einer **Urteilsverfügung** reicht nach der Auffassung des Bundesgerichtshofs **die Zustellung von Amts wegen** nicht aus, weil der Gläubiger durch eigenes aktives Verhalten zeigen müsse, daß er von der einstweiligen Verfügung Gebrauch machen wolle.[193] Er muß daher innerhalb der Vollziehungsfrist eine Urteilsverfügung entweder **im Parteibetrieb zustellen** oder

---

188 OLG Koblenz FamRZ 1991, 589 f.; *Thomas/Putzo/Reichold* § 936 Rn 14; a.A. *Stein/Jonas/Grunsky* § 938 Rn 38.

189 So u. a.: OLG Hamm FamRZ 1997, 1496; OLG Hamburg FamRZ 1988, 521, 523; OLG Zweibrücken JurBüro 1986, 626; OLG Köln FamRZ 1985, 1063, 1065; OLG Celle FamRZ 1984, 1248, 1249.

190 So u. a.: OLG Hamm FamRZ 1991, 583; OLG Bamberg FamRZ 1985, 509, 510 f.; OLG Schleswig FamRZ 1981, 456 f.

191 BGH NJW 1996, 198, 199.

192 KG WRP 1998, 410, 411.

193 BGH NJW 1993, 1076, 1077 f.; WRP 1996, 104 ff.

Vollstreckungsmaßnahmen einleiten, wie mit dem Antrag, **Ordnungs-mittel** durch einen gesonderten Beschluß anzudrohen[194] oder zu verhängen.[195] Nicht ausreichend sind mündliche Äußerungen. Der Bundesgerichtshof[196] verlangt Maßnahmen, die ähnlich formalisiert oder urkundlich belegt sind wie Parteizustellungen. Welche weiteren Aktivitäten damit gemeint sind, ist noch ungeklärt. Nicht ausreichend sind die Übersendung der Urteilsverfügung als Anlage zu einem Privatschreiben[197] oder eines Teils des Verhandlungsprotokolls mit dem daraus ersichtlichen Urteilstenor[198] sowie der Antrag, eine abgekürzte Ausfertigung des Urteils zu erteilen.[199]

Die meisten Oberlandesgerichte haben sich der Auffassung des Bundesgerichtshofs angeschlossen.[200] Die Oberlandesgerichte Stuttgart,[201] Celle[202] und Oldenburg[203] halten die Zustellung eines Verfügungsurteils von Amts wegen innerhalb der Monatsfrist für ausreichend.

Die Vollziehungsfrist wird auch dann durch eine rechtzeitige Parteizustellung gewahrt, wenn der Antragsgegner innerhalb der Frist gegen das Unterlassungsgebot verstoßen hat. Der Antragsteller muß nicht zusätzlich beantragen, Ordnungsmittel zu verhängen.[204]

129 Enthält die einstweilige Verfügung **keine Androhung von Ordnungsmitteln**, so wird eine Beschlußverfügung vollzogen, indem der Gläubiger nachträglich die Androhung durch einen Beschluß des Gerichts erwirkt und diesen mit der Beschlußverfügung im Parteibetrieb zustellt,[205] eine Urteilsverfügung mit der Beantragung eines separaten Androhungsbeschlusses.[206] Über

---

194 BGH NJW 1993, 1076 ff.; 1979, 217.
195 BGH NJW 1990, 122, 124.
196 NJW 1993, 1076, 1079.
197 KG WRP 1995, 325 ff.
198 OLG Frankfurt NJW-RR 1995, 445.
199 OLG Düsseldorf NJW-RR 1987, 763, 764.
200 Nachweise bei *Teplitzky* Kap. 55 Rn 38 in Fußnote 80 und zuletzt OLG Frankfurt WRP 2000, 411.
201 WRP 1997, 350, 353.
202 NJW-RR 1990, 1088.
203 WRP 1992, 412, 413.
204 BGH WRP 1989, 514; *Teplitzky* Kap. 55 Rn 42; *Schuschke/Walker* § 928 Rn 12.
205 BGH NJW 1996, 198, 199.
206 OLG Düsseldorf WRP 1982, 44.

den Androhungsantrag hat das Prozeßgericht des ersten Rechtszuges zu entscheiden (§ 890 Abs. 2 ZPO). Eine Entscheidung des Berufungsgerichts ist auf Gegenvorstellung aufzuheben.[207]

c) Nicht vollstreckbare Verfügungen

Nicht vollstreckbar sind rechtsgestaltende und feststellende Verfügungen, einstweilige Verfügungen auf Abgabe einer Willenserklärung, Herausgabe- und Leistungsverfügungen, die der Schuldner freiwillig erfüllt hat, und einstweilige Verfügungen, bei denen der Verfügungsanspruch vor dem Ablauf der Vollziehungsfrist aus anderen Gründen erloschen ist, wie z.B. ein Unterlassungsanspruch durch eine strafbewehrte Unterlassungserklärung innerhalb der Monatsfrist.

130

Eine **Beschlußverfügung** muß der Antragsteller in jedem Fall zustellen, damit sie gilt.

Zu einer Parteizustellung ist auch bei einer **Urteilsverfügung** zu raten. Eine Amtszustellung haben zwar das OLG Köln[208] bei einer einstweiligen Verfügung auf Abgabe einer Willenserklärung für entbehrlich gehalten und das OLG Karlsruhe[209] bei einer freiwilligen Erfüllung des Verfügungsanspruchs.[210] Das ist aber umstritten. Der Antragsteller geht ein unnötiges Risiko ein, wenn er sich hierauf verläßt (Rn 104).

2. Bestätigungsurteil im Widerspruchsverfahren

Hat der Antragsteller eine **Beschlußverfügung** erwirkt und rechtzeitig vollzogen, so muß er ein im **Widerspruchsverfahren bestätigendes Urteil** nur vollziehen, wenn es die **Beschlußverfügung wesentlich abändert**. Bei einer vollen oder inhaltlich nur unwesentlich veränderten Bestätigung – wie z.B.

131

207　BGH NJW 2000, 590.
208　NJW-RR 1997, 59, 60.
209　WRP 1996, 120, 122.
210　Ebenso OLG München GRUR 1994, 83; *Schuschke/Walker* § 929 Rn 18; *MüKo/Heinze* § 929 Rn 22.

einer bloßen Klarstellung[211] – reicht die Vollziehung der Beschlußverfügung aus.[212]

Ob ein Bestätigungsurteil auch dann erneut vollzogen werden muß, wenn es den zu sichernden **Anspruch** lediglich **einschränkt**, ist strittig. Der 12. Zivilsenat des OLG Hamm[213] hat dies mit der Begründung verneint, der Gläubiger habe bereits durch die Vollziehung der höheren Beschlußverfügung hinreichend zum Ausdruck gebracht, daß er auch die eingeschränkte Urteilsverfügung durchsetzen wolle.[214]

Der Gläubiger vermeidet unnötige Risiken, wenn er bei jeder Änderung oder Neufassung der Widerspruchsentscheidung eine erneute Vollziehung innerhalb der Monatsfrist veranlaßt.

132 Eine **nicht vollzogene Beschlußverfügung** kann in der Regel nur zu einem Bestätigungsurteil führen, wenn im Zeitpunkt der mündlichen Verhandlung die Vollziehungsfrist noch nicht abgelaufen war. Die Monatsfrist zur Vollziehung läuft dann bei einer wesentlich modifizierten Bestätigung ab Erlaß des Urteils neu,[215] weil der Gläubiger die einstweilige Verfügung mit diesem Inhalt vorher nicht vollziehen konnte. Ob ihm auch bei einer uneingeschränkten Bestätigung ein weiterer Monat zur Verfügung steht, ist umstritten. Die herrschende Meinung bejaht dies.[216] Ein Bestätigungsurteil führt hiernach auch dann zu einer neuen Vollziehungsfrist, wenn die Beschlußverfügung im Zeitpunkt der mündlichen Verhandlung nicht rechtzeitig vollzogen war und das Gericht dies übersehen hatte.[217]

---

211 OLG Hamm WRP 1991, 406; OLG Koblenz ZIP 1990, 1570.

212 OLG Hamm NJW-RR 1999, 631; OLG Hamburg WRP 1997, 57, 59; OLG Schleswig NJW-RR 1996, 1128; *Wieczorek/Thümmel* § 929 Rn 6 mit weiteren Nachweisen in Fußnote 15.

213 NJW-RR 1999, 631.

214 A.A. der 21. Senat in RPfleger 1995, 468 bei einer Reduzierung des Werklohnanspruchs um rund 40 % im Rahmen einer Vormerkung für eine Bauhandwerkersicherungshypothek.

215 OLG Schleswig NJW-RR 1986, 1128.

216 OLG Rostock OLG-Report 1997, 114, 115; OLG Frankfurt NJW-RR 1986, 64; *Thomas/Putzo* § 929 Rn 3; *Stein/Jonas/Grunsky* § 929 Rn 4; *MüKo/Heinze* § 929 Rn 5; *Schuschke/Walker* § 929 Rn 13 a; *Zöller/Vollkommer* § 929 Rn 7; a.A. OLG Koblenz ZIP 1990, 1570, 1573; *Baumbach/Lauterbach/ Hartmann* § 929 Rn 7; *Wieczorek/Thümmel* § 929 Rn 6.

217 *Stein/Jonas/Grunsky* § 929 Rn 4; *Schuschke/Walker* § 929 Rn 12.

3. Berufungsurteil

Ein Berufungsurteil muß der Gläubiger nur vollziehen, wenn es eine Ur- **133**
teilsverfügung oder ein Bestätigungsurteil **wesentlich abändert**.[218] Bei einer
nicht vollzogenen einstweiligen Verfügung, die im Berufungsverfahren bestätigt wird, läuft nach der herrschenden Meinung ab Verkündung des Berufungsurteils eine neue Vollziehungsfrist (Rn 132). Dies setzt aber eine mündliche Verhandlung in zweiter Instanz vor dem Ablauf der Vollziehungsfrist
aus einer Urteilsverfügung oder einem Bestätigungsurteil voraus, weil die
ergangene einstweilige Verfügung sonst nicht bestätigt, sondern aufgehoben
wird. Das kommt in der Praxis kaum vor.

Wird eine einstweilige Verfügung ohne mündliche Verhandlung erlassen,
dann im Widerspruchsverfahren aufgehoben, durch das Berufungsgericht jedoch bestätigt, so enthält das Berufungsurteil nach überwiegend vertretener
Auffassung eine neue einstweilige Verfügung.[219] Der Gläubiger muß das Urteil daher vollziehen, auch wenn er die ursprüngliche Beschlußverfügung
schon vollzogen hatte.[220]

IV. Versäumung der Vollziehungsfrist

Der Antragsgegner kann sich im **Anordnungsverfahren** mit dem Wider- **134**
spruch oder der Berufung auf die Versäumung der Vollziehungsfrist berufen,
danach mit einem **Aufhebungsantrag nach § 927 ZPO**.

Im **Anordnungsverfahren** ist dem Antragsteller dann im allgemeinen zu **135**
empfehlen, seinen **Antrag zurückzunehmen**, um die Gerichtskosten zu ermäßigen. Sie sind ihm auch nicht zu erstatten, wenn er im anschließenden
Hauptsacheverfahren obsiegt.[221] An eine Erledigungserklärung ist allenfalls

---

218 OLG Karlsruhe WRP 1997, 57, 59; *Teplitzky* Kap. 55 Rn 49.
219 Zuletzt OLG Hamburg MDR 1997, 394, 395 mit weiteren Nachweisen.
220 *Stein/Jonas/Grunsky* § 929 Rn 6; *Zöller/Vollkommer* § 929 Rn 7; *Schuschke/Walker* § 929 Rn 13;
     Teplizky Kap. 55 Rn 49 a; *Berneke* Rn 303 mit weiteren Nachweisen in Fußnote 21; a.A. OLG Celle
     NJW-RR 1987, 64.
221 BGH NJW-RR 1995, 495.

zu denken, wenn der Verfügungsanspruch während der Vollziehungsfrist entfallen war (Rn 104).

136 Ein **Aufhebungsverfahren** kann der Antragsteller **vermeiden**, indem er auf die Rechte aus der einstweiligen Verfügung verzichtet, dem Antragsgegner den Titel aushändigt und ihm die Kosten des Verfügungsverfahrens erstattet (Rn 179).

137 Der Antragsteller kann nach der Versäumung der Vollziehungsfrist **erneut eine einstweilige Verfügung beantragen**, nach herrschender Meinung aber nicht mehr mit der Berufung oder im Wege der Anschlußberufung in dem noch laufenden Verfahren, weil für den Neuerlaß einer einstweiligen Verfügung ausschließlich das Gericht erster Instanz zuständig ist.[222] Hat der Antragsteller eine Beschlußverfügung nicht rechtzeitig vollzogen, wird nach einem Widerspruch in erster Instanz neben dem Antrag, die einstweilige Verfügung zu bestätigen, ein Hilfsantrag für zulässig gehalten, eine neue gleichlautende einstweilige Verfügung zu erlassen.[223]

Ein neuer Antrag in einem zweiten Verfahren ist unzulässig, solange das erste noch rechtshängig ist.[224] Der Antragsteller muß daher zunächst den ersten Verfügungsantrag zurücknehmen oder auf seine Rechte aus der einstweiligen Verfügung verzichten.

Die Erfolgsaussichten für eine neue einstweilige Verfügung sind aber gering, weil nach einer Versäumung der Vollziehungsfrist im allgemeinen kein Verfügungsgrund mehr besteht.[225]

---

222 OLG Brandenburg MDR 1999, 1219; OLG Hamm GRUR 1989, 457; OLG Frankfurt NJW-RR 1987, 764, 765; OLG Koblenz GRUR 1981, 91, 92; a.A. OLG Düsseldorf GRUR 1984, 385, 386.

223 OLG Hamm OLG-Report 1993, 93; *Zöller/Vollkommer* § 929 Rn 23; *Stein/Jonas/Grunsky* § 929 Rn 18; *Pastor/Ahrens/Wedemeyer* Kap. 61 Rn 60; *Großkomm./Schultz-Süchting* § 25 UWG Rn 256.

224 OLG Hamm WRP 1996, 581 f.; OLG Koblenz GRUR 1981, 91, 93; *Großkomm./Schultz-Süchting* § 25 UWG Rn 163; a.A. *Schuschke/Walker* § 929 Rn 39; *Zöller/Vollkommer* § 929 Rn 23.

225 KG NJW-RR 1992, 318 f.; *Teplitzky* Kap. 55 Rn 51; *Berneke* Rn 84; *Melullis* Rn 237.

G. Rechtsbehelfe des Antragsgegners

Der Antragsgegner kann sich im **Anordnungsverfahren** gegen eine Beschlußverfügung mit dem **Widerspruch** wenden (§§ 936, 924 Abs. 1 ZPO)
und gegen ein Urteil, das eine einstweilige Verfügung angeordnet oder eine
Beschlußverfügung bestätigt hat, mit der **Berufung**. Er kann außerdem die
Aufhebung der einstweiligen Verfügung verlangen, wenn der Antragsteller
innerhalb einer bestimmten Frist **nicht die Klage zur Hauptsache erhoben**
hat (§§ 936, 926 ZPO) oder sich die **Umstände nachträglich verändert** haben (§§ 936, 927 ZPO).

138

In allen Fällen ist nach § 707 ZPO auf Antrag eine **Einstellung der Vollzie-
hung** zulässig. Das ergibt sich für das **Widerspruchsverfahren** aus § 924
Abs. 3 Satz 2 ZPO und für das **Berufungsverfahren** aus § 719 Abs. 1 Satz 1
ZPO. Die Bestimmung des § 924 Abs. 3 Satz 2 ZPO ist nach allgemeiner
Ansicht in den **Aufhebungsverfahren** entsprechend anzuwenden.[226]

139

Für eine Einstellung der Vollziehung besteht nach einem Widerspruch gegen
einen Verfügungsbeschluß bei einer zügigen Terminierung des Gerichts im
allgemeinen kein Bedarf.

Ein Einstellungsantrag ist immer erfolgversprechend, wenn die angegriffene
einstweilige Verfügung **offensichtlich zu Unrecht** besteht, wie z.B. in Fällen, in denen der Verfügungskläger sie nicht rechtzeitig vollzogen,[227] eine gesetzte Klagefrist nicht eingehalten oder der Antragsgegner eine offensichtlich
begründete Verjährungseinrede erhoben hat.[228] Das Gericht kann die Vollziehung auch einstellen, wenn klar auf der Hand liegt, daß kein Verfügungsgrund besteht. Das OLG Celle[229] hat dies bei einer einstweiligen Verfügung
auf Zahlung nachehelichen Unterhalts in einem Fall angenommen, in dem
der Gläubiger es leichtfertigerweise versäumt hatte, den Unterhaltsanspruch
schon im Scheidungsverfahren geltend zu machen.

---

226 Nachweise bei *Stein/Jonas/Grunsky* § 926 Rn 17 a in Fußnote 86 und § 927 Rn 15 in Fußnote 77.
227 OLG Frankfurt MDR 1997, 393; OLG Rostock OLG-Report 1997, 114.
228 OLG Koblenz WRP 1981, 545.
229 NJW 1990, 3280, 3281.

Nicht von vornherein aussichtslose Rechtsbehelfe rechtfertigen eine Einstellung der Vollziehung gegen Sicherheitsleistung des Antragsgegners bei einstweiligen Verfügungen, die – wie die Vormerkung für eine Bauhandwerkersicherungshypothek – nur der Sicherung einer Geldforderung dienen (Rn 83).

Eine Einstellung ist in der Regel – abgesehen von offensichtlich begründeten Rechtsmitteln – ausgeschlossen bei Leistungsverfügungen, die einer Notlage des Antragstellers abhelfen sollen[230] und bei Unterlassungsverfügungen.[231] Unterlassungsansprüche würden sonst für die Zeit der Einstellung der Vollziehung endgültig vereitelt.

Nach Aufhebungsurteilen ist jede **weitere Vollziehung** der einstweiligen Verfügung unzulässig, auch wenn die Entscheidung noch nicht rechtskräftig ist. Dies gilt sowohl bei einer Aufhebung im Widerspruchsverfahren[232] als auch bei einer Aufhebung nach § 926 Abs. 2 ZPO und nach § 927 Abs. 2 ZPO.[233] Stellt das Berufungsgericht die vorläufige Vollstreckbarkeit des Aufhebungsurteils ein, darf der Verfügungsgläubiger aus der einstweiligen Verfügung erneut vollstrecken.[234]

Bereits **vollzogene Maßregeln** sind grundsätzlich bei Urteilen nach § 926 Abs. 2 und § 927 Abs. 2 ZPO erst nach deren Rechtskraft aufzuheben,[235] bei Urteilen im Widerspruchsverfahren, sobald sie verkündet worden sind.[236]

---

230 *Stein/Jonas/Grunsky* § 924 Rn 23.

231 OLG Nürnberg WRP 1983, 177; OLG Koblenz WRP 1985, 657.

232 OLG Bremen MDR 1998, 667 f.; OLG Frankfurt MDR 1997, 1060 f.; OLG Hamburg MDR 1997, 394 f.; KG NJW-RR 1996, 1088; OLG Schleswig NJW-RR 1992, 317, 318.

233 *Schuschke/Walker* § 926 Rn 24 und § 927 Rn 24.

234 *Zöller/Vollkommer* § 927 Rn 14; *Stein/Jonas/Grunsky* § 927 Rn 18; *MüKo/Heinze* § 927 Rn 21; *Schuschke/Walker* § 927 Rn 24.

235 *Zöller/Vollkommer* § 927 Rn 14; *Stein/Jonas/Grunsky* § 927 Rn 18; *MüKo/Heinze* § 927 Rn 21; *Schuschke/Walker* § 927 Rn 25.

236 *Schuschke/Walker* § 925 Rn 11 mit weiteren Nachweisen in Fußnote 40.

I. Verhältnis der Rechtsbehelfe

Will der Antragsgegner gegen eine einstweilige Verfügung vorgehen, so sollte er zunächst die **Rechtsmittel im Anordnungsverfahren ausschöpfen**.

140

Das Gericht prüft nach einem **Widerspruch** oder einer **Berufung** nicht, ob die einstweilige Verfügung zu Recht ergangen ist, sondern ob sie im Zeitpunkt der letzten mündlichen Verhandlung im Widerspruchs- oder anschließenden Berufungsverfahren noch zu Recht besteht. Der Antragsgegner kann sich deshalb zur Begründung auch auf Tatsachen stützen, die erst nach dem Erlaß der einstweiligen Verfügung eingetreten sind, wie die **Versäumung der Klagefrist** (§ 926 ZPO), die **nicht rechtzeitige Vollziehung** der einstweiligen Verfügung, die **Verjährung des Verfügungsanspruchs** oder andere veränderte Umstände, die nach § 927 ZPO zur Aufhebung der einstweiligen Verfügung führen.

Für ein **zusätzliches Aufhebungsverfahren nach § 927 ZPO** neben einem noch anhängigen Widerspruchs- oder Berufungsverfahren besteht deshalb kein Rechtsschutzinteresse.[237] Von einem Aufhebungsverfahren **anstelle eines Widerspruchs oder einer Berufung** ist im allgemeinen abzuraten. Obsiegt der Antragsgegner mit den Rechtsmitteln im Anordnungsverfahren, muß ihm der Antragsteller die Kosten des Rechtsstreits erstatten, bei einem Erfolg mit einem Aufhebungsantrag in der Regel nicht (Rn 175).

141

Ein **bereits anhängiges Aufhebungsverfahren** nach § 927 ZPO nimmt dem Antragsgegner des Verfügungsverfahrens nicht das Rechtsschutzbedürfnis für einen Widerspruch oder eine Berufung im Anordnungsverfahren, denn dies sind weitergehende Rechtsbehelfe.[238] Leitet er neben einem bereits laufenden Aufhebungsverfahren ein Widerspruchs- oder Berufungsverfahren ein, so entfällt für das Aufhebungsverfahren das Rechtsschutzinteresse.[239] Der Antragsgegner muß es daher für erledigt erklären. Sonst

---

237 OLG Hamm FamRZ 1995, 824; OLG Düsseldorf NJW-RR 1988, 188, 189.
238 OLG Düsseldorf NJW-RR 1988, 188 f.; *Zöller/Vollkommer* § 927 Rn 2; *Teplitzky* Kap. 56 Rn 24 und 33; *Pastor/Ahrens* Kap. 63 Rn 12; *Berneke* Rn 283.
239 OLG Düsseldorf NJW-RR 1988, 188 f.; *Pastor/Ahrens* Kap. 63 Rn 12; *Schuschke/Walker* § 927 Rn 3.

unterliegt er mit seinem Aufhebungsantrag. Nach der Auffassung des OLG Düsseldorf[240] sind ihm die Kosten des Anordnungsverfahrens aufzuerlegen, weil es überflüssig war.

142 Die **Versäumung** einer nach § 926 Abs. 1 ZPO angeordneten **Klagefrist** ist nicht nur im Anordnungsverfahren zu berücksichtigen, sondern auch im Aufhebungsverfahren nach § 927 ZPO. Deshalb besteht für ein besonderes Aufhebungsverfahren nach § 926 ZPO kein Rechtsschutzbedürfnis, wenn gegen die einstweilige Verfügung Widerspruch bzw. Berufung eingelegt ist oder schon das Verfahren nach § 927 ZPO betrieben wird.[241] Riskant ist es, im Anordnungsverfahren einen Widerspruch oder eine Berufung allein mit der Begründung einzulegen, der Antragsteller der einstweiligen Verfügung habe die Klagefrist versäumt, weil er dies nachholen kann (Rn 168).

In dem Aufhebungsverfahren nach § 926 Abs. 2 ZPO kann der Verfügungsschuldner außer der Nichteinhaltung der Klagefrist nur noch die Versäumung der Vollziehungsfrist geltend machen, nicht andere Aufhebungsgründe des § 927 ZPO.[242]

Eine Aufhebung der einstweiligen Verfügung wegen der Versäumung der Klagefrist erleichtert es dem Verfügungsschuldner, Schadensersatzansprüche gemäß § 945 aus der Vollziehung zu verfolgen (Rn 183 a). Liegen weitere Gründe für die Aufhebung vor, kann er auf einer Entscheidung nach § 926 Abs. 2 ZPO bestehen. Hebt das Gericht die einstweilige Verfügung dennoch aus anderen Gründen auf, ist die Entscheidung im Rechtsmittelverfahren abzuändern.[243]

---

240 WRP 1987, 676, 677.
241 *Stein/Jonas/Grunsky* § 924 Rn 6; *Zöller/Vollkommer* § 924 Rn 3; *Schuschke/Walker* § 924 Rn 5; *Berneke* Rn 267; a.A, *Wieczorek/Thümmel* § 924 Rn 14.
242 OLG Koblenz WRP 1980, 643, 644; *Berneke* Rn 322.
243 *Stein/Jonas/Grunsky* § 945 Rn 35; *Schuschke/Walker* § 945 Rn 22.

II. Widerspruch gegen Beschlußverfügung

Der Widerspruch ist bei dem Gericht zu erheben, das die Beschlußverfü- **143**
gung erlassen hat, gegen eine einstweilige Verfügung des Beschwerdegerichts nach herrschender Meinung bei der ersten Instanz.[244]

Das **Rechtfertigungsverfahren** schließt nach herrschender Meinung einen
Widerspruch gegen eine Beschlußverfügung des nur nach § 942 ZPO zuständi-
digen Amtsgerichts nicht aus. Der Antragsgegner muß ihn beim Gericht der
Hauptsache erheben.[245]

Beim Landgericht besteht Anwaltszwang.

Der Widerspruch ist **nicht fristgebunden.** Da das Gericht hiernach in der **144**
Regel kurzfristig terminiert, sollte der Antragsgegner ihn erst einlegen, wenn
er auf den Verhandlungstermin gehörig vorbereitet ist. Nach einem längeren
Zeitraum kann allerdings das Widerspruchsrecht **verwirkt** sein. Dann müssen aber Umstände vorliegen, aus denen der Gläubiger entnehmen durfte,
daß kein Widerspruch mehr erhoben wird.[246] Diese Annahme ist nicht gerechtfertigt, solange der Prozeß in der Hauptsache läuft.[247] Nach einer **wettbewerbsrechtlichen Unterlassungsverfügung** ist Eile geboten, wenn der
Antragsgegner nicht mit den Kosten eines Abschlussschreibens belastet werden will (§ 4 Rn 67).

Ein Widerspruch ist unzulässig, wenn der Antragsgegner hierauf verzichtet
hat, z.B. in einem Abschlußschreiben.

Das Gericht entscheidet über den Widerspruch nach mündlicher Verhandlung **145**
durch Urteil. Der Antragsgegner kann ihn bis zur Rechtskraft des Urteils

---

244 OLG Hamm MDR 1987, 593; OLG Düsseldorf MDR 1984, 324; *Thomas/Putzo/Reichold* § 924 Rn 2;
   Zöller/Vollkommer § 924 Rn 6; *Stein/Jonas/Grunsky* § 924 Rn 18 mit Nachweisen in Fußnote 50; a.A.
   Schuschke/Walker § 924 Rn 9.
245 OLG Hamm OLGZ 1989, 338 ff.; *Stein/Jonas/Grunsky* § 942 Rn 7; *Zöller/Vollkommer* § 942 Rn 4;
   Wieczorek/Thümmel § 942 Rn 12; *Teplitzky* Kap. 55 Rn 8; *Dunkl* A Rn 541; a.A. *Thomas/Putzo/
   Reichold* § 936 Rn 6.
246 OLG Saarbrücken NJW-RR 1989, 1512, 1513; KG GRUR 1985, 237; OLG Celle GRUR 1980, 945 f.;
   Stein/Jonas/Grunsky § 924 Rn 11; *Zöller/Vollkommer* § 924 Rn 10; *MüKo/Heinze* § 924 Rn 9.
247 BGH NJW 1992, 2297, 2298.

ohne Zustimmung des Antragstellers **zurücknehmen**[248] und anschließend wiederholen. Er muß dann entsprechend § 515 Abs. 3 ZPO die Kosten des Widerspruchsverfahrens tragen. Bei einer Rücknahme vor dem Schluß der mündlichen Verhandlung ermäßigen sich die Gerichtskosten entsprechend KV Nr. 1312 auf eine Gebühr.[249]

1. Voll- und Teilwiderspruch

146 Der Antragsgegner kann den Widerspruch auf **einzelne Teile** der einstweiligen Verfügung beschränken und mit dem Antrag verbinden, die **Zwangsvollstreckung** aus der Beschlußverfügung **einstweilen einzustellen** (Rn 139).

Stellt sich im Widerspruchsverfahren die **Unzuständigkeit des angerufenen Gerichts** heraus, so wird das Verfahren gemäß § 281 Abs. 1 ZPO an das zuständige Gericht verwiesen, wenn der Verfügungskläger dies beantragt. Umstritten ist, ob der erlassene Verfügungsbeschluß vorher aufzuheben oder die Vollstreckung aus ihm wenigstens einzustellen ist. Die herrschende Meinung verneint dies.[250]

2. Kostenwiderspruch

147 Hat der Antragsgegner für das Verfügungsverfahren **keinen Anlaß** gegeben (Rn 99) und will er sich sachlich nicht zur Wehr setzen, so kann er mit einem Kostenwiderspruch den Verfügungsanspruch **sofort anerkennen**. Der Antragsteller sind dann nach § 93 ZPO die Kosten des Verfahrens aufzuerlegen.

Erforderlich ist ein Widerspruch, der sich **nur gegen die Kostenentscheidung** in der Beschlußverfügung richtet. Legt der Antragsgegner zunächst

---

248 *Zöller/Vollkommer* § 924 Rn 8; *Stein/Jonas/Grunsky* § 924 Rn 13; *MüKo/Heinze* § 924 Rn 11; a.A. *Wieczorek/Schütze* § 924 Anm. B.

249 OLG Rostock MDR 1997, 1066 f.; OLG München MDR 1997, 1067.

250 OLG Hamm OGZ 1989, 338, 340 f.; *Thomas/Putzo/Reichold* § 925 Rn 1; *Stein/Jonas/Grunsky* § 924 Rn 19; *MüKo/Heinze* § 924 Rn 13; a.A. *Schuschke/Walker* § 924 Rn 10; *Teplitzky* Kap. 55 Rn 20 in Fußnote 43.

einen Vollwiderspruch ein und beschränkt er ihn erst später auf die Kosten-entscheidung, so liegt nach ganz herrschender Ansicht kein sofortiges Aner-kenntnis vor.[251]

In der Literatur wird ein Kostenwiderspruch auch dann für zulässig gehalten, wenn nach einem zwischenzeitlich eingetretenen erledigenden Umstand nur noch die Kosten im Streit sind.[252] Dies ist dann aber von vornherein auf Fälle zu beschränken, in denen der Antragsgegner aus der einstweiligen Verfügung nicht mehr in Anspruch genommen werden kann, wie z.B. nach einem Ver-zicht des Gläubigers auf seine Rechte aus der Beschlußverfügung und einer Herausgabe des Titels oder dem Ablauf der Geltungsdauer einer nur für einen bestimmten Zeitraum erlassenen einstweiligen Verfügung. Sonst besteht ein Rechtsschutzinteresse des Antragsgegners, die einstweilige Verfügung auf-grund eines Vollwiderspruchs aufheben zu lassen. Problematisch ist überdies die Rechtsgrundlage für eine abweichende Kostenentscheidung bei einem Kostenwiderspruch, mit dem der Verfügungsanspruch nicht anerkannt wer-den soll. Einer Erledigungserklärung steht entgegen, daß die Entscheidung über den Verfügungsantrag nicht mehr Gegenstand des Verfahrens ist. Bei einem Verzicht und einer Herausgabe des Titels ist an eine Kostenentschei-dung gemäß § 91 ZPO zu denken, ähnlich wie bei einem Verzicht auf den Klageanspruch im Hauptsacheverfahren nach § 306 ZPO.

Mit der Beschränkung des Widerspruchs auf die Kostenentscheidung hat der Antragsgegner auf einen **Vollwiderspruch verzichtet**. Hieran ist er gebun-den. Er kann nicht nachträglich zum Vollwiderspruch übergehen.[253]

148

Ein Kostenwiderspruch schließt nach herrschender Meinung einen **Aufhe-bungsantrag nach § 927 ZPO** bei nachträglich veränderten Umständen nicht aus. Hierfür ist ein ausdrücklicher Verzicht erforderlich.[254]

Ob dies auch für die **Rechte nach § 926 ZPO** und eine **negative Feststel-lungsklage** gilt, ist umstritten. In der Literatur wird der Standpunkt vertre-

---

251 Rechtsprechungsnachweise bei *Ahrens/Spätgens* Rn 133.
252 *Schuschke/Walker* § 924 Rn 11.
253 Z.B. OLG Hamm GRUR 1991, 633 f.
254 OLG Stuttgart WRP 1980, 102, 103; *Köhler/Piper* § 25 UWG Rn 41; *Gloy/Spätgens* § 86 Rn 16; *Teplitzky* Kap. 55 Rn 12; a.A. KG WRP 1982, 465, 466 f.

ten, der Antragsgegner habe hierauf konkludent verzichtet, wenn er sich auf die Kostenvergünstigung des § 93 ZPO berufe, weil daraus ein Anerkenntnis des materiellen Anspruchs zu entnehmen sei.[255] Nach der Auffassung des Kammergerichts[256] und des OLG Koblenz[257] soll sich dies schon aus einem uneingeschränkten Kostenwiderspruch ergeben.[258] Will der Antragsgegner den Verfügungsanspruch im Hauptsacheverfahren überprüfen lassen, sollte er sich ausdrücklich das Recht vorbehalten, dem Antragsteller nach § 926 Abs. 1 ZPO eine Frist für die Klage setzen zu lassen. Dem Kostenwiderspruch kann dann kein Verzicht auf dieses Recht entnommen werde.

149   Zulässiges Rechtsmittel gegen das Urteil nach einem Kostenwiderspruch ist nach ganz herrschender Ansicht in entsprechender Anwendung des § 99 Abs. 2 ZPO die **sofortige Beschwerde**.[259]

150   **Alternative zum Kostenwiderspruch** ist bei einem fehlenden Anlaß für das Verfügungsverfahren die Erfüllung des Verfügungsanspruchs, bei einem wettbewerbsrechtlichen Unterlassungsanspruch durch eine Unterwerfungserklärung, und ein anschließender Vollwiderspruch.

Der Antragsteller muß dann das Verfügungsverfahren für erledigt erklären. Sonst unterliegt er. Schließt sich der Antragsgegner der Erledigungserklärung an, so ist er nicht nur von Kosten freizustellen, wenn für das Verfügungsverfahren kein Anlaß bestanden hat. Das Gericht muß bei einer Kostenentscheidung nach § 91 a ZPO auch prüfen, ob die einstweilige Verfügung zu Recht ergangen war. Einwendungen hiergegen sind bei einem Kostenwiderspruch ausgeschlossen.

Ein **Kostenwiderspruch** ist **billiger**, weil hierbei die Prozeßgebühr für den Anwalt des Antragsgegners nur aus dem Wert der bis dahin angefallenen Kosten entsteht.[260]

---

255 *Köhler/Piper* § 25 UWG Rn 41; *Teplitzky* Kap. 55 Rn 12; *Gloy/Spätgens* § 86 Rn 16.
256 WRP 1982, 465, 466 f.
257 Rpfleger 1986, 407, 408.
258 A.A. OLG Stuttgart WRP 1980, 102, 103.
259 OLG Celle OLG-Report 1998, 86, 87 und weitere Rechtsprechungsnachweise bei *Ahrens/Spätgens* Rn 136; a.A. OLG Oldenburg WRP 1980, 649 f.
260 Nachweise bei *Ahrens/Spätgens* Rn 130 ff.

Hinweis 151

Das **Risiko einer Klage** schließt der Antragsgegner nach einem Kostenwiderspruch aus, indem er den gesicherten Anspruch erfüllt, dem Gläubiger freiwillig einen Titel verschafft, eine strafbewehrte Unterlassungsverpflichtung übernimmt (wettbewerbsrechtlicher Unterlassungsanspruch)
oder – bei Beschlußverfügungen, die zur Erfüllung des Anspruchs führen – mit einer Abschlußerklärung (§ 3 Rn 70 ff.).

III. Berufung gegen Urteilsverfügung

Eine Berufung ist statthaft gegen **streitige Urteile** der Amts- oder Landge- 152
richte in **erster Instanz**. Dies gilt auch, wenn die erste Instanz trotz mündlicher Verhandlung durch Beschluß entschieden hat.[261] **Nicht angreifbar** sind
Urteile, die Landgerichte bzw. Oberlandesgerichte als Berufungsgerichte der
Hauptsache (§ 943 Abs. 1 ZPO) oder nach mündlicher Verhandlung im Beschwerdeverfahren erlassen haben.

Das Berufungsverfahren richtet sich nach den Bestimmungen der §§ 511 ff.
ZPO. Eine Zurückverweisung nach den §§ 538, 539 ZPO scheidet aus. Sie
wäre wegen der damit verbundenen Verzögerung nicht sachdienlich.[262]

Gegen Berufungsurteile sind **keine Rechtsmittel** zugelassen. Eine Revision zum Bundesgerichtshof ist ausgeschlossen (§ 545 Abs. 2 ZPO). Dies gilt
auch dann, wenn ein Oberlandesgericht eine Berufung als unzulässig verworfen[263] oder irrtümlich die Revision zugelassen hat.[264]

IV. Aufhebung wegen Versäumung der Klagefrist

Ist der Schuldner nach einer einstweiligen Verfügung an einer Entscheidung 153
über den gesicherten Anspruch im ordentlichen Klageverfahren interessiert,

261 OLG Karlsruhe NJW 1987, 509; *Thomas/Putzo* § 922 Rn 6; a.A. *Wieczorek/Thümmel* § 922 Rn 8.
262 *Stein/Jonas/Grunsky* § 922 Rn 30; *MüKo/Heinze* § 922 Rn 24; *Baumbach/Lauterbach/Hartmann*
§ 922 Rn 10; *Schuschke/Walker* vor § 916 Rn 48.
263 BGH NJW 1984, 2368.
264 BAG NJW 1984, 254, 255.

so kann er sie mit einer **negativen Feststellungsklage** herbeiführen[265] und nach einem rechtskräftigen Urteil zu seinen Gunsten die einstweilige Verfügung gemäß § 927 ZPO aufheben lassen.

154   Er kann stattdessen aber auch den **Gläubiger** veranlassen, die Klage in der Hauptsache zu erheben, indem er ihm dafür eine **Frist setzen** läßt (§§ 926 Abs. 1 ZPO). Kommt der Gläubiger dieser Aufforderung nicht nach, so wird auf Antrag des Schuldners die einstweilige Verfügung aufgehoben (§ 926 Abs. 2 ZPO). Der Gläubiger muß dann auch die Kosten des Anordnungsverfahrens tragen. Von dem Verfahren ausgenommen sind Fälle, in denen eine Hauptsacheklage kraft Gesetzes ausgeschlossen ist, wie nach den meisten Pressegesetzen der Länder bei der **presserechtlichen Gegendarstellung.**[266]

Der Schuldner kann **an einem zusätzlichen Hauptsacheverfahren** nur **interessiert** sein, wenn seine Erfolgsaussichten dort größer sind als im Verfügungsverfahren. Dies ist bei **unstreitigen Sachverhalten** gewöhnlich nicht der Fall. Die Parteien streiten dann nur über Rechtsfragen. Identische Gerichte beurteilen sie im Klageverfahren in der Regel nicht anders als im Verfügungsverfahren. Der Schuldner kann darüber allerdings im Hauptsacheprozeß unter Umständen eine **Entscheidung des Bundesgerichtshofs** herbeiführen.

Hängt die Entscheidung von **Tatsachen** ab, die **streitig** sind, kann die **Beweislage** für den Schuldner im Klageverfahren günstiger sein als im Verfügungsverfahren: Im Klageverfahren muß der Gläubiger streitige anspruchsbegründende Tatsachen beweisen, nicht nur glaubhaft machen, und auf seine eigene Aussage darf er sich dabei – anders als im Verfügungsverfahren mit der eidesstattlichen Versicherung – gewöhnlich zum Nachweis nicht berufen. Gelegentlich verfügt der Schuldner im Klageverfahren auch über Beweismittel, mit denen er im Verfügungsverfahren ausgeschlossen ist, wie z.B. Zeugen, die er nicht sistieren konnte, oder einzuholende Sachverständigengutachten.

---

265 BGH NJW 1986, 1815.
266 Einschlägige Vorschriften z.B. bei *Schuschke/Walker* § 926 Rn 27 in Fußnote 139.

Sind seine **Erfolgsaussichten** im einstweiligen **Verfügungsverfahren gering**, kann er sich aber im **Klageverfahren besser** verteidigen, ist ihm unter Umständen zu empfehlen, dem Antragsteller zunächst nur eine Frist zur Erhebung der Klage in der Hauptsache setzen zu lassen und den Widerspruch erst einzulegen, wenn die Klage abgewiesen worden ist. Ein gleichzeitiger Widerspruch kann dennoch geboten sein, wenn der Antragsgegner dringend daran interessiert ist, daß die einstweilige Verfügung sofort aufgehoben wird.

1. Anordnung der Klageerhebung

a) Antrag

Für den Antrag, dem Gläubiger eine Frist für die Klage in der Hauptsache zu setzen, besteht **kein Anwaltszwang**. Der Schuldner kann ihn schon vor dem Erlaß der einstweiligen Verfügung für den Fall stellen, daß dem Verfügungsantrag stattgegeben wird.   155

Zuständig ist das erstinstanzliche Gericht des Verfügungsverfahrens, auch wenn die einstweilige Verfügung erst auf die Berufung oder Beschwerde hin erlassen worden ist,[267] bei einer einstweiligen Verfügung des allein nach § 942 ZPO zuständigen Amtsgerichts das Gericht der Hauptsache.[268]

Der **Antrag** ist **unzulässig**, wenn der Schuldner auf ihn verzichtet hat (z.B. in einem Abschlußschreiben), die Klage in der Hauptsache bereits anhängig bzw. das Verfahren über sie bereits abgeschlossen ist oder die einstweilige Verfügung nicht mehr besteht, wie z.B. nach einer übereinstimmenden Erledigungserklärung (Rn 106) oder einem Urteil, das die Erledigung festgestellt hat (Rn 107).   156

Für den Antrag besteht grundsätzlich kein **Rechtsschutzbedürfnis**, wenn der Verfügungsschuldner aus der einstweiligen Verfügung nicht mehr in Anspruch genommen werden oder wenn er die Aufhebung der einstweiligen Verfügung auch ohne den Umweg über ein Klageverfahren erreichen kann.   157

267 OLG Köln ZIP 1994, 81; *Zöller/Vollkommer* § 926 Rn 6; *Stein/Jonas/Grunsky* § 926 Rn 5.
268 OLG Schleswig MDR 1997, 391 f.; *Zöller/Vollkommer* § 926 Rn 6.

Eine **weitere Inanspruchnahme** aus einer einstweiligen Verfügung ist bei zeitlich befristeten Regelungen nach dem Ablauf des Zeitraums **ausgeschlossen** (zum **Titelverzicht** Rn 161). Auf einem **einfacheren Weg** ist die Aufhebung einer einstweiligen Verfügung zu erreichen, wenn der gesicherte Anspruch offensichtlich nachträglich entfallen oder nicht mehr durchsetzbar ist, wie z.B. durch Erfüllung (ein Unterlassungsanspruch aufgrund einer nachträglichen Unterwerfungserklärung), weil der Anspruch verjährt ist oder der Gläubiger auf ihn verzichtet hat. Der Schuldner kann in diesen Fällen sofort einen Aufhebungsantrag nach § 927 ZPO stellen.

Der Verfügungsgläubiger sollte bei **nachträglich offensichtlich entfallenen Ansprüchen** auf seine Rechte aus der einstweiligen Verfügung verzichten und dem Schuldner den Titel herausgeben. Eine Mindermeinung bejaht sonst das Rechtsschutzbedürfnis für einen Antrag nach § 926 Abs. 1 ZPO.[269]

158 Ein Rechtsschutzinteresse für ein Aufhebungsverfahren nach § 927 ZPO wird auch bejaht, wenn der Verfügungsschuldner aufgrund veränderte Umstände nur eine **Änderung der Kostenentscheidung des Anordnungsverfahrens** zu seinen Gunsten erstrebt (Rn 179). Hierzu kann es im Verfahren nach § 926 ZPO nur bei einer Versäumnis der Frist für die Erhebung der Klage kommen. Daraus läßt sich aber in den vorgenannten Fällen (Rn 157) kein Rechtsschutzbedürfnis für einen Antrag nach § 926 Abs. 1 ZPO herleiten.[270]

Eine geänderte Kostenentscheidung ermöglicht es dem Verfügungsschuldner nicht, die dem Gegner bereits **erstatteten Kosten** des Anordnungsverfahrens festsetzen zu lassen. Eine Rückfestsetzung, die im Klageverfahren analog § 717 Abs. 2 Satz 2 ZPO unter bestimmten Voraussetzungen für zulässig gehalten wird, ist im Anordnungsverfahren nicht vorgesehen.[271] Einen

---

269 OLG Düsseldorf NJW-RR 1988, 696 f.; *Thomas/Putzo/Reichold* § 926 Rn 3; *Köhler/Piper* § 25 UWG Rn 44; *Baumbach/Lauterbach/Hartmann* § 926 Rn 4; a.A. *Zöller/Vollkommer* § 926 Rn 12; *Stein/Jonas/Grunsky* § 926 Rn 7; *Wieczorek/Schütze/Thümmel* § 9 Rn 8; *Schuschke/Walker* § 926 Rn 8; *Melullis* Rn 264; *Teplitzky* Kap. 56 Rn 9; *Berneke* Rn 259.

270 A.A. *Zöller/Vollkommer* § 926 Rn 26.

271 *Vollkommer* WM 1994, 51, 53.

Rückzahlungsanspruch kann der Schuldner nur mit einer Schadensersatzklage nach § 945 geltend machen. Auf eine Änderung der Kostenentscheidung ist er wegen seiner **eigenen außergerichtlichen Kosten** angewiesen. Diese kann er dann festsetzen lassen. Sein Erstattungsanspruch ist nicht mit einer Schadensersatzklage nach § 945 ZPO durchzusetzen (Rn 185).

Dies gilt auch, wenn sich der Verfügungsschuldner nach einem formell rechtskräftig abgeschlossenen Eilverfahren eines Schadensersatzanspruchs nach § 945 ZPO berühmt hat. Zulässig wäre dann nur eine Klage des Verfügungsgläubigers mit dem Antrag, das Nichtbestehen dieses Anspruchs festzustellen.[272] Nach einer Abweisung stünde lediglich dieser Schadensersatzanspruch fest, nicht die Verpflichtung zur Erstattung der außergerichtlichen Kosten des Verfügungsschuldners aus dem Anordnungsverfahren.

Aus dem **Kosteninteresse** des Verfügungsschuldners ergibt sich kein Rechtsschutzbedürfnis, dem Gläubiger bei zeitlich befristeten einstweiligen Verfügungen nach dem Ablauf des Zeitraums und in Fällen, in denen der gesicherte Anspruch offensichtlich nachträglich weggefallen oder nicht mehr durchsetzbar ist, eine Frist für die Klage in der Hauptsache setzen zu lassen. Der Gläubiger könnte nur eine von vornherein völlig aussichtslose Klage erheben. In Betracht käme eine Feststellungsklage dahin, daß der Verfügungsantrag ursprünglich begründet gewesen ist oder der gesicherte Anspruch zunächst bestanden hat. Die herrschende Meinung spricht einer solchen Klage das Feststellungsinteresse mit der Begründung ab, vergangene Rechtsverhältnisse könnten nicht Gegenstand einer Feststellungsklage sein.[273] Ließe der Gläubiger die Frist verstreichen, erhielte der Schuldner einen ungerechtfertigten Vorteil: Der Gläubiger müßte ihm die Kosten des Anordnungsverfahrens erstatten, auch wenn die einstweilige Verfügung ursprünglich zu Recht ergangen war.

159

---

272 BGH NJW 1994, 2765, 2766.

273 BGH NJW 1973, 1329; NJW 1974, 503; OLG Hamburg NJW-RR 1986, 1122, 1123; OLG München WRP 1982, 357; *Zöller/Vollkommer* § 926 Rn 12 und 31; *Stein/Jonas/Grunsky* § 926 Rn 8; *Baumbach/Lauterbach/Hartmann* § 926 Rn 5; *Teplitzky* Kap. 52 Rn 24 bis 27; *Melullis* Rn 135; a.A. OLG Frankfurt WRP 1982, 590, 591; OLG Nürnberg WRP 1980, 443; OLG Hamm WRP 1980, 87, 88; *Großkomm./Schultz-Süchting* § 25 UWG Rn 232; *Borck* WRP 1980, 1 ff.; einschränkend: *Pastor/Ahrens* Kap. 65 Rn 37.

160 Die herrschende Meinung verneint deshalb das Rechtsschutzinteresse für einen Antrag nach § 926 Abs. 1 ZPO bei zeitlich befristeten einstweiligen Verfügungen nach dem Ablauf des Zeitraums und wenn der gesicherte Anspruch nach dem Vorbringen beider Parteien **offensichtlich nachträglich entfallen** oder **nicht mehr durchsetzbar** ist.[274]

161 Ein Verfügungsschuldner muß auch nicht mehr befürchten, aus einer einstweiligen Verfügung in Anspruch genommen zu werden, wenn der Gläubiger auf seine **Rechte** hieraus **verzichtet** und dem Gläubiger den **Titel ausgehändigt** hat. Sein Interesse an der **Änderung der Kostenentscheidung** im Anordnungsverfahren ist aber nicht mit der Begründung zu verneinen, der Gläubiger könne keine aussichtsreiche Klage erheben. Solange er nicht auch auf den gesicherten Anspruch verzichtet hat, kann er im Hauptsacheprozeß klären lassen, ob er besteht Das Aufhebungsverfahren nach § 927 ZPO ist allenfalls ein einfacherer Weg. wenn der Verfügungsgläubiger die Vollziehungsfrist versäumt hat und ihm schon deshalb die Kosten des Eilverfahrens aufzuerlegen sind (Rn 175). Sonst ist eine Änderung der Kostenentscheidung nur mit einem Antrag nach § 926 Abs. 1 ZPO zu erreichen, auf den der Gläubiger entweder nicht eingeht (§ 926 Abs. 2 ZPO) oder der zu einer Klage führt, die den gesicherten Anspruch rechtskräftig verneint (§ 927 ZPO). Ein Rechtsschutzbedürfnis aus dem Kosteninteresse des Verfügungsschuldners entfällt erst, wenn der Gläubiger ihm die außergerichtlichen Kosten des Anordnungsverfahrens erstattet hat.[275]

Nach einem Verzicht des Gläubigers auf seine Rechte aus der einstweiligen Verfügung und einer Herausgabe des Titels ist ein Antrag, ihm eine Frist für die Klage zu setzen, aber nur sinnvoll, wenn der Verfügungsschuldner im Hauptsacheprozeß eine Entscheidung erwarten kann, die zu einer Änderung der Kostenentscheidung in einem nachfolgenden Aufhebungsverfahren nach

---

[274] *Stein/Jonas/Grunsky* § 926 Rn 7; *Zöller/Vollkommer* § 926 Rn 12; *Wieczorek/Thümmel* § 926 Rn 8; *Schuschke/Walker* § 926 Rn 8; *Teplitzky* Kap. 56 Rn 6 ff.; *Melullis* Rn 264; *Berneke* Rn 259; a.A. *Pastor/Ahrens* Kap. 65 Rn 42 und *Großkomm./Schultz-Süchting* § 25 UWG Rn 225 in Fußnote 655 bei der Verjährung.

[275] *Großkomm./Schultz-Süchting* § 25 UWG Rn 226.

§ 927 ZPO führt. Bestehen keine oder nur geringe Aussichten, daß der gesicherte Anspruch als von Anfang an für unbegründet erklärt wird, provoziert der Schuldner nur ein unter Umständen riskantes Klageverfahren.

Eine rechtswidrig gesetzte Klagefrist ist wirkungslos und begründet nicht das Rechtsschutzinteresse für eine Klage.[276] Der Verfügungsgläubiger darf sie verstreichen lassen, ohne eine Aufhebung der einstweiligen Verfügung befürchten zu müssen.[277]   **162**

b) Entscheidung und Rechtsmittel

Der **Richter** kann bei einem schon vor dem Erlaß der einstweiligen Verfügung gestellten Antrag die Anordnung in die einstweilige Verfügung aufnehmen. Über einen späteren Antrag entscheidet der **Rechtspfleger** (§ 20 Nr. 14 RPflG). Die Frist kann auf Antrag verlängert werden (§ 224 Abs. 2 ZPO). Eine Zurückweisung dieses Antrags ist unanfechtbar (§ 225 Abs. 3 ZPO).   **163**

Der Gläubiger kann gegen einen anordnenden Beschluß befristete Erinnerung einlegen (§ 11 Abs. 2 Satz 1 RPflG), der Schuldner gegen die Ablehnung seines Antrags oder eine zu lange Frist unbefristete Erinnerung (§ 11 Abs. 1 RPflG). Eine **Einstellung der Zwangsvollstreckung** schon bei der Anordnung der Klageerhebung ist unzulässig.[278]

2. Fristwahrende Klage

Die **Klage** des Verfügungsgläubigers muß sich auf den Anspruch oder das Rechtsverhältnis beziehen, dessen Sicherung oder Regelung die einstweilige Verfügung dient. Sind **mehrere Gerichte örtlich zuständig**, kann sich der Verfügungsgläubiger nach § 35 ZPO das zuständige Gericht aussuchen. Er ist nicht an das Gericht gebunden, das er im Verfügungsverfahren angerufen   **164**

---

276 BGH NJW 1974, 503, 504; NJW-RR 87, 685; OLG Düsseldorf NJW-RR 1988, 696; OLG Karlsruhe NJW-RR 1988, 696.

277 OLG Karlsruhe NJW-RR 1988, 251, 252; OLG Hamm JurBüro 1986, 1104, 1105 f.; OLG München GRUR 1982, 321.

278 *Wieczorek/Thümmel* § 926 Rn 10.

hat.[279] Ausreichend ist auch eine **Widerklage** in einem bereits anhängigen Parallelverfahren der Parteien.

165　Der Klage steht die Zustellung eines **Mahnbescheides** gleich.[280] Ob ein Antrag auf **Prozeßkostenhilfe** ausreicht, ist umstritten. In der Rechtsprechung wird dies mit der Begründung verneint, eine finanziell schwache Partei könne nach § 65 Abs. 7 Nr. 3 GKG die Zustellung der Klage auch ohne Zahlung der Gerichtsgebühren bewirken.[281] Die Literatur hält zunehmend einen PKH-Antrag für ausreichend.[282] Bei einer Schiedsgerichtsvereinbarung genügt die rechtzeitige Einleitung des Verfahrens vor einem Schiedsgericht, weil der Antragsteller vor dem ordentlichen Gericht keine zulässige Klage erheben kann.[283]

166　Erhebt der Verfügungsgläubiger zunächst die Klage, nimmt er sie aber später wieder zurück, so kann der Schuldner das Aufhebungsverfahren weiter betreiben.[284] Auch eine als unzulässig abgewiesene Klage erfüllt die Anordnung nicht.[285] Ausreichend ist aber eine Klage bei einem unzuständigen Gericht, weil nach der Verweisung an das zuständige Gericht eine Entscheidung in der Hauptsache ergehen kann.[286]

279　*Stein/Jonas/Grunsky* § 926 Rn 11 a; *Zöller/Vollkommer* § 926 Rn 29; *Schuschke/Walker* § 926 Rn 16; *Pastor/Ahrens* Kap. 65 Rn 22.

280　OLG Köln OLGZ 1979, 118; *Thomas/Putzo/Reichold* § 926 Rn 7; *Zöller/Vollkommer* § 926 Rn 32.

281　OLG Hamm OLGZ 1989, 322 f.; OLG Düsseldorf MDR 1987, 771.

282　*Stein/Jonas/Grunsky* § 926 Rn 11 b: *Zöller/Vollkommer* § 926 Rn 32; *Baumbach/Lauterbach/Hartmann* § 926 Rn 11; *Wieczorek/Thümmel* § 926 Rn 21; *Berneke* Rn 265; a.A. *Thomas/Putzo/Reichold* § 926 Rn 7; *MüKo/Heinze* § 926 Rn 17; *Schuschke/Walker* § 926 Rn 14; *Pastor/Ahrens* Kap. 65 Rn 9.

283　*Zöller/Vollkommer* § 926 Rn 32; *Stein/Jonas/Grunsky* § 926 Rn 11 a; *Schuschke/Walker* § 926 Rn 14.

284　*Stein/Jonas/Grunsky* § 926 Rn 13; *MüKo/Heinze* § 926 Rn 20; *Schuschke/Walker* § 926 Rn 18.

285　OLG Düsseldorf JurBüro 1986, 625 f.; *Stein/Jonas/Grunsky* § 926 Rn 14; *Zöller/Vollkommer* § 926 Rn 24; *MüKo/Heinze* § 926 Rn 18; *Schuschke/Walker* § 926 Rn 16.

286　*Zöller/Vollkommer* § 926 Rn 32; *Schuschke/Walker* § 926 Rn 16; *Dunkl* A Rn 334.

3. Aufhebungsverfahren

a) Antrag

Hat der Verfügungsgläubiger die Klagefrist versäumt, so kann der Schuldner   **167**
die Aufhebung der einstweiligen Verfügung verlangen (§ 926 Abs. 2 ZPO).
Für den Antrag besteht beim Landgericht **Anwaltszwang**. Zuständig ist das
Gericht, das die Klagefrist gesetzt hat.

Der Verfügungsschuldner braucht den Gläubiger vor dem Aufhebungsantrag
nicht aufzufordern, freiwillig auf seine Rechte aus der einstweiligen Verfügung zu verzichten und den Titel herauszugeben (Rn 178). Wenn die Klagefrist abgelaufen ist, besteht Anlaß für einen Aufhebungsantrag. Ein sofortiges
Anerkenntnis des Verfügungsgläubigers kann daher nicht zur Kostenfolge
des § 93 ZPO führen.[287]

b) Entscheidung und Rechtsmittel

Das Gericht entscheidet nach mündlicher Verhandlung durch **Urteil**. Es über-   **168**
prüft dabei nicht nur, ob es zulässig war, dem Verfügungsgläubiger eine Frist
für die Klage zu setzen (Rn 162). Die Voraussetzungen hierfür müssen auch
im Zeitpunkt der letzten mündlichen Verhandlung über den Aufhebungsantrag noch vorliegen. Sind sie entfallen, nachdem die Frist gesetzt worden war,
besteht für einen Aufhebungsantrag kein Rechtsschutzinteresse mehr.[288]

Wird die **einstweilige Verfügung aufgehoben**, muß der Verfügungsgläubiger nicht nur die **Kosten des Aufhebungsverfahrens** tragen, sondern auch
die **Kosten der einstweiligen Verfügung**[289] einschließlich der Kosten eines
dort erfolglosen Berufungsverfahrens des Verfügungsschuldners.[290]

Bei einer **Zurückweisung des Antrags** verbleibt es bei der Kostenentscheidung des Anordnungsverfahrens. Die Kosten des Aufhebungsverfahrens
werden dem Verfügungsschuldner auferlegt.

---

287 *Pastor/Ahrens* Kap. 65 Rn 57; a.A. *Berneke* Rn 271.
288 *Schuschke/Walker* § 926 Rn 21.
289 *Stein/Jonas/Grunsky* § 926 Rn 18 a; *Zöller/Vollkommer* § 926 Rn 26; *Baumbach/Lauterbach/
    Hartmann* § 926 Rn 15; *MüKo/Heinze* § 926 Rn 29; *Schuschke/Walker* § 926 Rn 24.
290 OLG München NJW-RR 1997, 832; *Zöller/Vollkommer* § 926 Rn 26; *Thomas/Putzo/Reichold* § 926
    Rn 16; *Pastor/Ahrens* Kap. 65 Rn 60.

Der Verfügungsgläubiger kann die Aufhebung der einstweiligen Verfügung noch mit einer **Klage bis zum Schluß der mündlichen Verhandlung** im Aufhebungsverfahren verhindern (§ 231 Abs. 2 ZPO), aber nur in der ersten Instanz, nicht mehr im Berufungsverfahren.[291] Bei einer Klage erst während des Aufhebungsverfahrens ist dem Verfügungsschuldner bei einem bis dahin zulässigen Aufhebungsantrag zu einer **Erledigungserklärung** zu raten. Dem Verfügungsgläubiger sind dann die zusätzlichen Kosten des Aufhebungverfahrens aufzuerlegen,[292] bei einer übereinstimmenden Erledigungserklärung durch einen Beschluß gemäß § 91 a ZPO,[293] bei einer einseitigen Erledigungserklärung gemäß § 91 ZPO in dem Urteil, das die Erledigung feststellt.

169   Gegen ein stattgebendes Urteil kann sich der Verfügungsgläubiger mit der **Berufung** wenden, gegen ein zurückweisendes der Verfügungsschuldner.

V.   Aufhebung wegen veränderter Umstände

170   Die Aufhebung einer einstweiligen Verfügung ist in dem Verfahren nach § 927 ZPO zu erreichen, wenn sie nicht mehr zu Recht besteht, weil sich **maßgebende Umstände nachträglich geändert** haben.

Der Antrag ist nur **zulässig,** wenn die einstweilige Verfügung noch besteht. Außerdem muß eine **Vollstreckung** aus ihr **noch möglich** sein. Sonst fehlt das Rechtsschutzbedürfnis für einen Aufhebungsantrag, wie z.B. bei einem **Verzicht des Gläubigers** auf die Rechte aus der einstweiligen Verfügung und einer Herausgabe des Titels.[294] Ein Titelverzicht und eine Herausgabe des Titels reichen nicht bei Aufhebungsgründen aus, die dazu führen, daß der Gläubiger auch die Kosten des Anordnungsverfahrens zu tragen hat (Rn 175). Der Gläubiger muß dem Schuldner dann auch noch die Kosten des Anordnungsverfahrens erstattet haben (Rn 179). Nach der Auffassung des

291 OLG Frankfurt NJW-RR 1990, 190 f.
292 OLG Frankfurt WRP 1986, 685.
293 Z.B. *Zöller/Vollkommer* § 926 Rn 26.
294 OLG Frankfurt ZIP 1981, 210; OLG Köln OLGZ 1992, 448, 449; *Stein/Jonas/Grunsky* § 927 Rn 2; *Zöller/Vollkommer* § 927 Rn 3; *MüKo/Heinze* § 927 Rn 4.

OLG Celle[295] soll ein Aufhebungsantrag statthaft bleiben, wenn der Schuldner aufgrund der einstweiligen Verfügung Ordnungsgelder gezahlt hat und deren Rückzahlung anstrebt.

1. Veränderte Umstände

Der Verfügungsschuldner kann sich auf Umstände berufen, die dazu geführt haben, daß nachträglich der Verfügungsanspruch oder der Verfügungsgrund entfallen ist. Dies sind dieselben Gründe, die im Verlaufe des Verfügungsverfahrens zur **Erledigung des Rechtsstreits** führen (Rn 103 f.). Nach Meinung des OLG Düsseldorf[296] ist nach einem Erfolg des Gläubigers in der Hauptsache eine Unterlassungsverfügung erst aufzuheben, wenn noch anhängige Ordnungsmittelverfahren aus der Zeit vor dem Erlaß des Urteils abgeschlossen sind.[297]   **171**

Veränderte Umstände sind zusätzlich die **Versäumung der Klagefrist** und der **Vollziehungsfrist**.

Der Einwand, die einstweilige Verfügung sei **von Anfang an unberechtigt** gewesen, ist ausgeschlossen. Ausgenommen sind Umstände, die beim Erlaß der einstweiligen Verfügung bereits vorlagen, dem Schuldner aber nicht bekannt waren[298] und Beweismittel, die der Schuldner im Anordnungsverfahren nicht benutzen konnte.[299]   **172**

2. Aufhebungsverfahren

Bevor der Verfügungsschuldner das Aufhebungsverfahren einleitet, sollte er den Gläubiger auffordern, auf die Ansprüche aus der einstweiligen Ver-   **173**

---

295 WRP 1991, 586 f.
296 MDR 1990, 732.
297 Ebenso *Thomas/Putzo/Reichold* § 927 Rn 13; a.A. *Wieczorek/Thümmel* § 927 Rn 12.
298 *Stein/Jonas/Grunsky* § 927 Rn 3; *MüKo/Heinze* § 927 Rn 5; *Schuschke/Walker* § 927 Rn 11; *Thomas/ Putzo* § 927 Rn 12; *Zöller/Vollkommer* § 927 Rn 4; *Wieczorek/Thümmel* § 927 Rn 2; a.A. *Baumbach/ Lauterbach/Hartmann* § 927 Anm. 1.
299 *Stein/Jonas/Grunsky* § 927 Rn 5; *MüKo/Heinze* § 927 Rn 5; *Zöller/Vollkommer* § 927 Rn 4.

fügung zu verzichten, den Titel herauszugeben und – in den dazu geeigneten Fällen (Rn 175) – die Kosten des Anordnungsverfahrens zu erstatten. Er riskiert sonst bei einem sofortigen Anerkenntnis des Gläubigers im Aufhebungsverfahren eine für ihn negative Kostenentscheidung gemäß § 93 ZPO.[300]

174   Für den Aufhebungsantrag besteht beim Land- und Oberlandesgericht **Anwaltszwang**.

Zuständig ist nach § 927 Abs. 2 ZPO das Gericht, bei dem die Hauptsache in erster oder zweiter Instanz anhängig ist, mit der Einlegung der Revision das erstinstanzliche Gericht,[301] bei einer nicht oder nicht mehr anhängigen Hauptsache das Verfügungsgericht erster Instanz, auch wenn das Rechtsmittelgericht die einstweilige Verfügung erlassen hat.[302] Es entscheidet nach mündlicher Verhandlung durch **Urteil**.

175   **Obsiegt der Verfügungsschuldner** mit dem Aufhebungsantrag, so muß der Gläubiger die **Kosten des Aufhebungsverfahrens** tragen.

Überdies sind ihm auf Antrag des Schuldners die **Kosten des vorangegangenen Verfügungsverfahrens** aufzuerlegen, wenn die einstweilige Verfügung aus Gründen aufgehoben wird, nach denen sie **von Anfang ungerechtfertigt** gewesen ist, weil also ein Verfügungsanspruch oder ein Verfügungsgrund gefehlt hat. Ein fehlender Verfügungsanspruch ergibt sich vor allem aus Urteilen **im Hauptsachverfahren**, in denen der Gläubiger – auf seine Klage oder eine negative Feststellungsklage des Gegners – rechtskräftig mit der Begründung **unterlegen** ist, ihm habe der gesicherte Anspruch nicht zugestanden.[303] Ein Verfügungsgrund hat nach herrschender Meinung von Anfang an bei einer **Versäumung der Vollziehungsfrist** nicht vorgelegen (Rn

---

300   OLG Karlsruhe WRP 1996, 120, 121; OLG Koblenz GRUR 1989, 373, 374; OLG München GRUR 1985, 161; OLG Frankfurt NJW-RR 1999, 1742; OLGZ 1985, 442, 443.
301   *Stein/Jonas/Grunsky* § 927 Rn 12.
302   OLG Hamm OLGZ 1985, 492, 493; *Stein/Jonas/Grunsky* § 927 Rn 13; *Zöller/Vollkommer* § 927 Rn 10; Berneke Rn 284.
303   BGH NJW 1993, 2685, 2687.

160

104). Dem Gläubiger sind hiernach ebenfalls die Kosten des Anordnungsverfahrens aufzuerlegen.[304] Das ist aber in Fällen umstritten, in denen die
Vollziehung unterblieben ist, weil während der Vollziehungsfrist der Verfügungsanspruch entfallen war (Rn 104). Die Kostenentscheidung im einstweiligen Verfügungsverfahren ist außerdem zugunsten des Verfügungsschuldners zu ändern, wenn die einstweilige Verfügung aufgehoben wird, weil der
Gläubiger **die Frist zur Erhebung der Klage** in der Hauptsache **versäumt**
hat.[305]

Unterliegt der Verfügungsschuldner im Aufhebungsverfahren, so muß er die   **176**
Kosten dieses Verfahrens tragen.

VI. Reaktion des Verfügungsgläubigers in aussichtslosen Fällen

Ist ein **Widerspruch** gegen einen Verfügungsbeschluß offensichtlich begrün-   **177**
det, kann der Verfügungsgläubiger mit einer Rücknahme des Verfügungsantrags vor dem Schluß der mündlichen Verhandlung die Gerichtskosten auf
eine Gebühr ermäßigen.[306] Bei einer Rücknahme im **Berufungsverfahren**
erspart er sich Urteilsgebühren.

Will er ein **Aufhebungsverfahren nach § 926 ZPO** vermeiden, weil ihm   **178**
eine Klage zu riskant ist, muß er auf seine Rechte aus der einstweiligen Verfügung verzichten und dem Gegner den Titel aushändigen. Ist zwischen den
Parteien umstritten, ob der gesicherte Anspruch entstanden war, muß der Verfügungsgläubiger dem Schuldner überdies die Kosten des Anordnungsverfahrens erstatten. Dadurch entfällt das Rechtsschutzinteresse für ein Aufhebungsverfahren.

Der Verfügungsgläubiger verbessert damit auch seine Aussichten, **Schadensersatzansprüchen des Gegners** gemäß § 945 ZPO aus einer Vollzie-

---

304 OLG Hamm NJW-RR 1990, 1214; KG WRP 1990, 330, 333; OLG Koblenz GRUR 1989, 75, 76; OLG
Düsseldorf NJW-RR 1988, 696, 697; OLG Köln WRP 1983, 702 f.; *Stein/Jonas/Grunsky* § 927 Rn
16; *Thomas/Putzo/Reichold* § 927 Rn 8.

305 *Stein/Jonas/Grunsky* § 927 Rn 16; *MüKo/Heinze* § 927 Rn 20; *Schuschke/Walker* § 927 Rn 22.

306 KV-GKG Nr. 1312 lit. a.

hung der einstweiligen Verfügung entgegenzutreten. Nach einem Aufhebungsurteil steht nach herrschender Meinung seine Schadensersatzpflicht dem Grunde nach fest (Rn 183 a). Kann der Gegner kein Aufhebungsurteil nach § 926 Abs. 2 ZPO erwirken, muß das Gericht im Schadensersatzprozeß feststellen, ob die einstweilige Verfügung von Anfang an gerechtfertigt war.

179 Ein aussichtsloses **Aufhebungsverfahren nach § 927 ZPO** kann der Verfügungsgläubiger ebenfalls mit einem Verzicht auf die Rechte aus der einstweiligen Verfügung und einer Aushändigung des Titels vermeiden. Liegen Aufhebungsgründe vor, nach denen er auch die Kosten des Anordnungsverfahrens zu tragen hat (Rn 175), muß er sie überdies dem Gegner erstatten. Dieser kann sonst das Aufhebungsverfahren mit dem Antrag betreiben, die Kostenentscheidung des Verfügungsverfahrens zu seinen Gunsten zu ändern.[307]

H. Gerichtskosten und Anwaltsgebühren

I. Streitwert

180 Der Gebührenstreitwert des **Anordnungsverfahrens** liegt wegen des bloßen Sicherungsinteresses in der Regel unter dem Wert der Hauptsache, häufig bei 1/3.[308] Er kann sich jedoch im Einzelfall dem Wert der Hauptsache nähern oder ihn sogar erreichen, wenn die Hauptsache praktisch vorweggenommen wird, wie häufig bei Leistungsverfügungen.[309] Für die Berechnung des Wertes der Hauptsache gelten die allgemeinen Grundsätze.

Der Streitwert des **Widerspruchs- und Berufungsverfahrens** ist mit dem des Anordnungsverfahrens identisch, sofern nicht nur eine teilweise Abänderung verlangt wird. Bei einem Kostenwiderspruch ist maßgebend das Kosteninteresse.[310]

---

307 BGH NJW 1993, 2685 ff.; OLG Karlsruhe WRP 1996, 120, 121.
308 *Zöller/Herget* § 3 Rn 16 „einstweilige Verfügung".
309 *Schuschke/Walker* vor § 916 Rn 59 mit Rechtsprechungsnachweisen in Fußnote 224.
310 OLG Frankfurt JurBüro 1990, 1210; OLG Hamburg MDR 1989, 1002.

In den **Aufhebungsverfahren** kommt es auf den Wert des Titels zur Zeit der Entscheidung an. Bei einem nur formalen Antrag, wie nach § 926 Abs. 2 ZPO, kann er niedriger festgesetzt werden.[311] Der Streitwert der **Vollziehung** entspricht im allgemeinen dem Wert der Anordnung.[312]

II. Gerichtskosten

Im **Anordnungsverfahren** und in **Verfahren über die Aufhebung** einer   181
einstweiligen Verfügung (§ 926 Abs. 2 und § 927 ZPO) werden jeweils gesondert Gebühren erhoben. Für das Verfahren über den Antrag entsteht eine Gebühr;[313] bei einer mündlichen Verhandlung fallen drei Gebühren an.[314] Eine Ermäßigung auf eine Gebühr tritt ein, wenn das gesamte Verfahren durch die Rücknahme des Antrags vor dem Schluß der mündlichen Verhandlung, durch ein Anerkenntnis- bzw. Verzichtsurteil oder vor einem Urteil durch einen Vergleich endet.[315] Erledigungserklärungen und Versäumnisurteile reduzieren die Gerichtskosten nicht.

Im **Widerspruchs- und Rechtfertigungsverfahren** entstehen keine zusätzlichen Kosten. Sie bilden mit dem Anordnungsverfahren einen einheitlichen Rechtsstreit.

Im **Berufungsverfahren** fällt eine 3/4 Gebühr für das allgemeine Verfahren an.[316] Ein Urteil kostet weitere 1,5 Gebühren, wenn es eine Begründung enthält,[317] sonst eine weitere 3/4 Gebühr,[318] Beschlüsse nach § 91 a ZPO mit schriftlicher Begründung eine weitere Gebühr[319] und ohne schriftliche Begründung eine weitere halbe Gebühr.[320]

---

311 OLG Bamberg JurBüro 1974, 1150, 1151.
312 KG Rpfleger 1991, 126, 127.
313 KV-GKG Nr. 1310.
314 KV-GKG Nr. 1311.
315 KV-GKG Nr. 1312.
316 KV-GKG Nr. 1320.
317 KV-GKG Nr. 1321.
318 KV-GKG Nr. 1322.
319 KV-GKG Nr. 1323.
320 KV-GKG Nr. 1324.

Bei **Beschwerden** gegen Beschlüsse, mit denen ein Verfügungsantrag zurückgewiesen worden ist, entsteht eine Gebühr.[321] Sie ermäßigt sich nicht durch die Rücknahme der Beschwerde.

III. Anwaltsgebühren

182 Für die Anwaltsgebühren gilt im Gegensatz zu den Gerichtsgebühren das Anordnungsverfahren mit den Aufhebungsverfahren (§ 926 Abs. 2 und § 927 ZPO) als **eine Angelegenheit** (§ 40 Abs. 2 BRAGO). Die einschlägigen Gebühren fallen daher nur einmal an. Das Widerspruchs- und das Rechtfertigungsverfahren gehören zum Anordnungsverfahren. Der Anwalt darf die Gebühren auch dann berechnen, wenn er Prozeßbevollmächtigter im **Hauptsacheprozeß** ist (§ 40 Abs. 1 BRAGO).

Die **Vollziehung** einer einstweiligen Verfügung ist eine besondere Angelegenheit (§ 59 Abs. 1 BRAGO). Nicht gebührenpflichtig ist die Zustellung der einstweiligen Verfügung (§ 59 Abs. 1 in Verbindung mit § 58 Abs. 2 Nr. 2 BRAGO).

I. Schadensersatz

183 Der Verfügungsgläubiger muß dem Schuldner den Schaden aus der Vollziehung einer einstweiligen Verfügung ersetzen, wenn sie infolge der **Versäumung der Klagefrist** (§ 926 Abs. 2 ZPO) bzw. wegen der nicht rechtzeitigen Durchführung des **Rechtfertigungsverfahrens** (§ 942 Abs. 3 ZPO) aufgehoben worden ist oder **von Anfang an ungerechtfertigt** war (§ 945 ZPO). Das gleiche gilt für den Arrest. Die **Versäumung der Vollziehungsfrist** führt nicht zu Schadensersatzansprüchen nach § 945 ZPO.[322] Sie sind auch nach einer **Abschlußerklärung** im Eilverfahren ausgeschlossen, weil die einstweilige Verfügung dann einer rechtskräftigen Verurteilung gleich steht.[323]

---

321 KV-GKG Nr. 1900.

322 BGH MDR 1964, 224; *Zöller/Vollkommer* § 945 Rn 12; *MüKo/Heinze* § 945 Rn 31; *Schuschke/Walker* § 945 Rn 24; a.A. *Stein/Jonas/Grunsky* § 945 Rn 34.

323 *Berneke* Rn 334 mit Nachweisen in Fußnote 11.

Hat das Verfügungsgericht eine **einstweilige Verfügung aufgehoben**, weil 183 a der Gläubiger die Hauptsacheklage nicht rechtzeitig erhoben (§ 926 Abs. 2 ZPO) oder die Ladungsfrist für das Rechtfertigungsverfahren versäumt hat (§ 942 Abs. 3 ZPO), steht nach herrschender Meinung seine Haftung für die Schäden des Schuldners aus der Vollziehung der einstweiligen Verfügung fest. Das Gericht prüft im Schadensersatzprozeß nicht, ob der Verfügungsanspruch bestanden hat.[324] In der Literatur wird aber auch der Standpunkt vertreten, dem Verfügungsschuldner sei – ähnlich wie bei einem nur fehlenden Verfügungsgrund (Rn 184 a) – kein ersatzfähiger Schaden (vor allem auf entgangenen Gewinn bei einer Unterlassungsverfügung) entstanden, wenn sich in einem später durchgeführten Hauptsacheverfahren herausgestellt habe[325] oder im Schadensersatzprozeß ergebe,[326] daß der gesicherte Anspruch von Anfang an bestanden hat.

Voraussetzung für einen Schadensersatzanspruch nach dieser Alternative des § 945 ZPO ist eine **Aufhebung** der einstweiligen Verfügung im Eilverfahren **wegen der versäumten Frist**. Eine erweiternde Auslegung für Fälle, in denen der Verfügungsgläubiger durch einen Verzicht auf seine Rechte aus der einstweiligen Verfügung eine für ihn ungünstige Entscheidung nach § 926 Asbs. 2 ZPO verhindert hat, kommt nicht in Betracht.[327] Hat das Gericht die einstweilige Verfügung aus Gründen des § 927 ZPO aufgehoben, kann sich der Verfügungsschuldner im Schadensersatzprozeß nicht darauf berufen, daß auch der Aufhebungsgrund des § 926 Abs. 2 ZPO vorgelegen habe.[328] Er hätte die Entscheidung im einstweiligen Verfügungsverfahren mit einem Rechtsmittel angreifen müssen, um eine Aufhebung nach § 926 Abs. 2 ZPO zu erreichen (Rn 142). Der Verfügungsgläubiger kann sich noch im Schadensersatzverfahren darauf berufen, daß die einstweilige Verfügung zu

---

324 *Zöller/Vollkommer* § 945 Rn 12; *Thomas/Putzo/Reichold* § 945 Rn 11; *Stein/Jonas/Grunsky* § 945 Rn 33; *MüKo/Heinze* § 945 Rn 30; Musielak/Huber § 945 Rn 5.
325 So *Schuschke/Walker* § 945 Rn 20 ff.
326 So *Pastor/Ahrens* Kap. 66 Rn 27 ff.
327 BGH GRUR 1992, 203, 204 f.
328 *Stein/Jonas/Grunsky* § 945 Rn 33 a; *Schuschke/Walker* § 945 Rn 22; *Wieczorek/Thümmel* § 945 Rn 19; *Zöller/Vollkommer* § 945 Rn 12.

Unrecht nach § 926 Abs. 2 ZPO aufgehoben worden ist, z.B. weil keine Frist für die Klage hätte gesetzt werden dürfen.[329]

184 **Von Anfang an ungerechtfertigt** ist eine einstweilige Verfügung, wenn im Zeitpunkt des Erlasses **kein Verfügungsanspruch** oder **kein Verfügungsgrund** vorgelegen hat. Erwirbt der Verfügungsgläubiger den Anspruch nachträglich, sind dem Gegner nur die Schäden zu ersetzen, die ihm bis dahin aus der Vollziehung der einstweiligen Verfügung entstanden sind.[330] Verliert er den ursprünglich bestehenden Anspruch nachträglich, scheiden Schadensersatzansprüche nach § 945 ZPO aus. Der Schuldner kann nur im Eilverfahren die Aufhebung der einstweiligen Verfügung verlangen (§ 927 ZPO).

Ob die einstweilige Verfügung von Anfang an ungerechtfertigt war, entscheidet der Schadensersatzrichter selbständig. Maßgebend ist die objektive Rechtslage, nicht das Vorbringen der Parteien im Eilverfahren. Sie können daher neue Tatsachen vortragen und sich auf neue Beweismittel berufen.[331] In bestimmten Fällen ist das Gericht im Schadensersatzprozeß aber an rechtskräftige Urteile im Hauptsacheverfahren der Parteien oder sogar – nach allerdings umstrittener Auffassung – im einstweiligen Verfügungsverfahren gebunden.

184 a Das Gericht ist im Schadensersatzprozeß an ein rechtskräftiges **Urteil im Hauptsacheverfahren** über den **Verfügungsanspruch** gebunden, soweit die materielle Rechtskraft des Urteils reicht.[332] Hat das Gericht den Verfügungsanspruch verneint, steht rechtskräftig fest, daß er im Zeitpunkt der letzten mündlichen Verhandlung nicht bestanden hat. Der Verfügungsgläubiger kann sich dann im Schadensersatzprozeß nur noch darauf berufen, daß der Anspruch bei Erlaß der einstweiligen Verfügung bestanden hat und später weggefallen ist.[333] Ist über den Verfügungsanspruch nicht entschieden worden, muß der Schadensersatzrichter ihn selbständig überprüfen, wie z.B. in Fällen, in denen die Klage in der Hauptsache als unzulässig abgewiesen worden

---

329 *Stein/Jonas/Grunsky* § 945 Rn 35; *Zöller/Vollkommer* § 945 Rn 12; *Schuschke/Walker* § 945 Rn 22; *Pastor/Ahrens* Kap. 66 Rn 6.

330 *Schuschke/Walker* § 945 Rn 6.

331 BGH GRUR 1992, 203, 206; *Stein/Jonas/Grunsky* § 945 Rn 17; *Pastor/Ahrens* Kap. 66 Rn 18.

332 BGH NJW 1988, 3268, 3269.

333 *Zöller/Vollkommer* § 945 Rn 11; *Stein/Jonas/Grunsky* § 945 Rn 25; *Schuschke/Walker* § 945 Rn 15.

ist, sich die Parteien verglichen haben, bei einer Rücknahme der Klage oder wenn lediglich ein Kostenbeschluß nach § 91 a ZPO ergangen ist.

Hat kein Hauptsacheverfahren stattgefunden, ist es noch nicht rechtskräftig abgeschlossen oder dort keine Entscheidung über den Verfügungsanspruch ergangen, ist das Gericht im Schadensersatzprozeß nach verbreiteter Auffassung, die aber teilweise im Widerspruch zur Rechtsprechung des Bundesgerichtshofs steht, an formell rechtskräftige **Entscheidungen im einstweiligen Verfügungsverfahren** (Rn 60) nicht gebunden. Allgemein anerkannt ist dies, soweit im Eilverfahren der **Verfügungsanspruch bejaht** worden ist. Dies beruht auf einer nur summarischen Prüfung, die in einem nachfolgenden ordentlichen Klageverfahren korrigiert werden kann. Soweit das Verfügungsgericht einen **Verfügungsanspruch verneint** und deswegen im Widerspruchs- oder Berufungsverfahren eine zunächst erlassene einstweilige Verfügung als von Anfang an unbegründet abgewiesen hat, haben der 6. und der 9. Zivilsenat des Bundesgerichtshofs eine Bindungswirkung angenommen.[334] Der 1. Zivilsenat hat dies bislang offengelassen und eine Bindungswirkung verneint, wenn den Gründen des die einstweilige Verfügung aufhebenden Urteils nicht entnommen werden könne, daß sich die einstweilige Verfügung als von Anfang an unberechtigt erwiesen habe, wie bei einem Versäumnisurteil gegen den Verfügungsgläubiger[335] oder einem Verzichtsurteil.[336] In der Literatur wird eine Bindungswirkung wegen der nur summarischen Prüfung im einstweiligen Verfügungsverfahren und wegen der unterschiedlichen Streitgegenstände im Eilverfahren und im Schadensersatzprozeß ganz überwiegend verneint.[337]

Eine Bindung an bejahende und verneinende Entscheidungen über den **Verfügungsgrund** wird zunehmend verneint.[338] In der Literatur wird überdies

334 BGH NJW 1980, 189, 191; NJW 1992, 2297, 2298.

335 BGH WM 1971, 1129, 1130.

336 BGH WRP 1998, 877, 878 f.

337 Z.B. *Thomas/Putzo/Reichold* § 945 Rn 9; *Zöller/Vollkommer* § 945 Rn 9; *Pastor/Ahrens* Kap. 66 Rn 16 ff.; *Schuschke/Walker* § 945 Rn 19 mit weiteren Nachweisen in Fußnote 66.

338 *Thomas/Putzo/Reichold* § 945 Rn 10; *Zöller/Vollkommer* § 945 Rn 9; *Stein/Jonas/Grunsky* § 945 Rn 29 und 32; *Musielak/Huber* § 945 Rn 5; a.A. *Gloy/Spätgens* § 94 Rn 10 mit weiteren Nachweisen in Fußnote 38.

die Auffassung vertreten, es liege kein ersatzfähiger Schaden vor, wenn der Verfügungsanspruch bestand und fällig war, weil der Schuldner dann den Vollziehungsschaden durch seine unberechtigte Leistungsverweigerung provoziert habe. Ob ursprünglich ein Verfügungsgrund bestanden hat, braucht daher hiernach in diesen Fällen im Schadensersatzprozeß nicht geprüft zu werden.[339] Auch der Bundesgerichtshof hat Schadensersatzansprüche auf entgangenen Gewinn aus der Vollziehung von Unterlassungsverfügungen verneint, wenn der Verfügungsschuldner materiellrechtlich verpflichtet war, die durch die einstweilige Verfügung untersagte Handlung zu unterlassen.[340]

184 b Ist **keine bindende Vorentscheidung** ergangen, muß der Verfügungsgläubiger im Schadensersatzprozeß beweisen, daß sein Verfügungsantrag von Anfang an gerechtfertigt war.[341] Der Verfügungsschuldner muß seinen Schaden beweisen und daß dieser durch die Vollziehung der einstweiligen Verfügung entstanden ist.

185 Zu ersetzen sind dem Verfügungsschuldner nur die Schäden, die ihm **durch die Vollziehung** der einstweiligen Verfügung entstanden sind (z.B. Wertverlust einer Sache, Nutzungsausfall oder entgangener Gewinn bei einer Unterlassungsverfügung) oder dadurch, daß er Sicherheit geleistet hat, um die Vollziehung abzuwenden oder die Aufhebung der einstweiligen Verfügung zu bewirken (z.B. Zinsverlust durch die Zahlung der Lösungssumme nach § 923 ZPO im Arrestverfahren). Darunter fallen nicht Schäden aus der bloßen **Anordnung des Titels**, wie z.B. Nachteile, weil die Anordnung bekannt geworden ist.[342] Keine Vollziehungsschäden sind nach herrschender Meinung auch die eigenen **Anwaltskosten** des Schuldners **aus dem Verfügungsverfahren**, sondern nur die aufgrund der Kostenentscheidung der einstweiligen Verfügung beigetriebenen oder freiwillig gezahlten Gerichts- und Parteiko-

---

339 *Pastor/Ahrens* Kap. 66 Rn 22; *Schuschke/Walker* § 945 Rn 9.
340 BGH NJW 1994, 2765, 2767; NJW 1990, 122, 125.
341 BGH NJW-RR 1992, 998, 1001.
342 BGH NJW 1988, 3268, 3269.

sten des Verfügungsgläubigers.[343] Der Gläubiger braucht nach einer Aufhebung des Titels auch keine **Ordnungsgelder** zu ersetzen, die der Schuldner gemäß § 890 ZPO gezahlt hat.[344]

Nicht zu ersetzen ist dem Verfügungsschuldner ein Schaden, der ihm dadurch entsteht, daß er die einstweilige Verfügung **freiwillig befolgt**.[345] Dies muß wenigstens geschehen sein, um eine drohende Vollziehung abzuwenden. Ein **Vollstreckungsdruck** setzt einen vollstreckbaren Titel voraus, bei einer Unterlassungsverfügung also die Androhung von Ordnungsmitteln.. Ein Schuldner, der sich an eine Unterlassungsverfügung ohne Androhung von Ordnungsmitteln hält, kann keinen Schadensersatz nach § 945 ZPO verlangen.[346] Ein Vollstreckungsdruck besteht bei einer **Beschlußverfügung**, sobald sie im Parteibetrieb zugestellt worden ist. Auf die Wirksamkeit der Zustellung kommt es – anders als bei der Wahrung der Vollziehungsfrist – nicht an.[347] Bei **Urteilsverfügungen** reicht die Amtszustellung nicht aus. Hinzukommen müssen Maßnahmen des Gläubigers, denen eine Vollziehungsabsicht zu entnehmen ist, wie z.B. die Zustellung im Parteibetrieb oder ein Vollstreckungsantrag. Anders verhält es sich bei **Unterlassungsverfügungen** mit Androhung von Ordnungsmitteln. Der Schuldner muß sie ab Verkündung des Urteils befolgen. Deshalb trifft den Gläubiger bereits von da an das Haftungsrisiko nach § 945 ZPO.[348]

Will ein Schuldner sich Schadensersatzansprüche vorbehalten, sollte er in Zweifelsfällen den Gläubiger darauf hinweisen, daß er sich nur an die einstweilige Verfügung halte, um die Zwangsvollstreckung abzuwenden.

Schadensersatzansprüche mindern sich bei einem **Mitverschulden** des Verfügungsschuldner (§ 254 BGB). Es kann sich z.B. daraus ergeben, daß er   **186**

343 BGHZ 122, 172, 176 ff.; *Schuschke/Walker* § 945 Rn 33; *Wieczorek/Thümmel* § 945 Rn 22; *MüKo/ Heinze* § 945 Rn 10; *Thomas/Putzo/Reichold* § 945 Rn 15; a.A. *Stein/Jonas/Grunsky* § 945 Rn 6; *Pastor/Ahrens* Kap. 66 Rn 31 ff.
344 KG GRUR 1987, 591 f.; *Zöller/Vollkommer*§ 945 Rn 14; *Teplitzky* Kap. 36 Rn 37; *Pastor/Ahrens* Kap. 66 Rn 39; *Berneke* Rn 418 mit weiteren Nachweisen in Fußnote 33.
345 BGH NJW 1996, 198 ff.; *Zöller/Vollkommer* § 945 Rn 14; *Thomas/Putzo/Reichold* § 945 Rn 6; *Stein/ Jonas/Grunsky* § 945 Rn 7; *Pastor/Ahrens* Kap. 66 Rn 25.
346 BGH NJW 1996, 198 f.; NJW 1993, 1076 ff.
347 BGH NJW 1990, 122, 124; *Pastor/Ahrens* Kap. 66 Rn 24.
348 Nachweise bei *Ulrich* WRP 1999, 82 ff. in Fußnote 6.

die Vollziehung nicht durch Rechtsmittel im Verfügungsverfahren abgewendet[349] oder den Gläubiger nicht auf einen ungewöhnlich hohen Schaden hingewiesen hat, der ihm aus der Vollstreckung droht.[350]

187   Die **Verjährungsfrist** beträgt drei Jahre (§ 852 BGB). Sie beginnt mit der rechtskräftigen Aufhebung der einstweiligen Verfügung im Verfügungsverfahren.[351] Hat der Verfügungsschuldner keinen Rechtsbehelf im einstweiligen Verfügungsverfahren eingelegt, sondern den Streit über den zugrundeliegenden Anspruch allein im Hauptsacheverfahren ausgetragen und dort obsiegt, beginnt die Verjährungsfrist in der Regel erst, wenn die Entscheidung im Hauptsacheverfahren rechtskräftig geworden ist.[352]

J. Muster für das einstweilige Verfügungsverfahren

I. Muster: Antrag zur Sicherung eines Herausgabeanspruchs

▼

188   An das
Amtsgericht/Landgericht

▨

Eilt sehr!

Bitte sofort vorlegen

Antrag

auf Erlaß einer einstweiligen Verfügung

des ▨

– Antragstellers –

– Verfahrensbevollmächtigter: Rechtsanwalt ▨ –

---

349 OLG München GRUR 1996, 998, 999.
350 BGH WM 1990, 1171.
351 BGH NJW 1992, 2297, 2298.
352 BGH NJW 1993, 863, 864.

gegen

die

– Antragsgegnerin –

Streitwert: DM

Namens und im Auftrag des Antragstellers beantrage ich, folgende einstweilige Verfügung – wegen der Dringlichkeit ohne mündliche Verhandlung (§ 937 Abs. 2 ZPO) – zu erlassen:

Der Antragsgegnerin wird aufgegeben, den Pkw   mit der Fahrgestell Nr.   und dem amtlichen Kennzeichen   zur Verwahrung an den Gerichtsvollzieher herauszugeben.

Begründung:

Der Antragsteller hat der Antragsgegnerin am   für   DM den im Antrag näher bezeichneten Pkw verkauft und noch am gleichen Tag übergeben. Die Antragsgegnerin benutzt das Fahrzeug seitdem, ist jedoch den Kaufpreis schuldig geblieben. Der Antragsteller hat sie wiederholt zur Zahlung aufgefordert, zuletzt mit Schreiben vom   , ihr dann eine Frist mit einer Ablehnungsandrohung gesetzt und ist schließlich von dem Kaufvertrag zurückgetreten. Die Antragsgegnerin hat hierauf nicht reagiert und den Pkw auch nicht zurückgegeben.

Den vorstehenden Sachverhalt mache ich glaubhaft durch die anliegenden Kopien des Kaufvertrages, des Mahnschreibens vom   , des weiteren Schreibens vom   , des Rücktrittsschreibens vom   und die beigefügte eidesstattliche Versicherung des Antragstellers vom   .

Der Antragsteller wird demnächst seinen Herausgabeanspruch einklagen. Er ergibt sich aus § 326 BGB. Der Anspruch ist gefährdet. Die Antragsgegnerin hat den Pkw in der beigefügten Anzeige aus der   -Zeitung vom   zum Verkauf angeboten. Der Antragsteller muß daher befürchten, daß er mit seiner Herausgabeklage leer ausgeht, wenn das Fahrzeug jetzt nicht sichergestellt wird.

Das Gericht wird gebeten, die einstweilige Verfügung unverzüglich und ohne mündliche Verhandlung zu erlassen. Sonst besteht die Gefahr, daß die Antragsgegnerin den Pkw in der Zwischenzeit verkauft.

(Rechtsanwalt)

Anlagen:
1) Kaufvertrag der Parteien vom
2) Mahnschreiben des Antragstellers vom
3) Schreiben des Antragstellers vom
4) Rücktrittsschreiben des Antragstellers vom
5) eidesstattliche Versicherung des Antragstellers vom
6) Anzeige aus der   -Zeitung vom

▲

II. Muster: Antrag auf Anordnung eines dinglichen Erwerbsverbotes

▼

189 An das
Amtsgericht / Landgericht

Eilt sehr!

Bitte sofort vorlegen

Antrag

auf Erlaß einer einstweiligen Verfügung

des

– Antragstellers –

– Verfahrensbevollmächtigter: Rechtsanwalt   –

gegen

die

– Antragsgegnerin –

172

Streitwert: DM

Namens und im Auftrag des Antragstellers beantrage ich, folgende einstweilige Verfügung – wegen der Dringlichkeit ohne mündliche Verhandlung (§ 937 Abs. 2 ZPO) – zu erlassen:

> Der Antragsgegnerin wird es untersagt, ihre Eintragung als Eigentümerin des im Grundbuch   Band   Blatt   eingetragenen Grundstücks zu beantragen bzw. einen bereits gestellten Eintragungsantrag aufrechtzuerhalten.

Ich beantrage weiter,

> mir zwei Ausfertigungen der einstweiligen Verfügung zu erteilen (zur Einreichung beim Grundbuchamt und für die Zustellung an die Antragsgegnerin).

Begründung:
Der Antragsteller hat der Antragsgegnerin mit notariellem Vertrag vom   sein im Antrag näher bezeichnetes Grundstück verkauft und aufgelassen.

Glaubhaftmachung: beigefügter beglaubigter Grundbuchauszug und Kopie des Kaufvertrages

Der Kaufvertrag ist nichtig. Die Parteien haben beim Abschluß zusätzlich mündlich vereinbart, daß die Antragsgegnerin die Kosten des Maklers   in Höhe von   übernehmen sollte, der im Auftrag des Antragstellers den Vertrag vermittelt hat. Der Antragsteller ist der Antragsgegnerin deswegen bei dem Kaufpreis entgegengekommen.

Glaubhaftmachung: beigefügte eidesstattliche Versicherung des

Die Vereinbarung über die Maklerprovision hätte nach § 313 Satz 1 BGB mitbeurkundet werden müssen. Da dies unterblieben ist, ist der Kaufvertrag formnichtig   .

Um zu verhindern, daß die Antragsgegnerin dennoch Eigentümerin des Grundstücks wird, ist ihr durch ein Erwerbsverbot nach § 938 Abs. 2 ZPO und entsprechend § 136 BGB zu untersagen, die Umschreibung im Grundbuch zu bewirken. Dies muß sofort geschehen, weil dem Antragsteller sonst ein unwiederbringlicher Nachteil droht. Trägt der Rechtspfleger beim Grundbuchamt die

173

Antragsgegnerin als Eigentümerin ein, wird der formnichtige Kaufvertrag nach § 313 Satz 2 BGB gültig. Der Antragsteller verliert dann das Grundstück.

(Rechtsanwalt)

Anlagen:
1) Grundbuchauszug
2) Kaufvertrag der Parteien vom
3) eidesstattliche Versicherung des ▓▓▓▓ vom ▓▓▓▓

▲

III. Muster: Antrag auf Eintragung einer Auflassungsvormerkung

▼

190 An das
Amtsgericht
▓▓▓▓ ▓▓▓▓

Eilt sehr!

Bitte sofort vorlegen

Antrag

auf Erlaß einer einstweiligen Verfügung

des ▓▓▓▓

– Antragstellers –

– Verfahrensbevollmächtigter: Rechtsanwalt ▓▓▓▓ –

gegen

die ▓▓▓▓

– Antragsgegnerin –

Streitwert: ▓▓▓▓ DM

174

Namens und im Auftrag des Antragstellers beantrage ich, folgende einstweilige Verfügung – wegen der Dringlichkeit ohne mündliche Verhandlung (§ 937 Abs. 2 ZPO) – zu erlassen:

> Für den Antragsteller ist im Grundbuch des Amtsgerichts ▨▨▨ Band ▨▨▨ Blatt ▨▨▨ eine Vormerkung zur Sicherung seines Anspruchs auf Auflassung des Grundstücks einzutragen.

Das Gericht wird gebeten, das Grundbuchamt um die Eintragung zu ersuchen (§ 941 ZPO) und mir telefonisch mitzuteilen, ob es so verfährt, damit ich die einstweilige Verfügung rechtzeitig vollziehen oder den Eintragungsantrag unverzüglich selbst stellen kann.

Begründung:
Die Antragsgegnerin ist Eigentümerin des im Antrag näher bezeichneten Grundstücks, das sie mit notariellen Vertrag vom ▨▨▨ dem Antragsteller verkauft hat.

Glaubhaftmachung: beigefügter beglaubigter Grundbuchauszug und Kopie des Kaufvertrages

Die Auflassung ist noch nicht erfolgt. Die Antragsgegnerin hat es abgelehnt, die Eintragung einer Vormerkung hierfür zu bewilligen.

Glaubhaftmachung: anliegendes Schreiben der Antragsgegnerin vom ▨▨▨

Der Antragsteller kann eine Auflassungsvormerkung verlangen (§ 883 Abs. 1 BGB) und die Eintragung im Wege der einstweiligen Verfügung herbeiführen (§ 885 Abs. 1 BGB). Eine Gefährdung des Anspruchs braucht er nicht glaubhaft zu machen. Sie wird vermutet.

Eine Entscheidung ohne mündliche Verhandlung ist gemäß § 937 Abs. 2 ZPO geboten, weil ▨▨▨.

(Rechtsanwalt)

175

Anlagen:

1) Grundbuchauszug
2) Kaufvertrag der Parteien vom
3) Schreiben der Antragsgegnerin vom

▲

IV. Muster: Antrag auf Eintragung eines Widerspruchs im Grundbuch

▼

191 An das
Amtsgericht

Eilt sehr!

Bitte sofort vorlegen

Antrag

auf Erlaß einer einstweiligen Verfügung

des

– Antragstellers –

– Verfahrensbevollmächtigter: Rechtsanwalt   –

gegen

die

– Antragsgegnerin –

Streitwert: DM

Namens und im Auftrag des Antragstellers beantrage ich, folgende einstweilige Verfügung – wegen der Dringlichkeit ohne mündliche Verhandlung (§ 937 Abs. 2 ZPO) – zu erlassen:

> Im Grundbuch des Amtsgerichts   Band   Blatt   wird zugunsten des Antragstellers ein Widerspruch gegen das Eigentumsrecht der Antragsgegnerin eingetragen.

176

Das Gericht wird gebeten, das Grundbuchamt um die Eintragung zu ersuchen (§ 941 ZPO) und mir telefonisch mitzuteilen, ob es so verfährt, damit ich die einstweilige Verfügung rechtzeitig vollziehen oder den Eintragungsantrag unverzüglich selbst stellen kann.

Begründung:

Der Antragsteller ist alleiniger Erbe seines am ▨▨▨ verstorbenen Vaters ▨▨▨.

Glaubhaftmachung: anliegender Erbschein des ▨▨▨

Der Erblasser hat der Antragsgegnerin mit notariellem Vertrag vom ▨▨▨ das im Antrag bezeichnete Grundstück geschenkt. Sie ist am ▨▨▨ als Eigentümerin im Grundbuch eingetragen worden.

Glaubhaftmachung: beigefügte Kopie des Schenkungsvertrages und beglaubigter Grundbuchauszug

Der Schenkungsvertrag und die Auflassung sind nichtig. Der Erblasser war beim Abschluß nicht mehr geschäftsfähig. Er litt an ▨▨▨ und konnte deshalb seine Entscheidungen nicht mehr von vernünftigen Erwägungen abhängig machen. Seine freie Willensbestimmung war ausgeschlossen. Wegen des Verlaufs und der Auswirkungen der Erkrankung verweise ich auf die anliegende eidesstattliche Versicherung des Dr. ▨▨▨, in dessen ständiger ärztlicher Behandlung sich der Vater des Antragstellers befand.

Die Antragsgegnerin ist danach nicht Eigentümerin des Grundstücks geworden. Der Antragsteller hat es von seinem Vater geerbt. Da die Eintragung im Grundbuch mit der wirklichen Rechtslage nicht übereinstimmt, steht dem Antragsteller nach § 894 BGB ein Anspruch auf Berichtigung des Grundbuchs zu. Die Antragsgegnerin hat es in dem beigefügten Schreiben vom ▨▨▨ abgelehnt, die Eintragung zu bewilligen. Um den Anspruch zu sichern, ist es erforderlich, einen Widerspruch in das Grundbuch einzutragen (§ 899 Abs. 1 BGB). Dies kann im Wege der einstweiligen Verfügung geschehen. Eine Gefährdung braucht der Antragsteller nicht glaubhaft zu machen (§ 899 Abs. 2 BGB).

Eine Entscheidung ohne mündliche Verhandlung ist gemäß § 937 Abs. 2 ZPO geboten, weil ▨▨▨.

(Rechtsanwalt)

Anlagen:

1) Erbschein des Amtsgerichts ▨▨▨ vom ▨▨▨
2) Schenkungsvertrag vom ▨▨
3) Grundbuchauszug
4) eidesstattliche Versicherung des Dr. ▨▨▨ vom ▨▨▨
5) Schreiben der Antragsgegnerin vom ▨▨▨

V.   Muster: Antrag auf Herausgabe einer Sache

▼

192   An das
Amtsgericht/Landgericht
▨▨▨ ▨▨▨

Eilt sehr!

Bitte sofort vorlegen

Antrag

auf Erlaß einer einstweiligen Verfügung

der ▨▨

– Antragstellerin –

– Verfahrensbevollmächtigter: Rechtsanwalt ▨▨ –

gegen
den ▨▨

– Antragsgegner –

Streitwert: ▨▨ DM

Namens und im Auftrag der Antragstellerin beantrage ich, folgende einstweilige Verfügung – wegen der Dringlichkeit ohne mündliche Verhandlung (§ 937 Abs. 2 ZPO) – zu erlassen:

178

Dem Antragsgegner wird aufgegeben, der Antragstellerin den Pkw ▓▓▓ mit der Fahrgestell Nr. ▓▓▓ und dem amtlichen Kennzeichen ▓▓▓ herauszugeben.

Begründung:

Die Antragstellerin hat am ▓▓▓ vom Antragsgegner den im Antrag bezeichneten Pkw gekauft

Glaubhaftmachung: anliegender Kaufvertrag

und auf den vereinbarten Preis ▓▓▓ DM angezahlt. Über den Restkaufpreis kam es zwischen den Parteien zu Differenzen, weil sich nach der Übergabe Mängel herausstellten. Die Antragstellerin beanspruchte deshalb eine Minderung des Kaufpreises. Der Antragsgegner lehnte dies ab.

Die Antragstellerin war um eine gütliche Einigung bemüht, stieß damit aber auf keine Gegenliebe. Der Antragsgegner versuchte vielmehr, das Problem dadurch zu lösen, daß er mit einem Abschleppwagen vorfuhr, den Pkw auflud und ihn mitnahm. Mit diesem eigenmächtigen Vorgehen war die Antragstellerin nicht einverstanden. Sie will den Kaufvertrag nicht rückgängig machen, sondern an ihm festhalten.

Glaubhaftmachung: anliegende eidesstattliche Versicherung der Antragstellerin

Der Antragsgegner ist nach § 861 BGB verpflichtet, das Fahrzeug wieder herauszugeben. Da er es durch verbotene Eigenmacht erlangt hat, kann die Antragstellerin ihren Anspruch im Wege der einstweiligen Verfügung durchsetzen. Ein Verfügungsgrund wird dabei vermutet (vgl. OLG Stuttgart NJW-RR 1996, 1516).

Die Antragstellerin befürchtet, daß der Antragsgegner den Pkw beiseite schafft, wenn er von dem Verfügungsantrag erfährt. Deshalb ist eine Entscheidung ohne mündliche Verhandlung geboten (§ 937 Abs. 2 ZPO).

(Rechtsanwalt)

179

Anlagen:

1) Kaufvertrag der Parteien vom ▓▓▓▓
2) eidesstattliche Versicherung der Antragstellerin vom ▓▓▓▓

▲

VI. Muster: Antrag auf Unterlassung

▼

193 An das
Amtsgericht/Landgericht
▓▓▓▓ ▓▓▓▓

Eilt sehr!

Bitte sofort vorlegen

Antrag

auf Erlaß einer einstweiligen Verfügung

der ▓▓▓▓

– Antragstellerin –

– Verfahrensbevollmächtigter: Rechtsanwalt ▓▓▓▓ –

gegen

die ▓▓▓▓

– Antragsgegnerin –

Streitwert: ▓▓▓▓ DM

Namens und im Auftrag der Antragstellerin beantrage ich, folgende einstweilige Verfügung – wegen der Dringlichkeit ohne mündliche Verhandlung (§ 937 Abs. 2 ZPO) – zu erlassen:

1) Der Antragsgegnerin wird untersagt, die ▓▓▓▓ – Bank aus deren Bürgschaft vom ▓▓▓▓ über ▓▓▓▓ DM (Bürgschaftsnummer ▓▓▓▓) in Anspruch zu nehmen.

2) Der Antragsgegnerin wird für jeden Fall der Zuwiderhandlung ein Ordnungsgeld bis zu 500.000.- DM angedroht, ersatzweise Ordnungshaft,
oder Ordnungshaft bis zu sechs Monaten.

Begründung:

Die Antragstellerin hat im Auftrag der Antragsgegnerin aufgrund des beigefügten Bauvertrages ein schlüsselfertiges Wohnhaus in ▓▓▓ errichtet. Die Gewährleistungsansprüche sind durch die anliegende, auf erstes Anfordern erfüll-
bare Bürgschaft der ▓▓▓ –Bank gesichert. Die Antragsgegnerin hat mit dem
beigefügten Schreiben vom ▓▓▓ verschiedene Mängel gerügt, die voraussichtlichen Nachbesserungskosten auf ▓▓▓ DM beziffert und angekündigt,
sie würde deshalb die ▓▓▓ – Bank aus der Bürgschaft in Anspruch nehmen. Dies wäre rechtsmißbräuchlich, weil die Antragstellerin keine Nachbesserungskosten schuldet. Das ergibt sich ganz offensichtlich aus dem anliegenden Abnahmeprotokoll vom ▓▓▓, das die Geschäftsführer beider Parteien
unterschrieben haben. Darin sind die gerügten Mängel im einzelnen mit dem
Hinweis aufgelistet, daß sie bis zum ▓▓▓ zu beheben seien. An diese Vereinbarung ist die Antragsgegnerin gebunden. Warum sie es sich jetzt vor dem
Ablauf der Frist anders überlegt hat, weiß die Antragstellerin nicht. Sie ist bereit und in der Lage, die Nachbesserungsarbeiten – wie vereinbart – auszuführen.

Der Antragstellerin drohen erhebliche Risiken, wenn die Antragsgegnerin dennoch aus der Bürgschaft vorgeht. Der Sachbearbeiter der ▓▓▓ – Bank
hat dem Geschäftsführer der Antragstellerin bei einem Telefongespräch am
▓▓▓ erklärt, die Bank sei aus einer Bürgschaft auf erste Anforderung zu Zahlung verpflichtet; sie könne nicht überprüfen, ob der Bürgschaftsfall tatsächlich
eingetreten sei.

Glaubhaftmachung: anliegende eidesstattliche Versicherung des Geschäftsführers der Antragstellerin

Die Antragstellerin muß daher befürchten, daß die Bank die Bürgschafts-
summe auszahlt, wenn die Antragsgegnerin sie anfordert. Sie ist dann auf
eine Rückforderung gegen die Antragsgegnerin angewiesen. Diese verschaffte
sich damit aufgrund der formalen Position aus der Bürgschaft zum Nachteil der

181

Antragstellerin einen offensichtlich nicht gerechtfertigten Vorteil. Dies muß im Wege der einstweiligen Verfügung unterbunden werden.

(Rechtsanwalt)

Anlagen:
1) Bauvertrag der Parteien vom
2) Bürgschaftsurkunde der   – Bank vom
3) Schreiben der Antragsgegnerin vom
4) Abnahmeprotokoll vom
5) eidesstattliche Versicherung des Geschäftsführers der Antragstellerin vom

▲

VII.   Muster: Antrag auf Zahlung einer Schadensersatzrente

▼

194 An das
Landgericht

Eilt!

Bitte sofort vorlegen

Antrag

auf Erlaß einer einstweiligen Verfügung

des

– Antragstellers –

– Verfahrensbevollmächtigter: Rechtsanwalt   –

gegen

die

– Antragsgegnerin –

Streitwert: DM

182

Namens und in Vollmacht des Antragstellers beantrage ich, folgende einstweilige Verfügung zu erlassen, und zwar wegen des besonders dringenden Falles ohne mündliche Verhandlung (§ 937 Abs. 2 ZPO), hilfsweise aufgrund einer unverzüglich und mit einer abgekürzten Ladungsfrist anzuberaumenden mündlichen Verhandlung:

Der Antragsgegnerin wird aufgegeben, dem Antragsgegner vom   bis zur rechtskräftigen Entscheidung im Hauptsacheverfahren   monatlich im voraus   DM zu zahlen.

Begründung:
Die Antragsgegnerin ist die Pkw-Haftpflichtversicherung des   . Ihr Versicherungsnehmer verschuldete am   mit seinem Pkw einen Verkehrsunfall, bei dem sich der Antragsteller so schwere Verletzungen zuzog, daß er seitdem und voraussichtlich dauernd arbeitsunfähig ist. Der Unfall ist unter dem Aktenzeichen   Gegenstand eines Rechtsstreits vor dem angerufenen Gericht. Der Antragsteller verlangt darin von der Antragsgegnerin und deren Versicherungsnehmer u. a. gemäß § 843 BGB eine Schadensrente in Höhe von monatlich   DM wegen seines Verdienstausfalls. Die Kammer hat die Klage durch Urteil vom   dem Grunde nach zu 2/3 für gerechtfertigt erklärt. Die Beklagten haben Berufung eingelegt. Darüber ist noch nicht entschieden worden.

Glaubhaftmachung: beizuziehende Akte   des Hauptsacheverfahrens

Aufgrund des Urteils der Kammer im Hauptprozeß ist glaubhaft, daß der Antragsteller eine Schadensrente in Höhe von 2/3 seines Verdienstausfalls verlangen kann. Sonst wäre das Urteil nicht ergangen.

Der Antragsteller hat vor dem Unfall als selbständiger   monatlich   DM verdient.

Glaubhaftmachung: anliegende Gewinn- und Verlustrechnung des Steuerberaters   für das Jahr

Infolge des Unfalls ist er auf unabsehbare Zeit arbeitsunfähig.

Glaubhaftmachung: anliegendes ärztliches Attest des Dr.   vom

183

2/3 seines Verdienstausfall sind monatlich ▨▨▨ DM.

Der Antragsteller macht hiervon mit der einstweiligen Verfügung einen Teilbetrag in Höhe von ▨▨▨ DM seit dem Eingang dieses Antrags beim Gericht geltend. Hierauf ist er dringend angewiesen, um seinen Lebensbedarf bestreiten zu können. Von der Antragsgegnerin hat er noch keinen Pfennig erhalten. Mit Zahlungen ist vor dem rechtskräftigen Abschluß des Hauptprozesses auch nicht zu rechnen. Der Antragsgegner ist deshalb in eine Notlage geraten. Er verfügt über keine Einnahmen und erhält auch keine Versicherungs- oder Rentenleistungen. Was er im Laufe der Jahre angespart hat, ist aufgebraucht.

Glaubhaftmachung: anliegende eidesstattliche Versicherung des Antragstellers

Aus einer solchen existentiellen Notsituation gibt es nur den Ausweg, dem Antragsteller den unbedingt benötigten Teil der Schadensrente schon vor der Entscheidung in der Hauptsache im Wege der einstweiligen Verfügung zuzusprechen (vgl. dazu OLG Celle VersR 1990, 212; OLG Düsseldorf VersR 1988, 803).

(Rechtsanwalt)

Anlagen:

1) Gewinn- und Verlustrechnung vom ▨▨▨
2) Attest des Dr. ▨▨▨ vom ▨▨▨
3) eidesstattliche Versicherung des Antragstellers vom ▨▨▨

▲

VIII. Muster: Antrag, Frist zur Ladung zum Rechtfertigungsverfahren zu setzen (§ 942 Abs. 2 ZPO)

An das   **195**
Amtsgericht

Az.:

In dem einstweiligen Verfügungsverfahren

⬛ ./. ⬛

hat das in der Hauptsache nicht zuständige Amtsgericht am ⬛ nach § 942 Abs. 2 Satz 1 ZPO eine einstweilige Verfügung erlassen. Namens und in Vollmacht des Antragsgegners beantrage ich gemäß § 942 Abs. 2 Satz 2 ZPO,

dem Antragsteller eine Frist zu setzen, innerhalb der er bei dem Gericht der Hauptsache die Ladung des Antragsgegners zur mündlichen Verhandlung über die Rechtmäßigkeit der einstweiligen Verfügung zu beantragen hat.

(Rechtsanwalt)

▲

IX. Muster: Antrag auf Ladung zum Rechtfertigungsverfahren

▼

An das   **196**
Landgericht

⬛

In dem einstweiligen Verfügungsverfahren

⬛ ./. ⬛

hat das Amtsgericht ⬛ unter dem Aktenzeichen ⬛ am ⬛ nach § 942 Abs. 2 ZPO eine einstweilige Verfügung erlassen, wonach ⬛. Das Amtsgericht hat dem Antragsteller durch Beschluß vom ⬛ aufgegeben, bis zum ▓▓▓▓ die Ladung des Antragsgegners zur mündlichen Verhandlung über die Rechtmäßigkeit der einstweiligen Verfügung bei dem Gericht der Hauptsache zu veranlassen.

Namens und in Vollmacht des Antragstellers bitte ich daher, einen Termin zur mündlichen Verhandlung im Rechtfertigungsverfahren anzuberaumen, in dem ich beantragen werde,

> die einstweilige Verfügung des Amtsgerichts ▓▓▓▓ vom ▓▓▓▓ zu bestätigen.

(Rechtsanwalt)

▲

X. Muster: Antrag, eine einstweilige Verfügung nach § 942 Abs. 3 ZPO aufzuheben

▼

197 An das
Amtsgericht ▓▓▓▓

Az.: ▓▓▓▓

In dem einstweiligen Verfügungsverfahren

▓▓▓▓ ./. ▓▓▓▓

hat das Amtsgericht dem Antragsteller durch Beschluß vom ▓▓▓▓ aufgegeben, bis zum ▓▓▓▓ bei dem Gericht der Hauptsache die Ladung des Antragsgegners zur mündlichen Verhandlung im Rechtfertigungsverfahren zu beantragen. Dem ist der Antragsteller nicht nachgekommen.

Namens und in Vollmacht des Antragsgegners beantrage ich daher gemäß § 942 Abs. 3 ZPO,

> die einstweilige Verfügung vom ▓▓▓▓ aufzuheben und dem Antragsteller die Kosten des Verfügungsverfahrens aufzuerlegen.

Ich rege an, hierüber ohne mündliche Verhandlung zu entscheiden.

(Rechtsanwalt)

XI. Muster: Widerspruch gegen Verfügungsbeschluß mit dem Antrag, die Vollziehung einzustellen

▼

An das

Amtsgericht

Az.:

Eilt!

Bitte sofort vorlegen

Antrag

auf Einstellung der Vollziehung

In dem einstweiligen Verfügungsverfahren

./.

erhebe ich namens und in Vollmacht des Antragsgegners

Widerspruch

gegen die durch Beschluß vom ████ erlassene einstweilige Verfügung.

Ich bitte, umgehend einen Termin zur mündlichen Verhandlung anzuberaumen, in dem ich beantragen werde,

die einstweilige Verfügung aufzuheben und den zugrundeliegenden Antrag zurückzuweisen.

Weiter beantrage ich,

die Vollstreckung aus der einstweiligen Verfügung ohne Sicherheitsleistung einzustellen.

198

Begründung:
Das mit der Beschlußverfügung angeordnete Erwerbsverbot besteht zu Unrecht. Der Grundstückskaufvertrag der Parteien vom ▨ ist wirksam. Die Parteien haben sich – entgegen der eidesstattlichen Versicherung des Antragstellers – nicht zusätzlich mündlich darauf geeinigt, daß die Antragsgegnerin die Maklerprovision zahlen sollte. Der Antragsteller wollte dies. Die Antragsgegnerin hat das jedoch abgelehnt.

Glaubhaftmachung: anliegende eidesstattliche Versicherung der Antragsgegnerin

Abgesehen hiervon ist die Beschlußverfügung auch schon allein deshalb aufzuheben, weil der Antragsteller sie nicht rechtzeitig vollzogen hat. Er hat eine Ausfertigung am ▨ beim Grundbuchamt eingereicht. Das ergibt sich aus den Akten des Grundbuchamtes. Ich habe sie eingesehen, dies festgestellt und versichere das anwaltlich. Notfalls mag das Gericht die Akten beiziehen. Die Beschlußverfügung hätte der Antragsgegnerin innerhalb einer Woche danach zugestellt werden müssen (§§ 936, 929 Abs. 3 Satz 2 ZPO). Das ist jedoch erst am ▨ geschehen.

Glaubhaftmachung: anliegende Bescheinigung des Gerichtsvollziehers ▨, der die einstweilige Verfügung zugestellt hat

Der Verfügungsbeschluß kann daher ganz offenbar nicht bestehen bleiben. Dies rechtfertigt den Antrag, die Vollstreckung durch eine einstweilige Anordnung nach § 924 Abs. 3 Satz 2 in Verbindung mit § 707 ZPO ohne Sicherheitsleistung einzustellen (vgl. OLG Frankfurt MDR 1997, 393; OLG Rostock OLG-Report 1997, 114). Die Antragsgegnerin ist hieran dringend interessiert. Sie will das Grundstück möglichst bald weiterverkaufen. Ein Kaufinteressent ist wegen des Erwerbsverbotes bereits „abgesprungen".

(Rechtsanwalt)

Anlagen:
1) eidesstattliche Versicherung der Antragsgegnerin vom ▨
2) Bescheinigung des Gerichtsvollziehers ▨ vom ▨

▲

XII. Muster: Antrag, eine Frist für die Klage in der Hauptsache zu setzen (§§ 936, 926 Abs. 1 ZPO)

▼

An das

199

Amtsgericht/Landgericht

Az.:

In dem einstweiligen Verfügungsverfahren

 ./.

beantrage ich namens und in Vollmacht des Antragsgegners,

dem Antragsteller eine Frist von zwei Wochen zur Erhebung der Klage in der Hauptsache zu setzen.

Begründung:

Das Gericht hat gegen den Antragsgegner am eine einstweilige Verfügung erlassen, wonach . Der Antragsteller hat die Klage zur Hauptsache bislang nicht erhoben. Ihm ist deshalb eine Frist hierfür zu setzen (§§ 936, 926 Abs. 1 ZPO). Zwei Wochen erscheinen angemessen.

(Rechtsanwalt)

XIII.   Muster: Antrag nach § 926 Abs. 2 ZPO

▼

200   An das
Amtsgericht/Landgericht

Eilt sehr!

Bitte sofort vorlegen

Antrag

auf Aufhebung einer einstweiligen Verfügung und Einstellung der Vollziehung
des

– Verfügungsschuldners –

– Verfahrensbevollmächtigter: Rechtsanwalt   –

gegen

die

– Verfügungsgläubigerin –

– Verfahrensbevollmächtigter: Rechtsanwalt   –

beantrage ich namens und in Vollmacht des Verfügungsschuldners,

1) die einstweilige Verfügung des   vom   (Az.   ) aufzuheben und der Verfügungsgläubigerin die Kosten des Verfügungsverfahren aufzuerlegen;

2) die Vollstreckung aus der einstweiligen Verfügung bis zur Entscheidung im Aufhebungsverfahren ohne – hilfsweise gegen – Sicherheitsleistung einstweilen einzustellen.

Begründung:
Das Gericht hat der Verfügungsgläubigerin durch Beschluß vom   aufgegeben, bis zum   Klage zur Hauptsache zu erheben. Dieser Aufforderung ist sie nicht nachgekommen. Die einstweilige Verfügung ist deshalb aufzuheben (§§ 936, 926 Abs. 2 ZPO).

190

Der Antrag, die Zwangsvollstreckung einzustellen, ergibt sich aus § 707 ZPO. Diese Bestimmung ist nach allgemeiner Ansicht entsprechend den §§ 936, 924 Abs. 3 ZPO auch im Aufhebungsverfahren anzuwenden (Stein/Jonas/ Grunsky, ZPO, 21. Aufl., § 926 Rn 17 a mit weiteren Nachweisen).

(Rechtsanwalt)

XIV. Muster: Antrag, eine einstweilige Verfügung wegen veränderter Umstände aufzuheben (§§ 936, 927 ZPO)

▼

An das   **201**
Amtsgericht/Landgericht

Eilt sehr!

Bitte sofort vorlegen

Antrag

auf Aufhebung einer einstweiligen Verfügung und Einstellung der Vollziehung

des

– Verfügungsschuldners –

– Verfahrensbevollmächtigter: Rechtsanwalt –

gegen

die

– Verfügungsgläubigerin –

– Verfahrensbevollmächtigter: Rechtsanwalt –

Namens und in Vollmacht des Verfügungsschuldners beantrage ich,

1) die einstweilige Urteilsverfügung des   vom   (Az.   ) aufzuheben;

2) die Vollstreckung aus der einstweiligen Verfügung bis zur Entscheidung im Aufhebungsverfahren einstweilen einzustellen.

Begründung:

Das angerufene Gericht hat gegen den Verfügungsschuldner die in Kopie beigefügte einstweilige Urteilsverfügung erlassen. Der Verfügungsgrund ist nachträglich weggefallen, weil der gesicherte Anspruch verjährt ist ▓▓▓▓▓ (Begründung).

Bei einer offensichtlich begründeten Verjährungseinrede ist die Zwangsvollstreckung nach § 707 Abs. 1 Satz 1 ZPO ohne Sicherheitsleistung einzustellen (vgl. OLG Koblenz WRP 1981, 545). Diese Bestimmung gilt nach allgemeiner Ansicht entsprechend den §§ 936, 924 Abs. 3 ZPO auch im Aufhebungsverfahren (Stein/Jonas/Grunsky, ZPO, 21. Aufl., § 927 Rn 15 mit weiteren Nachweisen).

(Rechtsanwalt)

Anlage: Urteil des ▓▓▓▓▓ vom ▓▓▓▓▓

▲

§ 4 Unterlassungsverfügung in Wettbewerbssachen

Einstweilige Verfügungen werden in Wettbewerbssachen erleichtert, um 1 Wettbewerbsverstöße schnell unterbinden zu können. Ein **Verfügungsgrund** wird bei Unterlassungsansprüchen aus dem

- ■ UWG,
- ■ dem Rabattgesetz und
- ■ der ZugabeVO

vermutet (§ 25 UWG). Der Antragsteller braucht ihn weder darzulegen noch glaubhaft zu machen. Er muß nur – wie im Klageverfahren – die Tatsachen vortragen, aus denen sich der Unterlassungsanspruch ergibt, und diese – anders als mit der Klage – in der Antragsschrift glaubhaft machen.

Diese zusätzliche Voraussetzung erschwert meistens Unterlassungsverfügungen nicht. Auch die Beschränkung der Beweismittel im einstweiligen Verfügungsverfahren wirkt sich nur selten nachteilig aus. Das beruht auf dem materiellen Recht.

Unterlassungsansprüche ergeben sich aus einem erstmals bevorstehenden 2 Wettbewerbsverstoß (vorbeugender Unterlassungsanspruch) oder aus einem bereits begangenen.

Vorbeugende Unterlassungsansprüche spielen in der Praxis eine untergeordnete Rolle. Der Gläubiger muß bei ihnen darlegen und – im einstweiligen Verfügungsverfahren – glaubhaft machen, daß ein Wettbewerbsverstoß des Schuldners bevorsteht. Dies weiß er vorher meistens nicht.

Unterlassungsansprüche aus bereits **begangenen Wettbewerbsverstößen** setzen eine **Wiederholungsgefahr** voraus. Sie ist im Wettbewerbsrecht zu **vermuten**. Ein Verfügungsanspruch besteht daher schon, wenn der Antragsteller glaubhaft macht, daß der Antragsgegner gegen Vorschriften des Wettbewerbsrechts verstoßen hat. Die beanstandeten Handlungen ergeben sich häufig aus Anzeigen, Werbeprospekten oder anderen schriftlichen Unterlagen. Der Antragsteller kann damit den Verfügungsanspruch belegen.

In diesen Fällen hat das einstweilige Verfügungsverfahren das Klageverfahren weitgehend verdrängt. Die Parteien streiten dann nur darüber, ob das Verhalten des Antragsgegners wettbewerbswidrig war oder nicht. Verletzte Mitbewerber und klagebefugte Verbände können dies mit einem Verfügungsantrag rascher und wegen des niedrigeren Streitwertes billiger klären lassen als mit einer Klage. Eine abweichende rechtliche Beurteilung ist im Hauptsacheverfahren in der Regel nicht zu erwarten.

3 **Gläubigern** ist zu einer **Unterlassungsklage anstelle eines Verfügungsantrages** nur zu raten, wenn sie zu lange abgewartet haben (Rn 9 ff.) oder der relevante Sachverhalt streitig und mit den Beweismitteln des einstweiligen Verfügungsverfahrens nicht glaubhaft zu machen ist. Eine **zusätzliche Unterlassungsklage nach einer einstweiligen Verfügung** brauchen sie nur in Fällen zu erheben, in denen ihnen der Gegner nach § 926 ZPO eine Frist für die Klage hat setzen lassen oder der Unterlassungsanspruch zu verjähren droht.

Schuldner, die im Verfügungsverfahren **unterlegen** sind, können sich von einem zusätzlichen Klageverfahren nur Vorteile versprechen, wenn sie dort über bessere Beweismittel verfügen oder eine Entscheidung des Bundesgerichtshofs herbeiführen wollen.

4 Verfügungsverfahren aus dem Wettbewerbsrecht unterscheiden sich nicht grundlegend von anderen einstweiligen Verfügungsverfahren. Besonderheiten ergeben sich nur aus bestimmten Fragen, die bei jeder wettbewerbsrechtlichen Unterlassungsverfügung auftreten, in anderen Verfügungsverfahren aber nur in Ausnahmefällen. Sie betreffen den Verfügungsgrund, das Abmahnverfahren, das Abschlußverfahren und die Schutzschrift. Die Vollziehung unterscheidet sich nicht von der anderer Unterlassungsverfügungen.

Ein **Verfügungsgrund** wird nicht nur bei Unterlassungsansprüchen aus dem Wettbewerbsrecht vermutet, sondern auch bei anderen Ansprüchen (§ 2 Rn 65). Was hier zu seiner Widerlegung führen kann, ist auch dort zu beachten.

Das **Abmahnverfahren** ermöglicht es dem Schuldner, einen Prozeß durch eine „Unterwerfungserklärung" zu vermeiden, das **Abschlußverfahren**, den

Rechtsstreit durch ein Abschlußschreiben auf das einstweilige Verfügungsverfahren zu beschränken. Nach verschiedenen Schätzungen erledigen sich ca. 90% aller gerügten Wettbewerbsverstöße im Abmahnverfahren[1] und 90% aller Prozesse im einstweiligen Verfügungsverfahren.[2] Mit einer **Schutzschrift** kann eine Partei vorsorglich einem zu erwartenden Verfügungsantrag entgegentreten.

Ein **Abschlußschreiben** beschränkt nicht nur den Streit über wettbewerbsrechtliche Unterlassungsansprüche auf das einstweilige Verfügungsverfahren. Der Schuldner kann damit Klagen nach allen Leistungsverfügungen ausschließen, die zur vorläufigen Erfüllung des Anspruchs des Gläubigers führen. Für sie besteht danach kein Rechtsschutzinteresse mehr.

Eine **Schutzschrift** ist bei jedem erwarteten Verfügungsantrag zulässig. Sie kommt außerhalb des Wettbewerbsrechts nur seltener vor, weil der Schuldner dort gewöhnlich keine Abmahnung erhält und daher nicht mit einem Verfügungsantrag rechnet.

In der Praxis treten typische Probleme auf, deren Lösungen sich nicht aus   5 dem Gesetz ergeben, sondern von der Rechtsprechung entwickelt worden sind. Die Einzelheiten sind häufig umstritten und selbst für Spezialisten kaum überschaubar. Welche Standpunkte die Senate der Oberlandesgerichte hierzu vertreten haben, ist bis zum Jahre 1991 am einfachsten der von *Traub* herausgegebenen Zusammenstellung von Leitsätzen in der 2. Auflage des Buches „Wettbewerbsrechtliche Verfahrenspraxis" zu entnehmen. Über die weitere Entwicklung in der Rechtsprechung kann sich der Praktiker aus den Veröffentlichungen insbesondere in den Fachzeitschriften WRP und GRUR informieren. Die aktuelle Rechtsprechung des OLG Nürnberg ist in der Sonderbeilage zum OLG-Report Heft 3/2000 zusammengestellt.

1 *Köhler/Piper* vor § 13 UWG Rn 124.
2 *Dunkl/Baur* H Rn 216.

A. Verfügungsgrund

6   Der Gläubiger kann auch einen wettbewerbsrechtlichen Unterlassungsanspruch nur mit einer einstweiligen Verfügung durchsetzen, wenn die Sache **eilbedürftig** ist. Dies wird nach § 25 UWG bloß vermutet, nicht unwiderlegbar unterstellt. Die **Vermutung** ist durch Tatsachen zu **entkräften**, die dafür sprechen, daß die Angelegenheit nicht so dringlich ist, um darüber im Eilverfahren entscheiden zu müssen. Diese Tatsachen können sich schon aus dem Vorbringen des Antragstellers ergeben. Der Antragsgegner muß sie sonst vortragen und glaubhaft machen. Entfällt die Vermutung, so muß der Antragsteller – wie regelmäßig bei Verfügungsanträgen außerhalb des Wettbewerbsrechts – darlegen und glaubhaft machen, daß und warum die Sache trotz der dagegen sprechenden Umstände dringlich geblieben ist.

7   Ein Verfügungsgrund besteht nicht, wenn der Gläubiger drohende Wettbewerbsverstöße mit einer **Unterlassungsklage** verhindern kann. Eine nur vorläufige Regelung ist dann nicht erforderlich.

8   Hieran ist bei **befristeten Wettbewerbsverstößen** zu denken, die der Schuldner erst nach längerer Zeit wiederholen kann, wie **Werbungen für Jubiläums- und Sonderveranstaltungen** oder **Saisonschlußverkäufe**. Hat der Gläubiger genügend Zeit, bis zum nächstmöglichen Verstoß ein vorläufig vollstreckbares Urteil im Klageverfahren zu erwirken, so ist ein Verfügungsantrag unzulässig. Auf den Zeitraum bis zu einer rechtskräftigen Entscheidung kommt es nicht an. Das Interesse, die Zwangsvollstreckung ohne Sicherheitsleistung zu betreiben, kann nicht die Dringlichkeit für eine einstweilige Verfügung begründen, weil das Gericht nach den §§ 936, 921 Abs. 2 ZPO auch eine einstweilige Verfügung von einer Sicherheitsleistung abhängig machen darf.

Die voraussichtliche **Dauer eines Klageverfahrens** ist nicht verläßlich vorherzusagen. Sie hängt nicht nur von der Praxis des jeweiligen Gerichts ab, sondern auch davon, ob der Sachverhalt unstreitig ist oder Beweise zu erheben sind. In der Literatur wird die Dauer bis zu einem Urteil in erster Instanz auf 6 bis 8 Monate veranschlagt,[3] bei unstreitigen Sachverhalten auf drei bis vier Monate.[4] Gerichte haben einen Verfügungsgrund bei Wettbewerbsverstößen verneint, die der Schuldner erst in einem Jahr,[5] in zehn Monaten[6] oder in sechs Monaten[7] nach dem Verfügungsantrag wiederholen konnte.

Bei Verstößen gegen die **Werbung für Sommer- und Winterschlußverkäufe** empfiehlt es sich daher, die einstweilige Verfügung noch rechtzeitig während des laufenden Schlußverkaufs zu beantragen. Die Dringlichkeit ist dann nicht zu bezweifeln. Sie bleibt bei einer mündlichen Verhandlung erst nach dem Schlußverkauf bestehen, wenn sich der Antrag auch auf zukünftige Schlußverkäufe bezieht.[8] Hat sich der Antrag auf einen konkreten Schlußverkauf beschränkt (z.B. Sommerschlußverkauf 1999), erledigt dessen Ende ein noch schwebendes Verfügungsverfahren.

Die Eilbedürftigkeit ist auch dann zu verneinen, wenn der Antragsteller seine **9** Ansprüche ohne triftige Gründe nicht zügig mit einem Verfügungsantrag oder im Verfügungsverfahren verfolgt. Aus **Verzögerungen ohne plausiblen Anlaß** kann sich ergeben, daß er die Angelegenheit selbst nicht für eilbedürftig gehalten hat. Ist die Dringlichkeit durch das zögernde Verhalten des Antragstellers entfallen, so kann sie bei einschneidenden Veränderungen wieder aufleben, wie z.B. eine plötzlich einsetzende verstärkte Werbung.[9]

Welche Zeit der Antragsteller bis zum Verfügungsantrag verstreichen las- **10** sen darf, ohne dadurch die Vermutung der Dringlichkeit selbst zu widerlegen, hängt von den Umständen des Einzelfalles ab. Die Frist beginnt mit der **Kenntnis von dem Wettbewerbsverstoß und der Person des Störers**. Ist dies streitig, so muß der Antragsgegner den früheren Zeitpunkt glaubhaft machen. Dafür können Indizien ausreichen, wie z.B. eine auffallende Werbung. Hat der Antragsteller sie längere Zeit unbeanstandet gelassen, so

---

3 *Melullis* Rn 164.

4 *Großkomm/Schultz-Süchting* § 25 UWG Rn 43.

5 KG WRP 1981, 211; OLG Saarbrücken WRP 1979, 76, 77.

6 OLG Oldenburg bei *Traub* unter 3.7.3.

7 OLG Koblenz bei *Traub* unter 3.7.1.

8 OLG Stuttgart WRP 1988, 398, 400; OLG München WRP 1987, 694, 695; OLG Hamburg WRP 1978, 909 f.; OLG Karlsruhe WRP 1976, 713 f.

9 OLG Koblenz WRP 1978, 835, 837.

muß er unter Umständen glaubhaft machen, daß er erst später hiervon erfahren hat.[10] Eine fahrlässige Unkenntnis schadet ihm nicht.

Die Dringlichkeit ist bei einem Verfügungsantrag

- **innerhalb eines Monats** immer zu vermuten.
- **Nach** sechs Monaten **ist sie spätestens widerlegt.**[11]
- **Einige Oberlandesgerichte gehen hiervon schon bei einer Zeitspanne von fünf Monaten**[12] oder
- **drei Monaten** aus,[13]
- **andere bei einer Zeitspanne von** zwei Monaten **bei klar auf der Hand liegenden Verstößen,**[14]
- **sechs Wochen bis zur Abmahnung** bei einer eindeutigen Sach- und Rechtslage,[15]
- **vier Wochen seit der im Abmahnschreiben gesetzten Erklärungsfrist**[16] oder
- **länger als einem Monat,** wenn der Gläubiger im Besitz aller Unterlagen ist, die er benötigt, um eine einstweilige Verfügung mit Aussicht auf Erfolg beantragen zu können.[17]

Nach der Auffassung anderer Oberlandesgerichte ist die Vermutung der Dringlichkeit nicht widerlegt, wenn der Gläubiger

- **vier bis fünf Wochen,**[18]
- **sechs Wochen** bei einer nicht ganz einfachen Rechtslage,[19]
- zwei Monate seit der im Abmahnschreiben gesetzten Erklärungsfrist,[20]

---

10 OLG Düsseldorf WRP 1985, 266, 267.
11 OLG Hamburg WRP 1996, 774; OLG Hamm WRP 1981, 473, 475; OLG Frankfurt WRP 1979, 207; OLG Karlsruhe WRP 1977, 419, 420.
12 OLG Köln WRP 1978, 915, 916 f.; OLG Oldenburg bei *Traub* unter 3.7.1.
13 OLG Koblenz WRP 1985, 578; OLGe Schleswig und Saarbrücken bei *Traub* unter 3.7.1.
14 OLG Frankfurt WRP 1986, 396.
15 OLG Köln GRUR 1993, 685 f.
16 OLG Nürnberg bei *Traub* unter 3.7.1.
17 OLG Jena WRP 1997, 703; OLG Hamm NJW-RR 1994, 48; OLG München WRP 1993, 49, 50.
18 OLG Stuttgart bei *Traub* unter 3.7.1.
19 OLG Köln WRP 1978, 556, 557.
20 OLG Düsseldorf WRP 1992, 245, 246; KG WRP 1980, 491, 492.

- **viereinhalb Monate** bei einer komplizierten Rechtslage[21] oder noch erforderlichen Ermittlungen[22] und
- fünf Monate **bei Vergleichsverhandlungen**
wartet.[23]

Kritisch können hiernach schon Anträge **später als einen Monat** seit der 11
Kenntnis des Wettbewerbsverstoßes und der Person des Störers sein. Der Antragsteller sollte in diesen Fällen darlegen, worauf die Verzögerung beruht. Ergibt sich hieraus, daß er trotz der Eilbedürftigkeit plausible Gründe hatte, nicht schneller zu reagieren, so kann er darauf den Verfügungsgrund stützen. In Betracht kommen vor allem zeitaufwendige Bemühungen, schwierige Rechtsfragen zu klären oder Beweismittel zu beschaffen, um das Verfügungsverfahren erfolgversprechend vorzubereiten, aber auch ernsthafte Vergleichsgespräche, um einen Rechtsstreit zu vermeiden. Die Parteien müssen die Vergleichsgespräche dann aber zügig führen. Verhandlungen über 40 Tage können zu lang sein.[24]

Erhebt der Antragsteller **zunächst** die **Unterlassungsklage** und beantragt er 12
erst später die einstweilige Verfügung, so spricht dies im allgemeinen gegen die Dringlichkeit.[25] Ein Verfügungsantrag kann aber zulässig bleiben, wenn das Hauptsacheverfahren unerwartet lange dauert, wie z.B. bei einer Aussetzung bis zur Entscheidung in einem anderen Rechtsstreit.[26]

Der Verfügungsgrund kann entfallen, wenn der Antragsteller das **Verfü-** 13
gungsverfahren nur **schleppend betreibt.**

Hat er eine **Beschluß- oder Urteilsverfügung erwirkt**, so läßt sich aus **Ver-** 14
zögerungen nur **im Widerspruchs- oder Berufungsverfahren** nicht auf

---

21 OLG Frankfurt WRP 1990, 836.
22 OLG Hamburg WRP 1992, 395.
23 OLG Bremen NJW-RR 1991, 44.
24 OLG München GRUR 1976, 150, 151.
25 OLG Hamm WRP 1985, 352 f.
26 OLG Köln WRP 1976, 714, 717 f.

eine mangelnde Dringlichkeit schließen. Da er bereits im Besitz eines Titels ist, braucht er das Verfahren nicht zu beschleunigen.[27]

15   Mit einer **Beschwerde gegen einen zurückweisenden Beschluß** darf der Antragsteller nicht zu lange warten. Bei einer erst nach fünf Wochen eingelegten Beschwerde ist die Dringlichkeit im allgemeinen nicht mehr zu vermuten.[28]

16   Entscheidet das Gericht nicht durch Beschluß, sondern ordnet es eine mündliche Verhandlung an, sind **Vertagungsanträge** riskant. Oberlandesgerichte haben die Dringlichkeit bei einer Vertagung auf Antrag des Verfügungsklägers um zwei Wochen[29] oder mit seiner Zustimmung um mehr als einen Monat verneint.[30] Anders zu beurteilen sind Vertagungen, die Parteien benötigen, um ernsthafte Vergleichsgespräche zu führen.[31]

Problematisch sind auch **auffallend lange Widerrufsfristen in einem Vergleich**.[32] Ein Verfügungsgrund entfällt nach herrschender Meinung, wenn der Verfügungskläger ein **Versäumnisurteil** gegen sich ergehen läßt.[33]

17   Der in erster Instanz unterlegene Antragsteller darf nach herrschender Meinung die **Berufungs- und die Berufungsbegründungsfrist** voll ausschöpfen.[34]

---

27   OLG Karlsruhe WRP 1986, 232, 234; *Baumbach/Hefermehl* § 25 UWG Rn 17; *Köhler/Piper* § 25 UWG Rn 16; *Melullis* Rn 178; *Berneke* Rn 89; *Teplitzky* Kap. 54 Rn 24; a.A. OLG Düsseldorf GRUR 1992, 189 f.; OLG Frankfurt NJW 1991, 49.

28   OLG Stuttgart bei *Traub* unter 3.7.1.

29   OLG Saarbrücken bei *Traub* unter 3.7.1.

30   OLG München WRP 1971, 533.

31   *Baumbach/Hefermehl* § 25 UWG Rn 17.

32   *Traub* GRUR 1996, 710.

33   OLG Frankfurt WRP 95, 502; OLG Düsseldorf GRUR 1992, 189, 190; KG GRUR 1988, 790; a.A. OLG Oldenburg bei *Traub* unter 3.7.1.

34   KG NJW-RR 1993, 555; OLG Hamm WRP 1992, 800; OLG München NJW-RR 1991, 624; OLG Koblenz WRP 1988, 404; OLG Karlsruhe WRP 1979, 811, 812; OLGe Schleswig und Stuttgart bei *Traub* unter 3.7.1; a.A. OLG Köln WRP 1980, 503 in tatsächlich und rechtlich einfachen Fällen sowie OLG Stuttgart WRP 1981, wenn die Dringlichkeit schon in erster Instanz wegen zu langen Zuwartens verneint worden war.

Eine **Verlängerung der Berufungsbegründungsfrist** ist nach Auffassung einiger Oberlandesgerichte ebenfalls unschädlich,[35] nach der Auffassung anderer nur, wenn der Antragsteller zwingende Gründe für die Verlängerung glaubhaft machen kann.[36] Zwingende Gründe können sich vor allem aus ernsthaften Vergleichsgesprächen der Parteien ergeben[37] oder aus besonderen Erschwernissen bei der Beschaffung von Informationen oder Beweismitteln.[38] Eine noch erforderliche Rücksprache mit der Partei oder eine vorübergehende Erkrankung des Prozeßbevollmächtigten soll nicht ausreichen.[39] Die Vermutung der Dringlichkeit ist nicht widerlegt, wenn der Antragsteller die verlängerte Begründungsfrist nicht ausnutzt und die Berufung noch vor dem Ablauf der gesetzlichen Frist begründet.[40]

Nach der **Rücknahme eines Verfügungsantrags** ist ein neues Begehren mit einem identischen Antrag im allgemeinen nicht mehr eilbedürftig.[41]   18

B.   Abmahnverfahren

Das Abmahnverfahren ist ein Mittel, wettbewerbsrechtliche Streitfälle außergerichtlich zu erledigen. Es wird durch eine Abmahnung des Gläubigers eingeleitet. Geht der Schuldner hierauf mit einer ausreichenden **„Unterwerfungserklärung"** ein, so erlischt der Unterlassungsanspruch, weil die Wiederholungsgefahr entfallen ist. Ein Verfügungsantrag wäre danach unbegründet.   19

Der Gläubiger braucht den Schuldner nicht abzumahnen. Er kann auf einen Wettbewerbsverstoß sofort mit einem Verfügungsantrag reagieren. Dies ist

---

35 OLG Hamburg GRUR 1983, 436, 437; OLG Stuttgart WRP 1982, 604, 605.
36 OLG Hamm NJW-RR 1992, 622; OLG München NJW-RR 1991, 624; OLG Nürnberg WRP 1988, 497; KG WRP 1978, 49, 51; OLG Oldenburg WRP 1971, 181; OLGe Saarbrücken, Braunschweig und Celle bei *Traub* unter 3.7.1.
37 *Köhler/Piper* § 25 UWG Rn 16.
38 OLGe Hamm und Braunschweig aaO.
39 OLG Hamm aaO.
40 OLG Karlsruhe WRP 1979, 571, 572.
41 OLG Karlsruhe WRP 1993, 257, 258.

aber mit einem **Kostenrisiko** verbunden. Anlaß für ein gerichtliches Verfahren besteht sowohl für verletzte Mitbewerber als auch für klagebefugte Verbände regelmäßig erst nach einer vergeblichen Abmahnung. Ein Gläubiger, der sofort die Gerichte anruft, läuft daher Gefahr, mit den Kosten des Verfahrens belastet zu werden, wenn der Schuldner den Antrag sofort anerkennt (§ 93 ZPO) oder ein ausreichendes Vertragsstrafeversprechen abgibt.

20   Auf eine Abmahnung kann der Gläubiger ohne Kostenrisiko nur verzichten, wenn sie **keinen Erfolg verspricht** oder ihm **nicht zuzumuten** ist Streiten die Parteien im Verfügungsverfahren darüber, ob ein solcher Ausnahmefall vorgelegen hat, muß der Antragsteller dies glaubhaft machen.[42]

21   **Voraussichtlich erfolglos** und daher entbehrlich ist eine Abmahnung in der Regel, wenn der Schuldner bereits eine „Unterwerfungserklärung" abgegeben hat und dann erneut dagegen verstößt.[43] Einige Oberlandesgerichte haben das auch bei **vorsätzlichen Wettbewerbsverstößen** angenommen.[44]. Diese Auffassung wird von der neueren Rechtsprechung ganz überwiegend nicht mehr geteilt.[45] Ausgenommen sind krasse Fälle böswilligen und hartnäckigen Verhaltens.[46]

22   **Unzumutbar** ist eine Abmahnung in Fällen, in denen der Gläubiger auf ein sofortiges gerichtliches Verbot angewiesen ist, weil er das schädigende Verhalten des Schuldners sonst nicht mehr unterbinden kann. Das haben Oberlandesgerichte früher häufig bei Wettbewerbsverstößen in kurzfristigen Veranstaltungen angenommen, wie Messen, Sonderveranstaltungen und vor allem Schlußverkäufen.[47] Dem Gläubiger ist dann aber meistens eine Abmahnung mit kurzer Frist – auch durch Telegramm, Telefax oder Telefon – zuzumuten ist.

---

42 *Großkomm./Schultz-Süchting* § 25 UWG Rn 130.
43 BGH GRUR 1990, 542, 543; OLG Hamburg NJW-RR 1988, 680.
44 OLG Frankfurt GRUR 1985, 240; KG WRP 1980, 203, 204; OLG Celle WRP 1975, 242, 243.
45 OLG München WRP 1996, 930, 931; OLG Hamburg WRP 1995, 1037, 1038; OLG Oldenburg WRP 1991, 193 f.
46 OLG Hamburg WRP 1995, 1037, 1038; *Köhler/Piper* vor § 13 UWG Rn 151; *Teplitzky* Kap. 41 Rn 36.
47 OLG Hamm WRP 1982, 674; OLG Hamburg WRP 1973, 591 f.; KG WRP 1971, 375 f.

Hinweis

23

In **Zweifelsfällen** sollte der Gläubiger **zunächst abmahnen** und mit dem Verfügungsantrag warten, bis sich der Schuldner geäußert hat oder die Erklärungsfrist verstrichen ist. Abmahnungen schließen nicht nur das Kostenrisiko bei einem sofortigen Anerkenntnis im Verfügungsverfahren aus. Eine **Vertragsstrafevereinbarung** ist für den Gläubiger bei Zuwiderhandlungen im allgemeinen auch **vorteilhafter** als ein Unterlassungstitel (Rn 37 f.). Er ist dann nicht auf Schadensersatzansprüche angewiesen, sondern kann die Vertragsstrafe als pauschalierten Schadensbetrag verlangen, ohne Schäden nachweisen zu müssen. Schadensersatzansprüche sind bis zur Höhe der Vertragsstrafesumme abgegolten. Dem Gläubiger bleibt es unbenommen, einen höheren Schaden geltend zu machen (§ 340 Abs. 2 BGB).

Ein **Verfügungsantrag schon vor dem Ablauf der Erklärungsfrist** zur Abmahnung ist im allgemeinen nicht zu empfehlen. Er führt nur schneller zu einem Titel, wenn das Gericht eine Beschlußverfügung erläßt. Der Gläubiger kann dann mit der Zustellung warten, bis die Erklärungsfrist verstrichen ist. Unterwirft sich der Schuldner innerhalb der Frist, ist von einer Vollziehung der Beschlußverfügung abzuraten. Sonst folgt ein Widerspruch mit einer Kostenentscheidung zum Nachteil des Gläubigers. Er kann dies nur vermeiden, wenn er unverzüglich, nachdem er die „Unterwerfungserklärung" erhalten hat, auf seine Rechte aus der Beschlußverfügung verzichtet und dem Schuldner den Titel aushändigt. Für einen Widerspruch bestünde dann kein Rechtsschutzinteresse. Der Gläubiger bleibt aber mit seinen eigenen Kosten und den Gerichtskosten belastet. Erfährt der Schuldner vor dem Ablauf der Erklärungsfrist von dem Erlaß der einstweiligen Verfügung, so muß er sich nicht mehr innerhalb der Frist unterwerfen. Für ein sofortiges Anerkenntnis reicht ein Kostenwiderspruch aus.[48]

24

---

48 OLG Frankfurt WRP 1996, 1194.

203

I. Abmahnung

25 Für die Abmahnung ist keine Form vorgeschrieben. Üblich und aus Beweisgründen zu empfehlen ist eine **schriftliche Abmahnung** durch Einschreiben mit Rückschein. Erfährt der Gläubiger noch vor dem Rechtsstreit, daß der Schuldner das Abmahnschreiben nicht erhalten hat, so kann ihm eine erneute Abmahnung zuzumuten sein.[49]

26 Der Gläubiger muß in dem Abmahnschreiben
- die wettbewerbswidrige Handlung bezeichnen und
- den Schuldner unter Androhung gerichtlicher Schritte auffordern, innerhalb einer bestimmten Frist eine vertragsstrafebewehrte Unterlassungserklärung abzugeben.

27 Die **wettbewerbswidrige Handlung** ist so genau zu **beschreiben**, daß der Schuldner den Vorwurf überprüfen kann.[50] Der Gläubiger braucht den Sachverhalt nicht rechtlich zu würdigen[51] und auch keine Beweismittel anzugeben.[52] Dies ist aber zu empfehlen, weil sich dadurch die Erfolgsaussichten erhöhen können.

28 Zweckmäßig ist es auch, die **verlangte Erklärung** vorzuformulieren, so daß der Schuldner sie nur noch zu unterschreiben braucht. Sie besteht aus zwei Teilen: dem Unterlassungsbegehren und dem Vertragsstrafeversprechen. In dem **Unterlassungsbegehren** wird – wie in einem Unterlassungsantrag – die Handlung beschrieben, die unterbleiben soll (§ 3 Rn 68 a). Die verlangte **Vertragsstrafe** sollte der Gläubiger beziffern (Rn 40). Zulässig ist es auch, den Betrag nach einem Verstoß in einer angemessenen Höhe vom Gläubiger (§ 315 Abs. 1 BGB) oder einem Dritten (§ 317 BGB) festzusetzen zu lassen. Dies ist wegen der damit verbundenen Ungewißheiten nur in Ausnahmefällen zu empfehlen.

29 Welche **Frist** angemessen ist, richtet sich nach der Dringlichkeit im Einzelfall. Der Gläubiger darf sie nicht so lang bemessen, daß dadurch die Eilbe-

---

49 OLG Stuttgart WRP 1983, 361; OLG Köln WRP 1989, 47; a.A. OLG Hamm WRP 1982, 437.
50 OLG Hamburg WRP 1996, 773 und WRP 1989, 32; OLG Köln WRP 1988, 56.
51 OLG Düsseldorf WRP 1988, 107, 108.
52 KG GRUR 1983, 673 f.

dürftigkeit für eine einstweilige Verfügung verloren geht. Eine Frist von 8 bis 10 Tagen dürfte im allgemeinen ausreichen,[53] wobei es sich empfiehlt, das Ende mit einem Datum zu bezeichnen.

Aus einer **zu kurzen Frist** können dem Gläubiger keine Nachteile erwachsen. Es läuft dann eine angemessene Frist.[54] Der Schuldner muß innerhalb der gesetzten Frist eine Antwort in Aussicht stellen.[55] Eine erbetene Fristverlängerung darf der Gläubiger nicht ohne sachlichen Grund verweigern.[56]

Mahnt ein **Rechtsanwalt** für den Gläubiger ab, so sollte er dem Schreiben eine **Originalvollmacht** beifügen. Die Oberlandesgerichte Nürnberg[57] und Düsseldorf[58] haben den Standpunkt vertreten, der Schuldner könne die Abmahnung sonst – ähnlich wie eine Mahnung nach § 284 Abs. 1 BGB[59] – gemäß § 174 BGB unverzüglich zurückweisen.[60] Die wohl herrschende Meinung hält die Vorlage einer Vollmacht nicht für erforderlich.[61]

30

Diese Streitfrage wird nur selten relevant. Will der Schuldner die Abmahnung nur wegen der fehlenden Vollmacht zurückweisen, muß er eine Unterwerfungserklärung nach der Vorlage der Vollmacht in Aussicht stellen. Sonst hat der Gläubiger Anlaß, sofort ein gerichtliches Verfahren einzuleiten.[62] Stellt der Schuldner eine Unterwerfungserklärung in Aussicht, ist es

---

53 *Köhler/Piper* vor § 13 UWG Rn 135; *Gloy* § 60 Rn 24.

54 BGH GRUR 1990, 381, 382.

55 OLG Hamburg GRUR 1989, 297; a.A. OLG Frankfurt WRP 1996, 1194 f. für den Fall einer extrem kurzen Frist.

56 OLG Hamburg WRP 1989, 325.

57 WRP 1991, 522, 523.

58 NJWE-WettbR 1999, 263.

59 BGH NJW 1983, 1542.

60 Ebenso *Großkomm./Kreft* vor § 13 C UWG Rn 73 ff., 83; *Köhler/Piper* vor § 13 UWG Rn 131; *Ulrich* WRP 1998, 258 ff.

61 Z.B. OLG Karlsruhe NJW-RR 1990, 1323; KG GRUR 1988, 79; OLG Hamburg WRP 1986, 106; OLG Köln WRP 1985, 360, 361; OLG Celle WRP 1983, 606; *Baumbach/Hefermehl* Einl. UWG Rn 534; *Teplitzky* Kap. 41 Rn 5; *Pastor/Ahrens/Deutsch* Kap. 6 Rn 2.

62 OLG Hamburg WRP 1986, 106; *Ulrich* WRP 1998, 258, 261; *Großkomm./Kreft* vor § 13 UWG C Rn 83; *Melullis* Rn 784; *Pastor/Ahrens/Deutsch* Kap. 6 Rn 3; a.A. *Köhler/Piper* vor § 13 UWG Rn 131.

dem Gläubiger in der Regel zuzumuten, vor einem Verfügungsantrag zunächst die Vollmacht nachzureichen.[63]

II. Reaktion des Gegners

31 Der Abgemahnte kann es nach einer Abmahnung auf einen **Rechtsstreit** ankommen lassen oder dies mit einem **Vertragsstrafeversprechen** verhindern. Wozu ihm zu raten ist, hängt in erster Linie davon ab, ob das beanstandete Verhalten tatsächlich wettbewerbswidrig war oder nicht. Bei einer zweifelhaften Rechtslage sind die Nachteile einer möglicherweise überflüssigen Unterwerfung gegen die Prozeßrisiken abzuwägen.

1. Berechtigte Abmahnung

32 Einem Schuldner, der eine Abmahnung für berechtigt hält, ist **in der Regel** ein **Vertragsstrafeversprechen** zu empfehlen, aber nicht unter allen Umständen. In bestimmten Fällen kann es für ihn günstiger sein, einen Titel gegen sich ergehen zu lassen. Was für ihn vorteilhafter ist, hängt von den jeweiligen Kosten und Risiken ab.

33 Ein **Vertragsstrafeversprechen** ist **kostengünstiger**. Der Schuldner muß dem Gläubiger nur die Kosten der Abmahnung ersetzen (Rn 47).

In einem **Rechtsstreit** entstehen höhere Kosten, die der Schuldner auch durch ein sofortiges Anerkenntnis nicht mehr auf den Gläubiger abwälzen, sondern nur mit einer **Abschlußerklärung nach einer einstweiligen Verfügung** begrenzen kann. Dieses Vorgehen ist bei einer begründeten Abmahnung die **Alternative zu einem Vertragsstrafeversprechen**. Der Schuldner kann dann noch die Kosten des Verfügungsverfahrens herabsetzen, indem er seine Bereitschaft zu einer Abschlußerklärung dem Gericht in einer **Schutzschrift** mitteilt und zugleich beantragt, den **Streitwert** wegen des einfach gelagerten Sachverhalts **herabzusetzen** (§ 23 a UWG). Der Gefahr, daß der

---

63 OLG Hamburg WRP 1986, 106; *Melullis* Rn 784; *Pastor/Ahrens/Deutsch* Kap. 6 Rn 3; *Ulrich* WRP 1998, 258, 260.

Gläubiger mit einer Klage statt einem auch zulässigen Verfügungsantrag vorgeht, ist mit einer entsprechenden **Mitteilung an den Gläubiger** vorzubeugen. Für eine kostspieligere Klage wäre dann das Rechtsschutzinteresse zu bezweifeln.[64]

Nach einem ausreichenden **Vertragsstrafeversprechen** braucht der Schuldner überdies nicht mehr zu befürchten, daß noch weitere Gläubiger gegen ihn wegen desselben Verstoßes erfolgreich vorgehen. Die **Wiederholungsgefahr** ist dadurch auch ihnen gegenüber **entfallen.**[65] Davon gehen zwar in der neueren Rechtsprechung zunehmend auch Oberlandesgerichte bei **rechtskräftigen Titeln** mit der Begründung aus, nach der Lebenserfahrung spreche nichts dafür, daß Schuldner rechtskräftige Unterlassungsurteile weniger beachten als Unterlassungsversprechen.[66] Dies ist aber umstritten[67] und setzt jedenfalls ein rechtskräftiges Unterlassungsurteil im Hauptsacheverfahren voraus oder eine Abschlußerklärung nach einem Verfügungsurteil (weil der Schuldner sonst dagegen noch mit einem Antrag nach § 926 Abs. 1 ZPO vorgehen könnte). Bevor der Gläubiger über einen derartigen Titel verfügt, können auch noch andere den Schuldner in Anspruch nehmen. **34**

Bei künftigen Zuwiderhandlungen haben **bezifferte Vertragsstrafeversprechen** für den Schuldner den Vorteil, daß die Höhe – anders als ein Ordnungsgeld nach § 890 ZPO – von vornherein feststeht. Eine unverhältnismäßig hohe Vertragsstrafe kann auf Antrag des Schuldners auf einen angemessenen Betrag herabgesetzt werden (§ 343 Abs. 1 S. 1 BGB). Dies gilt nicht für Vertragsstrafeversprechen, die Vollkaufleute im Betriebe ihres Handelsgewerbes abgegeben haben (§§ 348, 351 HGB). **35**

Das **Risiko**, bei **künftigen Zuwiderhandlungen** in Anspruch genommen zu werden, ist aber bei **Vertragsstrafeversprechen größer** als bei Unterlassungstiteln. **36**

---

64 *Teplitzky* Kap. 41 Rn 45.
65 BGH NJW 1987, 3251, 3252 und WRP 1983, 264, 265.
66 KG WRP 1998, 71 f.; OLG Frankfurt WRP 1997, 44, 46; OLG Karlsruhe WRP 1995, 649, 650; OLG Hamburg WRP 1995, 240, 241; OLG Hamm WRP 1991, 125, 126.
67 A.A. z.B. OLG Hamm WRP 1992, 397, 398; *Baumbach/Hefermehl* Einl. UWG Rn 288; *Teplitzky* Kap. 41 Rn 45.

37   Der Gläubiger muß in beiden Fällen eine objektive Zuwiderhandlung des Schuldners beweisen. Aus einem Vertragsstrafeversprechen haftet der Schuldner aber – anders als bei Unterlassungstiteln – auch für Zuwiderhandlungen seiner **Erfüllungsgehilfen** (§ 278 BGB), wenn die Parteien dies nicht ausgeschlossen haben. Die Vollstreckung aus einem Unterlassungstitel setzt überdies ein eigenes Verschulden des Schuldners voraus,[68] das der Gläubiger nachweisen muß. Bei einem Vertragsstrafeversprechen muß der Schuldner darlegen und im Streitfall beweisen, daß weder ihn noch seine Erfüllungsgehilfen ein Verschulden trifft (§ 282 BGB).

38   Ordnungsmittel dürfen nur innerhalb von zwei Jahren nach der Zuwiderhandlung festgesetzt (Art. 9 Abs. 1 EGStGB) und innerhalb von zwei Jahren nach der Festsetzung vollstreckt werden.[69] Ein Vertragsstrafeanspruch verjährt in 30 Jahren.

39   Entscheidet sich der Schuldner für ein **Vertragsstrafeversprechen**, so muß er zunächst die im Abmahnschreiben gesetzte **Frist einhalten**. Kann er dies aus unverschuldeten Gründen nicht, sollte er unter Hinweis auf die Gründe um eine Fristverlängerung bitten[70] oder die Abgabe einer Erklärung in angemessener Frist in Aussicht stellen. Sonst handelt er auf eigenes Risiko. Reagiert der Schuldner innerhalb der Frist nicht, reicht der Gläubiger deshalb einen Verfügungsantrag ein und geht ihm dann die strafbewehrte Unterlassungserklärung zu, so muß der Schuldner nach § 286 Abs. 1 BGB dem Gläubiger die Kosten der Rechtsverfolgung erstatten.[71]

40   Die **Wiederholungsgefahr entfällt**, wenn der Schuldner eine hinreichend strafbewehrte Unterlassungserklärung abgibt. Ob sie den Vorstellungen des Gläubigers entspricht und dieser sie annimmt, ist unerheblich.[72] Der Schuldner braucht daher eine vom Gläubiger vorformulierte Erklärung nicht unbesehen zu akzeptieren. Er kann eine Unterwerfungserklärung auch unaufgefordert abgeben. Dies muß dann aber gegenüber einem Unterlassungsgläubi-

---

68   BVerwG NJW 1981, 2457.
69   BGH WRP 1995, 820, 823.
70   OLG Hamburg WRP 1989, 28, 31 f.
71   BGH WRP 1990, 276 ff.
72   BGH NJW-RR 1990, 1390, 1392; NJW-RR 1988, 810, 811.

ger geschehen, von dem zu erwarten ist, daß er weitere Wettbewerbsverstöße verfolgt, wie z.B. einem als seriös anerkannten Wettbewerbsverein.

Geht das verlangte Unterlassungsbegehren über **die konkrete Verletzungsform hinaus** oder beansprucht der Gläubiger **eine unangemessen hohe Vertragsstrafe**, so muß der Schuldner eine eingeschränkte Verpflichtung anbieten. Er darf die Abmahnung nicht nur zurückweisen.[73]

Welche **Vertragsstrafe angemessen** ist, richtet sich nach den Umständen des Einzelfalles. Maßstab ist der voraussichtliche Vorteil des Schuldners aus einer erneuten Zuwiderhandlung. Die Vertragsstrafe muß so hoch sein, daß sich ein Verstoß für den Verletzer voraussichtlich nicht mehr lohnt. In der Praxis werden zumeist Beträge zwischen 5.000.- und 20.000.- DM angesetzt.[74] Sie können bei Großunternehmen und einer kostenaufwendigen Werbung auch höher liegen. Beträge unter 3.000.- DM reichen im allgemeinen nicht aus.[75]

Bietet der Schuldner eine Vertragsstrafe an und lehnt der Gläubiger diese als zu niedrig ab, hängt die Entscheidung in einem nachfolgenden einstweiligen Verfügungsverfahren davon ab, ob das Gericht die angebotene Vertragsstrafe für hoch genug hält. Bejaht es dies, unterliegt der Gläubiger, weil die Wiederholungsgefahr entfallen war. Er kann dann bei einer erneuten Zuwiderhandlung auch keine Vertragsstrafe verlangen, weil sich die Parteien darüber nicht geeinigt haben.

Riskant ist ein Versprechen, die verwirkte **Vertragsstrafe** nicht – wie gefordert – an den Gläubiger zu zahlen, sondern an **einen Dritten.** Handelt es sich dabei um eine karitative Einrichtung, wird hierdurch die Wiederholungsgefahr in der Regel nicht beseitigt,[76] nach Auffassung des OLG Brandenburg[77] auch dann nicht, wenn das Vertragsstrafeversprechen gegenüber dem Vorschlag in der Abmahnung um einen erheblichen Betrag erhöht wird. Hier

---

73 OLG Karlsruhe WRP 1997, 477; OLG Hamburg WRP 1989, 32, 33; OLG München WRP 1988, 62, 63; OLG Köln WRP 1988, 56.

74 Beispiele aus der Rechtsprechung bei *Pastor/Ahrens/Schulte* Kap. 14 Rn 61 in Fußnote 130.

75 OLG Köln WRP 1981, 547; OLG München WRP 1981, 602; OLG Hamm WRP 1978, 395, 397.

76 BGH GRUR 1987, 748, 749 f.

77 WRP 2000, 427 ff.

besteht die Gefahr, daß der Abmahnende weitere Verstöße nicht verfolgt, weil ihm die Vertragsstrafe nicht zusteht, und der Drittgläubiger nicht, weil er das Wettbewerbsverhalten nicht überwacht. Ausreichend können – wie bei einer Unterwerfungserklärung vor einer Abmahnung – Vertragsstrafeversprechen gegenüber einem Wettbewerbsverein sein, der eine Gewähr dafür bietet, daß er Verstößen nachgehen wird.[78]

Die Wiederholungsgefahr wird auch nicht beseitigt, wenn der Schuldner generell die **Haftung für Erfüllungsgehilfen ausschließt**.[79] Verlangt der Gläubiger den **Verzicht auf die Einrede des Fortsetzungszusammenhangs**, so braucht der Schuldner hierauf nur für vorsätzliche Verletzungshandlungen einzugehen.[80] Kaufleute können sich vorbehalten, die **Vertragsstrafe** nach § 343 BGB **herabsetzen** zu lassen.[81] Das Versprechen einer Vertragsstrafe für Fälle „schuldhafter Verstöße" reicht aus. Es führt nicht zur Umkehr der Beweislast zum Nachteil des Gläubigers[82] und erschwert es ihm daher nicht, seine Ansprüche durchzusetzen.

41 Der Gläubiger braucht sich nicht mit einer mündlichen Unterwerfungserklärung oder einer Unterwerfungserklärung in einem Fernschreiben oder Telefax zufriedenzugeben. Er kann eine **schriftliche Erklärung mit einer Unterschrift des Schuldners** verlangen. Ein Anlaß zur Beantragung einer einstweiligen Verfügung besteht aber erst, wenn er die schriftliche Bestätigung vergeblich angefordert hat.[83]

42 Ob sich der Schuldner eine **Aufbrauchsfrist** vorbehalten darf, ist umstritten. In der Literatur wird zunehmend die Auffassung vertreten, ein solcher Vorbehalt sei in den Grenzen zulässig, in denen eine Aufbrauchsfrist im Streitfall von den Gerichten gewährt werden würde.[84]

---

78 OLG Frankfurt WRP 1998, 895, 897 f.; OLG Hamburg NJW-RR 1995, 678 f.
79 *Teplitzky* Kap. 8 Rn 29; *Schmukle in Schuschke/Walker* Anhang zu § 935, C, Rn 13; a.A. *Pastor/Ahrens/ Schulte* Kap. 17 Rn 20 und *Steinbeck* GRUR 1994, 90, 93 in Fällen, in denen sich der Schuldner der sofortigen Zwangsvollstreckung unterworfen hat.
80 BGH WRP 1993, 240, 243.
81 *Teplitzky* Kap. 8 Rn 30 b; *Pastor/Ahrens/Schulte* Kap. 14 Rn 70.
82 BGH GRUR 1982, 688, 691.
83 BGH GRUR 1990, 530, 532; OLG München NJW 1993, 3146.
84 *Großkomm./Köhler* vor § 13 UWG, B, Rn 37; *Großkomm./Kreft,* vor § 13 UWG, C, Rn 126; *Pastor/ Ahrens/Schulte* Kap. 14 Rn 87; *Kisseler* WRP 91, 691, 696 ff.; *Spätgens* WRP 1994, 693, 694, 697 f.

Ein **neuer Wettbewerbsverstoß** trotz strafbewehrter Unterlassungserklärung begründet regelmäßig erneut die Wiederholungsgefahr. Der Schuldner kann sie nur durch eine weitere Unterwerfungserklärung mit einer gegenüber der ersten **erheblich erhöhten Strafbewehrung** ausräumen.[85]

43

2. Unberechtigte Abmahnung

Der Schuldner sollte eine Abmahnung, die er für unberechtigt hält, nicht ignorieren, sondern innerhalb der gesetzten Frist **mit einer Begründung ablehnen**. Dies erhöht seine Aussichten, einen Rechtsstreit zu vermeiden. Er kann außerdem einem zu erwartenden Verfügungsantrag mit einer **Schutzschrift** entgegentreten, aber auch selbst aktiv werden, indem er den Gläubiger mit der Aufforderung abmahnt, den Unterlassungsanspruch innerhalb einer angemessenen Frist fallenzulassen oder mit einer negativen Feststellungsklage erhebt (Rn 51).

44

Eine Erwiderung ist immer geboten, wenn der Schuldner schon vor dem Zugang der Abmahnung ein ausreichendes **Vertragsstrafeversprechen gegenüber einem Dritten** abgegeben hat, durch das die Wiederholungsgefahr entfallen ist. Er muß den Gläubiger dann hierauf **hinweisen** und ihm den Namen und die Anschrift des Unterlassungsgläubigers sowie den Wortlaut der Verpflichtungserklärung mitteilen.[86] Unterläßt er dies und beruft er sich hierauf erst im Verfügungsverfahren, so hat er dem Gläubiger auf dessen Antrag nach § 286 Abs. 1 BGB die Kosten des Rechtsstreits ersetzen.[87] Ist der Schuldner für die wettbewerbswidrige Handlung nicht verantwortlich, so braucht er den Gläubiger hierauf nicht aufmerksam zu machen.[88]

45

Den Abgemahnten trifft gegenüber dem Zweitabmahner die volle Darlegungs- und Beweislast dafür, daß die erste Unterwerfung geeignet war, die Wiederholungsgefahr zu beseitigen.[89]

---

85 BGH GRUR 1990, 282.
86 OLG Hamburg WRP 1996, 773.
87 BGH WRP 1989, 90, 91; WRP 1987, 557, 558; WRP 1986, 672, 673.
88 BGH WRP 1995, 300, 301 f.
89 BGH WRP 1987, 557, 558.

III. Kosten und Kostenerstattung

1. Gebühren und Gegenstandswert

46 Anwälte, die den Gläubiger oder Schuldner im Abmahnverfahren vertreten, verdienen eine 5/10 bis 10/10 Gebühr (§ 118 Abs. 1 Nr. 1 BRAGO). In der Praxis wird allgemein eine Mittelgebühr von 7,5/10 berechnet.

Gibt der Abgemahnte die geforderte Unterlassungserklärung nicht ab und beantragt der Anwalt für den Verletzten den Erlaß einer einstweiligen Verfügung, können die Kosten der Abmahnung nicht zusätzlich neben den Kosten des Verfügungsverfahrens geltend gemacht werden (§ 118 Abs. 2 Satz 1 BRAGO).

Unterwirft sich der Abgemahnte, hängt die Höhe des Gebührenanspruchs nach herrschender Meinung davon ab, ob der Anwalt bereits einen Prozeßauftrag hatte oder nicht. Bei einem Prozeßauftrag ermäßigt sich sein Gebührenanspruch nach § 32 Abs. 1 BRAGO auf eine 5/10 Gebühr; ohne Prozeßauftrag verbleibt es bei der 7,5/10 Mittelgebühr des § 118 Abs. 1 Satz 1 BRAGO.[90]

> *Hinweis*
> Für einen Anwalt ist es hiernach günstiger, zunächst nur das Abmahnverfahren zu betreiben und sich ggf. erst danach mit der Einleitung gerichtlicher Schritte beauftragen zu lassen. Dies kann er dann in der Abmahnung mit der Formulierung zum Ausdruck bringen, er werde dem Mandanten bei Nichtabgabe der Unterlassungserklärung raten, den Rechtsweg zu beschreiten. Wer stattdessen eine Klage oder einen Verfügungsantrag androht, gibt zu erkennen, daß er hierfür bereits einen Auftrag hat.[91]
>
> Der Gegenstandswert richtet sich nach dem Streitwert des potentiellen Verfügungsverfahrens.

---

90 *Baumbach/Hefermehl* Einl. Rn 557; *Melullis* Rn 806 a; *Großkomm./Kreft* vor § 13 C Rn 169.
91 Vgl. zu alledem *Heerma* WRP 2000, 148 ff.

2. Erstattungsanspruch des Gläubigers

Der Schuldner muß dem Gläubiger die Kosten einer **berechtigten Abmah-**   47
nung erstatten, nach ständiger Rechtsprechung des Bundesgerichtshofs –
seit BGHZ 52, 393, 399 – als Aufwendungen aus einer **Geschäftsführung
ohne Auftrag** (§§ 683 S. 1, 677, 670 BGB). Voraussetzung ist hiernach,
daß die Abmahnung dem **Interesse und dem mutmaßlichen Willen des
Abgemahnten** entsprach. Davon ist nicht auszugehen, wenn die Wiederholungsgefahr bereits durch ein gegenüber einem Dritten abgegebenes Vertragsstrafeversprechen entfallen war,[92] der Gläubiger wegen eines bereits
verjährten Unterlassungsanspruchs abmahnt[93] oder der Schuldner vor der
Abmahnung erklärt hatte, er werde ihr nicht nachkommen.[94] Der Gläubiger
hat in diesen Fällen keinen Erstattungsanspruch.

Verletzte **Mitbewerber** dürfen angefallene Rechtsanwaltskosten ansetzen.   48
Dies gilt grundsätzlich auch dann, wenn sie über eine eigene Rechtsabtei-
lung mit Volljuristen verfügen.[95] **Verbänden** sind für eine erste Abmahnung
keine Anwaltskosten zu erstatten,[96] sondern nur Abmahnpauschalen, deren
Berechnungsgrundlagen sie im Streitfall beweisen müssen.[97] In der Praxis
werden derzeit ohne weiteres Pauschalen bis zu 300.- DM anerkannt.[98] Der
Anspruch **verjährt** in sechs Monaten.[99]

Endet der Streit im Abmahnverfahren und zahlt der Schuldner die Abmahnkosten nicht freiwillig, so kann der Gläubiger seinen Anspruch im Wege des
Mahnverfahrens oder mit einer Klage durchsetzen.

Verfolgt der Gläubiger nach einer erfolglosen Abmahnung den Unterlas-   49
sungsanspruch in einem einstweiligen Verfügungsverfahren weiter, so fallen zusätzliche Anwaltskosten für eine Abmahnung nur **bei einem Anwalts-
wechsel** an. Ob sie im Kostenfestsetzungsverfahren geltend gemacht werden

92 BGH GRUR 1990, 381.
93 OLG Karlsruhe WRP 1984, 100, 102.
94 *Köhler/Piper* vor § 13 UWG Rn 144.
95 OLG Karlsruhe NJW-RR 1996, 748 f.; a.A. *Köhler/Piper* vor § 13 UWG Rn 145; *Nirk/Kurtze* Rn 121.
96 BGH WRP 1984, 405 f.
97 KG WRP 1991, 304, 306 f.
98 *Pastor/Ahrens/Scharen* Kap. 18 Rn 34 mit Beispielen aus der Rechtsprechung in Fußnote 118.
99 BGH NJW 1992, 429, 430.

können, ist umstritten.[100] Sicherer ist es, die Abmahnkosten mit einzuklagen. Die herrschende Meinung läßt dies zu.

3.   Erstattungsanspruch des Schuldners

50   Nach einer **unberechtigten Abmahnung** verneint der Bundesgerichtshof regelmäßig einen materiellen Kostenerstattungsanspruch des Abgemahnten.[101] Einige Oberlandesgerichte haben ihn nach § 678 BGB bei offensichtlich unbegründeten Abmahnungen bejaht.[102]

51   Zu einer Kostenerstattung des Abgemahnten führt eine erfolgreiche **negative Feststellungsklage**, zu einem Erstattungsanspruch aber auch schon eine **Gegenabmahnung** mit der Aufforderung an den Gläubiger, den Unterlassungsanspruch innerhalb einer angemessenen Frist fallenzulassen, um eine negative Feststellungsklage zu vermeiden. Der Schuldner kann dann nach den §§ 683, 677, 670 BGB den Ersatz seiner Aufwendungen hierfür verlangen.[103]

Zu einer **Gegenabmahnung** ist **vor einer negativen Feststellungsklage** zu raten, wenn der Gläubiger erkennbar von unzutreffenden tatsächlichen Voraussetzungen ausgegangen ist. Unterläßt der Schuldner dies, läuft er Gefahr, bei einem sofortigen Anerkenntnis mit den Kosten des Rechtsstreits belastet zu werden.[104] Sonst ist nach herrschender Meinung eine Abmahnung entbehrlich.[105]

---

100 Nachweise bei *Teplitzky* Kap. 41 Rn 90 in Fußnote 198.
101 Z.B. BGH NJW 1986, 1815, 1816.
102 OLG Frankfurt GRUR 1989, 858 f.; OLG Hamburg WRP 1983, 422, 424 f.
103 *Köhler/Piper* vor § 13 UWG Rn 156; *Großkomm./Kreft* vor § 13 UWG Rn 201.
104 OLG München WRP 1997, 979 f.; OLG Köln WRP 1983, 172, 173.
105 OLG Düsseldorf NJWE-WettbR 2000, 100; OLG Köln WRP 1986, 428, 429; OLG Hamm GRUR 1985, 84, 85; OLG Frankfurt WRP 1981, 282; *Melullis* Rn 1167; *Nirk/Kurtze* Rn 146; a.A. KG WRP 198o, 206, 207; *Großkomm./Kreft* vor § 13 UWG C Rn 202.

IV. Beweislast

Bestreitet der Schuldner in einem Rechtsstreit den **Zugang der Abmah-** 52
nung, so hängt die Beweislast davon ab, welche Rechtsfolgen die Parteien
aus der Abmahnung herleiten wollen.

Erkennt der Schuldner in einem einstweiligen Verfügungsverfahren den An- 53
trag sofort an, um wegen einer angeblich unterbliebenen Abmahnung eine
Kostenentscheidung nach § 93 ZPO zu seinen Gunsten zu erwirken, so
muß der Gläubiger nach überwiegender Auffassung nur glaubhaft machen,
daß er das Abmahnschreiben an den Schuldner unter der richtigen Anschrift
abgesandt hat. Er kann dann in der Regel davon ausgehen, daß das Schreiben
dem Schuldner zugeht, so daß aus seiner Sicht Anlaß für einen Verfügungsantrag besteht, wenn der Schuldner nicht reagiert. Der Gläubiger braucht
nicht den Zugang des Abmahnschreibens glaubhaft zu machen. Das Risiko
des Verlustes oder der Verzögerung auf dem Postweg trifft den Schuldner.[106]

Ansprüche auf **Ersatz der Abmahnkosten** nach den Grundsätzen der Ge- 54
schäftsführung ohne Auftrag und auf **Erstattung der Prozeßkosten**, weil
der Schuldner nicht auf ein bereits abgegebenes Vertragsstrafeversprechen
hingewiesen hat (Rn 45), setzen den Zugang des Abmahnschreibens voraus.
Im Streitfall muß dies der Gläubiger beweisen.

Streiten die Parteien über den rechtzeitigen Zugang einer **strafbewehrten** 55
Unterwerfung, trifft Schuldner die Beweislast.

C. Schutzschrift

Weist der Schuldner eine Abmahnung zurück oder reagiert er hierauf nicht, 56
muß er damit rechnen, daß gegen ihn eine einstweilige Verfügung bean-

---

106 Z.B. OLG Karlsruhe WRP 1997, 477; OLG Stuttgart WRP 1996, 477 ff.; OLG Düsseldorf WRP 1995,
40, 41; OLG Frankfurt WRP 1988, 498; OLG Hamm WRP 1987, 43; OLG Oldenburg WRP 1987, 718
und weitere Nachweise bei *Ulrich*WRP 1998, 124 ff. in den Fußnoten 8 und 12; a.A. OLG Jena WRP
1997, 702; OLG Dresden MDR 1997, 1151; *Köhler/Piper* vor § 13 UWG Rn 129; *Großkomm./Kreft*
vor § 13 UWG C Rn 73.

tragt und ohne mündliche Verhandlung erlassen wird. **Beschlußverfügungen überwiegen** in Wettbewerbssachen und ergehen – entgegen § 937 Abs. 2 ZPO – häufig auch, wenn der Fall nicht besonders dringend ist. Der Schuldner erhält dann vor der Entscheidung meistens keine Gelegenheit zur Stellungnahme. Womit er sich verteidigen will, erfährt das Gericht erst im Widerspruchsverfahren. Dieses nachträgliche rechtliche Gehör gleicht nicht alle Rechtsnachteile wieder aus. Der Schuldner muß sich an die Beschlußverfügung halten, bis sie aufgehoben worden ist. Dies kann zu erheblichen Schäden führen. Sie sind mit einem Widerspruch nur zu vermeiden, wenn das Gericht vor dem Urteil die Vollziehung einstweilen einstellt. Das ist im allgemeinen nicht zu erreichen (§ 3 Rn 139).

Der Schuldner kann eine Beschlußverfügung nicht verhindern, wohl aber auf eine mündliche Verhandlung über den Verfügungsantrag hinwirken. Er muß dann schon einem zu erwartenden Verfügungsantrag entgegentreten. Dies geschieht mit einer Schutzschrift. Sie ist ein **vorbeugendes Verteidigungsmittel**. Das Gericht muß ihren Inhalt berücksichtigen. Es darf aber den Verfügungsantrag aufgrund des Sachvortrags in der Schutzschrift nicht zurückweisen, ohne dem Gegner vorher Gelegenheit zur Stellungnahme zu geben.[107]

Schutzschriften sind nur in Fällen von wirtschaftlich nicht völlig untergeordneter Bedeutung sinnvoll. Der Schuldner muß überdies **erhebliche Einwendungen** vorbringen. Nur unerhebliches Vorbringen begünstigt eher eine Entscheidung ohne mündliche Verhandlung, weil diese dann nicht völlig ohne rechtliches Gehör ergeht. Erhebliche Einwendungen führen in der Praxis meistens zu einem Verhandlungstermin über den Verfügungsantrag.

57 Eine Schutzschrift ist mit **Risiken** verbunden: Sie **läuft ins Leere**, wenn der Gegner keinen Verfügungsantrag stellt oder ihn bei einem Gericht einreicht, an das sich der Schuldner nicht gewandt hat. Der Schuldner bleibt dann mit den Kosten der Schutzschrift belastet. Der Gegner braucht sie ihm nicht zu erstatten.

---

107 *Großkomm./Schultz-Süchting* § 25 UWG Rn 171; *Berneke* Rn 129; *Nirk/Kurtze* Rn 164; *Schmukle in Schuschke/Walker* Anhang zu § 935, B, Rn 5.

Verteidigt der Schuldner sein Verhalten in einer Schutzschrift, so ist ihm der **Weg verbaut**, den Anspruch in einem späteren Verfügungsverfahren mit der günstigen **Kostenfolge des § 93 ZPO** anzuerkennen.

Reicht er eine Schutzschrift ein, obwohl er noch nicht über alle Beweismittel verfügt, die er zu seiner Verteidigung benötigt, sind seine Erfolgsaussichten in einem **rasch anberaumten Verhandlungstermin** unter Umständen beeinträchtigt. Der Verzicht auf eine Schutzschrift führt in diesem Fall zu einem Zeitgewinn. Ergeht eine Beschlußverfügung, so kann der Schuldner mit dem Widerspruch solange warten, bis er sich alle Beweismittel beschafft hat.

I. Inhalt

Für die Schutzschrift besteht **kein Anwaltszwang**. Sie muß an ein bestimmtes Gericht adressiert sein, die voraussichtlichen Parteien bezeichnen und eine Begründung enthalten. Zu empfehlen sind auch bestimmte Anträge. **58**

Adressat der Schutzschrift ist das **mutmaßliche Verfügungsgericht**. Kann sich der Gegner an mehrere Gerichte wenden, so empfiehlt es sich, die Schutzschrift allen zu übersenden, bei Landgerichten mit Kammern für Handelssachen sowohl diesen als auch den ordentlichen Zivilkammern. Sonst ist nicht gewährleistet, daß sie zum späteren Verfügungsgericht gelangt.

Im **Rubrum** sind die Parteien in der Reihenfolge des erwarteten Verfügungsantrags anzugeben, also zunächst der voraussichtliche Antragsteller und dann der Absender der Schutzschrift.

Ein **Anwalt**, der für den Schuldner eine Schutzschrift hinterlegt, sollte darin klarstellen, ob er auch Prozeßbevollmächtigter im Verfügungsverfahren ist. Zustellungen – auch einer Beschlußverfügung – sind dann nach § 176 ZPO an ihn zu bewirken (§ 3 Rn 121).

Üblich sind die **Anträge**, den erwarteten Verfügungsantrag zurückzuweisen, jedenfalls aber nicht ohne mündliche Verhandlung über ihn zu entscheiden. Der Schuldner kann außerdem beantragen, dem Gegner im Falle einer **59**

Rücknahme des Verfügungsantrages die Kosten des Verfahrens aufzuerlegen (Rn 63).

60 Die **Begründung** unterliegt keinen Beschränkungen. Der Schuldner kann zu seiner Verteidigung alles vortragen, was ihm relevant erscheint, also die besondere Dringlichkeit des § 937 Abs. 2 ZPO in Abrede stellen und z.B. auf die für ihn schwerwiegenden Nachteile im Falle einer Beschlußverfügung hinweisen, die Klagebefugnis des voraussichtlichen Antragstellers – insbesondere eines Verbandes – bezweifeln, aber auch Tatsachen vortragen und glaubhaft machen, die dem Verfügungsanspruch oder Verfügungsgrund entgegenstehen. Erfolgversprechend ist dies schon, wenn für das Gericht hiernach entscheidungserhebliche Punkte klärungsbedürftig sind.

II. Behandlung der Schutzschrift

61 Die Schutzschrift wird bei dem Gericht mit einem AR-Aktenzeichen in das **allgemeine Register** eingetragen, wenn sie vor dem Verfügungsantrag eingeht (§ 8 Abs. 1 AktO). Der **Gegner** erhält vor dem Eingang des Verfügungsantrags keine Abschriften und er wird vom Gericht auch **nicht darüber informiert**, daß eine Schutzschrift vorliegt.[108] Will er vor einem Verfügungsantrag erfahren, ob eine Schutzschrift hinterlegt ist, muß er sich beim Gericht danach erkundigen oder das Allgemeine Register einsehen. Ob er sie dann einsehen darf, ist umstritten und wird unterschiedlich gehandhabt.[109] Dagegen spricht vor allem, daß der potentielle Verfügungsgläubiger, dem eine Schutzschrift zugeleitet wird, sich mit seinem Verfügungsantrag an ein anderes, ebenfalls zuständiges Gericht wenden könnte, um dort eher zu einem Erfolg ohne Schutzschrift zu gelangen.[110] Nach dem Eingang des Verfügungsantrags oder bei einem bereits anhängigen Verfügungsverfahren wird die Schutzschrift **zur Verfügungsakte** genommen. Der Gläubiger erhält Abschriften mit der Ladung zur mündlichen Verhandlung oder der Beschlußentscheidung.

---

108 *Gloy/Spätgens* § 78 Rn 26.
109 Vgl. *Deutsch* GRUR 1990, 327, 330 f.
110 *Großkomm./Schultz-Süchting* § 25 UWG Rn 170.

218

III. Kosten und Kostenerstattung

1. Gebühren

Eine Schutzschrift verursacht **keine Gerichtskosten**. Reicht ein **Anwalt** sie ein, so erhält er nach überwiegender Auffassung eine 5/10 Prozeßgebühr gemäß den §§ 40, 31 Abs. 1 Nr. 1, 32 Abs. 1 BRAGO.[111] Bei einem Antrag, das Verfügungsgesuch zurückzuweisen, gewähren einige Oberlandesgerichte eine 10/10 Gebühr,[112] die nach der Auffassung anderer – weil in diesem Stadium überflüssig – aber nur in Höhe von 5/10 erstattungsfähig ist.[113] Wird der Anwalt auch im späteren Verfügungsverfahren tätig, so geht die Gebühr für die Schutzschrift nach § 118 Abs. 2 BRAGO in den Verfahrenskosten auf.

62

2. Erstattungsanspruch des Schuldners

Der Schuldner hat nach ganz überwiegender Auffassung einen **prozessualen Kostenerstattungsanspruch**, wenn nach dem Eingang der Schutzschrift das Gericht den Verfügungsantrag durch Beschluß zurückweist oder der Gläubiger den Verfügungsantrag zurücknimmt.[114] Will der Schuldner erfahren, ob dies geschehen ist, muß er beim Gericht nachfragen. Es ist auf Anfrage verpflichtet, die gewünschte Auskunft zu erteilen.[115]

63

Der Erstattungsanspruch hängt nicht davon ab, ob die Schutzschrift vor oder nach dem Verfügungsantrag beim Gericht eingegangen war.[116] Er ist bei einem zurückweisenden Beschluß aufgrund der darin enthaltenen Kostenentscheidung im Kostenfestsetzungsverfahren durchzusetzen. Bei einer Rücknahme des Verfügungsantrags ergeht auf Antrag des Schuldners ein Kosten-

---

111 Nachweise bei *Ahrens/Spätgens* Rn 295 ff.
112 Z.B. OLG Düsseldorf JurBüro 1991, 942 f.
113 KG WRP 1999, 547, 548; OLG Düsseldorf OLG-Report 1999, 211, 212; OLG Braunschweig JurBüro 1993, 218, 219; OLG München JurBüro 1993, 154; OLG Bremen JurBüro 1991, 942 f.
114 Nachweise z.B. bei *Teplitzky* Kap. 55 Rn 56 und *Ahrens/Spätgens* Rn 256 ff.
115 *Pastor/Ahrens/Spätgens* Kap. 13 Rn 20; *Großkomm./Schultz-Süchting* § 25 UWG Rn 172; *Schmukle* in *Schuschke/Walker* Anhang zu § 935, B, Rn 10.
116 OLG Düsseldorf MDR 1995, 859; OLG Frankfurt WRP 1996, 117 mit weiteren Nachweisen.

beschluß analog § 269 Abs. 3 ZPO. Der Schuldner kann diesen Antrag bereits in der Schutzschrift stellen.

64 Ein **prozessualer Kostenerstattungsanspruch entfällt**,
- wenn der Gläubiger bei dem Gericht, an das sich der Schuldner mit der Schutzschrift gewandt hat, keinen Verfügungsantrag stellt,
- die Schutzschrift erst eingeht, nachdem der Verfügungsantrag bereits zurückgewiesen oder zurückgenommen worden ist[117] oder
- der Verfügungsbeschluß bereits erlassen war.[118]

Ein materieller Kostenerstattungsanspruch scheidet in der Regel – wie nach einer unberechtigten Abmahnung – aus (Rn 50).

D. Abschlußverfahren

65 Der Gläubiger ist durch eine Unterlassungsverfügung nicht so gesichert, wie durch ein Unterlassungsurteil. Nach dem formell rechtskräftigen Abschluß des Verfügungsverfahrens kann der Schuldner mit einem Antrag gemäß § 926 ZPO oder einer negativen Feststellungsklage eine Entscheidung in der Hauptsache herbeiführen und die einstweilige Verfügung aufheben lassen, wenn er im Klageverfahren obsiegt hat. Außerdem unterbricht eine einstweilige Verfügung – anders als eine Klage – nicht die Verjährung des Unterlassungsanspruchs. Der Schuldner kann daher nach dem Ablauf der Verjährungsfrist die einstweilige Verfügung aufheben lassen (§ 927 ZPO).

Diese Risiken bestehen nicht, wenn der Verfügungstitel **dieselbe Bestandskraft** hat wie ein rechtskräftiges Unterlassungsurteil. Auf eine Klage in der Hauptsache ist der Gläubiger dann nicht angewiesen. Für sie bestünde kein Rechtsschutzinteresse.

Dies kann der Schuldner herbeiführen, indem er **auf Rechtsmittel** gegen einen Verfügungsbeschluß oder ein Verfügungsurteil **verzichtet**. Das geschieht mit einer Abschlußerklärung. Der Schuldner kann sie von sich aus

---

117 OLG Köln JurBüro 1981, 1827; OLG Karlsruhe WRP 1981, 39.
118 OLG Hamburg JurBüro 1990, 732.

abgeben oder damit abwarten, bis ihn der Gläubiger dazu in einem Abschlußschreiben aufgefordert hat. Die Parteien können damit Wettbewerbsstreitigkeiten kostengünstig auf das Verfügungsverfahren beschränken und sich so einen sinnlosen zusätzlichen Prozeß über denselben Streitstoff ersparen.

I. Abschlußschreiben

Das Abschlußschreiben enthält die **Aufforderung** des Gläubigers zur **Abgabe einer Abschlußerklärung** innerhalb einer bestimmten Frist mit der **Androhung einer Klage** zur Hauptsache. Unterläßt der Gläubiger dies und erhebt er sogleich die Unterlassungsklage, so sind ihm in der Regel nach einem sofortigen Anerkenntnis des Schuldners die Kosten des Klageverfahrens aufzuerlegen.[119] Die Abmahnung vor dem Verfügungsantrag genügt nicht. Ein Abschlußschreiben erübrigt sich, wenn der Schuldner dem Gläubiger eine **Frist zur Erhebung der Klage** in der Hauptsache hat setzen lassen.[120]

66

Der Gläubiger kann das Abschlußschreiben schon **nach der Beschlußverfügung** übersenden, aber auch **im weiteren Verlauf des Verfügungsverfahrens** oder nach dessen formell rechtskräftigem Abschluß. War ein Abschlußschreiben nach einer Beschlußverfügung erfolglos, hat der Gläubiger daraufhin keine Klage erhoben und ist die Beschlußverfügung anschließend durch Urteil bestätigt worden, so muß der Gläubiger in der Regel – um ein Kostenrisiko zu vermeiden – ein **zweites Abschlußschreiben** übersenden.[121] Das gleiche gilt nach einem Berufungsurteil.[122] Hat der Antragsgegner nach einem Abschlussschreiben Widerspruch gegen die Beschlußverfügung erhoben, kann der Antragsteller vor der Entscheidung über den Wider-

67

---

119 *Berneke* Rn 343 mit Nachweisen in Fußnote 121.
120 *Pastor/Ahrens/Deutsch* Kap. 9 Rn 6; *Melullis* Rn 769.
121 OLG Köln WRP 1987, 188, 190 f.; OLG Hamburg WRP 1986, 289, 290.
122 *Teplitzky* Kap. 43 Rn 28; *Melullis* Rn 753.

spruch[123] und nach einer Rücknahme des Widerspruchs[124] ohne Kostenrisiko sofort klagen. Ein zweites Abschlußschreiben ist in diesen Fällen nicht erforderlich.

Eine **Veranlassung für ein Abschlußschreiben** besteht erst, wenn der Schuldner nach einer Beschluß- oder Urteilsverfügung genügend Zeit hatte, von sich aus eine Abschlußerklärung abzugeben. Die Zeitspanne wird – sofern nicht wegen der drohenden Verjährung des Unterlassungsanspruchs eine kürzere Frist geboten ist – in der Literatur auf mindestens zwölf Tage und höchstens einen Monat veranschlagt.[125] Das Kammergericht[126] hält einen Zeitraum von mindestens einem Monat zwischen der Zustellung der einstweiligen Verfügung und dem Ablauf der Erklärungsfrist für die Abschlußerklärung für erforderlich, wobei dem Schuldner nach dem Zugang des Abschlußschreibens noch mindestens zwei Wochen verbleiben müssen. Ein verfrühtes Abschlußschreiben ist wirksam. Der Schuldner braucht aber die Kosten nicht zu tragen, wenn er darauf eingeht. Um einen späteren Streit darüber zu vermeiden, ob ein Abschlußschreiben verfrüht war oder nicht, kann der Schuldner dem Gläubiger sofort nach dem Erhalt der einstweiligen Verfügung mitteilen, daß er sie überprüfen und innerhalb einer bestimmten Frist unaufgefordert eine Abschlußerklärung abgeben werde, wenn er sie als endgültige Regelung akzeptieren wolle. Für ein Abschlußschreiben besteht dann in der Regel kein Anlaß. Gibt der Schuldner die Abschlußerklärung rechtzeitig von sich aus ab, muß er dem Gläubiger die Kosten für ein dennoch abgesandtes Abschlußschreiben nicht erstatten.[127]

68 Der Gläubiger braucht die Abschlußerklärung nicht vorzuformulieren und seine Aufforderung nicht zu begründen. Dies ist aber zweckmäßig.

69 Bei einem **Streit** im Klageverfahren darüber, ob dem Schuldner ein **Abschlußschreiben zugegangen** ist, muß der Gläubiger beweisen, daß er es ab-

---

123 OLG Hamm WRP 1991, 496, 497; *Baumbach/Hefermehl* § 25 UWG Rn 103; *Schmukle in Schuschke/ Walker* Anhang zu § 935, D, Rn 19.
124 OLG Hamm NJW-RR 1999, 577 f.
125 *Teplitzky* Kap. 43 Rn 31; *Melullis* Rn 816.
126 WRP 1989, 659, 661.
127 *Pastor/Ahrens* Kap. 62 Rn 42.

gesandt hat. Das Risiko des Verlustes oder der Verzögerung auf dem Postweg trifft – wie beim Abmahnschreiben – den Schuldner.[128]

II. Abschlußerklärung

Der Schuldner kann sich auch nach einer Unterlassungsverfügung noch **un-terwerfen**, statt eine Abschlußerklärung abzugeben.[129] Die Wiederholungs-gefahr entfällt dann. Die einstweilige Verfügung kann der Schuldner bei einer noch nicht formell rechtskräftigen Entscheidung mit dem Widerspruch oder der Berufung aus der Welt schaffen, bei einer formell rechtskräftigen Ent-scheidung mit einem Aufhebungsantrag nach § 927 ZPO.   **70**

In einer **Abschlußerklärung** muß der Schuldner schriftlich auf die Rechts-behelfe des **Widerspruchs** gegen eine Beschlußverfügung, der **Berufung** gegen eine Urteilsverfügung, der **Fristsetzung zur Erhebung der Klage** in der Hauptsache (§ 926 ZPO) sowie auf eine **negative Feststellungsklage** gegen den Verfügungsanspruch – auch inzidenter im Rahmen eines Scha-densersatzprozesses – verzichten. Erforderlich ist weiter ein Verzicht auf die **Rechte aus § 927 ZPO** mit Ausnahme künftiger Umstände, die der Schuld-ner nach den §§ 323, 767 ZPO auch einem rechtskräftigen Titel in der Haupt-sache entgegenhalten dürfte.[130] Der Verzicht muß sich insbesondere auch auf die Einrede der Verjährung erstrecken. Eine Erklärung des Schuldners, er verzichte auf die „Aufhebung wegen veränderter Umstände, soweit sie zum Zeitpunkt dieser Erklärung vorliegen", reicht hierfür nicht aus.[131]   **71**

Die Abschlußerklärung muß dem Gläubiger zugehen. Die **Beweislast** trifft den Schuldner.   **72**

---

128 *Großkomm./Schultz-Süchting* § 25 UWG Rn 309 mit Nachweisen in Fußnote 892.
129 *Berneke* Rn 333 mit Rechtsprechungsnachweisen in Fußnote 9; a.A. OLG Köln WRP 1996, 333, 338; *Gloy/Spätgens* § 92 Rn 11.
130 Vgl. zur Formulierung *Pastor/Ahrens* Kap. 62 Rn 44.
131 OLG Köln WRP 1998, 791, 794.

III. Kosten und Kostenerstattung

73   Ein Abschlußschreiben gehört **gebührenrechtlich** nicht zum Verfügungsverfahren, sondern zum **Hauptsacheprozeß**. Hat der Rechtsanwalt des Gläubigers bereits einen Klageauftrag, so erhält er für das Schreiben eine halbe
Prozeßgebühr nach § 32 Abs. 1 BRAGO. Beschränkt sich sein Auftrag auf
die Fertigung des Abschlußschreibens, so verdient er eine 5/10 bis 10/10 Ge-
schäftsgebühr nach § 118 Abs. 1 Nr. 1 BRAGO.

74   Nach einer Abschlußerklärung muß der Schuldner der Gläubiger die Anwaltskosten der Abschlußschreiben nach den Grundsätzen der Geschäftsführung ohne Auftrag erstatten.[132]

Verweigert der Schuldner die Abschlußerklärung und kommt es zum Hauptsacheverfahren, so sind die durch das Abschlußverfahren entstandenen Anwaltskosten auf die Gebühren des Klageverfahrens anzurechnen (§ 118
Abs. 2 BRAGO).

E.   Muster in Wettbewerbssachen

I.   Muster: Abmahnung wegen irreführender Werbung

26

▼

75   An die
Geschäftsleitung des Baumarktes

Sehr geehrte Damen und Herren,

ich vertrete die Firma   , die wie Ihr Unternehmen in   Einbauküchen vertreibt und damit zu Ihnen in einem Wettbewerbsverhältnis steht. Meine
Vollmacht füge ich bei.

Sie haben in der Ausgabe der   -Zeitung vom   mit einer Anzeige
für Einbauküchen zum Preis von   DM bzw.   DM geworben. Die
Preisangaben sind irreführend. Ein nicht unerheblicher Teil der Verbraucher

132 BGH GRUR 1973, 384, 385.

versteht sie so, daß dafür die Küchen – wie zu den Preisen meiner Mandantin – auch angeliefert werden. Tatsächlich handelt es sich aber um Abholpreise. Das ist bei Käufen schwer transportabler Produkte in einem Baumarkt zumindest für Kunden nicht selbstverständlich, die dort noch nicht eingekauft haben. So hat dies auch die Rechtsprechung beurteilt, wie z.B. das Oberlandesgericht Hamburg in einer Entscheidung vom 25. September 1997 (abgedruckt in WRP 1998, 225 ff.).

Irreführende Preisangaben sind nach § 3 UWG verboten. Dadurch werden nicht nur Kunden getäuscht, sondern auch redliche Mitbewerber geschädigt. Meine Mandantin verlangt daher, daß Sie es unterlassen, für die von Ihnen angebotenen Einbauküchen mit Preisen zu werben, die nicht deutlich als Abholpreise gekennzeichnet sind.

Bevor ich deswegen meiner Mandantin rate, gerichtliche Schritte gegen Sie einzuleiten, gebe ich Ihnen Gelegenheit, die Angelegenheit mit einer strafbewehrten Unterlassungsverpflichtung außergerichtlich zu regeln. Eine von mir vorbereitete Erklärung füge ich bei. Geht sie nicht rechtsverbindlich von Ihnen unterzeichnet bis zum   bei mir ein, müssen Sie mit gerichtlichen Maßnahmen rechnen.

Sie sind unabhängig davon verpflichtet, meiner Mandantin die Kosten zu erstatten, die ihr durch dieses Schreiben bei mir entstanden sind. Der Betrag ergibt sich aus der beiliegenden Kostenrechnung. Den Eingang erwarte ich ebenfalls bis zum   .

(Rechtsanwalt)

Anlage: Verpflichtungserklärung

Die Firma   verpflichtet sich gegenüber der Firma   ,

1) es zu unterlassen, in Zeitungsanzeigen oder sonstigen Mitteilungen an einen größeren Personenkreis für den Verkauf von Einbauküchen mit Preisen zu werben, bei denen es sich im Abholpreise handelt, ohne hierauf deutlich hinzuweisen;

2) für jeden Fall der Zuwiderhandlung unter Ausschluß der Einrede des Fortsetzungszusammenhangs eine Vertragsstrafe in Höhe von   DM an die Firma   zu zahlen;

225

3) der Firma ▨▨▨ die Kosten der Abmahnung gemäß der beigefügten Kostenrechnung des Rechtsanwalts ▨▨▨ zu erstatten.

Anlage: Kostenrechnung

Gegenstandswert: ▨▨▨ DM

7,5/10 Geschäftsgebühr gemäß § 118 Abs. 1 Ziff. 1 BRAGO	▨▨▨ DM
Auslagenpauschale gemäß § 26 Satz 2 BRAGO	▨▨▨ DM
Mehrwertsteuer gemäß § 25 Abs. 2 BRAGO	▨▨▨ DM
	▨▨▨ DM

▲

II. Muster: Antwortschreiben mit Gegenabmahnung

▼

76 An

Rechtsanwalt ▨▨▨

▨▨▨

Ich vertrete die Firma ▨▨▨. Meine Vollmacht füge ich bei.

Sie haben meine Mandantin mit Schreiben vom ▨▨▨ aufgefordert, sich in ihrer Werbung nicht mehr als „führendes Unternehmen der Trikotagenbranche in ▨▨▨" zu bezeichnen. Diese Werbebehauptung ist entgegen Ihrer Annahme nicht irreführend. Sie entspricht den Tatsachen. Meine Mandantin nimmt mit ihren Angeboten schon seit Jahren sowohl quantitativ als auch qualitativ deutlich eine Spitzenstellung ein. Das ist jederzeit nachweisbar.

Ich fordere Ihre Mandantin daher auf, bis zum ▨▨▨ schriftlich zu meinen Händen auf den geltend gemachten Unterlassungsanspruch zu verzichten. Sollte dies nicht geschehen, werde ich meiner Mandantin raten, negative Feststellungsklage zu erheben.

Ihre Mandantin hat innerhalb derselben Frist aus dem Gesichtspunkt der Geschäftsführung ohne Auftrag auch die Kosten meiner Tätigkeit zu erstatten. Der Betrag ergibt sich aus der anliegenden Kostenrechnung.

(Rechtsanwalt)

Anlage: Kostenrechnung

Gegenstandswert: DM

7,5/10 Geschäftsgebühr gemäß § 118 Abs. 1 Ziff. 1 BRAGO	DM
Auslagenpauschale gemäß § 26 Satz 2 BRAGO	DM
Mehrwertsteuer gemäß § 25 Abs. 2 BRAGO	DM
	DM

▲

III. Muster: Zurückweisung einer Abmahnung wegen einer bereits abgegebenen Unterlassungserklärung

▼

An Rechtsanwalt

77

Ich vertrete die Firma   . Meine Vollmacht füge ich bei.

Sie haben im Auftrag der Firma   meine Mandantin mit Schreiben vom   abgemahnt und aufgefordert, sie solle sich bis zum   in einer strafbewehrten Unterlassungserklärung verpflichten, nicht mehr damit zu werben, sie biete „Öko-Produkte" an. Meine Mandantin hat sich dazu bereits vorher in dem beigefügten Schreiben vom   gegenüber dem Verein   verpflichtet. Die Wiederholungsgefahr war schon dadurch entfallen. Eine weitere Unterlassungserklärung braucht meine Mandantin nicht abzugeben. Sie lehnt es auch ab, die Kosten Ihrer Abmahnung zu übernehmen, weil eine zweite Abmahnung überflüssig war.

(Rechtsanwalt)

▲

227

IV. Muster: Schutzschrift

78 An das

Landgericht

– Vorsitzenden der Zivilkammern –

– Vorsitzenden der Kammern für Handelssachen –

Eilt sehr!

Bitte sofort vorlegen

Schutzschrift

Für den Fall, daß die

Firma

– mutmaßliche Antragstellerin –

gegen

die Firma

– mutmaßliche Antragsgegnerin –

beantragen sollte, es der Antragsgegnerin im Wege der einstweiligen Verfügung zu untersagen, die in dem beigefügten Abmahnschreiben vom   beanstandete Werbung zu wiederholen, bitte ich namens und in Vollmacht der Antragsgegnerin darum,

> den Verfügungsantrag durch Beschluß abzuweisen,

> hilfsweise: nicht ohne mündliche Verhandlung zu entscheiden.

Die Antragsgegner hat mich auch mit ihrer Vertretung im Verfügungsverfahren beauftragt.

Falls ein Verfügungsantrag eingereicht und wieder zurückgenommen werden sollte, beantrage ich bereits jetzt,

> der Antragstellerin gemäß § 269 Abs. 3 ZPO die Kosten des Verfahrens aufzuerlegen.

Begründung:

Die mutmaßliche Antragstellerin hat die mutmaßliche Antragsgegnerin mit dem beigefügten Schreiben vom _____ abgemahnt und aufgefordert, sie solle sich bei Meidung einer Vertragsstrafe verpflichten, es zu unterlassen, sich in ihrer Werbung als „Großmarkt" zu bezeichnen; diese Bezeichnung sei nach § 6 a UWG unzulässig und irreführend. Das trifft nicht zu, denn _____ (Begründung).

Die Antragsgegnerin hat es deshalb mit Schreiben vom _____ abgelehnt, eine Unterlassungserklärung abzugeben. Sie muß damit rechnen, daß die Antragstellerin versuchen wird, eine einstweilige Verfügung zu erwirken.

Ein Verfügungsantrag wäre nicht nur deshalb unbegründet, weil sich die Antragsgegnerin als „Großmarkt" bezeichnen darf. Sie wirbt damit schon seit einem Jahr in Zeitungsanzeigen.

Glaubhaftmachung: anliegende Anzeigen aus der _____-Zeitung vom _____ und _____

Dies kann der Antragstellerin, die im selben Ort ein Konkurrenzunternehmen betreibt, nicht verborgen geblieben sein. Sie hat dennoch mit der Abmahnung mehr als _____ Monate gewartet. Hiernach liegt kein Verfügungsgrund mehr vor. Die Sache ist nicht dringlich. Eine Entscheidung ohne mündliche Verhandlung kann dann nicht besonders dringlich sein.

(Rechtsanwalt)

Anlagen:
1) Abmahnschreiben vom _____
2) _____ (Zur Begründung im ersten Absatz)
3) Antwortschreiben der mutmaßlichen Antragsgegnerin vom _____
4) Anzeigen aus der _____-Zeitung vom _____ und _____

▲

229

V. Muster: Antrag auf Unterlassungsverfügung

▼

79 An das
Landgericht
– Kammer für Handelssachen –

Eilt sehr!

Bitte sofort vorlegen

Antrag

auf Erlaß einer einstweiligen Verfügung

der

– Antragstellerin –

– Verfahrensbevollmächtigter: Rechtsanwalt –

gegen

die

– Antragsgegnerin –

Streitwert: DM

Namens und in Vollmacht der Antragstellerin beantrage ich, folgende einstweilige Verfügung zu erlassen, wegen der besonderen Dringlichkeit ohne mündliche Verhandlung (§ 937 Abs. 2 ZPO) und allein durch den Vorsitzenden (§ 944 ZPO):

Der Antragsgegnerin wird es bei Meidung eines für jeden Fall der Zuwiderhandlung fälligen Ordnungsgeldes bis zu 500.000.- DM, ersatzweise Ordnungshaft, oder Ordnungshaft bis zu sechs Monaten untersagt,

beim Einzelverkauf von Kühlschränken an Letztverbraucher Preisnachlässe zu gewähren, die 3 % bei Barzahlung übersteigen.

Begründung:

Beide Parteien betreiben in Einzelhandelsgeschäfte, in denen sie u. a. Kühlschränke verkaufen. Die Antragstellerin wird von Kunden ständig auf

Preisnachlässe angesprochen. Sie hält sich dabei strikt an die gesetzlichen Vorschriften. Die Antragsgegnerin nimmt es damit nicht so genau. Kunden haben der Antragstellerin wiederholt erklärt, mit der Antragsgegnerin könne man handeln; bei ihr käme man günstiger weg.

Die Antragstellerin hat deshalb am ▒▒▒▒ einen ihrer Mitarbeiter, Herrn ▒▒▒▒, in das Geschäft der Antragsgegnerin geschickt, um zu überprüfen, ob dort alles mit rechten Dingen zugeht. Herr ▒▒▒▒ hat sich wie ein Kaufinteressent verhalten und vorgegeben, daß er einen neuen Kühlschrank brauche. In dem Laden waren mehrere Geräte ausgestellt und mit Preisen ausgezeichnet, darunter ein ▒▒▒▒ mit ▒▒▒▒ DM, den der Verkäufer der Antragsgegnerin als „Renner" anpries und nach einigem hin und her bei einer Barzahlung für ▒▒▒▒ DM anbot, also 5 % niedriger. Damit erklärte sich Herr ▒▒▒▒ schließlich einverstanden und beide waren sich einig. Unter dem Vorwand, er wolle die Sache noch einmal mit seiner Frau besprechen, verließ Herr ▒▒▒▒ dann das Geschäft.

Den vorstehenden Sachverhalt mache ich glaubhaft durch die anliegende eidesstattliche Versicherung des Herrn ▒▒▒▒.

Der Antragstellerin steht hiernach gemäß § 12 RabattG der geltend gemachte Unterlassungsanspruch zu ▒▒▒▒.

Ein Verfügungsgrund wird nach § 25 UWG vermutet.

Eine vorprozessuale Abmahnung ist erfolglos geblieben. Die Antragsgegnerin hat auf das in Durchschrift beiliegende Abmahnschreiben vom ▒▒▒▒ nicht reagiert.

Die Sache ist besonders dringend, weil ▒▒▒▒.

(Rechtsanwalt)

Anlagen:
1) eidesstattliche Versicherung des Herrn ▒▒▒▒ vom ▒▒▒▒
2) Abmahnschreiben vom ▒▒▒▒

▲

VI. Muster: Kostenwiderspruch

▼

80 An das
Landgericht
– Kammer für Handelssachen –

Az.:

In dem einstweiligen Verfügungsverfahren

./.

erhebe ich namens und in Vollmacht der Antragsgegnerin

Widerspruch gegen die Kostenentscheidung

in dem Verfügungsbeschluß vom .

Ich beantrage,

die einstweilige Verfügung insoweit abzuändern und der Antragstellerin die Kosten des Verfahrens aufzuerlegen.

Begründung:

Die Antragstellerin hat die einstweilige Verfügung erwirkt, ohne die Antragsgegnerin vorher abzumahnen. Nach einer Abmahnung hätte die Antragsgegnerin eine Unterlassungserklärung mit einem angemessenen Vertragsstrafeversprechen abgegeben. Für ein einstweiliges Verfügungsverfahren bestand daher kein Anlaß. Die Antragstellerin muß deshalb gemäß § 93 ZPO die Kosten des Verfahrens tragen.

(Rechtsanwalt)

▲

VII. Muster: Sofortige Beschwerde gegen Kostenurteil

▼

An das   81

Landgericht

– Kammer für Handelssachen –

Az.:

In dem einstweiligen Verfügungsverfahren

./.

lege ich namens und in Vollmacht der Verfügungsklägerin gegen das Kostenurteil der Kammer vom

sofortige Beschwerde

mit dem Antrag ein,

> das Urteil zu ändern und die Kostenentscheidung im Verfügungsbeschluß
> vom   zu bestätigen.

Begründung:

Die Kammer hat mit dem angefochtenen Urteil aufgrund des Kostenwider-
spruchs der Antragsgegnerin die einstweilige Beschlußverfügung vom
geändert und der Antragstellerin gemäß § 93 ZPO die Kosten des einstweiligen
Verfügungsverfahrens auferlegt. Zur Begründung hat die Kammer ausgeführt,
die Antragstellerin habe nicht glaubhaft gemacht, daß die Antragsgegnerin
eine Abmahnung erhalten hat.

Hiergegen wendet sich die Antragstellerin mit der sofortigen Beschwerde, die
nach ganz herrschender Meinung entsprechend § 99 Abs. 2 ZPO gegen ein
Kostenurteil statthaft ist (so zuletzt OLG Celle OLG-Report 1998, 86, 87).

Die Kosten des Verfügungsverfahrens muß die Antragsgegnerin tragen, weil
sie in dem Rechtsstreit unterlegen ist (§ 91 ZPO). Die Voraussetzungen des
§ 93 ZPO liegen nicht vor, denn die Antragstellerin hatte Anlaß, die einstweilige
Verfügung zu beantragen. Dies richtet sich danach, wie sie das Verhalten der
Antragsgegnerin verstehen mußte.

233

Die Antragstellerin hat mit der eidesstattlichen Versicherung ihrer Angestellten ░░░░░ glaubhaft gemacht, daß sie das vorgelegte Abmahnschreiben an die Antragsgegnerin abgesandt hat ░░░░░ .

Die Antragstellerin ist davon ausgegangen, daß die Antragsgegnerin das Schreiben erhalten hat. Das durfte sie auch, denn gewöhnlich gehen Briefe auf dem Postweg nicht verloren. Daß dies im vorliegenden Fall dennoch geschehen war, konnte die Antragstellerin nicht erkennen. Aus der unterbliebenen Reaktion der Antragsgegnerin hat sie daher entnommen, daß sich die Antragsgegnerin nicht unterwerfen, sondern es auf einen Prozeß ankommen lassen wollte. Auf den Zugang des Mahnschreibens kommt es deshalb nicht an. Wenn es tatsächlich auf dem Postweg verlorengegangen ist, dann muß der Schuldner dieses Risiko tragen, nicht der Gläubiger (vgl. OLG Karlsruhe WRP 1997, 477; OLG Stuttgart WRP 1996, 477 ff.).

(Rechtsanwalt)

VIII. Muster: Widerspruch mit strafbewehrter Unterlassungserklärung

82 An das

Landgericht

– Kammer für Handelssachen –

░░░░░

Az.: ░░░░░

In dem einstweiligen Verfügungsverfahren

░░░░░ ./. ░░░░░

erhebe ich namens und in Vollmacht der Antragsgegnerin gegen den Verfügungsbeschluß vom ░░░░░

Widerspruch

und gebe für die Antragsgegnerin folgende Unterlassungsverpflichtungserklärung ab:

Sollte die Antragstellerin das Verfügungsverfahren in der Hauptsache für erledigt erklären, werde ich mich dieser Erklärung anschließen und beantragen,

der Antragstellerin gemäß § 91 a ZPO die Kosten des einstweiligen Verfügungsverfahrens aufzuerlegen.

Begründung:

Die Antragstellerin hat die Antragsgegnerin nicht abgemahnt. Dies ist in Wettbewerbssachen vor einem Verfügungsantrag üblich und war der Antragstellerin auch zuzumuten. Nach einer Abmahnung hätte die Antragsgegnerin die Unterlassungsverpflichtungserklärung sofort abgegeben, wie jetzt auch. Für ein einstweiliges Verfügungsverfahren hat daher kein Anlaß bestanden. Die Antragstellerin muß deshalb bei einer übereinstimmenden Erledigungserklärung nach dem Rechtsgedanken des § 93 ZPO die Kosten des Verfahrens tragen.

(Rechtsanwalt)

IX. Muster: Abschlußschreiben

34

An die

83

Geschäftsleitung der Firma

Sehr geehrte Damen und Herren,

ich habe für die von mir vertretene Firma   beim Landgericht   eine einstweilige Verfügung gegen Sie erwirkt, nachdem Sie die geforderte Unterwerfungserklärung nicht abgegeben haben. Der Beschluß ist Ihnen am   zugestellt worden.

Die einstweilige Verfügung enthält nur eine vorläufige Regelung. Um eine endgültige Entscheidung herbeizuführen, müßte meine Mandantin noch eine Klage gegen Sie erheben. Dies können Sie vermeiden, indem Sie die beigefügte Abschlußerklärung rechtsverbindlich unterzeichnen und zu meinen Händen zurücksenden. Die einstweilige Verfügung steht dann einem rechtskräftigen Urteil gleich, so daß sich eine Klage erübrigt. Für die Übersendung setze ich Ihnen eine Frist bis zum ▓▓▓. Geht die Erklärung bis dahin nicht bei mir ein, beabsichtigt meine Mandantin, Klage zu erheben.

Sie sind außerdem verpflichtet, meiner Mandantin die Kosten dieses Schreibens zu erstatten. Der Betrag ergibt sich aus der anliegenden Kostenrechnung. Den Eingang erwarte ich ebenfalls bis zum ▓▓▓.

(Rechtsanwalt)

Anlage: Abschlußerklärung

Firma ▓▓▓

▓▓▓

Ich erkenne für die Firma ▓▓▓ als deren ▓▓▓ die einstweilige Verfügung des ▓▓▓ vom ▓▓▓ (Az. ▓▓▓) als endgültige und einem entsprechenden Hauptsachetitel gleichwertige Regelung an und verzichte auf die Rechtsbehelfe des Widerspruchs (bei einer Beschlußverfügung), der Berufung (bei einem noch nicht rechtskräftigen Urteil), der Fristsetzung zur Erhebung der Klage in der Hauptsache, auf eine negative Feststellungsklage – auch inzidenter im Rahmen eines Schadensersatzprozesses – und auf die Rechte aus § 927 ZPO mit Ausnahme künftiger Umstände, die der Schuldner nach den §§ 323, 767 ZPO auch einem rechtskräftigen Titel in der Hauptsache entgegenhalten dürfte.

Anlage: Kostenrechnung

Gegenstandswert: ▓▓▓ DM

7,5/10 Gebühr gemäß § 118 Abs. 1 Ziff. 1 BRAGO	▓▓▓ DM
Auslagenpauschale gemäß § 26 Satz 2 BRAGO	▓▓▓ DM
Mehrwertsteuer gemäß § 25 Abs. 2 BRAGO	▓▓▓ DM
	▓▓▓ DM

▲

§ 5 Arrest

Gläubiger einer **Geldforderung** können sich mit dem Arrest vor der Gefahr 1
schützen, bis zur Titulierung ihres Anspruchs den Zugriff auf das Vermögen
des Schuldners zu verlieren. Voraussetzung ist

- ein Arrestanspruch und
- ein Arrestgrund.

Das Verfahren entspricht im wesentlichen dem der einstweiligen Verfügung.

Der Arrest spielt in der Praxis eine **eher untergeordnete Rolle**, weil die
Arrestgefahr nur in Ausnahmefällen mit konkreten Fakten zu belegen ist.
Sie hängt von Umständen ab, die dem Gläubiger häufig verborgen bleiben.
Er muß wissen, daß der Schuldner über Vermögensgegenstände verfügt, und
überdies konkrete Anhaltspunkte dafür haben, daß sich die Vermögensverhältnisse voraussichtlich verschlechtern werden. Schuldner, die sich ihrer
Zahlungsverpflichtung entziehen wollen, schaffen gewöhnlich ihr Vermögen
heimlich bei Seite. Der Gläubiger erkennt dies erst, wenn er in der Zwangsvollstreckung mit seiner Forderung ausgefallen ist. Dann kommt ein Arrestantrag zu spät.

A. Arrestanspruch

Der Arrest dient der Sicherung einer **Geldforderung** oder eines Anspruchs, 2
der in eine Geldforderung übergehen kann (§ 916 Abs. 1 ZPO), wie z.B. bei
Nicht- oder Schlechterfüllung einer Leistung. Der Antragsteller muß in dem
Arrestgesuch die **Tatsachen vortragen und glaubhaft machen**, aus denen
sich der Anspruch ergibt.

Der Zahlungsanspruch kann bedingt, betagt oder von einer Gegenleistung
abhängig sein. Ein Arrest zur Sicherung **künftiger Ansprüche** ist zulässig,
sobald sie nach den §§ 259 ff. ZPO – auch nur mit einem Feststellungsan-

trag – einklagbar sind,[1] wie vor allem zukünftige Unterhaltsforderungen (§ 9 Rn 37) und Ansprüche auf Zugewinnausgleich (§ 9 Rn 39), nicht erbrechtliche Ansprüche vor dem Erbfall.

Parteien eines Prozesses können schon vor dem Urteil ihren **Kostenerstattungsanspruch** durch einen Arrest sichern. Sie müssen dann glaubhaft machen, daß sie wahrscheinlich obsiegen werden.[2]

Ein Arrest ist auch zulässig für Ansprüche auf **Duldung der Zwangsvollstreckung** aus Grundpfandrechten.[3] Hierfür besteht ein Rechtsschutzinteresse, wenn der Gläubiger mithaftende Gegenstände, insbesondere Mietzinsansprüche, pfänden will, die durch eine rechtzeitige Verfügung des Eigentümers oder Entfernung vom Grundstück von der Haftung frei würden.

B. Arrestgrund

3 Mit dem Arrest soll die **zukünftige Vollstreckung** aus einem Urteil gesichert werden. Ein Arrestgrund besteht, wenn der Gläubiger befürchten muß, seinen Zahlungsanspruch ohne den Arrest nicht mehr oder nur noch unter wesentlich erschwerten Umständen durchsetzen zu können (§ 917 Abs. 1 ZPO).

Ausgenommen sind von vornherein Fälle, in denen sich der Gläubiger nicht mehr absichern kann, weil der **Schuldner** bereits **vermögenslos** ist, und Fälle, in denen kein Sicherungsbedürfnis besteht, weil der Gläubiger bereits **vollwertige Sicherheiten** besitzt, die seine Forderungen abdecken, wie z.B. Grundpfandrechte oder eine Bankbürgschaft. Das **Vermieterpfandrecht** steht einem Arrest nicht entgegen.[4] Bei Zahlungsansprüchen gegen **Gesamtschuldner** besteht kein Arrestgrund, wenn die Forderung gegenüber einem der Schuldner offenkundig durchsetzbar ist.

---

1 OLG Karlsruhe FamRZ 1999, 97; OLG Düsseldorf NJW-RR 1994, 450 und 453; *Thomas/Putzo/ Reichold* § 917 Rn 5; *Zöller/Vollkommer* § 917 Rn 8; *MüKo/Heinze* § 917 Rn 12; *Dunkl* A Rn 151.

2 *Stein/Jonas/Grunsky* § 916 Rn 11 c; *Zöller/Vollkommer* § 916 Rn 8.

3 *Zöller/Vollkommer* § 916 Rn 6; *MüKo/Heinze* § 916 Rn 8; *Stein/Jonas/Grunsky* § 916 Rn 13; *Wieczorek/Thümmel* § 916 Rn 9.

4 *Schuschke/Walker* § 917 Rn 7.

Ein Sicherungsbedürfnis fehlt überdies für **titulierte Ansprüche**, die fällig   4
sind, weil sich der Gläubiger dann durch die sofortige Zwangsvollstreckung
befriedigen kann. Dies gilt in der Regel auch, wenn die Vollstreckung von
einer Sicherheitsleistung abhängt, die der Gläubiger nicht aufbringen kann.
Er hat dann die Möglichkeit, nach § 720 a ZPO die Sicherungsvollstreckung
zu betreiben. Mehr kann er auch durch einen Arrest nicht erreichen.[5] Mit
einem Arrest zu sichern sind titulierte Ansprüche, die erst in Zukunft fällig
werden und daher erst später durchgesetzt werden können.[6]

Ein Arrestgrund kann sich nur aus Umständen ergeben, die zu einer **Ver-**   5
schlechterung der Vermögensverhältnisse des Schuldners führen oder den
Zugriff auf das vorhandene Vermögen **erschweren** können. Hierfür müssen
konkrete Anhaltspunkte vorliegen. Sie sind im Arrestgesuch darzulegen und
glaubhaft zu machen.

Der Verdacht einer bevorstehenden **Verschlechterung der Vermögenslage**   6
besteht vor allem bei Schuldnern, die Vermögensgegenstände verschieben,
vergeuden, verschenken, ohne gleichwertige Gegenleistungen veräußern
oder Grundstücke auffällig belasten. Der Schuldner muß damit nicht begonnen haben. Es reicht aus, wenn er dies beabsichtigt.[7] Drohende Einkommens-
ausfälle können sich auch aus Ereignissen ergeben, die der Schuldner nicht
zu vertreten hat, wie z.B. eine Erkrankung.[8]

Bevorstehende oder bereits vollzogene **Verkäufe zu angemessenen Preisen**
sind im allgemeinen kein Arrestgrund, weil sie das Vermögen des Schuldners nicht verschlechtern und die Vollstreckung auch nicht ohne weiteres erschweren.[9] Anders verhält es sich, wenn die Gefahr besteht, daß der Gläubiger die gezahlten Gelder beiseite schafft.[10]

---

5 OLG München OLG-Report 1997, 236, 237; *Schuschke/Walker* § 917 Rn 8; *Zöller/Vollkommer* § 917
   Rn 13.
6 OLG Stuttgart NJW-RR 1996, 775.
7 OLG Karlsruhe NJW-RR 1997, 1017, 1018.
8 *Schuschke/Wallker* § 917 Rn 4.
9 A.A. *Wieczorek/Thümmel* § 917 Rn 14 und *Zöller/Vollkommer* § 917 Rn 8 bei Grundstücksverkäufen.
10 *Stein/Jonas/Grunsky* § 917 Rn 7 a.

Vorsätzliche Vertragsverletzungen des Schuldners sind nach Auffassung des Bundesgerichtshofs[11] noch kein Arrestgrund. Es müssen zusätzlich konkrete Anhaltspunkte dafür vorliegen, daß der Schuldner sein Vermögen dem Zugriff des Gläubigers entziehen will. Ein Teil der Literatur nimmt dies in der Regel an.[12] Ein bloßer Zahlungsverzug genügt nicht.

Ob schon allein **Straftaten** gegen das Vermögen des Gläubigers, wie z.B. Unterschlagung, Betrug oder Untreue, und **unerlaubte Handlungen** ausreichende Verfügungsgründe sind, ist umstritten. Einige Gerichte bejahen dies im Regelfall.[13] Andere verlangen – wie bei vorsätzlichen Vertragsverletzungen – konkrete Anhaltspunkte für die erforderliche Besorgnis, der Schuldner werde sein unredliches Verhalten fortsetzen, um die drohende Vollstreckung in sein Vermögen zu vereiteln oder wesentlich zu erschweren.[14]

Eine Arrestgefahr kann sich auch aus einem offensichtlich unwahren Vorbringen des Schuldners im Hauptprozeß ergeben oder einer gezielten **Prozeßverschleppung**. Dies kann den Verdacht erwecken, er wolle sich seiner Zahlungsverpflichtung entziehen.[15]

Der **drohende Zugriff anderer Gläubiger** bei einem zur Tilgung aller Schulden nicht ausreichenden Vermögen ist nach der Auffassung des Bundesgerichtshofs[16] kein Arrestgrund. Dies entspricht auch der herrschenden Meinung in der Literatur.[17]

7 Der Verdacht, den **Zugriff auf vorhandenes Vermögen** zu **beeinträchtigen**, kann bei Schuldnern bestehen, die häufig ihren Aufenthalt wechseln, ihren

---

11 WM 1983, 614.

12 *Stein/Jonas/Grunsky* § 917 Rn 8; *Wieczorek/Thümmel* § 917 Rn 12; a.A. *Zöller/Vollkommer* § 917 Rn 6.

13 OLG Dresden WM 1998, 1296 f.; OLG München MDR 1970, 1934, 1935; ebenso *Stein/Jonas/Grunsky* § 917 Rn 8; *Zöller/Vollkommer* § 917 Rn 6; *Wieczorek/Thümmel* § 917 Rn 11.

14 OLG Köln NJW-RR 2000, 69; OLG Düsseldorf NJW-RR 1999, 1592; NJW-RR 1986, 1192; OLG Saarbrücken NJW-RR 1999, 143; OLG Schleswig MDR 1983, 141; OLG Koblenz WM 1987, 310, 313; ebenso *MüKo/Heinze* § 917 Rn 6.

15 *Stein/Jonas/Grunsky* § 917 Rn 9; *MüKo/Heinze* § 916 Rn 6.

16 NJW 1996, 321, 324.

17 Nachweise bei *Stein/Jonas/Grunsky* § 917 Rn 1 in Fußnote 1.

Wohnort aufgeben, ohne einen neuen zu begründen oder den Umzug ins Ausland vorbereiten.

Ein Arrestgrund liegt grundsätzlich auch dann vor, wenn **im Ausland voll-streckt** werden müßte (§ 917 Abs. 2 Satz 1 ZPO). Dies gilt nicht in Fällen, in denen der Schuldner auch über ausreichende Inlandsvermögen verfügt, um die Ansprüche des Gläubigers zu befriedigen, und keine konkrete Gefahr besteht, daß das vorhandene Inlandsvermögen ins Ausland geschafft wird.[18] Ausgenommen sind nach § 917 Abs. 2 Satz 1 ZPO auch Auslandsvermögen in einem Mitgliedstaat des Europäischen Gerichtsstandübereinkommens und des Lugano-Übereinkommens der EU- und EFTA-Staaten.[19]

Der **persönliche Arrest** kommt in der Praxis selten vor. Er darf nur angeordnet werden, wenn der Schuldner über pfändbares Vermögen verfügt und ein dinglicher Arrest keinen Erfolg verspricht (§ 918 ZPO). Das sind vor allem Fälle, in denen der Gläubiger nicht weiß, wo sich Vermögensstücke des Schuldners befinden und zu befürchten ist, der Schuldner werde sie beiseite schaffen oder sich absetzen.[20] Der Gläubiger muß dann aber glaubhaft machen, daß der Schuldner überhaupt noch Vermögen im Inland besitzt. Gegen einen offensichtlich vermögenslosen Schuldner darf kein persönlicher Arrest angeordnet werden.[21]

8

Ein persönlicher Arrest wurde bislang auch für zulässig gehalten, um den Schuldner daran zu hindern, sich der Ladung zur Abgabe der eidesstattlichen Versicherung zu entziehen.[22] Nach der Änderung des § 900 Abs. 2 ZPO ab dem 1. Januar 1999 kann der Gerichtsvollzieher auf Antrag des Gläubigers bei einem fruchtlosen Vollstreckungsversuch oder der Zwecklosigkeit eines Pfändungsversuchs dem Schuldner sogleich an Ort und Stelle die eidesstattliche Versicherung abnehmen. Stellt der Gläubiger den Antrag nicht, dürfte die

---

18 OLG Stuttgart NJW-RR 1996, 775.

19 Welche das sind, ist u. a. zusammengestellt bei *Zöller/Geimer* im Anhang I Art. 1 EuGVÜ Rn 1 und 2.

20 OLG Karlsruhe NJW-RR 1997, 450; *Thomas/Putzo/Reichold* § 918 Rn 2; *MüKo/Heinze* § 918 Rn 3; *Stein/Jonas/Grunsky* § 918 Rn 7; *Zöller/Vollkommer* § 918 Rn 1.

21 OLG Karlsruhe NJW-RR 1997, 450; *MüKo/Heinze* § 918 Rn 1; *Schuschke/Walker* § 918 Rn 2.

22 OLG München NJW-RR 1988, 382; OLG Karlsruhe NJW-RR 1997, 450; *Stein/Jonas/Grunsky* § 918 Rn 7; *Zöller/Vollkommer* § 918 Rn 1.

Dringlichkeit für einen persönlichen Arrest zu verneinen sein. Ein persönlicher Arrest kommt hiernach nur noch in Betracht, wenn der Antrag gestellt war und der Schuldner der sofortigen Abnahme der eidesstattlichen Versicherung widerspricht. Der Gerichtsvollzieher muß dann innerhalb der nächsten zwei bis vier Wochen einen Termin bestimmen. Ein Arrestgrund kann sich in diesem Fall aus der Besorgnis ergeben, der Schuldner werde innerhalb dieser Zeit nicht mehr greifbar sein.[23]

C. Arrestverfahren

I. Zuständiges Gericht

9   Für die Anordnung des Arrestes ist neben dem **Gericht der Hauptsache** (§ 3 Rn 50 ff.) auch das **Amtsgericht** zuständig, in dessen Bezirk der Arrest vollzogen werden soll (§ 919 ZPO). Das ist beim dinglichen Arrest jedes Amtsgericht, in dessen Bezirk sich beschlagnahmefähiges Vermögen des Schuldners befindet, und beim persönlichen Arrest das Amtsgericht, in dessen Bezirk sich der Schuldner aufhält.

Hat der Gläubiger mit seinem Zahlungsanspruch in einem Prozeß umgekehrten Rubrums **aufgerechnet**, so wird das damit befaßte Gericht nicht Gericht der Hauptsache.[24] Bei einem im **Mahnverfahren** anhängen Anspruch ist Gericht der Hauptsache das Amtsgericht, dessen Rechtspfleger den Mahnbescheid erlassen hat.[25] Die Zuständigkeit des Mahngerichts endet mit der Abgabe in das Streitverfahren. Zuvor getroffene Arrestentscheidungen bleiben wirksam.[26]

---

23 Vgl. zu alledem *Schuschke* DGVZ 1999, 129, 130.
24 *Stein/Jonas/Grunsky* § 919 Rn 3; *Zöller/Vollkommer* § 919 Rn 4.
25 *MüKo/Heinze* § 919 Rn 6; *Stein/Jonas/Grunsky* § 919 Rn 4; *Zöller/Vollkommer* § 919 Rn 4.
26 *MüKo/Heinze* § 919 Rn 6; *Stein/Jonas/Grunsky* § 919 Rn 5.

II. Arrestgesuch

Der Gläubiger muß in dem Arrestgesuch die **Parteien** bezeichnen, einen bestimmten **Antrag** stellen und ihn **begründen**. Es besteht – wie im einstweiligen Verfügungsverfahren – **kein Anwaltszwang**.

10

Im **Arrestantrag** sind der Grund und die Höhe der Forderung genau anzugeben. Der Gläubiger sollte auch die verlangte **Arrestart** angeben. Unterläßt er dies, so ist im allgemeinen davon auszugehen, daß ein dinglicher Arrest beantragt wird.[27]

Eine Bezeichnung **bestimmter Arrestgegenstände** ist beim **dinglichen Arrest** nur erforderlich, wenn der Antrag bei dem in der Hauptsache nicht zuständigen Amtsgericht gestellt wird, weil davon dessen Zuständigkeit abhängt. Sonst genügt der Antrag auf Anordnung des Arrestes „in das Vermögen des Schuldners". Es ist dann Sache des Gläubigers, bei der Vollziehung die zu arrestierenden Gegenstände zu bezeichnen.

Bei einem **persönlichen Arrest** ist die Art der Freiheitsbeschränkung im Arrestbefehl anzugeben. Der Gläubiger kann sie auch in seinem Antrag nennen (z.B. Haft, Hausarrest, Entzug des Reisepasses, Meldepflicht). Das Gericht ist hieran aber nicht gebunden.[28] Ein Arrestbefehl, der lediglich den „persönlichen Arrest" anordnet, ist – weil inhaltlich zu unbestimmt – nicht vollziehbar. Der Gläubiger kann ihn entsprechend § 321 ZPO durch einen Beschluß des Gerichts ergänzen lassen.[29]

Ist das Arrestgericht auch für die Vollziehung zuständig, so kann der Gläubiger das Arrestgesuch mit dem Antrag verbinden, bestimmte **Vollstreckungshandlungen anzuordnen**. Bei einer beabsichtigten Pfändung von Forderungen, z.B. Guthaben auf Bankkonten, ist daher der Antrag zu empfehlen, zugleich mit dem Arrestbefehl einen Pfändungsbeschluß zu erlassen (§ 930 Abs. 1 ZPO) und beim persönlichen Arrest, der durch Haft vollzogen werden soll, ein Haftbefehl (§ 933 ZPO).

11

---

27 *MüKo/Heinze* § 920 Rn 8; *Zöller/Vollkommer* § 920 Rn 3.

28 *Schuschke/Walker* § 920 Rn 7.

29 *Zöller/Vollkommer* § 933 Rn 1; *Thomas/Putzo/Reichold* § 933 Rn 1; *Schuschke/Walker* § 933 Rn 1.

12 Der Antragsteller muß zur **Begründung** die Tatsachen vortragen und glaubhaft machen, aus denen sich der Arrestanspruch und der Arrestgrund ergeben (§ 920 Abs. 1 und 2 ZPO).

III. Entscheidung des Gerichts und Rechtsmittel

13 Das Gericht kann über das Arrestgesuch durch **Beschluß** entscheiden, auch wenn der Fall nicht besonders dringend ist, oder nach mündlicher Verhandlung durch **Urteil** (§ 922 Abs. 1 ZPO).

14 Im Arrestbefehl ist ein **Geldbetrag festzusetzen**, dessen Hinterlegung den Schuldner berechtigt, die Vollziehung des Arrestes zu verhindern und die Aufhebung eines bereits vollzogenen Arrestes beim Vollstreckungsgericht zu beantragen (§§ 923, 934 ZPO). Das Gericht kann nach § 108 ZPO anstelle der Hinterlegung auch eine andere Art der Sicherheitsleistung anordnen, vor allem durch eine Bankbürgschaft.

Die Höhe der **Lösungssumme** ergibt sich aus dem Betrag der zu sichernden Forderung zuzüglich der hierauf entfallenden Zinsen sowie der zu erwartenden Kosten des Hauptsacheverfahrens, nicht auch des Arrestes.[30] Die Kosten des Arrestverfahrens kann der Gläubiger aufgrund der Kostenentscheidung des Arrestes mit einem Kostenfestsetzungsbeschluß beitreiben, die Kosten der Vollziehung gemäß § 788 ZPO.

Die Lösungssumme wird von Amts wegen festgesetzt. Der Gläubiger muß dies im Arrestgesuch nicht beantragen. Ist die **Festsetzung unterblieben**, so kann der Schuldner entsprechend § 321 ZPO eine Ergänzung des Arrestbefehls verlangen.[31] Gegen eine **zu hohe Bemessung** kann sich der Schuldner bei einem Beschlußarrest mit dem Widerspruch wenden und bei einem Urteilsarrest mit der Berufung, gegen eine **zu niedrige Bemessung** der Gläubiger bei einem Beschlußarrest mit der Beschwerde und bei einem Urteilsarrest mit der Berufung.

---

30 *Zöller/Vollkommer* § 923 Rn 1; *Schuschke/Walker* § 923 Rn 4; *Stein/Jonas/Grunsky* § 923 Rn 1 und 9.
31 *Stein/Jonas/Grunsky* § 923 Rn 3 mit weiteren Nachweisen in den Fußnoten 10 und 11.

Die Rechtsmittel und Rechtsbehelfe der Parteien gegen Entscheidungen über 15
Arrestanträge stimmen mit denen im einstweiligen Verfügungsverfahren
überein.

D. Vollziehung

Der Gläubiger muß einen Arrestbefehl **innerhalb eines Monats** vollziehen 16
(§ 929 Abs. 2 ZPO). Dies geschieht nach den §§ 928 ff. ZPO beim dinglichen Arrest durch Pfändung (bewegliche Sachen, Forderungen und sonstige
Rechte) oder Eintragung einer Arresthypothek (Grundstücke), beim persönlichen Arrest durch die Anordnung der Haft oder geringerer Freiheitsbeschrän-
kungen. Obsiegt der Gläubiger im Hauptsacheverfahren, wandelt sich das
Pfändungspfandrecht in ein Vollstreckungspfandrecht um; die Arresthypothek kann in eine Zwangshypothek umgeschrieben werden. Die Verteilung
des Erlöses bestimmt sich nach dem Rang des Arrestpfandrechts bzw. der
Arresthypothek.

Die **Vollziehungsfrist** wird **gewahrt** durch die Zustellung des Arrestbefehls
im Parteibetrieb und den Antrag beim zuständigen Vollstreckungsorgan, bestimmte Vollstreckungshandlungen vorzunehmen.[32] Bei der Pfändung von
Geldforderungen reicht der Antrag auf Erlaß des Pfändungsbeschlusses aus,
den der Gläubiger dann unverzüglich zustellen muß (§ 829 Abs. 2 ZPO). Bei
einer Briefhypothek genügt der Pfändungsbeschluß, bei einer Buchhypothek
der Eintragungsantrag beim Grundbuchamt.[33] Fristwahrend sind auch Vor-
pfändungen (§ 845 ZPO) und Anträge auf Abgabe der eidesstattlichen Offenbarungsversicherung (§ 807 ZPO).

---

32 BGH NJW 1991, 496, 497.
33 *Stein/Jonas/Grunsky* § 929 Rn 15.

E. Muster für das Arrestverfahren

I. Muster: Antrag auf dinglichen Arrest mit Pfändungsbeschluß

17 An das
Amtsgericht/Landgericht

Eilt sehr!

Bitte sofort vorlegen

Antrag

auf dinglichen Arrest und Arrestpfändung

des

– Antragstellers –

– Verfahrensbevollmächtigter: Rechtsanwalt –

gegen

den

– Antragsgegner–

Streitwert: DM

Ich beantrage namens und in Vollmacht des Antragstellers, ohne mündliche Verhandlung folgenden

Arrestbefehl und -pfändungsbeschluß

zu erlassen:

1) Wegen einer Kaufpreisforderung des Antragstellers gegen den Antragsgegner in Höhe von DM nebst % Zinsen seit dem sowie einer Kostenpauschale von wird der dingliche Arrest in das Vermögen des Antragsgegners angeordnet.

2) In Vollziehung des Arrestes werden die angeblichen Ansprüche des Antragsgegners gegen die -Bank aus Kontenverbindungen, insbe-

sondere zur Kontonummer ▓▓▓▓, bis zum Höchstbetrag von ▓▓▓▓ gepfändet.

3) Durch Hinterlegung von ▓▓▓▓ DM wird die Vollziehung dieses Arrestes gehemmt und der Antragsgegner berechtigt, die Aufhebung des vollzogenen Arrestes zu beantragen.

Begründung:

Der Antragsgegner betreibt ein Einzelhandelsgeschäft mit Elektroartikeln. Der Antragsteller hat ihm am ▓▓▓▓ Waren für insgesamt ▓▓▓▓ DM verkauft und geliefert. Den Kaufpreis ist der Antragsgegner trotz wiederholter Mahnungen, u. a. mit Schreiben vom ▓▓▓▓, schuldig geblieben. Der Antragsteller nimmt seitdem in Höhe der Kaufpreisforderung Bankkredit zu einem Zinssatz von ▓▓▓▓ % in Anspruch.

Glaubhaftmachung: beiliegender Kaufvertrag vom ▓▓▓▓

Rechnung vom ▓▓▓▓

Mahnschreiben vom ▓▓▓▓

eidesstattliche Versicherung des Antragstellers vom

▓▓▓▓

Die Vollstreckung ist gefährdet. Der Antragsgegner treibt sein Geschäft in den Ruin. Er hat in der letzten Woche gegenüber Angestellten geäußert, er wolle nur noch das vorhandene Sortiment verkaufen und den Laden zum Quartalsende schließen, weil er es leid sei, sich mit seinen Gläubigern herumzuschlagen. Er verdiene mit dem Geschäft nicht mehr als ein Fensterputzer. Den größten Teil seiner Einnahmen schluckten die Gläubiger. Die sollten dann sehen, wo sie bleiben.

Glaubhaftmachung: anliegende eidesstattliche Versicherung des Angestellten ▓▓▓▓

Der Antragsteller muß hiernach befürchten, daß er ohne die sofortige Anordnung des Arrestes mit einer Zahlungsklage nicht mehr zu seinem Geld kommt.

Die Kostenpauschale setzt sich aus folgenden Beträgen zusammen:

▓▓▓▓

Der Antragsgegner hat mehrere Konten bei der ▒▒▒▒-Bank, u. a. das Konto mit der Nummer ▒▒▒▒. Die Guthaben sollen in Vollziehung des Arrestes gepfändet werden (§ 930 Abs. 1 Satz 3 ZPO).

(Rechtsanwalt)

Anlagen:
1) Kaufvertrag der Parteien vom ▒▒▒▒
2) Rechnung vom ▒▒▒▒
3) Mahnschreiben vom ▒▒▒▒
4) eidesstattliche Versicherung des Antragstellers vom ▒▒▒▒
5) eidesstattliche Versicherung des Angestellten ▒▒▒▒ vom ▒▒▒▒

▲

II. Muster: Antrag auf persönlichen Arrest

36

▼

18 An das
Amtsgericht / Landgericht
▒▒▒▒ ▒▒▒▒

Eilt sehr!

Bitte sofort vorlegen

Antrag auf persönlichen Arrest

des ▒▒▒▒

– Antragstellers –

– Verfahrensbevollmächtigter: Rechtsanwalt ▒▒▒▒ –

gegen

den ▒▒▒▒

– Antragsgegner –

Streitwert: ▒▒▒▒ DM

Ich beantrage namens und in Vollmacht des Antragstellers, ohne mündliche Verhandlung folgenden

Arrest- und Haftbefehl

zu erlassen:

1) Wegen einer Werklohnforderung des Antragstellers gegen den Antragsgegner in Höhe von ░░░░ nebst ░░░░ % Zinsen seit dem ░░░░ und einer Kostenpauschale von ░░░░ wird der persönliche Arrest gegen den Antragsgegner angeordnet.

2) In Vollziehung des Arrestes wird die Haft gegen den Antragsgegner angeordnet.

3) Durch Hinterlegung von ░░░░ DM wird die Vollziehung dieses Arrest- und Haftbefehls gehemmt und der Antragsgegner berechtigt, die Aufhebung des vollzogenen Arrestes zu beantragen.

Begründung:

Der Antragsgegner schuldet dem Antragsteller aus einem Werkvertrag der Parteien vom ░░░░ nach der Abnahme den vereinbarten Werklohn in Höhe von ░░░░ DM sowie aufgrund eines Mahnschreibens vom ░░░░ die geltend gemachten gesetzlichen Zinsen.

Glaubhaftmachung: anliegender Werkvertrag vom ░░░░

Abnahmeprotokoll vom ░░░░

Schlußrechnung des Antragstellers vom ░░░░

Mahnschreiben des Antragstellers vom ░░░░

eidesstattliche Versicherung des Antragstellers vom ░░░░

Wiederholte Zahlungszusagen haben den Antragsteller zunächst bewogen, stillzuhalten. Der Antragsgegner wollte ihn aber offensichtlich nur hinhalten, um sein Vermögen zu versilbern und sich der Zwangsvollstreckung zu entziehen. Er hat seine Mietwohnung gekündigt und gegenüber dem Vermieter, Herrn ░░░░, geäußert, er wolle zu seiner Tochter nach Argentinien ziehen, habe bereits ein Flugticket gekauft, seine Bankkonten aufgelöst und alles geregelt.

Glaubhaftmachung: anliegende eidesstattliche Versicherung des Herrn

Der Antragsteller läuft hiernach Gefahr, ohne einen sofortigen Arrest seinen Zahlungsanspruch nicht mehr durchsetzen zu können. Erforderlich ist ein persönlicher Arrest. Ein dinglicher Arrest reicht nicht aus, weil der Antragsteller daraus nicht vollstrecken kann. Er weiß nicht, wo der Antragsgegner sein Bargeld aufbewahrt. Ihm sind auch andere Vermögensgegenstände nicht bekannt, auf die er zugreifen könnte.

Das einzige sichere Mittel zur Vollziehung des persönlichen Arrestes ist die Anordnung der Haft. Der Antragsgegner kann dann die Forderung bezahlen oder Sicherheit leisten und anschließend nach Argentinien fliegen.

(Rechtsanwalt)

Anlagen:
1) Werkvertrag der Parteien vom
2) Abnahmeprotokoll vom
3) Schlußrechnung des Antragstellers vom
4) Mahnschreiben des Antragstellers vom
5) eidesstattliche Versicherung des Antragstellers vom
6) eidesstattliche Versicherung des Herrn   vom

III. Muster: Antrag nach Anordnung gemäß § 921 Abs. 2 ZPO

▼

An das   19
Amtsgericht/Landgericht

Az.:

Eilt sehr!

Bitte sofort vorlegen

In dem Arrestverfahren

_____ ./. _____

beantrage ich namens und im Auftrag des Antragstellers,

den beantragten dinglichen Arrest anzuordnen.

Begründung:
Das Gericht hat mit Beschluß vom _____ die Anordnung des beantragten Arrestes von einer Sicherheitsleistung in Höhe von _____ abhängig gemacht.
Der Antragsteller hat den Betrag beim Amtsgericht in _____ hinterlegt, wie
sich aus dem beigefügten Hinterlegungsschein ergibt. Der Arrestbefehl ist daher nunmehr zu erlassen.

(Rechtsanwalt)

IV. Muster: Antrag auf Eintragung einer Arresthypothek (§ 932 ZPO)

▼

20 An das

Amtsgericht

– Grundbuchamt –

Ich überreiche namens und im Auftrag des Gläubigers die Ausfertigung des Arrestbefehls des Amtsgerichts ▨ vom ▨ mit dem Antrag,

auf dem im Grundbuch von ▨ Band ▨ Blatt ▨ eingetragenen Grundstück des Schuldners (Gemarkung ▨ Flur ▨ Flurstück ▨) in Höhe der Lösungssumme zugunsten des Gläubigers eine Sicherungshypothek einzutragen.

Die Kosten des Eintragungsantrages berechne ich wie folgt:

▨

(Rechtsanwalt)

▲

V. Muster: Antrag, Vollziehungsmaßnahmen aufzuheben (§ 923 ZPO)

▼

An das   21
Amtsgericht/Landgericht

Az.:

Eilt sehr!

Bitte sofort vorlegen

Antrag auf Aufhebung des Arrestvollzugs

In dem Arrestverfahren

.../.

beantrage ich namens und in Vollmacht des Antragsgegners,

die im Arrestbefehl vom   angeordnete Pfändung der Bankkonten des
Antragsgegners aufzuheben.

Begründung:
Der Antragsteller hat den in Kopie beigefügten Arrestbefehl mit einem Pfändungsbeschluß erwirkt. Der Antragsgegner hat nunmehr die Lösungssumme in Höhe von   beim Amtsgericht in   hinterlegt. Das ergibt sich aus dem beigefügten Hinterlegungsschein. Der Vollzug des Arrestbefehls ist daher aufzuheben (§ 923 ZPO).

(Rechtsanwalt)

▲

§ 6 Vorläufiger Rechtsschutz in Bausachen

Mittel zur Sicherung baurechtlicher Ansprüche sind

- die einstweilige Verfügung und
- der Arrest.

Im Wege der **einstweiligen Verfügung** ist vor allem der Anspruch auf Eintragung einer **Bauhandwerkersicherungshypothek** zu sichern (Rn 2 ff.). In Betracht kommen bei Gefahr im Verzuge außerdem für den **Bauunternehmer** vor allem Leistungsverfügungen, um unerläßliche Mitwirkungspflichten des Bauherrn vorläufig durchzusetzen, wie z.B. die Anlieferung von Baumaterialien. Der **Bauherr** kann in dringenden Fällen z.B. dem Bauunternehmer mit einer einstweiligen Verfügung vertragswidrige Bauarbeiten verbieten lassen[1] oder die Herausgabe von Bauunterlagen verlangen, ohne die das Bauvorhaben nicht realisiert werden kann,[2] in der Regel aber keinen Vorschuß für Nachbesserungsarbeiten.[3] **Dritte** können sich mit einer einstweiligen Verfügung gegen unzumutbare Belästigungen oder drohende Schäden durch die Bauarbeiten wehren;[4] Nachbarn können einen vorläufigen Baustopp für ein Bauvorhaben ohne Baugenehmigung erwirken, das gegen ein Bauverbot verstößt.[5]

Arrestansprüche können bereits bestehende Geldforderungen sein, wie z.B.

- die Ansprüche auf Werklohn (§ 631 BGB),
- Vorschuß für die Ersatzvornahme (§ 633 Abs. 3 BGB) und
- Schadensersatz (§ 635 BGB),

aber auch alle Ansprüche, die in Geldforderungen übergehen können, beispielsweise die Ansprüche

---

1 OLG München BauR 1987, 598.
2 OLG Hamm BauR 2000, 295 für einen gekündigten Architektenvertrag; OLG Frankfurt BauR 1980, 193 f.
3 OLG Düsseldorf BauR 1972, 323 f.; a.A. *Werner/Pastor* Rn 354 in Fällen, in denen sonst größere Schäden drohen.
4 *Werner/Pastor* Rn 357.
5 *Werner/Pastor* Rn 362.

- auf Erstellung des Werks (§ 631 BGB),
- auf Nachbesserung (§ 633 Abs. 2 BGB),
- Wandelung und Minderung (§ 634 BGB) oder
- Ersatzvornahme (§ 633 Abs. 3 BGB).

A.   Bauhandwerkersicherungshypothek

2   Der Unternehmer eines Bauwerks kann zur Sicherung seiner Ansprüche aus dem Bauvertrag die Eintragung einer **Hypothek am Baugrundstück des Bestellers** verlangen (§ 648 Abs. 1 BGB), sofern er noch nicht hinreichend gesichert ist, wie z.B. durch eine Sicherheitsleistung nach § 648 a BGB. Hat er bereits ein vorläufig vollstreckbares Zahlungsurteil erwirkt, so kann er nach § 720 a Abs. 1 b ZPO ohne Sicherheitsleistung im Wege der Zwangsvollstreckung eine Sicherungshypothek eintragen lassen. Ob hierdurch das Rechtsschutzbedürfnis für die Eintragung einer Hypothek nach § 648 BGB entfällt, ist streitig.[6]

Die Eintragung einer Hypothek nach § 648 BGB setzt
- eine Einigung (§ 873 BGB) und
- eine Eintragungsbewilligung (§§ 19, 29, 17 GBO) des Grundstückseigentümers voraus.

Ist dieser dazu nicht bereit, muß ihn der Unternehmer verklagen, wenn er seinen Anspruch durchsetzen will. Wie lange der Prozeß dauert, ist ungewiß. In der Zwischenzeit besteht die Gefahr, daß der Bauherr sein Grundstück veräußert, es weiter belastet oder andere Gläubiger die Zwangsvollstreckung betreiben. Die Hypothek kann nach einer Veräußerung nicht mehr entstehen und durch weitere Belastungen oder Vollstreckungsmaßnahmen wertlos werden.

Diese Risiken werden durch eine rechtzeitige **Vormerkung** im Grundbuch ausgeschlossen. Die Eintragung kann aufgrund einer einstweiligen Verfügung erfolgen (§ 885 Abs. 1 Satz 1 BGB). Sie ersetzt die Bewilligung des

---

6 Verneinend: OLG Hamm BauR 1990, 365; OLG Düsseldorf BauR 1985, 334, 336; a.A. *Siegburg* BauR 1990, 290, 293.

Eigentümers. Der Gläubiger muß im Verfügungsverfahren nur die Voraussetzungen des § 648 Abs. 1 BGB für die Eintragung einer Sicherungshypothek darlegen und glaubhaft machen. Er braucht nicht vorzutragen, daß die Durchsetzung dieses Anspruchs tatsächlich gefährdet ist. Dies wird vermutet (§ 885 Abs. 1 Satz 2 BGB).

Eine Vormerkung wahrt den Rang der Hypothek (§ 883 Abs. 3 BGB) und sichert damit den Anspruch auf ihre Eintragung. Er kann nicht direkt mit einer einstweiligen Verfügung durchgesetzt werden. Hierfür besteht kein Sicherungsbedürfnis.

Hinweis

Vormerkungen für eine Sicherungshypothek sind bei schon hoch belasteten Grundstücken gefährlich. Sie erschweren eine Nachfinanzierung oder den Verkauf des Grundstücks und wirken sich dann praktisch wie eine „Grundbuchsperre" aus. Der Gläubiger kann sich damit selbst Geldquellen verstopfen. Einen echten Sicherungswert haben nur Vormerkungen, die an einer noch günstigen Rangstelle eingetragen werden. Sie können dann als Druckmittel dienen, den Besteller zu einer Zahlung der Werklohnforderung zu veranlassen.

I. Materielle Voraussetzungen

Anspruchsberechtigt ist der **Unternehmer eines Bauwerks oder einzelner** 3
Teile eines Bauwerks. Zu den Unternehmern zählen
- Bauunternehmer,
- Handwerker,
- Bauträger,
- Baubetreuer,
- Architekten,
- Statiker und
- sonstige Sonderfachleute, die aufgrund eines Vertrages mit dem Grundstückseigentümer Werkleistungen erbracht und dadurch den Wert des Grundstücks bzw. des Bauwerks erhöht haben.

In Betracht kommen nur Ansprüche aus **Werkverträgen mit dem Grundstückseigentümer**. Bloße Baustofflieferanten und Subunternehmer können keine Hypothek beanspruchen.

Zu einer **Wertsteigerung des Grundstücks** können nicht nur Neubauten und Einzelgewerke hierfür führen, sondern auch Umbau-, Reparatur- und Renovierungsarbeiten, wie z.B. bei der Sanierung und Modernisierung von Altbauten, die das Bauwerk wesentlich verändern oder einzelne, nicht unerhebliche Teile erneuern.[7] Dazu zählen z.B. der Austausch sämtlicher Fensterscheiben durch Isolierglasscheiben, der Umbau einer Zentralheizung in einem Wohnhaus, das Verlegen von Teppichböden mit Klebern, der Einbau einer maßgefertigten Einbauküche und ein Hausanstrich, der zur Erhaltung der Substanz dient.[8]

4   **Anspruchsgegner** ist der Eigentümer des Baugrundstücks. Er muß zugleich Besteller des Gewerks sein. Nicht ausreichend ist eine bloße wirtschaftliche Identität zwischen dem Bauherrn und dem Grundstückseigentümer, wie z.B. in Fällen, in denen eine GmbH bestellt hat, das Grundstück aber dem beherrschenden Gesellschafter gehört. Treu und Glauben können unter bestimmten Voraussetzungen – wie bei einer gesellschaftlichen Durchgriffshaftung – dennoch dazu führen, daß der Grundstückseigentümer dinglich wie ein Besteller haftet.[9] Die Vormerkung ist dann auf seinem Grundstück einzutragen.

5   Zu sichern sind alle **offenen Zahlungsansprüche** aus dem Werkvertrag. Sie brauchen nicht fällig zu sein. Der Unternehmer muß aber wenigstens teilweise Bauleistungen erbracht haben. Die Höhe der Vergütung richtet sich nach dem jeweiligen Baufortschritt. Künftige Ansprüche können nicht gesichert werden. Soweit die Werkleistung Mängel aufweist, ist die Bauforderung um die voraussichtlichen Nachbesserungskosten zu kürzen.[10]

---

7   BGH NJW 1993, 1993, 3195.
8   Rechtsprechungsnachweise und weitere Beispiele in Beck'scher VOB-Kommentar/*Jagenburg* vor § 2 Rn 383.
9   BGH NJW 1988, 255, 257.
10   BGHZ 68, 180; 139, 142.

II. Einstweiliges Verfügungsverfahren

Der Antragsteller braucht den Gegner vor einem Verfügungsantrag nicht auf- 6
zufordern, die Sicherungshypothek freiwillig zu bewilligen. Ob er dann das
Risiko eingeht, mit den Kosten des Verfügungsverfahrens belastet zu werden,
wenn der Schuldner den Antrag sofort anerkennt (§ 93 ZPO), ist umstritten.
Nach herrschender Meinung ist eine **Abmahnung** unzumutbar, wenn
Anhaltspunkte für Verkaufsabsichten oder bevorstehende weitere Grund-
stücksbelastungen vorliegen, der Bauherr den Zahlungsanspruch bestritten
hat oder wenn er mit der Erfüllung der Zahlungsverpflichtung in Verzug geraten ist.[11] Ein Kostenrisiko besteht ohne Abmahnung in Fällen, in denen der
Schuldner pünktliche Abschlagszahlungen geleistet hat und erkennbar über
hinreichendes Vermögen oder Sicherungsmittel verfügt.[12]

In einem Verfügungsantrag sind die **materiellen Voraussetzungen** des § 648 7
Abs. 1 BGB für eine Sicherungshypothek **darzulegen** und **glaubhaft** zu
machen. Als „**Beweismittel**" kommen vor allem in Betracht der schriftliche Bauvertrag, ein Grundbuchauszug, evtl. schon geprüfte Abschlags- oder
Schlußrechnungen mit Aufmaßunterlagen und Stundenlohnzetteln sowie eidesstattliche Versicherungen.

Im Urteilsverfahren gelten die **Beweislastregeln** wie im Gewährleistungsrecht.[13] Bei einem Streit um Baumängel muß vor der Abnahme der Unternehmer die Mangelfreiheit darlegen und glaubhaft machen, nach der Abnahme
der Bauherr Mängel vortragen und glaubhaft machen.

Hinterlegt der Schuldner nach dem Erlaß der einstweiligen Verfügung die
streitige Summe oder leistet er eine ausreichende Sicherheit, ist die einstweilige Verfügung auf Antrag gemäß § 939 ZPO aufzuheben.[14] Die in der
Vollziehung der einstweiligen Verfügung eingetragene Vormerkung wird mit
der Eröffnung des Gesamtvollstreckungsverfahrens über das Vermögen des

---

11 OLG Köln NJW-RR 1997, 1242; OLG Stuttgart BauR 1995, 116 f. und eingehend *Werner/Pastor*
    Rn 303 ff.
12 *Werner/Pastor* Rn 304.
13 BGHZ 68, 180, 187.
14 OLG Saarbrücken BauR 1993, 348; OLG Köln NJW 1975, 454; *Zöller/Vollkommer* § 939 Rn 1; *Thomas/
    Putzo/Reichold* § 939 Rn 2; *Werner/Pastor* Rn 288.

Schuldners wirkungslos (§ 7 Abs. 3 Satz 1 GesO) und ist auf Antrag zu löschen.[15]

8 Der **Gebührenstreitwert** wird in der Regel mit 1/3 der zu sichernden Bauforderung veranschlagt.[16]

9 **Klage in der Hauptsache** ist nicht die Werklohnklage, sondern die Klage auf Bewilligung der Eintragung der Hypothek.[17] Hierauf ist im Aufhebungsverfahren nach § 926 ZPO zu achten.

B. Arrest

10 In der Baupraxis spielt der **dingliche Arrest** vor allem eine Rolle, um

- **Werklohnforderungen des Unternehmers,**
- **Kaufpreisansprüche von Baulieferanten** oder
- **Vorschuß- bzw. Schadensersatzansprüche des Bauherrn**

zu sichern.

Gläubiger einer Werklohnforderung sind auf einen dinglichen Arrest angewiesen, wenn der Bauherr nicht Eigentümer des Baugrundstücks ist oder wenn das Grundstück bereits so belastet ist, daß bei einer Zwangsvollstreckung der Ausfall der Bauforderung droht.

Hinweis

Sie können sie sonst im Wege der einstweiligen Verfügung mit einer Vormerkung für eine **Bauhandwerkersicherungshypothek** absichern. Zu einem Arrest anstelle einer einstweiligen Verfügung ist ihnen allenfalls zu raten, wenn ein Arrestgrund klar auf der Hand liegt. Der Arrest bietet dann Vorteile, weil Sicherungsgegenstand nicht nur das Baugrundstück ist. Hat ein Bauunternehmer bereits eine Bauhandwerkersicherungshypothek oder

---

15 BGH NJW 2000, 2427.

16 *Werner/Pastor* Rn 312.

17 OLG Düsseldorf NJW-RR 1986, 322 f.; OLG Frankfurt NJW 1983, 1129, 1130; *Thomas/Putzo* § 926 Rn 14; a.A. *MüKo/Heinze* § 926 Rn 16; *Zöller/Vollkommer* § 926 Rn 30 und ausführlich *Ruland* BauR 1999, 316 ff.

eine Vormerkung hierfür erlangt, ist ein Arrestantrag nur erfolgversprechend, wenn er hierdurch noch nicht hinreichend gesichert ist. Dies ist bei einer Vormerkung aufgrund einer einstweiligen Verfügung auch dann der Fall, wenn der Unternehmer die einstweilige Verfügung nicht rechtzeitig vollzogen hat (§ 3 Rn 116). Nur mit einem dinglichen Arrest können sich Gläubiger einer Werklohnforderung sichern, deren Vertragspartner nicht Eigentümer des Baugrundstücks sind (vor allem Subunternehmer) und Baulieferanten.

Ein **Arrestgrund** kann sich vor allem aus auffälligen Belastungen des Baugrundstücks ergeben (§ 5 Rn 6), unter Umständen aber auch, wenn der Eigentümer sein von einem Werkunternehmer bebautes Grundstück vor der Eintragung einer Bauhandwerkersicherungshypothek oder einer Vormerkung veräußert.[18]

11

18 *Zöller/Vollkommer* § 917 Rn 8; a.A. *Werner/Pastor* Rn 391.

C. Muster: Verfügungsantrag auf Eintrag einer Vormerkung für eine Bauhandwerkersicherungshypothek

40

▼

12 An das
Amtsgericht/Landgericht

Eilt sehr!

Bitte sofort vorlegen

Antrag

auf Erlaß einer einstweiligen Verfügung

der

– Antragstellerin –

– Verfahrensbevollmächtigter: Rechtsanwalt –

gegen

den

– Antragsgegner –

Streitwert: DM

Namens und in Vollmacht der Antragstellerin beantrage ich, folgende einstweilige Verfügung – wegen der Dringlichkeit ohne mündliche Verhandlung – zu erlassen:

Zugunsten des Antragstellers ist auf dem Grundstück des Antragsgegners – eingetragen im Grundbuch von Band Blatt – wegen einer Werklohnforderung in Höhe von DM aus dem Bauvertrag vom nebst % Zinsen seit dem und einer Kostenpauschale von eine Vormerkung zur Sicherung des Anspruchs auf Einräumung einer Sicherungshypothek einzutragen.

Das Gericht wird gebeten, das Grundbuchamt um die Eintragung zu ersuchen (§ 941 ZPO) und mir telefonisch mitzuteilen, ob es so verfährt, damit ich die einstweilige Verfügung rechtzeitig vollziehen oder den Eintragungsantrag unverzüglich selbst stellen kann.

Begründung:
Der Antragsgegner ist Eigentümer des im Antrag genannten Grundstücks.

Glaubhaftmachung: beigefügter beglaubigter Grundbuchauszug

Die Antragstellerin hat in seinem Auftrag aufgrund eines Bauvertrages vom ▒▒▒▒ die Maurerarbeiten beim Neubau des Wohnhauses auf dem Grundstück ausgeführt und dem Antragsgegner dafür vereinbarungsgemäß ▒▒▒▒ DM in Rechnung.

Glaubhaftmachung: anliegende Kopie des Bauvertrages vom ▒▒▒▒ und Schlußrechnung vom ▒▒▒▒

Die Arbeiten der Antragstellerin sind mangelfrei. Der Antragsgegner hat trotz Mahnung nichts bezahlt.

Glaubhaftmachung: anliegende eidesstattliche Versicherung des ▒▒▒▒ Mahnschreiben vom ▒▒▒▒

Die Antragstellerin kann wegen ihrer Werklohnforderung nach § 648 Abs. 1 BGB die Einräumung einer Sicherungshypothek und zu deren Sicherung nach den §§ 883, 885 BGB im Wege der einstweiligen Verfügung die Eintragung einer Vormerkung verlangen.

Die Kostenpauschale setzt sich aus folgenden Beträgen zusammen:

▒▒▒▒

Der Antragsgegner hat sich offensichtlich finanziell übernommen, denn ▒▒▒▒. Deshalb ist eine Entscheidung ohne mündlichen Verhandlung geboten (§ 937 Abs. 2 ZPO). Sonst besteht die Gefahr, daß andere Bauwerkunternehmer vorrangig eine Vormerkung erwirken oder die Zwangsvollstreckung in das Grundstück betreiben.

(Rechtsanwalt)

Anlagen:

1) Grundbuchauszug
2) Bauvertrag vom ▨
3) Schlußrechnung vom ▨
4) eidesstattliche Versicherung des ▨ vom ▨
5) Mahnschreiben vom ▨

§ 7 Vorläufiger Rechtsschutz im Mietrecht

In Mietsachen besteht ein praktisches Bedürfnis vor allem für **einstweilige** **1**
Verfügungen, um Ansprüche aus Mietverträgen vorläufig durchzusetzen
oder zu sichern. **Arrestverfahren** sind äußerst selten, weil der Gläubiger
nur in Ausnahmefällen einen Arrestgrund glaubhaft machen kann. Vermieter können wegen ihrer Zahlungsansprüche häufig zunächst auf Kautionen
zurückgreifen und Mieter mit ihren Geldforderungen gegen den Mietzinsan-
spruch aufrechnen. Die Sicherung überschießender Ansprüche durch einen
Arrest scheitert meistens daran, daß der Gläubiger keine Anhaltspunkte für
eine bevorstehende Verschlechterung der Vermögensverhältnisse des Schuldners hat.

A. Ansprüche des Vermieters

Mietzinsansprüche sind im allgemeinen nicht mit einer einstweiligen Ver- **2**
fügung durchzusetzen. Zugelassen wird sie nur in **Notfällen** (§ 3 Rn 23), in
denen der Vermieter auf die Mietzinsen zur Sicherung seines Existenzmini-
mums dringend angewiesen ist.[1]

Bei akuter Gefahr für Menschen oder das Gebäude kann Mietern im Wege
der einstweiligen Verfügung aufgegeben werden, **unaufschiebbare Erhal-**
tungsmaßnahmen im Sinne des § 541 a BGB zu dulden[2] oder einen beabsichtigten **unangemessenen Gebrauch der Mietsache** zu unterlassen.[3] **Mo-**
dernisierungsarbeiten (§ 541 b BGB) sind im allgemeinen nicht eilbedürftig.[4] Der drohende Verlust eines Modernisierungszuschusses reicht nicht
aus.[5] Zulässig sind auch Verfügungsanträge, von Außentüren oder Fenstern

---

1 *Schuschke/Walker* Vorbem. zu § 935 Rn 29; *Stein/Jonas/Grunsky* vor § 935 Rn 41; a.A. *Thomas/*
  Putzo/Reichold § 940 Rn 17.
2 AG Neuss NJW-RR 1986, 314.
3 LG Wuppertal ZMR 1996, 439; AG Bad Homburg NJW-RR 1992, 335.
4 *Fischer* in *Bub/Treier* Kap. VIII Rn 116.
5 LG Frankenthal WuM 1993, 418 f.; a.A. LG Köln WuM 1978, 8.

Plakate mit anstößigem Inhalt zu entfernen[6] und nach der Kündigung des Mietvertrages die **Besichtigung der Wohnung** durch Mietinteressenten zu dulden.[7] Mit einer Unterlassungsverfügung können Vermieter verhindern, daß Mieter bei einem kurzfristig bevorstehenden Auszug trotz erheblicher Mietrückstände aus der Wohnung **Gegenstände entfernen**, die dem Vermieterpfandrecht unterliegen.[8]

B. Ansprüche des Mieters

3 **Gegen Vermieter** sind in dringenden Fällen einstweilige Verfügungen mit den Anträgen zulässig,

- ■ die **Wohnung ordnungsgemäß zu beheizen**,[9]
- ■ mit **Wasser, Gas oder Strom** zu versorgen[10] und
- ■ den vorläufigen **Zugang zu Gemeinschaftsräumen** zu verschaffen.[11]

Hat ein **Versorgungsunternehmen** mit dem Vermieter einen Vertrag über die Versorgung eines Mietshauses mit Wasser, Gas oder Strom abgeschlossen und stellt es die Lieferung ein, weil der Vermieter in Zahlungsverzug geraten ist, kann der Mieter nach Auffassung u. a. der Landgerichte Cottbus,[12] Aachen,[13] Saarbrücken[14] und Bonn[15] vom Versorgungsunternehmen im Wege der einstweilige Verfügung die Aufhebung der Liefersperre verlangen.[16] Der Verfügungsanspruch ergibt sich aus § 862 Abs. 1 BGB.[17]

---

6 AG Ludwigsburg WuM 1989, 618; *Schuschke/Walker* Vorbem. zu § 935 Rn 39.

7 *Wieczorek/Thümmel* § 940 Rn 53.

8 OLG Celle NJW-RR 1987, 447.

9 OLG Köln ZMR 1994, 325; LG Koblenz NJW-RR 1986, 506; LG Osnabrück WuM 1980, 198; LG Mannheim WuM 1975, 12.

10 AG Wuppertal NJW-RR 1989, 251; AG Leipzig MDR 1998, 1025.

11 *Schuschke/Walker* Vorbem. zu § 935 Rn 40.

12 WuM 2000, 134 f.

13 NJW-RR 1988, 1522.

14 MDR 1987, 54.

15 WuM 1980, 231.

16 A.A. LG Frankfurt WuM 1998, 495 f.; LG Gera WuM 1998, 496 ff.

17 Dazu ausführlich *Schmitz-Justen* WuM 1998, 520 ff.

Bei Geschäftsräumen kann dem Vermieter aufgrund einer **Konkurrenz-schutzklausel** untersagt werden, bestimmte Räumlichkeiten an ein Konkurrenzunternehmen zu vermieten.[18] Zulässig ist auch eine einstweilige Verfügung, um die drohende **Umgehung eines Vorkaufsrechts** nach § 570 b BGB zu verhindern.[19] Bei einer **Doppelvermietung** hat das OLG Frankfurt[20] den Verfügungsanspruch eines Gläubigers verneint, ihm den Besitz zu verschaffen.[21]

Mieter untereinander können sich im Wege der einstweiligen Verfügung z.B. gegen **störende Immissionen** wehren.[22]

C. Räumungsverfügung

Die **Räumung von Wohnraum** darf durch einstweilige Verfügung nur angeordnet werden

4

- wegen **verbotener Eigenmacht** (§ 940 a ZPO) oder
- wenn vom Schuldner eine **akute Gefahr für das Leben oder die Gesundheit** des Gläubigers ausgeht.[23]

Das gleiche gilt für die **Räumung von Geschäftsräumen**.[24] In Fällen verbotener Eigenmacht braucht nicht glaubhaft gemacht zu werden, daß die sofortige Räumung notwendig ist (§ 3 Rn 25). Bei einer ernsthaften Bedrohung des Vermieters oder eines Mitbewohners reicht meistens das Verbot aus, die Wohnung wieder zu betreten.

Im Verfügungsantrag sind die **Räumungsschuldner** zu bezeichnen. Kennt der Gläubiger sie nicht und kann er ihre Namen auch nicht ermitteln, wie z.B.

5

---

18 OLG Frankfurt NJW-RR 1988, 396 f.; OLG Hamm NJW-RR 1990, 1236 f.
19 OLG München ZMR 1999, 549 ff.
20 NJW-RR 1997, 77.
21 Zustimmend *Schuschke/Walker* Vorbem. zu § 935 Rn 40; a.A. OLG Düsseldorf NJW-RR 1991, 137; *Zöller/Vollkommer* § 938 Rn 12; *Wichert* ZMR 1997, 16.
22 *Schuschke/Walker* Vorbem. zu § 935 Rn 41.
23 LG Braunschweig NJW-RR 1991, 832; LG Bochum NJW-RR 1990, 896; *Zöller/Vollkommer* § 940 a Rn 2; *Thomas/Putzo/Reichold* § 940 a Rn 1; *Schuschke/Walker* § 940 a Rn 4; *Helle* NJW 1991, 212 f.
24 *Fischer* in *Bub/Treier* Kap. VIII Rn 114.

bei Hausbesetzungen oder Wohngemeinschaften, reicht es aus, ihre Identität durch den Aufenthaltsort und die Anzahl zu bestimmen. Nach überwiegender Auffassung muß es sich dann aber um einen Personenkreis handeln, der vorübergehend feststeht und nicht ständig wechselt Sonst ist ein Verfügungsantrag „gegen die Bewohner des Hauses ..." unzulässig.[25] Eine Mindermeinung in der Literatur hält in diesen Fällen einen Räumungsantrag „gegen die bei der Vollziehung angetroffenen Personen" für zulässig.[26]

D. Muster

I. Muster: Antrag auf Duldung von Erhaltungsmaßnahmen

▼

6   An das
    Amtsgericht
    ▮▮▮▮

Eilt sehr!

Bitte sofort vorlegen

Antrag

auf Erlaß einer einstweiligen Verfügung

der ▮▮▮▮

– Antragstellerin –

– Verfahrensbevollmächtigter: Rechtsanwalt ▮▮▮▮ –

gegen

den ▮▮▮▮

– Antragsgegner –

Streitwert: ▮▮▮▮ DM

---

25 OLG Oldenburg NJW-RR 1995, 1164 f.; OLG Köln NJW 1982, 1888; *Zöller/Vollkommer* § 935 Rn 4; *Thomas/Putzo* § 253 Rn 7; *Stein/Jonas/Schumann* § 253 Rn 32; *MüKo/Lüke* § 253 Rn 54 f.; a.A. *Schuschke/Walker* § 885 Rn 6 und vor § 920 Rn 13.
26 *Musielak/Huber* § 940 a Rn 2; *Scherer* DGVZ 1993, 132 ff.

Namens und im Auftrag der Antragstellerin beantrage ich, folgende einstweilige Verfügung – wegen der Dringlichkeit ohne mündliche Verhandlung (§ 937 Abs. 2 ZPO) – zu erlassen:

1) Dem Antragsgegner wird aufgegeben, in der Zeit vom   bis   innerhalb der Wohnung   Reparaturarbeiten am Kamin zu dulden und den von der Antragstellerin hiermit beauftragten Handwerkern freien Zugang zu   zu verschaffen.

2) Für jeden Fall der Zuwiderhandlung wird dem Antragsgegner ein Ordnungsgeld bis zu 500.000.- DM angedroht, ersatzweise Ordnungshaft, oder Ordnungshaft bis zu sechs Monaten.

Begründung:
Der Antragsgegner hat von der Antragstellerin aufgrund des beigefügten Mietvertrages die im Antrag bezeichnete Wohnung gemietet. In der Wohnung befindet sich ein Kamin, dessen Stilllegung der Bezirksschornsteinfegermeister mit der anliegenden Verfügung angeordnet hat, weil Brandgefahr besteht. Die Antragstellerin will die notwendigen Reparaturarbeiten durchführen lassen. Sie hat die Firma   damit beauftragt, den Antragsgegner hiervon mit Schreiben vom   unterrichtet und ihm darin mitgeteilt, welche Arbeiten wann durchgeführt werden sollen und wie lange sie dauern. Der Antragsgegner hat mit Schreiben vom   geantwortet, er werde keine Handwerker in seine Wohnung lassen und den Kamin weiter nutzen, weil der einwandfrei funktioniere.

Glaubhaftmachung: anliegende Schreiben der Antragstellerin vom   und des Antragsgegners vom

Die Antragstellerin braucht nicht abzuwarten, daß sich der Antragsgegner erst dann eines besseren besinnt, wenn das Haus in Flammen steht. Ihr ist es auch nicht zuzumuten, die Reparaturarbeiten bis zu einer Klärung im Klageverfahren zurückzustellen. Sie sind als notwendige Erhaltungsmaßnahmen vom Antragsgegner nach § 541 a BGB zu dulden und müssen sofort durchgeführt werden, um einer weiteren Nutzung des vorhandenen Kamins und der damit verbundenen Brandgefahr vorzubeugen.

(Rechtsanwalt)

Anlagen:

1) Mietvertrag der Parteien vom ▓▓▓▓▓
2) Stilllegungsverfügung des Bezirksschornsteinfegermeisters vom ▓▓▓▓▓
3) Schreiben der Antragstellerin vom ▓▓▓▓▓
4) Schreiben des Antragsgegners vom ▓▓▓▓▓

▲

II. Muster: Antrag auf Versorgung einer Wohnung mit Strom

▼

7 An das

Amtsgericht

▓▓▓▓▓

Eilt sehr!

Bitte sofort vorlegen

Antrag

auf Erlaß einer einstweiligen Verfügung

der ▓▓▓▓▓

– Antragstellerin –

– Verfahrensbevollmächtigter: Rechtsanwalt ▓▓▓▓▓ –

gegen

den ▓▓▓▓▓

– Antragsgegner –

Streitwert: ▓▓▓▓▓ DM

Namens und im Auftrag der Antragstellerin beantrage ich, folgende einstweilige Verfügung – wegen der Dringlichkeit ohne mündliche Verhandlung (§ 937 Abs. 2 ZPO) – zu erlassen:

Dem Antragsgegner wird aufgegeben, die Wohnung der Antragstellerin in ▓▓▓▓▓ mit Strom zu versorgen.

Begründung:

Die Antragstellerin hat mit dem beigefügten Mietvertrag vom Antragsgegner die im Antrag bezeichnete Wohnung gemietet. Zwischen den Parteien ist es wiederholt zu Streitigkeiten gekommen, die auch schon die Gerichte beschäftigt haben. Auf die Hintergründe soll hier nicht näher eingegangen werden. Der Antragsgegner hat nun gestern den Strom zur Wohnung der Antragstellerin abgestellt. Die Antragstellerin führte dies zunächst auf einen Kurzschluß zurück und sprach den Antragsteller darauf an. Dieser eröffnete ihr, er habe die Leitung gekappt, weil die Antragstellerin in diesem Monat schon zuviel Strom verbraucht habe. Mehr sei bei der vereinbarten Pauschalmiete nicht drin.

Glaubhaftmachung: anliegende eidesstattliche Versicherung der Antragstellerin

Das Verhalten des Antragsgegners spricht für sich. Seine Vorwürfe sind an den Haaren herbeigezogen. Er schikaniert die Antragstellerin, wo immer er kann. Die Antragstellerin braucht sich dies nicht bieten zu lassen. Sie ist auf Strom angewiesen, weil ihre Wohnung darauf eingerichtet ist. Ohne den Elektroherd kann sie nicht kochen und ohne die Waschmaschine die Wäsche nicht waschen. Sie will auch nicht ständig ihre Abende bei Kerzenlicht verbringen. Um wenigstens in dieser Hinsicht alsbald zu geordneten Verhältnissen zurückzukehren, ist der Erlaß der beantragten einstweiligen Verfügung dringend geboten.

(Rechtsanwalt)

Anlage: eidesstattliche Versicherung der Antragstellerin vom

271

III.   Muster: Antrag auf Unterlassungsverfügung (Mieter gegen Mieter)

▼

8   An das
Amtsgericht

Eilt sehr!

Bitte sofort vorlegen

Antrag

auf Erlaß einer einstweiligen Verfügung

der

– Antragstellerin –

– Verfahrensbevollmächtigter: Rechtsanwalt –

gegen

den

– Antragsgegner –

Streitwert: DM

Namens und im Auftrag der Antragstellerin beantrage ich, folgende einstweilige Verfügung – wegen der Dringlichkeit ohne mündliche Verhandlung (§ 937 Abs. 2 ZPO) – zu erlassen:

1) Dem Antragsgegner wird es untersagt, seinen Hund im oder vor dem Haus in frei herumlaufen zu lassen.

2) Für jeden Fall der Zuwiderhandlung wird dem Antragsgegner ein Ordnungsgeld bis zu 500.000.- DM angedroht, ersatzweise Ordnungshaft, oder Ordnungshaft bis zu sechs Monaten.

Begründung:

Die Parteien sind Mieter des Mehrfamilienhauses in . Der Antragsgegner besitzt einen Bernhardiner, den er im und vor dem Haus frei herumlaufen läßt. Das Tier springt Menschen an. Die Antragstellerin, eine ältere

272

Dame, fühlt sich deshalb gefährdet. Sie begegnet dem Hund mindestens einmal wöchentlich und wird dann regelmäßig von ihm angesprungen.

Die Antragstellerin hat den Antragsgegner wiederholt gebeten, den Hund an der Leine zu führen. Dies hat der Antragsgegner mit der Begründung abgelehnt, das Tier sei völlig harmlos und wolle nur spielen. Zu derartigen Erklärungen neigen Hundehalter erfahrungsgemäß. Die Antragstellerin legt auf Spiele mit dem Tier keinen Wert. Sie vertraut auch nicht darauf, daß sich der Hund damit begnügt. Hundehalter machen selbst nach gefährlichen Angriffen noch geltend, das Tier sei gutmütig; der Verletzte müsse sich falsch verhalten haben.

Die Antragstellerin braucht nicht abzuwarten, bis sie von dem Hund tatsächlich umgeworfen oder gebissen wird. Dies droht ihr ständig, wenn sie dem Tier begegnet. Davor kann sie nur die beantragte Unterlassungsverfügung wirksam schützen.

Den vorstehenden Sachverhalt mache ich glaubhaft durch die beigefügten eidesstattlichen Versicherungen der Antragstellerin und der Mitbewohner und . Daraus ergibt sich im einzelnen, an welchen Tagen des letzten Monats der Hund die Antragstellerin und auch die Mitbewohner angesprungen hat. Hierauf nehme ich Bezug.

Eine Entscheidung ohne mündliche Verhandlung ist geboten, weil jede Zeitverzögerung dazu führen kann, daß die Antragstellerin von dem Tier angefallen und erheblich verletzt wird.

(Rechtsanwalt)

Anlagen:
1) eidesstattliche Versicherung der Antragstellerin vom
2) eidesstattliche Versicherungen der und des vom

▲

IV. Muster: Antrag auf Verbot des Betretens einer Wohnung (Mieter gegen Mitmieter)

9 An das
Amtsgericht

Eilt sehr!

Bitte sofort vorlegen

Antrag

auf Erlaß einer einstweiligen Verfügung

der

– Antragstellerin –

– Verfahrensbevollmächtigter: Rechtsanwalt   –

gegen

den

– Antragsgegner –

Streitwert: DM

Namens und im Auftrag der Antragstellerin beantrage ich, folgende einstweilige Verfügung – wegen der Dringlichkeit ohne mündliche Verhandlung (§ 937 Abs. 2 ZPO) – zu erlassen:

Dem Antragsgegner wird untersagt, die Wohnung   zu betreten.

Dem Antragsgegner wird für jeden Fall der Zuwiderhandlung ein Ordnungsgeld bis zu 500.000.- DM angedroht, ersatzweise Ordnungshaft, oder Ordnungshaft bis zu sechs Monaten.

Begründung:
Die Parteien haben gemeinsam die Wohnung   gemietet und dort in einer nichtehelichen Lebensgemeinschaft zusammengelebt. Die Beziehung ist gescheitert, weil   .

274

Als die Antragstellerin dem Antragsgegner gestern eröffnete, daß sie sich von ihm trennen wolle, verließ er zunächst die Wohnung, kehrte dann nach einigen Stunden in alkoholisiertem Zustand zurück, würgte die Antragstellerin am Hals und drohte, sie umzubringen. Die Antragstellerin konnte sich nur befreien, weil Nachbarn ihr zu Hilfe kamen.

Glaubhaftmachung: anliegende eidesstattliche Versicherung der Antragstellerin und ärztliches Attest des Dr.

Die Antragstellerin fürchtet ernsthaft um ihr Leben, wenn der Antragsgegner sie nochmals in alkoholisiertem Zustand tätlich angreift. Diese Gefahr besteht, solange die Parteien die Wohnung gemeinsam nutzen. Da sich der Antragsgegner rechtswidrig verhält, ist es ihm zuzumuten, zumindest vorübergehend anderweitig unterzukommen und der Antragstellerin allein die Wohnung zu belassen.

(Rechtsanwalt)

Anlagen:
1) eidesstattliche Versicherung der Antragstellerin vom
2) Ärztliches Attest des Dr.   vom

▲

V. Muster: Räumungsverfügung (Vermieter gegen Mieter)

▼

10   An das
Amtsgericht

Eilt sehr!

Bitte sofort vorlegen

Antrag

auf Erlaß einer einstweiligen Verfügung

des

– Antragstellers –

– Verfahrensbevollmächtigter: Rechtsanwalt   –

gegen

den

– Antragsgegner –

Streitwert: DM

Namens und im Auftrag des Antragstellers beantrage ich,

> dem Antragsgegner im Wege der einstweiligen Verfügung aufzugeben, die Wohnung   bestehend aus   zu räumen und an den Antragsteller herauszugeben.

Begründung:

Der Antragsgegner hat vom Antragsteller aufgrund des beigefügten Mietvertrages die im Antrag bezeichnete und damals leerstehende Wohnung gemietet. Vorangegangen war ein Gespräch mit dem Antragsteller beauftragten Makler   . Diesem hatte der Antragsgegner erklärt, er sei bei der Firma   beschäftigt und verdiene dort monatlich   DM.

Glaubhaftmachung: anliegende eidesstattliche Versicherung des Maklers

276

In Wirklichkeit bestand das Arbeitsverhältnis schon seit ▒▒▒▒ nicht mehr und der frühere Mietvertrag des Antragsgegners war wegen rückständiger Mieten fristlos gekündigt worden.

Glaubhaftmachung: anliegende Bescheinigung der Firma ▒▒▒▒ und eidesstattliche Versicherung des früheren Vermieters ▒▒▒▒

Als der Antragsteller dies erfuhr, hat er noch vor dem Einzug des Antragsgegners den Mietvertrag mit dem beigefügten Schreiben vom ▒▒▒▒ wegen arglistiger Täuschung angefochten. Der Antragsgegner ist dennoch in die Wohnung eingezogen. Wie er hineingelangt ist, weiß der Antragsteller nicht. Dies ist jedenfalls ohne seinen Willen geschehen, so daß der Antragsgegner wegen verbotener Eigenmacht zur Räumung und Herausgabe verpflichtet ist (§ 861 Abs. 1 BGB). Dieser Anspruch ist nach § 940 a ZPO im Wege der einstweiligen Verfügung durchzusetzen. Ein Verfügungsgrund wird dabei vermutet (vgl. OLG Stuttgart NJW-RR 1996, 1516).

(Rechtsanwältin)

Anlagen:
1) Mietvertrag der Parteien vom ▒▒▒▒
2) eidesstattliche Versicherung des Maklers ▒▒▒▒ vom ▒▒▒▒
3) Bescheinigung der Firma ▒▒▒▒ vom ▒▒▒▒
4) eidesstattliche Versicherung des Herrn ▒▒▒▒ vom ▒▒▒▒
5) Schreiben des Antragstellers vom ▒▒▒▒

▲

§ 8 Vorläufiger Rechtsschutz im Gesellschaftsrecht

In gesellschaftsrechtlichen Auseinandersetzungen werden verstärkt einstweilige Verfügungen eingesetzt, um bis zu einer Entscheidung in der Hauptsache gefährdete Rechtspositionen zu sichern oder vorläufig durchzusetzen. Bleibt der Streit in der Schwebe, können der Gesellschaft oder Gesellschaftern Schäden entstehen, die später nicht mehr auszugleichen sind. Häufig würden auch vollendete Tatsachen geschaffen, die nur noch schwer rückgängig gemacht werden können. Gegenstand der Verfahren sind meistens Konflikte über **Gesellschafterbeschlüsse** und über die **Entziehung der Geschäftsführungs- und Vertretungsbefugnis**.

Zuständig ist das Gericht, bei dem die Hauptsache anhängig ist, bei einer noch nicht anhängigen Hauptsache jedes hierfür zuständige Gericht. (§ 3 Rn 49 ff.). Das ist im allgemeinen sachlich das Landgericht und dort die Kammer für Handelssachen (§ 95 Abs. 1 Ziff. 4 a GVG).

A. Gesellschafterbeschlüsse

Vor einer Gesellschafterversammlung kann ein Interesse daran bestehen, eine bestimmte Beschlußfassung zu verhindern oder herbeizuführen. Dies ist nur in Ausnahmefällen mit einer einstweiligen Verfügung zu erreichen. Aussichtsreicher sind einstweilige Verfügungsverfahren, um **nach einer Gesellschafterversammlung** den Vollzug rechtswidriger Gesellschafterbeschlüsse zu verhindern.

I. Beschlußfassung

Ein vorbeugender Rechtsschutz gegen **drohende Gesellschafterbeschlüsse** ist nur in Ausnahmefällen zulässig. Im Regelfall kann der betroffene Gesellschafter seine Interessen mit der nachträglichen Anfechtung eines Beschlusses wahren und in dringenden Fällen den Vollzug mit einer einstweiligen Verfügung verhindern (Rn 4).

Nur bei einem besonderen Schutzbedürfnis kommt eine einstweilige Verfügung in Betracht, mit der eine einberufene **Gesellschafterversammlung verschoben** oder die **Beschlußfassung** über einen bestimmten Punkt **untersagt** wird.[1] Dies reicht aus, wenn der Zeitverlust zu keinen wesentlichen Schäden der Gesellschaft oder der Gesellschafter führt.

Bei einer wirksamen **Stimmbindung** sind nach allgemeiner Ansicht auch einstweilige Verfügungen zulässig, mit denen einem Gesellschafter die Ausübung seines Stimmrechts bei einer bevorstehenden Beschlußfassung in einem bestimmten Sinn untersagt oder vorgeschrieben wird.[2] Stimmbindungen können sich aus dem Gesetz, der Satzung oder Vereinbarungen der Gesellschafter ergeben.[3]

In der Rechtsprechung wird überdies ein Stimmverbot für zulässig gehalten, wenn sonst ein erkennbar rechtswidriger Beschluß zu erwarten ist und dessen Umsetzung in existenzieller Weise auf den Bestand der Gesellschaft einwirken würde.[4] Außerdem auch schon bei sonst besonders schwerwiegenden Beeinträchtigungen der Belange des Antragstellers.[5] Der Verfügungsanspruch ergibt sich dann aus der **gesellschaftsrechtlichen Treuepflicht**.

Voraussetzung für eine einstweilige Verfügung ist stets, daß eine Untersagung der Ausführung des Beschlusses nicht ausreicht. Das sind seltene Ausnahmefälle. Gesellschafterbeschlüsse, die erst mit der Eintragung im Handelsregister wirksam werden (z.B. Satzungsänderungen einschließlich Kapitalerhöhungen und –herabsetzungen) scheiden von vornherein aus. Der Antragsteller kann nach der Beschlußfassung mit einer einstweiligen Verfügung die Eintragung verbieten lassen.

1 OLG Frankfurt WM 1982, 282; *MüKo/Heinze* § 935 Rn 141.
2 OLG Hamburg GmbHR 1991, 467 ff.; OLG Koblenz GmbHR 1991, 21; *MüKo/Heinze* § 935 Rn 140 und ausführlich *Zutt* ZHR 155, 190 ff.
3 BGH NJW 1983, 19190 f.; NJW 1987, 1890 ff.
4 OLG Celle GmbHR 2000, 388.
5 OLG München GmbHR 1999, 718, 719; OLG Zweibrücken GmbHR 1998, 373; OLG Stuttgart GmbHR 1997, 312; OLG Frankfurt GmbHR 1993, 161, 162; OLG Hamm GmbHR 1993, 163; OLG Hamburg GmbHR 1991, 467.

II. Vollzug

Rechtswidrige Gesellschafterbeschlüsse können nicht durch eine einstwei-   4
lige Verfügung für unwirksam erklärt werden. Zulässig ist es aber, ihren
Vollzug einstweilen zu untersagen, wenn dies zur Abwendung wesentlicher
Nachteile nötig erscheint.

Bei einem Streit über die Rechtmäßigkeit eintragungsbedürftiger Gesellschafterbeschlüsse kann dem Antragsgegner aufgegeben werden, sie nicht
zur Eintragung in das Handelsregister anzumelden[6] oder – nach einer bereits erfolgten Anmeldung – den Eintragungsantrag wieder zurückzunehmen.[7] Hieran ist dann das Registergericht gemäß § 16 Abs. 2 HGB gebunden.[8]

Verboten werden können auch – vor allem bei Beschlüssen, die nicht eintra-
gungsbedürftig sind – andere Arten der Ausführung, wie z.B. die Ausübung
der Geschäftsführerbefugnisse bei einem Streit über die Bestellung. Der Antragsteller muß Anfechtungs- oder Nichtigkeitsgründe sowie ein Regelungsbedürfnis glaubhaft machen.

B. Geschäftsführungs- und Vertretungsbefugnis

Dem Gesellschafter einer **Personenhandelsgesellschaft** (OHG, KG) kann   5
auf Klage seiner Mitgesellschafter die Befugnis zur Geschäftsführung und
Vertretung entzogen werden (§§ 117, 127 HGB). In dringenden Fällen sind
bis zur rechtskräftigen Entscheidung vorläufige Regelungen durch eine einstweilige Verfügung zulässig. Dies gilt entsprechend in Fällen einer Aus-
schließungs- oder Auflösungsklage.

Ein **Verfügungsgrund** besteht, wenn eine vorläufige Regelung notwendig
ist, um Schäden von der Gesellschaft abzuwenden. Dabei sind die Interessen beider Seiten gegeneinander abzuwägen. Der Gesellschaft muß ohne eine

---

6 OLG Düsseldorf NJW 1989, 172; OLG Koblenz GmbHR 1986, 430, 431.

7 *MüKo/Heinze* § 935 Rn 143.

8 *Damm* ZHR 154, 413, 438.

vorläufige Regelung ein irreparabler Schaden drohen und dem Antragsgegner darf durch eine vorläufige Regelung kein vergleichbarer Schaden entstehen.[9] Der Antragsteller muß dies und den Entziehungsgrund glaubhaft machen.

Notwendig sind nur die jeweils **mildesten Mittel**, mit denen der vorläufige Rechtsschutz erreicht werden kann. Dem Antragsgegner darf die Geschäftsführungsbefugnis durch eine einstweilige Verfügung nicht vorläufig entzogen werden, wenn es ausreicht, sie zu beschränken, z.B. statt einer Einzel- auf eine Gesamtgeschäftsführungsbefugnis. Das Verfügungsgericht ist dabei an die gestellten Anträge nicht gebunden. Es kann – wenn die Gesellschaft sonst handlungsunfähig wäre – auch einen anderen Gesellschafter oder einen Dritten vorläufig als Geschäftsführer einsetzen.[10]

Das **Hauptsacheverfahren** braucht nicht anhängig zu sein.[11] Die einstweilige Verfügung muß dann aber von allen übrigen Gesellschaftern beantragt werden. Eine Ausnahme besteht, wenn Mitgesellschafter aus tatsächlichen Gründen nicht mitwirken können. Der Antragsteller muß dann glaubhaft machen, daß sie dem Antrag zugestimmt hätten.[12]

Der Antragsteller muß die einstweilige Verfügung innerhalb der Vollziehungsfrist im Parteibetrieb zustellen. Die Anmeldung zum Handelsregister reicht nicht aus. Dies ist keine Vollstreckungshandlung.[13]

Hat – abweichend von den §§ 117, 127 HGB – der **Gesellschaftsvertrag** die Entziehung der Geschäftsführungs- und Vertretungsbefugnis dem **Beschluß der Gesellschafter** übertragen, kann bei einem Streit über die Wirksamkeit des Beschlusses der von der Entziehung betroffene Gesellschafter in dringenden Fällen ein einstweiliges Verfügungsverfahren gegen die Mitgesellschafter mit dem Ziel betreiben, ihn bis zur rechtskräftigen Entschei-

---

9 *MüKo/Heinze* § 935 Rn 144.

10 BGHZ 33, 105, 109; *Ulmer in Großkomm. HGB* § 117 Rn 65; *Schlegelberger/Martens* § 117 Rn 37; *Damm* ZHR 154, 413, 424 f.; a.A. *MüKo/Heinze* § 935 Rn 145.

11 *Damm* ZHR 154, 413, 425; *Semler* BB 1979, 1534; einschränkend: *MüKo/Heinze* § 935 Rn 144.

12 *Ulmer in Großkomm. HGB* § 117 Rn 66; *Schlegelberger/Martens* § 117 Rn 36.

13 *Schuschke/Walker* Vorbem. zu § 935 Rn 60.

dung im Hauptsacheprozeß weiter amtieren zu lassen.[14] In Betracht kommen außerdem einstweilige Verfügungen gegen den Geschäftsführer, mit denen diesem seine weitere Tätigkeit oder z.B. das Betreten der Geschäftsräume verboten wird. Antragsberechtigt sind die Gesellschaft und jeder Mitgesellschafter.[15]

Unzulässig sind einstweilige Verfügungen zur vorläufigen Abberufung oder Beschränkung der Vertretungsmacht des **Liquidators** einer Handelsgesellschaft (§ 147 HGB), weil hierüber im Verfahren der freiwilligen Gerichtsbarkeit zu entscheiden ist.

Geschäftsführer einer GmbH werden von der Gesellschafterversammlung bestellt und abberufen (§ 46 Nr. 5 GmbHG). Ein Bedürfnis für vorläufige Regelungen kann vor und nach einem Abberufungsbeschluß für den betroffenen Geschäftsführer und die GmbH oder deren Gesellschafter bestehen.   6

Der **Geschäftsführer** kann einen **bevorstehenden Abberufungsbeschluß** nicht verhindern, wenn er nach dem Belieben der Gesellschafter jederzeit abberufen werden darf. Ihm fehlt dann ein Verfügungsanspruch. Ein Abberufungsverbot kommt nur in Betracht, wenn der Gesellschaftsvertrag die Möglichkeit der freien Abberufung einschränkt, namentlich auf wichtige Gründe beschränkt (§ 38 Abs. 2 GmbHG), oder sich aus der Satzung ein Sonderrecht des Geschäftsführers auf das Amt ergibt. **Fremd-Geschäftsführer** können sich auch dann gegen die Abberufung nicht wehren, weil sie nicht berechtigt sind, rechtswidrige Gesellschafterbeschlüsse anzufechten. Infolgedessen können sie nach überwiegender Auffassung auch kein Abberufungsverbot erwirken.[16] **Gesellschafter-Geschäftsführer** sind aufgrund ihrer Gesellschafterstellung berechtigt, den Abberufungsbeschluß mit einer Klage anzufechten. Daher können sie auch grundsätzlich einstweiligen Rechtsschutz beantragen. Auf ein Abberufungsverbot sind sie aber nicht angewiesen, wenn   7

---

14 OLG Köln BB 1977, 464, 465; *Ulmer in Großkomm. HGB* § 117 Rn 68; *Schlegelberger/Martens* § 117 Rn 38.

15 *Semler* BB 1979, 1533, 1535.

16 OLG Frankfurt BB 1982, 274; OLG Celle GmbHR 1981, 264; *Vorwerk* GmbHR 1995, 266, 267 f. mit Nachweisen aus der Literatur in Fußnote 10.

sie sich nachträglich mit der Anfechtung des Beschlusses behelfen können. Dies reicht in den Fällen aus, in denen der Abberufungsbeschluß nicht sofort wirsam ist, sondern die Wirksamkeit davon abhängt, ob die Abberufung berechtigt oder unberechtigt war. Davon geht der Bundesgerichtshof bei jeweils mit 50 % beteiligten Gesellschafter-Geschäftsführern einer Zweipersonen-GmbH aus.[17] Einer unberechtigten Abberufung braucht der Gesellschafter-Geschäftsführer daher bei ihr nicht vorzubeugen. Er ist auch danach Geschäftsführer geblieben. Bei zu befürchtenden Beeinträchtigungen seiner Tätigkeit kann er sich hiergegen im einstweiligen Verfügungsverfahren sichern.[18]

Gesellschafter, die den Geschäftsführer abberufen wollen, können in dringenden Fällen dem Geschäftsführer mit einer einstweiligen Verfügung bis zum nächstmöglichen Termin für eine Gesellschafterversammlung die Geschäftsführung und Vertretung der Gesellschaft verbieten lassen.[19] Sie müssen dann glaubhaft machen, daß – soweit erforderlich – Entlassungsgründe bestehen, die Entlassung beabsichtigt ist und warum die Entscheidung einer Gesellschafterversammlung nicht abgewartet werden kann.[20] Ein Verfügungsgrund kann insbesondere bestehen, wenn der Geschäftsführer seine Befugnisse zum Schaden der Gesellschaft mißbraucht hat und ein weiterer Mißbrauch zu befürchten ist. Antragsberechtigt sind sowohl die Gesellschaft als auch die Gesellschafter.[21] Der Antrag richtet sich gegen den Geschäftsführer.

8 **Nach einem Abberufungsbeschluß** können **Fremd-Geschäftsführer** keinen einstweiligen Rechtsschutz verlangen, weil ihnen ein Verfügungsanspruch fehlt (Rn 7). Bei einem Streit mit einem **Gesellschafter-Geschäftsführer** über die Wirksamkeit eines Abberufungsbeschlusses sind in dringenden Fällen bis zur rechtkräftigen Entscheidung im Anfechtungsverfahren einstweilige Regelungsverfügungen zulässig. Der Geschäftsführer kann

---

17 BGHZ 86, 177, 181.
18 OLG Stuttgart GmbHR 1997, 312 f. und – auch zu Minderheits- und Mehrheits-Gesellschafter-Geschäftsführern – *Vorwerk* GmbHR 1995, 266 ff.
19 OLG Frankfurt GmbHR 1998, 1126 f.
20 *Zwissler* GmbHR 1999, 336, 337 f.
21 OLG Frankfurt GmbHR 1998, 1126 f.

der Gesellschaft bzw. den anderen Gesellschaftern aufgeben lassen, ihm den Zugang zu den Geschäftsräumen und den Einblick in bestimmte Unterlagen zu ermöglichen, ihn an der Ausübung seiner Tätigkeit nicht zu behindern und die Anmeldung der Abberufung zur Eintragung ins Handelsregister vorläufig zu unterlassen. Sowohl die Gesellschaft als auch die anderen Gesellschafter können dem (Fremd- und Gesellschafter-) Geschäftsführer, der sich nicht an den Abberufungsbeschluß hält, einzelne Geschäftsführungsmaßnahmen oder die Geschäftsführung insgesamt verbieten lassen. Ist die Abberufung nur aus „wichtigem Grund" zulässig, müssen die Gesellschaft oder die anderen Gesellschafter glaubhaft machen, daß er vorgelegen hat. Das Regelungsbedürfnis hat der jeweilige Antragsteller glaubhaft zu machen.

C. Sonstige Fälle

In dringenden Fällen können die **Rechte und Pflichten einzelner Gesell-** 9
schafter im Wege der einstweiligen Verfügung vorläufig geregelt werden. In Betracht kommen vor allem Ver- und Gebote, mit denen z.B. einem Gesellschafter das Betreten von Geschäftsräumen oder die Einsichtnahme in Geschäftsbücher untersagt oder gestattet wird[22] und die Untersagung einer Wettbewerbstätigkeit.[23] Unzulässig ist der **Ausschluß eines Gesellschafters** aus der Gesellschaft durch einstweilige Verfügung.[24]

---

22 OLG Düsseldorf BB 1988, 2270.
23 OLG Zweibrücken NJW-RR 1990, 482.
24 *Zöller/Vollkommer* § 940 Rn 8 „Gesellschaftsrecht"; *Schuschke/Walker* Vorbem. zu § 935 Rn 63.

D. Muster: Verfügungsantrag auf Entziehung der Geschäftsführungsbefugnis und Vertretungsmacht

46

▼

10 An das
Landgericht
– Kammer für Handelssachen –
▓▓▓▓ ▓▓▓▓

Eilt!

Bitte sofort vorlegen

Antrag

auf Erlaß einer einstweiligen Verfügung

1) des ▓▓▓
2) der ▓▓▓

– Antragsteller –

– Verfahrensbevollmächtigter: Rechtsanwalt ▓▓▓ –

gegen

den ▓▓▓

Antragsgegner –

Streitwert: ▓▓▓ DM

Namens und in Vollmacht der Antragsteller beantrage ich, folgende einstweilige Verfügung zu erlassen, wegen des besonders dringenden Falles ohne mündliche Verhandlung (§ 937 Abs. 2 ZPO) und allein durch den Vorsitzenden (§ 944 ZPO):

Dem Antragsgegner wird bis zur Entscheidung im Hauptprozeß (Az. ▓▓▓) die Befugnis entzogen, Geschäfte der Firma ▓▓▓ oHG zu führen und die Gesellschaft zu vertreten.

Begründung:

Die Parteien sind mit Anteilen von je 1/3 Gesellschafter der ▓▓▓ oHG. Nach dem Gesellschaftsvertrag war jeder von ihnen allein zur Geschäftsführung und

286

Vertretung berechtigt. Die Gesellschafterversammlung vom ▨▨▨ hat dem Antragsgegner aus wichtigem Grund die Befugnis zur Geschäftsführung und die Vertretungsmacht entzogen.

Glaubhaftmachung: anliegender Gesellschaftsvertrag und Protokoll der Gesellschafterversammlung vom ▨▨▨

Der Antragsgegner akzeptiert dies nicht. Die Antragsteller haben deswegen am ▨▨▨ Klage nach den §§ 117, 127 HGB erhoben. Der Rechtsstreit ist vor der angerufenen Kammer unter dem Aktenzeichen ▨▨▨ anhängig. Eine Fotokopie der Klageschrift füge ich bei.

Es ist nunmehr dringend geboten, dem Antragsgegner schon vorläufig bis zur Entscheidung über die Klage die Geschäftsführungs- und Vertretungsmacht zu entziehen. Er verstößt in grober Weise gegen seine Verpflichtungen aus dem Gesellschaftsvertrag und schädigt dadurch die Gesellschaft permanent. Dies können die Antragsteller nicht länger hinnehmen. Ihnen ist eine weitere Zusammenarbeit mit dem Antragsgegner nicht mehr zuzumuten.

Die Ehefrau des Antragsgegners hat – wie in der Klageschrift vorgetragen – eine Einzelfirma gegründet, die ebenso wie die oHG mit Baustoffen handelt. Das Unternehmen betreibt tatsächlich der Antragsgegner. Er hat seine Ehefrau nur vorgeschoben. Sie ist gelernte Friseuse, kennt sich im Baustoffhandel nicht aus und verweist Kunden an den Antragsgegner, der dann die Verträge mit ihnen aushandelt. Dies mache ich glaubhaft durch die beigefügten eidesstattlichen Versicherungen der Inhaber der Firmen ▨▨▨ und ▨▨▨, die sich an die Einzelfirma gewandt haben und dann von der Ehefrau an den Antragsgegner verwiesen worden sind.

Der Antragsgegner hält sich damit nicht an das gesetzliche (§ 112 HGB) und in § ▨▨▨ des Gesellschaftsvertrages noch einmal ausdrücklich hervorgehobene Wettbewerbsverbot. Die Antragsteller haben ihm dies nicht gestattet, sondern zufällig davon erfahren.

Glaubhaftmachung: anliegende eidesstattliche Versicherungen der Antragsteller

Der Antragsgegner ist jetzt dazu übergegangen, Kunden der oHG auf die angeblich günstigeren Angebote der Einzelfirma seiner Ehefrau hinzuweisen.

Dies hat er gegenüber dem Prokuristen der Gesellschaft, Herrn ░░░░, bei einem Gespräch am ░░░░ selbst zugegeben.

Glaubhaftmachung: dessen beigefügte eidesstattliche Versicherung

Um die oHG vor erheblichen und unwiederbringlichen Schäden zu schützen, ist es dringend geboten, dem Antragsgegner unverzüglich die Geschäftsführungs- und Vertretungsbefugnis zu entziehen. Hieraus ergibt sich zugleich die besondere Eilbedürftigkeit für eine Entscheidung ohne mündliche Verhandlung und allein durch den Vorsitzenden.

(Rechtsanwalt)

Anlagen:
1) Gesellschaftsvertrag vom ░░░░
2) Protokoll der Gesellschafterversammlung vom ░░░░
3) Klageschrift vom ░░░░
4) eidesstattliche Versicherungen der Antragsteller vom ░░░░
5) eidesstattliche Versicherungen der Inhaber der Firmen ░░░░ und ░░░░ vom ░░░░ bzw. ░░░░
6) eidesstattliche Versicherung des Prokuristen ░░░░ vom ░░░░

▲

§ 9 Vorläufiger Rechtsschutz in Familiensachen

In Familiensachen wird vorläufiger Rechtsschutz mit

1

- einstweiligen und vorläufigen Anordnungen,
- Arresten sowie
- einstweiligen Verfügungen gewährt.

Die gesetzlichen Bestimmungen sind undurchsichtig und kompliziert.

Einstweilige Anordnungen sind bei einer **anhängigen Ehesache** (§ 606 Abs. 1 ZPO) vorgesehen, vor allem also einer Scheidungsklage, oder einem Antrag auf Prozeßkostenhilfe hierfür. Damit können nach § 620 ZPO

- das Sorge- und Umgangsrecht,
- die Herausgabe eines Kindes,
- bestimmte Unterhaltsansprüche,
- das Getrenntleben,
- die Benutzung der Ehewohnung und des Hausrats,
- die Herausgabe oder Benutzung persönlicher Sachen sowie
- die Verpflichtung zur Leistung eines Kostenvorschusses für die Ehesache und Folgesachen

vorläufig geregelt werden.

Ist noch keine Ehesache anhängig, wohl aber eine **isolierte Familiensache** (§ 621 Abs. 1 ZPO), richtet sich der vorläufige Rechtsschutz nach deren Verfahrensrecht. **Einstweilige Anordnungen** können ergehen über

- Unterhaltsansprüche, wenn Unterhaltsklagen (§ 644 ZPO) oder Klagen auf Feststellung der Vaterschaft (§ 641 d ZPO) anhängig sind und
- über Prozeßkostenvorschüsse für anhängige Unterhaltsprozesse (§ 127 a ZPO) und andere anhängige Familiensachen (§ 621 f ZPO).

Vorläufige Anordnungen sind in isolierten Familiensachen vorgesehen, die den Vorschriften des FGG-Verfahrens unterliegen (**FGG-Familiensachen**). Das sind vor allem Streitigkeiten über

- das Sorgerecht,

- das Umgangsrecht,
- die Herausgabe eines Kindes,
- die Verteilung des Hausrats und
- die Benutzung der Ehewohnung (§ 621 a Abs. 1 ZPO).

Ist weder eine Ehesache noch eine isolierte Familiensache anhängig, scheiden einstweilige und vorläufige Anordnungen als Sicherungsmittel aus.

2   **Einstweilige und vorläufige Anordnungen** schließen sich nach überwiegender Auffassung nicht gegenseitig aus. Die Parteien haben die **Wahl**, ob sie die einstweilige Regelung in einer bereits anhängigen Ehesache oder einer ebenfalls bereits anhängigen FGG-Hauptsache beantragen wollen.[1] Unzulässig sind identische Anträge in beiden Verfahren.[2] Anordnungen in einem Verfahren können nicht durch Anordnungen im anderen Verfahren geändert werden. **Vorteile einer vorläufigen Anordnung** sind vor allem die Gebührenfreiheit und die Möglichkeit der Beschwerde ohne die Beschränkung des § 620 c ZPO.

3   **Arreste** und **einstweilige Verfügungen** kommen nur in Verfahren in Betracht, die in der Hauptsache nach den Verfahrensregeln der ZPO entschieden werden (§ 3 Rn 39). Das sind im Familienrecht Streitigkeiten über

- den Unterhalt,
- aus dem Güterrecht (vor allem Zugewinnausgleich) und
- über einen Prozeßkostenvorschuß (**ZPO-Familiensachen**).

Arreste und einstweilige Verfügungen sind ausgeschlossen in FGG-Familiensachen.

Mit einem **Arrest** können in ZPO-Familiensachen alle Zahlungsansprüche gesichert werden, die sonst gefährdet wären. Hauptanwendungsfälle sind Arreste zur Sicherung von Unterhaltsansprüchen und Ansprüchen auf Zugewinnausgleich.

---

1 OLG Zweibrücken FamRZ 1996, 234; OLG Celle OLG-Report 1995, 283 f.; OLG Karlsruhe NJW-RR FamRZ 1988, 1186 f.; OLG Frankfurt FamRZ 1983, 91; OLG Bamberg FamRZ 1983, 82, 83; OLG Hamburg FamRZ 1982, 722 f.; KG FamRZ 1981, 83; a.A. OLG Bremen FamRZ 1982, 1033, 1034: Vorrang der einstweiligen Anordnung.

2 OLG Zweibrücken FamRZ 1996, 1226.

Einstweilige Verfügungen sind in ZPO-Familiensachen ausgeschlossen, wenn vorläufige Regelungen durch einstweilige Anordnungen vorgesehen sind.[3] Einstweilige Anordnungen sind der einfachere und billigere Weg. Einstweilige Verfügungen scheiden daher bei einer **anhängigen Ehesache** in den Verfahrensgegenständen des § 620 ZPO aus. Ist keine Ehesache anhängig, kann es dem Antragsteller zuzumuten sein, eine ZPO-Familiensache selbständig anhängig zu machen, um dort eine einstweilige Anordnung zu erwirken. Einstweilige Verfügungen sind danach nur zulässig in Streitigkeiten, die keine Familiensachen sind oder betreffen (weil dort eine einstweilige Anordnung nicht vorgesehen ist) sowie in Ausnahmefällen zur Durchsetzung von Unterhaltsansprüchen.

A. Anordnungsverfahren

I. Einstweilige Anordnungen

Das Verfahrensrecht für einstweilige Anordnungen in Ehesachen (§ 620   4
ZPO), bei Unterhaltsklagen (§ 644 ZPO) und auf Leistung von Prozeßkostenvorschüssen (§§ 127 a, 621 f ZPO) stimmt überein. Es ist in den §§ 620 a bis 620 g ZPO geregelt und wird im folgenden zunächst dargestellt. Abweichungen bestehen bei Unterhaltsanordnungen in Kindschaftssachen nach § 641 d ZPO. Sie sind anschließend zusammengefaßt (Rn 19).

1. Verfahrensvoraussetzungen

Einstweilige Anordnungen nach § 620 ZPO setzen voraus, daß eine **Ehe-**   5
sache anhängig oder ein **Antrag auf Prozeßkostenhilfe** hierfür eingereicht ist (§ 620 a Abs. 2 ZPO). Auf die Erfolgsaussichten kommt es nicht an. Nur bei offensichtlich unzulässigen oder offensichtlich unbegründeten Klagen oder PKH-Anträgen fehlt ein Rechtsschutzbedürfnis für eine einstweilige Anordnung, wie z.B. bei einer Scheidungsklage vor dem Ablauf des

---

3 BGH NJW 1979, 1508 und weitere Nachweise z.B. bei *Wieczorek/Klicka* § 620 Rn 11 in Fußnote 61.

Trennungsjahres ohne vorgetragene Härtegründe im Sinne des § 1565 Abs. 2 BGB.[4]

Anträge auf Erlaß einer einstweiligen Anordnung sind nur zulässig, **solange die Ehesache anhängig** ist. Die Anhängigkeit endet mit

- dem Tod eines Ehegatten (§ 619 ZPO),
- der Rücknahme des Scheidungsantrags,
- der Rechtskraft des Urteils in der Ehesache oder
- wenn nur ein PKH-Antrag eingereicht ist, mit dessen Zurückweisung, solange keine Beschwerde eingelegt ist.

Nach einem rechtskräftigen Ausspruch der Scheidung ist daher ein Anordnungsantrag nach § 620 ZPO in einer Folgesache unzulässig, auch wenn die Entscheidung in der Folgesache noch nicht rechtskräftig ist.[5] Das Oberlandesgericht kann jedoch im Beschwerdeverfahren in FGG-Familiensachen vorläufige Anordnungen wie in selbständigen FGG-Verfahren erlassen[6] und den Unterhalt durch eine einstweilige Anordnung nach § 644 ZPO regeln.[7] Über einen vor der Rechtskraft der Scheidung gestellten Anordnungsantrag muß das Gericht auch nach der Rechtskraft der Scheidung noch entscheiden.[8]

Wird die Ehesache längere Zeit **nicht betrieben**, weil z.B. nach der Verweigerung der Prozeßkostenhilfe der notwendige Kostenvorschuß nicht eingezahlt wird, kann ein Anordnungsantrag rechtsmißbräuchlich sein.[9]

6 **Einstweilige Unterhaltsanordnungen nach § 644 ZPO** setzen eine Unterhaltsklage voraus (Klage oder Widerklage auf Unterhaltszahlung, Stufenklage, Abänderungsklage), einstweilige Anordnungen auf **Prozeßkostenvorschüsse nach den §§ 127 a, 621 f ZPO** eine Klage oder einen Antrag in

---

4 OLG Karlsruhe FamRZ 1989, 79; OLG Bamberg FamRZ 1983, 82, 83; *Zöller/Philippi* § 620 Rn 2.

5 OLG Karlsruhe FamRZ 1992, 1454 f.; OLG Frankfurt FamRZ 1990, 539 f.; OLG Hamburg FamRZ 1987, 725 f.

6 OLG Karlsruhe FamRZ 1992, 978 f.; OLG Frankfurt FamRZ 1979, 1041.

7 *Zöller/Philippi* § 620 a Rn 3 a.

8 OLG München FamRZ 1987, 610.

9 *Gießler* Rn 97; *Rahm/Niepmann* VI Rn 14.

dem Verfahren, für das der Vorschuß beansprucht wird. Auch hier reicht ein PKH-Antrag aus.

Für die einstweilige Anordnung muß ein **Regelungsbedürfnis** bestehen. Es ist gesetzlich nicht definiert und hängt von den Umständen des Einzelfalles ab. Mindestvoraussetzung ist stets, daß sich die Parteien nicht einig sind. Für eine sofortige Regelung bis zur endgültigen Entscheidung muß dann aber ein dringendes Bedürfnis bestehen.[10]   7

2. Gang des Verfahrens

Das Verfahren wird mit einem **Antrag** eingeleitet. Antragsberechtigt sind die Parteien des Hauptsacheverfahrens. **Anwaltszwang** besteht erst in mündlicher Verhandlung und in zweiter Instanz, bei Unterhaltsanordnungen nach § 644 ZPO nur, wenn die Unterhaltsklage in zweiter Instanz anhängig ist (§ 78 Abs. 2 Nr. 2 ZPO). Aus dem Antrag muß sich ergeben, welche Regelung verlangt wird. Unterhalts- und Kostenvorschußanordnungen setzen einen bestimmten Zahlungsantrag voraus. Die für die Ehesache bewilligte **Prozeßkostenhilfe** erstreckt sich nicht auf das Anordnungsverfahren. Für jeden Anordnungsantrag muß gesondert Prozeßkostenhilfe beantragt werden.[11]   8

Zuständig ist das Familiengericht, bei dem das Hauptverfahren in erster oder zweiter Instanz anhängig ist, in Ehesachen bei einer aus dem Scheidungsverbund im zweiten Rechtszug nur anhängigen Folgesache, auf die sich das Anordnungsverfahren bezieht, das Oberlandesgericht (§ 620 a Abs. 4 Satz 2 ZPO).

In **ZPO-Familiensachen** (Unterhalt, Prozeßkostenvorschuß) ist das tatsächliche Vorbringen – wie im einstweiligen Verfügungsverfahren (§ 3 Rn 74 ff.) – **glaubhaft** zu **machen** (§ 620 a Abs. 2 Satz 3 ZPO). Nach Anhörung des Antragsgegners gelten die Beweislastregeln des Hauptverfahrens. Nicht bestrittene Tatsachen bedürfen keines Nachweises.   9

---

10 Z.B. *Zöller/Philippi* § 620 Rn 5; *Wieczorek/Klicka* § 620 Rn 29.
11 OLG Düsseldorf FamRZ 1982, 1096; *Zöller/Stöber* § 144 Rn 48 mit weiteren Nachweisen.

In **FGG-Sachen** wird der relevante Sachverhalt **von Amts wegen** ermittelt (§ 12 FGG). Das Gericht ist weder an unstreitiges Parteivorbringen gebunden noch auf die Beweismittel der ZPO beschränkt. Es darf deshalb z.B. auch mündliche oder schriftliche Auskünfte einholen. Die entscheidungserheblichen Tatsachen müssen hiernach nur glaubhaft sein, nicht feststehen. In **Wohnungszuweisungs- und Hausratsverteilungsverfahren** besteht eine Mitwirkungspflicht der Parteien. Sie müssen die notwendigen Tatsachen vortragen und Beweismittel angeben. Das Gericht braucht einen fehlenden Tatsachenvortrag nicht durch Amtsermittlung auszugleichen.[12]

Das Gericht entscheidet über den Anordnungsantrag durch **Beschluß**. Eine mündliche Verhandlung ist nicht vorgeschrieben (§ 620 a Abs. 1 ZPO).

10   Die Parteien können ihren Streit in ZPO-Familiensachen und in vermögensrechtlichen FGG-Familiensachen (Hausrat, Wohnung) mit einem **gerichtlichen Vergleich** beilegen. Sie sollten dabei klarstellen, ob er nur vorläufig oder endgültig gelten soll. Vergleiche, die sich auf eine vorläufige Regelung beschränken, sind mit einem Antrag nach § 620 b Abs. 1 ZPO abänderbar und verfallen gemäß § 620 f ZPO.[13] In nichtvermögensrechtlichen FGG-Familiensachen sind Vergleiche auch über den Umgang mit einem Kind und die Herausgabe eines Kindes zulässig (§ 52 a Abs. 4 Satz 3 FGG). Das Gericht protokolliert den Vergleich, wenn die Vereinbarung dem Wohl des Kindes entspricht. Er ist hiernach aber noch nicht vollstreckbar (Rn 18). Über das Sorgerecht entscheidet das Gericht.

3.   Rechtsbehelfe

11   Hat das Gericht über einen Anordnungsantrag ohne mündliche Verhandlung entschieden, muß es **auf Antrag mündlich verhandeln** und neu beschließen (§ 620 b Abs. 2 ZPO). Der Antrag unterliegt dem Anwaltszwang und ist zu begründen (§ 620 d Satz 1 ZPO). Eine fehlende Begründung kann nachgeholt werden. Geschieht dies nicht innerhalb einer vom Gericht gesetzten Frist,

---

12 *MüKo/Klauser* § 620 a Rn 30; *Gießler* Rn 807.
13 *Gießler* Rn 135.

wird der Antrag als unzulässig verworfen.[14] Weist das Gericht einen Antrag, der begründet worden ist, ohne mündliche Verhandlung zurück, kann sich der Antragsteller hiergegen mit der einfachen Beschwerde wenden.[15] Erscheint die Partei, die eine mündliche Verhandlung beantragt hat, nicht zum Verhandlungstermin, findet keine mündliche Verhandlung statt. Erscheint der Gegner nicht, wird mündlich verhandelt und neu beschlossen; ein Versäumnisurteil ist nicht vorgesehen.[16]

Das Gericht kann einstweilige Anordnungen **abändern** (§ 620 b Abs. 1 ZPO). Hierzu ist es von Amts wegen nur bei Sorgerechtsregelungen berechtigt und bei Anordnungen über das Umgangsrecht oder die Herausgabe eines Kindes, die ohne Anhörung des Jugendamts ergangen sind (§ 620 b Abs. 1 Satz 2 ZPO).   12

Sonst ist ein Antrag erforderlich, der begründet werden muß. Für einen **Änderungsantrag** besteht kein Anwaltszwang. Er kann gestellt werden, solange die Hauptsache anhängig ist, also in Ehesachen grundsätzlich nicht mehr nach der Rechtskraft der Scheidung.[17] Davon ausgenommen sind Unterhaltsanordnungen nach § 620 Nr. 4 und 6 ZPO. Sie können nach einem rechtskräftigen Scheidungsurteil geändert werden, wenn zwischen den Ehegatten noch ein Unterhaltsrechtsstreit anhängig ist.[18]

Das Gericht entscheidet nach oder ohne mündliche Verhandlung durch Beschluß. Nach einer Entscheidung ohne mündliche Verhandlung ist auf Antrag mündlich zu verhandeln (§ 620 b Abs. 2 ZPO). Erstrebt eine Partei die Änderung einer einstweiligen Anordnung, die ohne mündliche Verhandlung ergangen ist, sollte sie zunächst mit dem Antrag nach § 620 b Abs. 2 ZPO vorgehen, mündlich zu verhandeln. In der Literatur wird die Auffassung vertreten, ein Änderungsantrag sei vorher unzulässig.[19] Ob sich **Prozeßkostenhilfe** für

---

14 *Zöller/Philippi* § 620 d Rn 1; *Thomas/Putzo* § 620 d Rn 1; *Gießler* Rn 153; a.A. *Bergerfurth* Rn 99.

15 OLG Koblenz FamRZ 1993, 1100.

16 *Zöller/Philippi* § 620 b Rn 16.

17 BGH NJW 1983, 1330, 1331.

18 *Gießler* Rn 165.

19 *Zöller/Philippi* § 620 b Rn 2; *Rahm/Niepmann* VI Rn 36; a.A. *MüKo/Klauser* § 620 b Rn 15; *Gießler* Rn 167.

ein Anordnungsverfahren auch auf ein Änderungsverfahren erstreckt, ist umstritten.[20]

Einstweilige Anordnungen, die nach mündlicher Verhandlung ergangen sind, können nur aufgrund **neuer Tatsachen** oder **neuer Beweismittel** abgeändert werden.[21] **Rückwirkende Änderungen** sind in der Regel unzulässig. Sie kommen nur bei Unterhaltsanordnungen hinsichtlich des rückständigen und noch nicht bezahlten Unterhalts in Betracht.[22]

13 Eine **sofortige Beschwerde** ist gegen einstweilige Anordnungen zulässig, die **nach mündlicher Verhandlung** über das Sorgerecht, die Herausgabe eines Kindes und die Alleinzuweisung einer Ehewohnung ergangen sind (§ 620 c ZPO), nicht gegen ablehnende Entscheidungen. Hat das Gericht einen Anordnungsbeschluß ohne mündliche Verhandlung erlassen, muß hierüber zunächst eine mündliche Verhandlung herbeigeführt werden (§ 620 b Abs. 2 ZPO). Eine sofortige Beschwerde ist in den genannten Fällen erst danach zulässig.

Zu den anfechtbaren Entscheidungen über das **Sorgerecht** gehören auch Regelungen von Teilbereichen, wie z.B. das Aufenthaltsbestimmungsrecht,[23] nicht der Umgang mit dem Kind[24] und auch nicht die Herausgabe eines Kindes für den Umgang.[25] Bei der **Wohnungszuweisung** unterfallen Streitigkeiten nur über Räumungsfristen nicht der sofortigen Beschwerde. Die Zuweisung der Ehewohnung muß insgesamt angefochten werden. Dann hat das Beschwerdegericht auch über Räumungsfristen zu entscheiden.[26]

Die Rechtsprechung läßt darüber hinaus eine sofortige Beschwerde gegen einstweilige Anordnungen zu, die **greifbar gesetzwidrig** sind. Es muß sich dann aber um krasse Fehlentscheidungen handeln, die mit dem geltenden

---

20 Bejahend: OLG Hamm MDR 1983, 847; verneinend: KG JurBüro 1984, 578 ff.
21 OLG Karlsruhe FamRZ 1989, 642, 643; *Gießler* Rn 163; *Zöller/Philippi* § 620 b Rn 2; *Stein/Jonas/Schlosser* § 620 b Rn 2 a; a.A. OLG Hamburg FamRZ 1989, 198; *MüKo/Klauser* § 620 b Rn 5 f.
22 *Zöller/Philippi* § 620 b Rn 3; *Thomas/Putzo* § 620 b Rn 9.
23 KG NJW-RR 1996, 455; OLG Hamm FamRZ 1979, 157; OLG Köln FamRZ 1979, 320, 321.
24 OLG Hamburg FamRZ 1987, 497.
25 *Zöller/Philippi* § 620 c Rn 6.
26 OLG Bamberg FamRZ 1993, 1338 f.; *Thomas/Putzo* § 620 c Rn 6; *Zöller/Philippi* § 620 c Rn 3; *Stein/Jonas/Schlosser* § 620 c Rn 4; *Gießler* Rn 179.

Recht nicht zu vereinbaren sind, wie z.B. bei der Anordnung an den Prozeßbevollmächtigten eines Ehegatten, dem anderen Ehegatten den Prozeßkostenvorschuß zurückzuzahlen[27] oder der Anordnung in einer Ehesache, für einen anderen Zivilprozeß einen Kostenvorschuß zu zahlen.[28] Oberlandesgerichte lassen sofortige Beschwerden aber oft auch in weniger krassen Fällen zu.[29]

Eine sofortige Beschwerde muß innerhalb der zweiwöchigen Beschwerdefrist begründet werden, nicht notwendig schon in der Beschwerdeschrift (§ 620 d ZPO). Sie ist sonst unzulässig.

In Anordnungsverfahren, bei denen keine Beschwerde zugelassen ist, ist nach herrschender Meinung auch kein Rechtsmittel gegen einen Beschluß zulässig, mit dem das Gericht einer Partei **Prozeßkostenhilfe** wegen mangelnder Erfolgsaussichten versagt hat. Eine Ablehnung mit der Begründung, die Partei könne die Prozeßkosten aufbringen, ist nach verbreiteter Auffassung – ebenso wie eine Ratenzahlungsanordnung – vom Beschwerdegericht zu überprüfen.[30] Beschwerden sind grundsätzlich zulässig gegen die Festsetzung des Streitwerts[31] und der Kosten des Anordnungsverfahrens.[32]   14

Das Gericht kann die **Vollziehung** einer einstweiligen Anordnung bis zur Entscheidung über einen Antrag nach § 620 b Abs. 2 ZPO, einen Änderungsantrag und eine sofortige Beschwerde einstweilen aussetzen (§ 620 e ZPO), Ein Antrag ist nicht erforderlich, aber zu empfehlen. Die Entscheidung ist unanfechtbar.[33]   15

---

27 OLG Düsseldorf AnwBl 1980, 507.
28 OLG Karlsruhe FamRZ 1990, 766 f.
29 Beispiele z.B. bei *MüKo/Klauser* § 620 c Rn 11 und 12.
30 *Zöller/Philippi* § 127 Rn 48 mit Nachweisen aus der Rechtsprechung.
31 KG FamRZ 1980, 1142.
32 OLG Düsseldorf JurBüro 1981, 727 ff.
33 OLG Hamburg FamRZ 1990, 423 mit weiteren Nachweisen.

4. Geltungsdauer

16 Einstweilige Anordnungen treten nach § 620 f ZPO mit Wirkung für die Zukunft **außer Kraft,**

■ wenn sie aufgehoben oder abgeändert werden,

■ mit der Rücknahme und Abweisung der Klage oder des Antrags in der Hauptsache und

■ wenn sich das Hauptverfahren sonst erledigt, wie z.B. durch eine wirksame Erledigungserklärung oder Ehesachen durch den Tod eines Ehegatten.

Nimmt der Kläger einen Antrag auf Bewilligung von Prozeßkostenhilfe für die Klage in der Hauptsache zurück, wird eine Unterhaltsanordnung wirkungslos, wenn er nur einen PKH-Antrag gestellt und mit ihm nicht zugleich die Klage anhängig gemacht hatte.[34]

Einstweilige Anordnungen verfallen überdies, wenn **anderweitige Regelungen** wirksam werden (§ 620 f ZPO). Das sind

■ gerichtliche und außergerichtliche Vergleiche,

■ bei Anordnungen in den FGG-Familiensachen des § 620 ZPO Entscheidungen in den entsprechenden Hauptsacheverfahren (Sorgerechts- und Umgangsregelung, Kindesherausgabe, Hausratssachen),

■ bei Unterhaltsanordnungen zusprechende Unterhaltsurteile.

Unterhaltsanordnungen in Ehesachen bleiben nach der Scheidung der Ehe bestehen, wenn sie nicht ausdrücklich auf die Ehezeit beschränkt sind (Rn 28). Unterhaltsanordnungen nach § 644 ZPO werden nach einem zusprechenden Unterhaltsurteil wirkungslos. Der Schuldner einer Zahlungsanordnung (Unterhalt, Prozeßkostenvorschuß) kann eine abweichende Regelung auch durch eine negative Feststellungsklage oder eine Bereicherungsklage herbeiführen (Rn 30 ff.) oder indem er dem Gläubiger eine vollstreckbare Schuldurkunde verschafft.

---

34 *Zöller/Philippi* § 620 f Rn 9 und 19; *Bergerfurth* Rn 97; *Gießler* Rn 202.

5. Kosten und Vollstreckung

Im Anordnungsverfahren ergeht grundsätzlich **keine Kostenentscheidung.** 17
Die durch die einstweilige Anordnung entstandenen Kosten gelten als Teil
der Kosten der Hauptsache (§ 620 g ZPO). Dies gilt nach herrschender
Meinung auch bei einer **Rücknahme des Anordnungsantrags.**[35] Das Gericht kann aber nach seinem Ermessen dem Antragsteller die Kosten eines
erfolglosen Anordnungsantrags auferlegen (§ 96 ZPO). Dies geschieht in
der Regel bei offensichtlich unzulässigen oder offensichtlich unbegründeten
Anträgen.[36] Ergeht im Hauptverfahren keine Kostenentscheidung (weil z.B.
nur ein PKH-Verfahren anhängig war), sind die Kosten entsprechend § 93 a
ZPO gegeneinander aufzuheben.[37] Die Kosten einer erfolglosen Beschwerde
muß nach § 97 Abs. 1 ZPO der Beschwerdeführer tragen.

Bei Entscheidungen über den Unterhalt, die Benutzung der Ehewohnung
und des Hausrats, die Herausgabe persönlicher Gegenstände sowie die Verpflichtung, Prozeßkosten vorzuschießen, fällt eine **halbe Gerichtsgebühr**
an.[38] Die übrigen Verfahren sind gerichtsgebührenfrei. In Beschwerdeverfahren nach § 620 c ZPO entsteht im allgemeinen eine Gebühr.[39]

Für **Anwälte** sind einstweilige Anordnungen besondere Angelegenheiten
(§ 41 Abs. 1 Satz 1 b BRAGO). Sie können daher die Gebühren gesondert
und unabhängig von den Gebühren der Ehesache berechnen. Bei mehreren
einstweiligen Anordnungen erhalten sie die Gebühren nach den addierten
Streitwerten nur einmal (§ 41 Abs. 1 Satz 2 BRAGO).

Die **Vollstreckung** einstweiliger Anordnungen richtet sich 18
■ in **ZPO-Familiensachen** und in **Hausratssachen** (§ 16 Abs. 3 HausrVO)
nach den **Bestimmungen der ZPO,**

---

35 OLG Düsseldorf FamRZ 1994, 1187; OLG Saarbrücken JurBüro 1985, 1888 f.; OLG Frankfurt FamRZ
1984, 720, 721; *Zöller/Stöber* § 620 g Rn 6; *Wieczorek/Klicka* § 620 g Rn 4.
36 OLG Karlsruhe FamRZ 1990, 766, 767; OLG Hamm NJW 1971, 2079, 2080; *Zöller/Philippi* § 620 g
Rn 4; *Wieczorek/Klicka* § 620 g Rn 4; *MüKo/Klauser* § 620 g Rn 6.
37 *Gießler* Rn 235.
38 KV-GKG Nr. 1700–1704.
39 KV-GKG Nr. 1951.

■ in Verfahren über das **Sorge- und Umgangsrecht** sowie die **Herausgabe eines Kindes** nach § 33 FGG.

Vollstreckt werden können aus den nichtvermögensrechtlichen FGG-Verfahren nur gerichtliche Verfügungen, nicht gerichtliche Vergleiche der Parteien. Das Gericht muß sie durch eine eigene Entscheidung gebilligt haben, wie z.B. durch die Androhung von Zwangsgeld.[40] Die Protokollierung des Vergleichs und die Aufnahme der Androhung von Zwangsgeld in den protokollierten Vergleich genügt nicht.[41]

Die Vollstreckung von **Handlungen, Unterlassungen und Duldungen** erfolgt gemäß § 33 Abs. 1 Satz 1 FGG durch **Zwangsgeld**, die Vollstreckung der **Herausgabe von Kindern** durch **Zwangsgeld und Zwangshaft**. Voraussetzung ist eine Androhung, die schon in die vorläufige Anordnung aufgenommen werden kann. Die Festsetzung von Zwangshaft braucht in besonders eilbedürftigen Fällen nicht angedroht zu werden (§ 33 Abs. 3 FGG). Die **Anwendung von Gewalt** ist nur aufgrund einer besonderen gerichtlichen Verfügung – in der Regel nach einer Androhung (§ 33 Abs. 3 Satz 5 FGG) – und zur Herausgabe oder Vorlage von Sachen sowie zur Herausgabe eines Kindes zulässig (§ 33 Abs. 2 Satz 1 FGG). Eine Gewaltanwendung gegen das Kind ist bei einer Herausgabeanordnung zur Ausübung des Umgangsrechts ausgeschlossen (§ 33 Abs. 2 Satz 2 FGG). Sowohl gegen die Androhung und die Festsetzung von Zwangsmitteln als auch gegen ablehnende Verfügungen des Gerichts ist die **Beschwerde** zulässig (§§ 19, 20 FGG). Zwangsgelder werden von der Gerichtskasse eingezogen. Den Vollstreckungsauftrag für die Herausgabe eines Kindes erteilt das Gericht. Es kann z.B. das Jugendamt ermächtigen, die Herausgabe des Kindes unter Anwendung von Gewalt gegen den Herausgabepflichtigen zu erzwingen und sich dazu der Hilfe des Gerichtsvollziehers oder der Polizei zu bedienen.[42] Die **Kosten** der Vollstreckung fallen dem Vollstreckungsschuldner zur Last (§§ 33 Abs. 2 Satz 3 FGG).

---

40 *Rahm/Schneider* III Rn 520.
41 *Keidel/Zimmermann* § 33 Rn 10.
42 *Keidel/Zimmermann* § 33 Rn 37.

300

6. Unterhaltsanordnung in Kindschaftssachen

Unterhaltsanordnungen in Kindschaftssachen können nach § 641 d Abs. 1   **19**
ZPO ergehen, wenn eine **Vaterschaftsfeststellungsklage** des Kindes oder
der Mutter anhängig ist (auch als Widerklage). Ein Antrag auf Bewilligung
von Prozeßkostenhilfe reicht aus. **Antragsberechtigt** sind sowohl das Kind
als auch die Mutter unabhängig davon, wer von ihnen die Klage erhoben
hat. Das Gericht entscheidet stets nach **mündlicher Verhandlung** durch Beschluß (§ 641 d Abs. 3 Satz 4 ZPO). Es kann statt einer Zahlungsanordnung
eine **Sicherheitsleistung** des Schuldners anordnen (§ 641 d Abs. 1 Satz 2
ZPO). Zulässiges Rechtsmittel ist die **Beschwerde** (§ 641 d Abs. 3 ZPO).
Unterhaltsanordnungen treten **außer Kraft**, wenn sie aufgehoben oder abgeändert werden, der Gläubiger einen nicht nur vorläufigen Schuldtitel über
den Unterhaltsanspruch erlangt (§ 641 e ZPO) und wenn die Vaterschaftsklage zurückgenommen oder abgewiesen wird (§ 641 f ZPO). Die Rücknahme oder rechtskräftige Abweisung der Klage begründet einen verschuldensunabhängigen Anspruch des Mannes auf **Ersatz** seiner **Schäden** aus der
Vollstreckung der einstweiligen Anordnung (§ 641 g ZPO).

II. Vorläufige Anordnungen

1. Verfahrensvoraussetzungen

Vorläufige Anordnungen können in **FGG-Familiensachen** ergehen, die in   **20**
der **Hauptsache selbständig anhängig** sind oder mit dem Anordnungsantrag
selbständig anhängig gemacht werden. Hauptsacheverfahren sind Verfahren
zur Regelung der elterlichen Sorge (für Sorgerechtsanordnungen) und des
Umgangs (für vorläufige Umgangsregelungen), auf Herausgabe eines Kindes
(für vorläufige Anordnungen zur Herausgabe) und zur Regelung der Benutzung von Hausrat und Ehewohnung (für vorläufige Anordnungen über den
Hausrat und die Ehewohnung). Ein PKH-Antrag genügt nicht. Voraussetzung
ist ein **Regelungsbedürfnis**. Eine vorläufige Anordnung muß dringend erforderlich sein.

2. Gang des Verfahrens

21 Das Familiengericht kann vorläufige Anordnungen über die elterliche Sorge, den Umgang mit einem Kind und die Herausgabe eines Kindes **von Amts wegen** erlassen. In **Hausratssachen** ist ein **Antrag** erforderlich. In erster und zweiter Instanz besteht kein Anwaltszwang (§ 78 Abs. 2 Nr. 3 ZPO). Zuständig ist das Gericht der Hauptsache. Das mit der Hauptsache befaßte Gericht muß hierfür tatsächlich zuständig sein. Ein unzuständigres Gericht darf keine vorläufige Anordnung treffen.[43] Für die **Prozeßkostenhilfe** gelten in Angelegenheiten der freiwilligen Gerichtsbarkeit die gleichen Regeln wie in Streitsachen der ZPO (§ 14 FGG). Der relevante Sachverhalt wird von Amts wegen ermittelt (Rn 10). Die Parteien können das Verfahren in bestimmten Angelegenheiten mit einem Vergleich beenden (Rn 11). Das Gericht entscheidet durch Beschluß. Eine mündliche Verhandlung ist nicht vorgeschrieben.

3. Rechtsbehelfe

22 Das Familiengericht kann vorläufige Anordnungen über das Sorgerecht, das Umgangsrecht und die Herausgabe eines Kindes von Amts wegen **ändern** und in Hausratsverfahren auf Antrag (§ 18 Abs. 1 FGG). Das Beschwerdegericht ist zu einer Änderung eigener Entscheidungen nicht befugt.

Vorläufige Anordnungen des Familiengerichts sind mit der **Beschwerde** anfechtbar (§ 19 Abs. 1 FGG). In Hausratssachen muß nach § 14 HausrVO der Wert des Beschwerdegegenstandes 1.200.- DM übersteigen.[44] Eine weitere Beschwerde ist ausgeschlossen.

4. Geltungsdauer

23 Vorläufige Anordnungen treten mit der Rücknahme des Antrags in der FGG-Hauptsache, der Erledigung der Hauptsache oder einer Endentscheidung im

---

43 *Gießler* Rn 313.
44 OLG Celle FamRZ 1990, 545 f.; OLG Hamm FamRZ 1988, 1303 ff.

Hauptsachverfahren automatisch außer Kraft (§ 16 Abs. 1 FGG). Die Endentscheidung wird in Verfahren zur Regelung der elterlichen Sorge, des Umgangs und auf Herausgabe eines Kindes mit der Bekanntmachung an die Beteiligten wirksam (§ § 16 Abs. 1 FGG), in Hausratsverfahren mit der Rechtskraft der Entscheidung (§ 16 Abs. 1 HausrVO).

5. Kosten und Vollstreckung

Gerichts- und Anwaltsgebühren fallen nicht an. Die Tätigkeit des Anwalts   24
in einem vorläufigen Anordnungsverfahren wird durch die Gebühren der Hauptsache mit abgegolten

Vorläufige Anordnungen in Hausratsverfahren werden nach den Bestimmungen der ZPO **vollstreckt**, Anordnungen über das Sorgerecht, das Umgangsrecht und die Herausgabe eines Kindes nach § 33 FGG (Rn 18).

B. Verfahrensgegenstände

I. Einstweilige Unterhaltsregelungen

1. Einstweilige Anordnung

Unterhaltsansprüche gemeinsamer minderjähriger Kinder und von Ehegat-   25
ten können nach § 620 Nrn. 4 und 6 ZPO im Wege der einstweiligen Anordnung geregelt werden, wenn die **Ehesache anhängig** ist (Rn 5) und alle gesetzlichen Unterhaltsansprüche – also insbesondere auch volljähriger Kinder gegen die Eltern und von Eltern gegen ihre Kinder –, sobald die **Unterhaltsklage** eingereicht ist (§ 644 ZPO). Ein isoliertes Auskunftsverfahren über die Einkommens- und Vermögensverhältnisse des Unterhaltsverpflichteten genügt nicht.[45] Nach einer Klage auf **Feststellung der Vaterschaft** sind überdies gemäß § 641 d ZPO Anordnungen über Unterhaltszahlungen für

---

45 OLG Hamm NJW-RR 2000, 139.

das Kind und die Mutter (§ 1615 l BGB) oder Sicherheitsleistungen hierfür zulässig.

In allen Fällen reicht ein Antrag auf Prozeßkostenhilfe für die Klage aus.

a)   Antrag und Verfahren

26   **Antragsberechtigt** sind für Anordnungen in **Eheverfahren** die Ehegatten. Sie machen Unterhaltsansprüche minderjähriger Kinder im eigenen Namen geltend (§ 1629 Abs. 3 BGB). Berechtigt dazu ist der Elternteil, dem das Sorgerecht übertragen worden ist, ohne Sorgerechtsregelung derjenige, in dessen Obhut sich das Kind befindet (§ 1629 Abs. 2 Satz 2 BGB). Ist der Elternteil allein sorgeberechtigt, der nicht genügend Unterhalt zahlt, muß sich der andere zunächst die Personensorge übertragen lassen.

Bei einer bereits anhängigen **Unterhaltsklage** ist der Kläger dieses Verfahrens antragsberechtigt. Minderjährige Kinder klagen selbst, vertreten durch den Sorgeberechtigten. Sind beide Eltern sorgeberechtigt, so ist der Elternteil allein vertretungsberechtigt, in dessen Obhut sich das Kind befindet.[46]

27   Der Gläubiger muß einen bestimmten **Antrag** stellen und die Voraussetzungen eines materiellen Unterhaltsanspruchs in dem Umfang glaubhaft machen, in dem er sie in einem Klageverfahren beweisen müßte, bei Anordnungen nach § 641 d ZPO auch die Abstammung des Kindes.

Voraussetzung für eine Unterhaltsanordnung ist ein **Regelungsbedürfnis**. Die Rechtsprechung bejaht es schon dann, wenn der Unterhalt nicht freiwillig oder nicht pünktlich bezahlt wird und der Gläubiger noch keinen Titel besitzt.[47] Vorausgehen muß aber eine Zahlungsaufforderung.[48] Eine Notlage – wie bei einer einstweiligen Verfügung – braucht nicht vorzuliegen.

Bei freiwilligen **Teilzahlungen** besteht ein Titulierungsinteresse für den gesamten Unterhaltsanspruch, weil der Gläubiger aus einer einstweiligen An-

---

46 OLG Frankfurt FamRZ 1996, 888.
47 Nachweise bei *Stein/Jonas/Schlosser* § 620 Rn 14.
48 *Zöller/Philippi* § 620 Rn 5.

ordnung „über einen freiwillig gezahlten Betrag hinaus" nur in Höhe des Spitzenbetrages vollstrecken könnte.[49]

Zuzusprechen ist der **volle Unterhalt**, den der Antragsgegner nach dem materiellen Recht schuldet, aber grundsätzlich erst ab Eingang des Anordnungsantrags, nicht für die Vergangenheit.[50] Die Rückzahlung grundlos gezahlten Unterhalts darf nicht angeordnet werden. Unzulässig sind nach herrschender Meinung auch einstweilige Anordnungen auf Erteilung von **Auskünften** über die Einkommens- und Vermögensverhältnisse des Unterhaltspflichtigen.[51]

b) Geltungsdauer

Unterhaltsanordnungen in **Ehesachen** verfallen, wenn das Scheidungsverfahren ohne Scheidungsausspruch endet (Rn 16). Sie werden nicht automatisch mit der **Rechtskraft des Scheidungsurteils** wirkungslos, sondern gelten darüber hinaus. Dies gilt auch für den Ehegattenunterhalt. Eine Anordnung hierüber tritt mit der Scheidung nur außer Kraft, wenn sie ausdrücklich auf die Trennungszeit beschränkt worden ist[52] oder – als anderweitige Regelung – eine Folgesacheentscheidung über den nachehelichen Unterhalt ergeht (§ 620 f ZPO). Unterhaltsanordnungen bei **selbständigen Unterhaltsprozessen** entfallen mit jeder Beendigung des Hauptverfahrens, also auch nach einer Verurteilung des Unterhaltsschuldners (Rn 16).

Der Gläubiger kann in **Ehesachen** eine **anderweitige Regelung** mit einer Unterhaltsklage herbeiführen (Rn 29), der Schuldner mit einer negativen Feststellungsklage (Rn 30) und einer Bereicherungsklage (Rn 31). In Betracht kommen auch Vollstreckungsabwehrklagen. Mit ihnen kann sich der Schuldner aber nur gegen die weitere Vollstreckung aus der Unterhaltsanordnung wehren (Rn 33).

28

---

49 BGH NJW 1985, 1340 ff.
50 Z.B. OLG Hamm FamRZ 1980, 816, 817; *Zöller/Philippi* § 620 Rn 57; *Gießler* Rn 593.
51 OLG Düsseldorf FamRZ 1983, 514 f.; OLG Stuttgart FamRZ 1980, 1138; *Thomas/Putzo* § 620 Rn 20; *Gießler* Rn 591; a.A. *Zöller/Philippi* § 620 Rn 63.
52 BGH NJW 1983, 1330, 1331; 1985, 428.

29   Für eine **Unterhaltsklage** des Gläubigers besteht ein Rechtsschutzinteresse, auch wenn der Unterhaltsanspruch durch eine einstweilige Anordnung bereits tituliert ist.[53] In der Rechtsprechung wird eine Klage jedoch für mutwillig gehalten und deshalb für sie keine **Prozeßkostenhilfe** bewilligt, wenn der Gläubiger mit ihr nur den Trennungsunterhalt in der bereits einstweilen angeordneten Höhe verlangt.[54]

Die Unterhaltsanordnung entfällt, sobald das Urteil im Unterhaltsprozeß **rechtskräftig** ist.[55] Bei einem zusprechenden oder abweisenden Urteil nur über den Trennungsunterhalt bleibt nach überwiegender Auffassung die einstweilige Anordnung hinsichtlich des nachehelichen Unterhalts wirksam.[56] Das Gericht kann im Unterhaltsprozeß aufgrund des Abweisungsantrags des Schuldners auf Antrag die **Zwangsvollstreckung** aus der einstweiligen Anordnung **einstellen**.[57]

30   Der Schuldner kann auf Feststellung klagen, daß er keinen oder weniger als den angeordneten Unterhalt schuldet (**negative Feststellungsklage**). Die Klage ist zulässig, solange die einstweilige Anordnung besteht oder sich der Gläubiger eines Anspruchs berühmt. Die Beweislast ist so verteilt wie bei einer Unterhaltsklage.

Der Schuldner hat während des laufenden Eheverfahrens die **Wahl** zwischen einer **negativen Feststellungsklage** und einem **Änderungsantrag** nach § 620 b Abs. 1 ZPO.[58] Eine negative Feststellungsklage ist auch für die zurückliegende Zeit zulässig.[59] Der Schuldner kann sie mit einer Bereicherungsklage (Rn 31) verbinden.[60] Soweit auf Rückzahlung von Unterhalt geklagt werden kann, fehlt das Rechtsschutzbedürfnis für eine negative

---

53 BGH NJW 1993, 1330.

54 OLG Konstanz FamRZ 1988, 1182; OLG Frankfurt FamRZ 1982, 1223; OLG Hamm FamRZ 1980, 708.

55 BGH NJW 2000, 740, 741 f.

56 *Wieczorek/Klicka* § 620 f Rn 9 mit Nachweisen in Fußnote 32.

57 OLG Düsseldorf NJW-RR 1994, 519 f.; OLG Frankfurt NJW-RR 1991, 265.

58 OLG Koblenz FamRZ 1983, 1148 f.; *Zöller/Philippi* § 620 Rn 13.

59 BGH NJW-RR 1989, 709.

60 BGH NJW 2000, 740, 742.

Feststellungsklage. Ein Feststellungsinteresse besteht nur wegen der noch vollstreckbaren Unterhaltsansprüche.[61]

Das Prozeßgericht kann bis zur Entscheidung über die negative Feststellungsklage auf Antrag die **Zwangsvollstreckung** aus der einstweiligen Anordnung vorläufig **einstellen**, nach herrschender Meinung gemäß § 769 ZPO,[62] nach Auffassung des OLG Frankfurt[63] gemäß § 707 ZPO.

Möglich ist auch eine **Bereicherungsklage** auf Rückzahlung des materiell zu Unrecht gezahlten Unterhalts. Der Schuldner muß dann darlegen, daß dem Gläubiger kein oder nur ein geringerer Unterhaltsanspruch zugestanden hat. Die einstweilige Anordnung braucht vorher nicht aufgehoben zu sein. Sie ist kein Rechtsgrund für die Unterhaltszahlungen, sondern verschafft dem Gläubiger nur die Möglichkeit, vorläufig zu vollstrecken.[64] Durch ein Rückzahlungsurteil tritt sie außer Kraft, soweit es sich auf den in der einstweiligen Anordnung geregelten Zeitraum erstreckt.[65] Die **Zwangsvollstreckung** aus der einstweiligen Anordnung kann aufgrund einer Bereicherungsklage nicht eingestellt werden.

31

Bereicherungsansprüche scheitern häufig daran, daß der Unterhaltsgläubiger den Unterhalt für seinen Lebensbedarf verbraucht hat und daher um die ungerechtfertigten Unterhaltszahlungen **nicht mehr bereichert** ist (§ 818 Abs. 3 BGB). Dies muß er beweisen. Nach der Rechtsprechung des Bundesgerichtshofs spricht aber bei unteren und mittleren Einkommen eine Vermutung für den vollständigen Verbrauch zum Lebensunterhalt.[66] Die verschärfte Haftung nach § 818 Abs. 4 BGB tritt erst mit der Rechtshängigkeit der Bereicherungsklage ein, nicht schon mit der Zustellung einer negativen Feststellungsklage.[67] Der Unterhaltsschuldner kann der Gefahr des Entreicherungseinwandes begegnen, indem er die Unterhaltszahlungen, die er für überhöht

32

---

61 OLG Frankfurt FamRZ 1991, 1210, 1211.
62 OLG Düsseldorf NJW-RR 1994, 519; OLG Hamburg NJW-RR 1990, 394; OLG Koblenz FamRZ 1985, 1272; OLG Stuttgart FamRZ 1981, 694.
63 FamRZ 1989, 88.
64 BGH NJW 1984, 2095, 2096.
65 BGH NJW 1984, 2095, 2096; *Zöller/Philippi* § 620 f Rn 13; *Gießler* Rn 215.
66 BGH NJW 1992, 2415.
67 BGH NJW 2000, 740, 741; NJW 1985, 1074 ff.

hält, dem Gläubiger als zins- und tilgungsloses Darlehen mit der Verpflichtung anbietet, im Falle der Abweisung einer negativen Feststellungsklage auf die Rückzahlung zu verzichten. Der Unterhaltsgläubiger ist nach Treu und Glauben verpflichtet, dieses Angebot anzunehmen.[68]

Schadensersatzansprüche entsprechend § 945 ZPO bestehen nur bei Unterhaltsanordnungen nach § 641 d ZPO, wenn die Klage auf Feststellung der Vaterschaft zurückgenommen oder rechtskräftig abgewiesen wird. Der Bundesgerichtshof hat eine entsprechende Anwendung auf andere Fälle abgelehnt, in denen aufgrund einer einstweiligen Anordnung nach materiellem Recht zuviel Unterhalt gezahlt worden ist.[69]

33 Eine erfolgreiche **Vollstreckungsabwehrklage** führt nicht dazu, daß die einstweilige Anordnung entfällt. Der Gläubiger kann aus ihr nur nicht mehr vorgehen. Zulässig ist eine Vollstreckungsabwehrklage, wenn die **Ehesache nicht mehr anhängig** ist.[70] Der Schuldner kann sich mit ihr aber nur auf nachträglich entstandene rechtshemmende und rechtsvernichtenden Einwendungen berufen (§ 767 Abs. 2 ZPO), wie z.B. geleistete Zahlungen, nicht darauf, daß der Unterhalt in der einstweiligen Anordnung zu hoch bemessen worden sei. Dies kann er nur mit der negativen Feststellungsklage und der Bereicherungsklage geltend machen. Auch die Scheidung der Ehe wirkt sich auf die Zahlungsverpflichtung aus der einstweiligen Anordnung nicht aus (Rn 28). Damit ist daher eine Vollstreckungsabwehrklage ebenfalls nicht zu begründen.

Ob eine Vollstreckungsabwehrklage auch während des noch **laufenden Eheverfahrens** zulässig ist oder der Schuldner dann mit einem Abänderungsantrag nach § 620 b Abs. 1 ZPO vorgehen muß, ist umstritten.[71] Beruft sich der Schuldner auf Zahlungen und kann er sie glaubhaft machen, wird eine Vollstreckungsabwehrklage auch für mutwillig gehalten und keine Prozeßkostenhilfe bewilligt.[72]

---

68 BGH NJW 2000, 740, 741; NJW 1992, 2415, 2417.
69 BGH NJW 2000, 740, 742 f.
70 BGH NJW 1983, 1330 f.
71 Zulässig: OLG Saarbrücken FamRZ 1980, 385 f.; KG DAVorm 1989, 315, 317; unzulässig: OLG München MDR 1980, 148; OLG Hamburg NJW 1978, 1272.
72 OLG Hamm FamRZ 1987, 961 f.

Abänderungsklagen gegen einstweilige Anordnungen sind unzulässig. Das 34
ist § 323 Abs. 4 ZPO zu entnehmen.[73]

2. Einstweilige Verfügung

Einstweilige Unterhaltsverfügungen sind – abgesehen von den Fällen des 35
§ 1615 o ZPO – nur zulässig, wenn der Gläubiger **keine einstweilige An-**
ordnung erwirken kann. Sonst besteht für eine einstweilige Verfügung kein
Rechtsschutzinteresse, weil der Gläubiger mit ihr seinen Unterhaltsanspruch
nur zeitlich befristet und in Höhe des Notbedarfs durchsetzen kann, während eine einstweilige Anordnung den gesamten Unterhaltsanspruch erfaßt.
Eine einstweilige Verfügung über Unterhaltsansprüche von Ehegatten und
minderjähriger Kinder ist daher bei einer anhängigen Ehesache unzulässig,
eine einstweilige Verfügung über alle gesetzlichen Unterhaltsansprüche bei
einer anhängigen Unterhaltsklage und eine einstweilige Verfügung über Unterhaltsansprüche nichtehelicher Kinder und ihrer Mütter bei einer anhängigen Vaterschaftsfeststellungsklage.

Bei einer noch **nicht anhängigen Ehesache** und einem noch **nicht anhän-** 36
gigen Unterhaltsprozeß ist ein Rechtsschutzbedürfnis für eine einstweilige
Verfügung nur in Fällen zu bejahen, in denen es dem Gläubiger **nicht zu-**
zumuten ist, zugleich eine Unterhaltsklage oder einen Antrag auf Prozeßkostenhilfe hierfür einzureichen. Dies muß der Gläubiger dann darlegen.[74] Eine
Klage auf Unterhaltszahlungen für ein minderjähriges Kind ist unzumutbar,
wenn der Unterhaltstitel im **vereinfachten Verfahren** nach § 645 ZPO erwirkt werden soll. In diesem Verfahren ist keine einstweilige Anordnung
vorgesehen. Die Unterhaltsansprüche sind daher hier durch eine einstweilige
Verfügung vorläufig zu regeln.[75]

Sonst dürfte es dem Gläubiger immer zuzumuten sein, den Unterhaltsprozeß anhängig zu machen oder einen Antrag auf Prozeßkostenhilfe hierfür ein-

---

73 BGH NJW 1983, 2200, 2201; NJW 1983, 1330, 1331.

74 OLG Koblenz FamRZ 2000, 362 f.; OLG Köln NJW-RR 1999, 795, 796; OLG Nürnberg NJW 1998,
3787, 3788; *Thomas/Putzo/Reichold* § 940 Rn 9; *Zöller/Philippi* § 644 Rn 3.

75 *Zöller/Philippi* § 644 Rn 4.

zureichen. Ist er auf eine **Auskunft** des Schuldners über dessen Einkommens- und Vermögensverhältnisse angewiesen, kann er im Wege der **Stufenklage** vorgehen oder Prozeßkostenhilfe für eine Stufenklage beantragen.[76] Mit einer Stufenklage ist kein Kostenrisiko verbunden, wenn sich der Schuldner mit der Erteilung der Auskunft in Verzug befunden hat und seine spätere Auskunft ergibt, daß er nicht leistungsfähig ist. Der Gläubiger kann dann seine Klage dahingehend ändern, die Verpflichtung des Schuldners zum Ersatz der Prozeßkosten festzustellen.[77] Anspruchsgrundlage sind die §§ 286 Abs. 1, 284 BGB.

3. Arrest

37   Unterhaltsansprüche sind mit einem Arrest zu sichern, wenn der Gläubiger sie einklagen oder im Scheidungsverbund geltend machen kann und die Zwangsvollstreckung gefährdet ist (§ 5 Rn 5 ff.). Neben **rückständigen** Ansprüchen kommen auch **zukünftige** in Betracht, künftiger Trennungsunterhalt aber erst, wenn die Parteien getrennt leben, und künftiger Geschiedenenunterhalt vor der Scheidung der Ehe erst, wenn der Scheidungsantrag rechtshängig ist.[78] Vorher sind diese Ansprüche nicht einklagbar. Das gleiche gilt für Unterhaltsansprüche eines nichtehelichen Kindes und der Mutter gegen den Vater, wenn die Vaterschaft noch nicht anerkannt oder rechtskräftig festgestellt ist (§ 1600 d Abs. 4 BGB). Vorläufiger Rechtsschutz wird vor der Anerkennung oder rechtskräftigen Feststellung der Vaterschaft durch einstweilige Anordnungen nach § 641 d ZPO gewährt und erst danach durch einen Arrest.

Hat der Gläubiger bereits einen **Unterhaltstitel** erwirkt, besteht kein Arrestgrund hinsichtlich der Ansprüche, die er aus dem Titel vollstrecken kann. Urteile, einstweilige Verfügungen und einstweilige Anordnungen über rückständige Unterhaltsansprüche schließen daher einen Arrest aus. Er ist nur hinsichtlich der erst **künftig fällig werdenden** Zahlungen zulässig. Insoweit

---

76 *Bernreuther* FamRZ 1999, 69, 72.
77 BGH NJW 1994, 2895.
78 OLG Düsseldorf FamRZ 1994, 111, 113 f.

besteht ein Sicherungsbedürfnis, weil der Gläubiger aus dem Titel – abgesehen von dem Ausnahmefall der Vorratspfändung von. Arbeitslohn (§ 850 d Abs. 3 ZPO) – noch nicht vorgehen kann.

Künftige Unterhaltsansprüche sind bei einer entsprechenden Gefährdung so lange zu sichern, wie der Berechtigte **mutmaßlich bedürftig** und der Verpflichtete **mutmaßlich leistungsfähig** ist. Bei **minderjährigen Kindern** kann der Arrest die Zeitspanne bis zur Volljährigkeit umfassen,[79] beim **Getrenntlebensunterhalt** bis zur Rechtskraft der Scheidung. Ansprüche auf **nachehelichen Unterhalt** sind z.B.zu sichern, solange die Kinder betreuungsbedürftig sind (§ 1570 BGB) oder bis zum Abschluß der Ausbildung (§ 1575 BGB). In der Rechtsprechung wird der Sicherungszeitraum aber auf höchstens fünf Jahre beschränkt.[80]

Ausschließlich zuständig ist bei einer bereits anhängigen Unterhaltsklage oder Ehesache das damit befaßte Gericht, sonst das Familiengericht, bei dem die Unterhaltsklage zu erheben wäre (§§ 919, 943 Abs. 1 ZPO). Der Antragsteller kann sich aber auch an das Familiengericht wenden, in dessen Bezirk sich der mit dem Arrest zu belegende Gegenstand oder – beim persönlichen Arrest – der Unterhaltsschuldner befindet (§ 919 ZPO).

38

II. Zugewinnausgleich

Ansprüche auf Zugewinnausgleich können nicht mit einer einstweiligen Anordnung gesichert werden. In Betracht kommt ein **Arrest**, sobald Zugewinnausgleichsansprüche einklagbar sind. Das ist der Fall, wenn die Ehesache anhängig ist. Der Gläubiger kann sie dann in der Ehesache geltend machen (§ 623 ZPO). Die herrschende Meinung läßt deshalb einen Arrest **nach der Erhebung der Scheidungsklage** zu.[81] Vorher ist ein Arrest unzulässig.

39

---

79 KG FamRZ 1985, 730 f.

80 OLG Hamm FamRZ 1995, 1427, 1428; OLG Düsseldorf NJW-RR 1994, 450, 452.

81 OLG Karlsruhe NJW-RR 1997, 1017; OLG Düsseldorf NJW-RR 1994, 435 f.; *Zöller/Vollkommer* § 916 Rn 8; *MüKo/Heinze* § 916 Rn 13; *Stein/Jonas/Grunsky* § 916 Rn 11 a; a.A. OLG Stuttgart NJW-RR 1996, 961; OLG Hamm FamRZ 1995, 1427.

Vor der Scheidung besteht unter Umständen schon ein Anspruch auf **vorzeitigen Ausgleich des Zugewinns** (§§ 1385, 1386 BGB). Dieser ist ebenfalls mit einem Arrest zu sichern.[82]

Hat der Gläubiger Klage auf vorzeitigen Ausgleich des Zugewinns oder Scheidungsklage erhoben, kann er bei einer erheblichen Gefährdung eine **Sicherheitsleistung** verlangen (§ 1389 BGB). Dieser Anspruch ist mit einer Klage im ordentlichen Verfahren durchzusetzen und nach herrschender Meinung[83] im Wege des vorläufiger Rechtsschutzes zu sichern. Umstritten ist, ob der Gläubiger mit einem Arrest vorgehen muß,[84] mit einer einstweiligen Verfügung[85] oder ob er sich dies aussuchen kann.[86]

40 Voraussetzung für einen Arrest ist ein **Arrestgrund** (§ 5 Rn 5 ff.). Er kann sich nicht nur aus der beabsichtigten Veräußerung von Vermögenswerten ergeben,[87] sondern auch aus grob falschen Auskünften des Gegners über den Bestand seines Endvermögens, die den Verdacht erwecken, er wolle sein Vermögen verschleiern.[88]

III. Prozeßkostenvorschuß

41 Einstweilige Anordnungen sind vorgesehen, um einen Prozeßkostenvorschuß

- für eine **anhängige Ehesache und Folgesachen** (§ 620 Nr. 9 ZPO),
- für **Unterhaltsklagen** (§ 127 a ZPO) und
- für **andere selbständige Familiensachen** (§ 621 f ZPO)

zu erlangen.

82 Z.B. *Stein /Jonas/Grunsky* § 916 Rn 11 a.
83 A.A. OLG Celle FamRZ 1984, 1231 f.
84 So z.B. OLG Düsseldorf NJW-RR 1994, 453 f.; *Zöller/Vollkommer* § 916 Rn 5; *Wieczorek/Thümmel* § 916 Rn 8; *MüKo/Heinze* § 916 Rn 7.
85 So z.B. OLG Hamburg FamRZ 1988, 964 f.; KG FamRZ 1986, 1107; OLG Düsseldorf FamRZ 1991, 351 f.
86 So z.B. BayObLG NJW 1975, 833, 835; *Stein/Jonas/Grunsky* § 935 Rn 5; *Schuschke/Walker* vor § 935 Rn 54.
87 OLG Karlsruhe NJW 1997, 1017 f.
88 OLG Frankfurt FamRZ 1996, 747, 749.

Vorschußklagen werden dadurch nicht ausgeschlossen.[89] Eine Unterhaltsanordnung in **Kindschaftssachen** nach § 641 d ZPO kann nach herrschender Meinung den Prozeßkostenvorschuß für die Vaterschaftsklage als Sonderbedarf mitumfassen.[90]

Voraussetzung für eine einstweilige Anordnung ist, daß die **Klage**, für die Prozeßkostenvorschuß beansprucht wird, **anhängig** oder ein Antrag auf Prozeßkostenhilfe hierfür eingereicht ist (§ 620 a Abs. 2 Satz 1 in Verbindung mit § 127 a Abs. 2 bzw. § 621 f Abs. 2 ZPO). Sonst ist ein Anordnungsantrag unzulässig. Die herrschende Meinung läßt dann auch **keine einstweilige Verfügung** zu, weil es dem Antragsteller – ähnlich wie bei Unterhaltsansprüchen– zuzumuten ist, die Hauptsache anhängig zu machen und darin die einstweilige Anordnung zu beantragen.[91]

Prozeßkostenvorschüsse können mit einer **einstweiligen Verfügung** nur für Rechtsstreitigkeiten zwischen Eheleuten verlangt werden, die nicht zu den Familiensachen gehören (z.B. aus einem Arbeitsverhältnis), für Rechtsstreitigkeiten eines Ehegatten mit einem Dritten (z.B. Schadensersatz- und Schmerzensgeldanspruch aus Körperverletzung) und für ein Strafverfahren (§ 1360 a Abs. 4 Satz 2 BGB). Zuständig ist nach § 937 Abs. 1 ZPO das Gericht, bei dem der Prozeßkostenvorschuß einzuklagen wäre.[92] Das ist das Familiengericht, weil sich der Vorschußanspruch aus der gesetzlichen Unterhaltspflicht ergibt. In der Literatur wird aber auch das Gericht des zu bevorschussenden Verfahrens für zuständig gehalten.[93] Ein **Verfügungsgrund** liegt nur vor, wenn der in Anspruch genommene Ehegatte trotz Anforderung nicht zahlt und es dem Antragsteller nicht zuzumuten ist, mit dem zu bevorschussenden Verfahren bis zu einer Entscheidung im ordentlichen Klageverfahren über den Prozeßkostenvorschuß zu warten.

---

89 BGH NJW 1979, 1508 f.

90 *Gießler* Rn 742.

91 OLG Düsseldorf FamRZ 1980, 175; OLG Hamm NJW 1978, 2515; OLG Oldenburg NJW 1978, 1593; *Zöller/Philippi* § 620 Rn 30; *Bernreuther* FamRZ 1999, 69, 72; *Gießler* Rn 768; a.A. OLG Karlsruhe FamRZ 1981, 982 ff.; OLG Düsseldorf NJW 1978, 895 f.

92 *Gießler* Rn 764.

93 Nachweise bei *Gießler* Rn 764 in Fußnote 130.

42 Das Anordnungsverfahren wird mit einem **bezifferten Zahlungsantrag** eingeleitet. Er muß vor dem Abschluß der Instanz eingehen, für die Prozeßkostenvorschuß beansprucht wird[94] und kann die Gerichtskosten sowie in der Regel zwei Anwaltsgebühren des Hauptverfahrens zuzüglich Auslagenpauschale und Umsatzsteuer sowie die Kosten des Anordnungsverfahrens umfassen.[95] Zuständig ist das Gericht, das mit der Hauptsache befaßt ist. Ein **Regelungsbedürfnis** wird schon dann bejaht, wenn der Schuldner trotz Anforderung nicht zahlt.[96]

43 Der Antragsteller muß glaubhaft machen, daß er die **Prozeßkosten nicht aufbringen** kann und daß er nach dem materiellen Recht einen **Anspruch auf den Vorschuß** hat. Der Anspruch kann sich aus § 1360 a Abs. 4 oder § 1361 Abs. 4 Satz 4 BGB ergeben. Eine Vorschußpflicht besteht hiernach nur für Prozesse, die eine persönliche Angelegenheit betreffen. Außerdem muß der in Anspruch genommene Ehegatte leistungsfähig sein und die Zahlung eines Prozeßkostenvorschusses der Billigkeit entsprechen. Unbillig sind Vorschußzahlungen für offensichtlich aussichtslose Klagen.[97] Der Antragsgegner ist nur leistungsfähig, wenn er auch seine eigenen Prozeßkosten aufbringen kann. Bei einer beschränkten Leistungsfähigkeit ist die Anordnung von Ratenzahlungen zulässig.[98] **Prozeßkostenhilfe** für das Hauptverfahren kann nur gewährt werden, wenn der Antragsteller keinen Prozeßkostenvorschuß beanspruchen kann. Schuldet der in Anspruch genommene Ehegatte nur Ratenzahlungen, ist für das Hauptverfahren Prozeßkostenhilfe mit der Anordnung zu bewilligen, die erlangten Leistungen an die Staatskasse abzuführen.[99]

44 Aus einer Vorschußanordnung kann der Antragsteller auch noch nach der **Beendigung des Hauptprozesses** und ungeachtet der dort ergangenen Kostenentscheidung die Zwangsvollstreckung wegen der bis dahin entstandenen

---

94 *Zöller/Philippi* § 621 f Rn 7 mit Nachweisen aus der Rechtsprechung.
95 OLG Frankfurt FamRZ 1979, 732 f.; *MüKo/Klauser* § 621 f Rn 7.
96 *Gießler* Rn 750.
97 OLG Koblenz FamRZ 1982, 402.
98 OLG Nürnberg FamRZ 1996, 875; OLG Köln MDR 1995, 209; *Bergerfurth* Rn 114; *Gießler* Rn 754; a.A. OLG Düsseldorf FamRZ 1995, 680; OLG Hamm FamRZ 1986, 1013.
99 *Gießler* Rn 754 mit Nachweisen aus der Rechtsprechung in Fußnote 111.

Kosten betreiben. Eine Aufrechnung des Ehegatten mit einem Kostenerstattungsanspruch aus dem Hauptprozeß ist ausgeschlossen.[100] Die Vorschußanordnung wird automatisch wirkungslos, wenn der Hauptprozeß ohne eine Verurteilung des dort Beklagten endet (Rn 16) sowie durch eine vollstreckbare Schuldurkunde und nach einer erfolgreichen negativen Feststellungs- oder Bereicherungsklage des Vorschußschuldners (Rn 30, 31).

IV. Herausgabe persönlicher Gegenstände

Ein Ehegatte kann vom anderen Gegenstände herausverlangen, die ihm gehö-   45
ren (§ 985 BGB) oder dem von ihm betreuten Kind. Im Scheidungsverfahren
ist eine Herausgabeanordnung zulässig (§ 620 Nr. 8 ZPO), in Verfahren über
die Herausgabe eines Kindes eine vorläufige Anordnung hinsichtlich der Sachen des Kindes (§ 50 d FGG). Einstweilige Verfügungen sind dann ausgeschlossen. Sie kommen nur in Betracht, wenn diese Verfahren nicht anhängig
sind.

Nach verbreiteter Ansicht soll auch in Hausratsverfahren die Herausgabe
persönlicher Gebrauchssachen eines Ehegatten vorläufig angeordnet werden
können. Die wohl herrschende Meinung lehnt dies ab und läßt einstweilige
Verfügungen zu.[101]

Ein **Regelungsbedürfnis** besteht bei dringend benötigten Sachen, wie z.B.
Kleidung, Wäsche, Schulbücher und persönlichen Papieren, z.B. Pässe, Ver-
sicherungsunterlagen oder Krankenscheine. Im Antrag sind die Gegenstände
so bestimmt zu bezeichnen wie in einer Herausgabeklage. Die Vollstreckung
richtet sich nach den Bestimmungen der ZPO.

---

100 BGH NJW 1985, 2263 f.
101 *Gießler* Rn 856 mit Nachweisen in den Fußnoten 8 und 9.

V. Ehestörungen und Belästigungsverbote

46 **Ehestörungen** kommen vor durch Eingriffe in den **räumlich-gegenständlichen Bereich der Ehe** und die **eigenmächtige Entziehung** des Besitzes an der Ehewohnung oder dem Hausrat.

Der „**räumlich-gegenständliche Bereich**" der Ehe kann gestört werden, wenn ein Dritter gegen den Willen des anderen Ehegatten in die gemeinsame Ehewohnung oder gemeinsame Geschäftsräume aufgenommen wird. Eine Familiensache wird in diesen Fällen überwiegend verneint.[102] Solange der andere Ehegatte Mitbesitzer der Wohnung oder der Geschäftsräume ist, kann er es dem Dritten im Wege der einstweiligen Verfügung verbieten lassen, die Räume wieder zu betreten und dem Ehegatten, dem Dritten den Zugang zu gewähren. Zuständig ist das ordentliche Zivilgericht.[103]

Fälle **verbotener Eigenmacht** sind die Aussperrung des anderen Ehegatten und die eigenmächtige Entfernung von Hausratsgegenständen aus der Ehewohnung. Leben die Ehegatten nicht getrennt und besteht auch keine Trennungsabsicht, ist eine einstweilige Verfügung zulässig, weil die betroffene Partei keine einstweilige oder vorläufige Anordnung erwirken kann. Zuständig sind die ordentlichen Zivilgerichte. Will sich ein Ehegatte vom anderen trennen oder leben sie schon getrennt, ist nach herrschender Meinung ein Verfahren nach § 1361 b oder § 1361 a BGB einzuleiten und eine vorläufige Anordnung zu beantragen.[104] Der Bundesgerichtshof[105] hat eine vorläufige Anordnung für zulässig gehalten, mit der einem Ehegatten, der eigenmächtig Hausratsgegenstände aus der früheren Ehewohnung entfernt hat, aufgegeben wird, diese in die Wohnung zurückzubringen.

47 Vor Mißhandlungen, **Belästigungen** und Beleidigungen unter Ehegatten kann sich der Betroffene mit einer einstweiligen Verfügung wehren. Zuständig ist das ordentliche Zivilgericht.[106] Wenn schon eine Ehesache anhängig

---

102 OLG Zweibrücken NJW 1989, 1614; KG FamRZ 1983, 616 f.; OLG Düsseldorf FamRZ 1981, 577 ff.; OLG Hamm FamRZ 1981, 477 ff.; a.A. OLG Celle NJW 1980, 711.

103 *Gießler* Rn 959; *Niepmann in Rahm/Künkel* VI Rn 90.

104 Nachweise bei *Menter* FamRZ 1997, 76 ff. in Fußnoten 1 und 2.

105 JZ 1983, 73.

106 *Gießler* Rn 975; *Niepmann in Rahm/Künkel* VI Rn 90.

ist, läßt die herrschende Meinung eine einstweilige Anordnung nach § 620 Nr. 5 ZPO zu.[107] In der Rechtsprechung[108] und in der Literatur[109] wird aber auch in diesen Fällen vorläufiger Rechtsschutz mit einer einstweiligen Verfügung des ordentlichen Zivilgerichts gewährt.

Ein Kontaktverbot kann z.B. mit dem Antrag durchgesetzt werden, es dem Antragsgegner unter Androhung von Ordnungsmitteln zu untersagen, die Antragstellerin zu bedrohen, zu verletzen oder sonst körperlich zu mißhandeln, sie anzurufen oder anzusprechen, sich ihrer Wohnung auf eine Entfernung von 50 m und der Antragstellerin außerhalb der Wohnung auf eine Entfernung von 20 m zu nähern, sie auf der Straße anzusprechen oder ihr nachzulaufen.[110]

VI. FGG-Verfahren

Den Vorschriften des FGG unterliegen vor allem vorläufige und einstweilige Anordnungen über   **48**

- das Sorge- und Umgangsrecht,
- die Herausgabe eines Kindes sowie
- die Benutzung der Ehewohnung und des Hausrats (§ 621 a Abs. 1 ZPO).

1. Sorgerecht und Umgangsrecht

Das Familiengericht kann in isolierten Sorgerechtsverfahren nach den §§ 1671, 1672 BGB mit einer vorläufigen Anordnung und im Scheidungsverfahren mit einer einstweiligen Anordnung (§ 620 Nr. 1 ZPO) das **Sorgerecht** einstweilen regeln. Dazu gehört nicht nur die Sorge für die Person, sondern auch die Sorge für das Vermögen (§ 1626 Abs. 1 BGB) und die gesetzliche Vertretung des Kindes (§ 1629 Abs. 1 BGB).   **49**

---

107 OLG Karlsruhe FamRZ 1989, 77; OLG Hamm NJW 1982, 1108; OLG Saarbrücken FamRZ 1981, 64; OLG Hamburg FamRZ 1978, 804; *Stein/Jonas/Schlosser* § 620 Rn 7; *Bergerfurth* Rn 9.

108 OLG Düsseldorf FamRZ 1995, 183 f.

109 *Zöller/Philippi* § 620 Rn 55; *Schuschke/Walker* Vorbemerkung zu § 935 Rn 47; *Gießler* Rn 973.

110 Genauerer Formulierungsvorschlag: *Fischer* MDR 1997, 120, 122.

Ein **Regelungsbedürfnis** besteht, wenn bei einem Aufschub bis zur endgültigen Entscheidung Nachteile für das Wohl des Kindes zu befürchten sind.[111] Zulässig und oft ausreichend sind Teilregelungen, wie z.B. die Übertragung des Rechts, den Aufenthalt des Kindes zu bestimmen.[112] Eine gänzliche Übertragung des Sorgerechts kommt nur in Betracht, wenn ein Elternteil völlig ungeeignet ist oder sich aus bereits vorgenommenen Ermittlungen deutliche Hinweise darauf ergeben, wem voraussichtlich endgültig das Sorgerecht übertragen wird.[113]

50 Vorläufige Anordnungen über den **Umgang** eines Elternteils mit dem Kind sind in isolierten Verfahren zur Regelung des Umgangs nach § 1684 BGB zulässig, einstweilige Anordnungen in Ehesachen (§ 620 Nr. 2 ZPO).

Ein **Regelungsbedürfnis** liegt vor, wenn sich die Eltern über den Bestand, die Art oder die Ausübung des Umgangsrechts nicht einigen können und ein dringendes Bedürfnis nach einer vorläufigen Regelung zum Wohl des Kindes besteht. Zulässig sind Anordnungen für bestimmte Einzelfälle, wie z.B. Ferienbesuche. Geregelt werden können die Besuchsmodalitäten durch Ge- und Verbote, z.B. das Kind nicht ins Ausland zu bringen oder den Reisepaß des Kindes beim Gericht zu hinterlegen.[114] Das Umgangsrecht darf mit einer Anordnung nicht ausgeschlossen, sondern bei einer Gefährdung des Kindeswohls nur einstweilen ausgesetzt werden.[115]

2. Herausgabe des Kindes

51 Der sorgeberechtigte Elternteil kann nach § 1632 BGB die Herausgabe eines Kindes von dem nicht sorgeberechtigten Elternteil verlangen. Dieser Anspruch ist auf Antrag im isolierten FGG-Verfahren mit einer vorläufigen Anordnung und im Eheverfahren mit einer einstweiligen Anordnung durchzusetzen (§ 620 Nr. 3 ZPO).

---

111 OLG Jena FamRZ 1997, 573; OLG Karlsruhe FamRZ 1990, 304, 305; *Zöller/Philippi* § 620 Rn 38; *Bergerfurth* Rn 101.
112 OLG München MDR 1998, 1353; KG NJW-RR 1996, 455.
113 *Gießler* Rn 995.
114 *Gießler* Rn 1023.
115 *Gießler* Rn 1025.

Ein **Regelungsbedürfnis** besteht, wenn das Kind dem sorgeberechtigten Elternteil widerrechtlich vorenthalten wird und die Herausgabe mit dem Wohl des Kindes zu vereinbaren ist.[116] Das Gericht kann auf Antrag nach § 50 d FGG zugleich die Herausgabe der Sachen des Kindes anordnen und mit Ge- oder Verboten der Gefahr einer Entführung des Kindes vorbeugen (Verbot, das Kind ins Ausland zu bringen und Hinterlegung des Reisepasses). Die Anordnung tritt auch außer Kraft, wenn demjenigen, der das Kind herausgeben soll, nachträglich im Hauptsacheverfahren das Personensorge- oder Aufenthaltsbestimmungsrecht übertragen worden ist.[117]

3. Ehewohnung und Hausrat

Eheleute, die getrennt leben, können ein Verfahren über die vorläufige **Zuweisung der Ehewohnung** und des **Haurats** für die Trennungszeit betreiben (§§ 1361 b, 1361 a BGB) und ein Verfahren über die endgültige Zuweisung nach der Scheidung (§§ 2, 3 ff. HausrVO). Für Regelungen über die Ehewohnung reicht die Trennungsabsicht eines Ehegatten aus. Verfahren nach §§ 1361 b und 1361 a BGB sind stets als isolierte Familiensachen zu führen, weil die Entscheidung nicht für den Fall der Scheidung zu treffen ist (§ 623 Abs. 1 ZPO). Regelungen nach der Scheidung können im Rahmen eines Scheidungsverfahrens oder in isolierten Hauptsacheverfahren beantragt werden. **Vorläufiger Rechtsschutz** wird in isolierten Hauptsacheverfahren durch vorläufige Anordnungen nach § 13 Abs. 4 HausrVO gewährt, im Rahmen einer Ehesache durch einstweilige Anordnungen nach § 620 Nr. 7 ZPO.

52

Ein **Regelungsbedürfnis** hinsichtlich der **Ehewohnung** besteht während der **Trennungszeit**, wenn die Zuweisung aufgrund außergewöhnlicher Umstände dringend erforderlich ist, um eine unerträgliche Belastung des die Zuweisung begehrenden Ehegatten abzuwenden,[118] wie z.B. bei schweren körperlichen Mißhandlungen,[119] ernstzunehmenden schwerwiegenden Dro-

53

---

116 OLG Hamburg FamRZ 1993, 1337, 1338; *Zöller/Philippi* § 620 Rn 47.
117 *Gießler* Rn 1035.
118 KG FamRZ 1987, 850; *Brudermüller* FamRZ 1999, 193, 201 f.
119 OLG Köln FamRZ 1996, 1220.

hungen[120] oder der Aufnahme eines neuen Lebensgefährten in die Ehewohnung.[121] Der Antragsteller muß dies substantiiert vortragen. Nach einer längeren Trennung oder einem freiwilligen Auszug des Antragsgegners genügen geringere Anforderungen.[122] Dies gilt auch für einstweilige oder vorläufige Anordnungen **nach der Scheidung**. Für eine einstweilige oder vorläufige Anordnung besteht kein **Rechtsschutzinteresse**, wenn sich die Parteien über die Nutzung der Ehewohnung geeinigt haben oder wenn sie die Ehewohnung aufgrund einer wirksamen Kündigung des Vermieters räumen müssen.[123]

Das Gericht kann die Wohnung einem Ehegatten allein zuweisen, aber die Wohnung auch aufteilen, wenn dies möglich und sinnvoll ist. Eingriffe in bestehende Rechtsverhältnisse mit Dritten (insbesondere Mietverträge) sind unzulässig.[124] Erstrebt der Antragsteller eine Aufteilung der Wohnung, ist ein Teilungsvorschlag zu empfehlen. Die bloße Zuweisung einer Wohnung ist kein vollstreckbarer Räumungstitel. Will der Antragsteller eine Räumung erreichen, sollte er einen Räumungsausspruch beantragen. Zulässig sind auch Anträge, eine **Räumungsfrist** zu bewilligen,[125] dem Antragsgegner das Betreten der Ehewohnung[126] oder die Kündigung des von ihm allein abgeschlossenen Mietvertrages zu verbieten[127] und die Wohnungsschlüssel herauszugeben.[128]

54 Hinsichtlich des **Hausrats besteht** ein **Regelungsbedürfnis**, wenn der antragstellende Ehegatte Hausratsgegenstände dringend benötigt und der andere die Herausgabe verweigert.[129] Droht die Gefahr, daß der Anspruch durch Handlungen des anderen Ehegatten vereitelt wird, ist z.B. ein Ver-

---

120 OLG Karlsruhe FamRZ 1991, 1440.
121 OLG Hamm FamRZ 1993, 1442.
122 OLG Köln FamRZ 1996, 547 f.; FamRZ 1987, 77 f.
123 OLG Oldenburg FamRZ 1993, 1342.
124 *Brudermüller* FamRZ 1999, 193, 201.
125 *Palandt/Brudermüller* § 15 HausrVO Rn 2 mit Nachweisen aus der Rechtsprechung.
126 OLG Karlruhe FamRZ 1994, 1185.
127 OLG Dresden FamRZ 1997, 183.
128 KG FamRZ 1991, 467.
129 OLG Düsseldorf FamRZ 1995, 561; *Brudermüller* FamRZ 1999, 193, 201.

äußerungsverbot oder das Verbot zulässig, Hausrat aus der Ehewohnung zu entfernen.[130]

Der Antragsteller sollte die **Hausratsgegenstände angeben**, die er verlangt. Auf die Eigentumsverhältnisse kommt es nicht an. Sie bleiben von der Anordnung unberührt.

4. Getrenntleben

Die Klage eines Ehegatten auf Feststellung des Rechts zum Getrenntleben (§ 1353 Abs. 2 BGB) ist eine Ehesache im Sinne des § 606 ZPO.[131] Sobald und solange sie oder eine Scheidungsklage anhängig ist, sind in dringenden Fällen **einstweilige Anordnungen** über die Art und Weise des Getrenntlebens zulässig (§ 620 Nr. 5 ZPO). Sie überschneiden sich häufig mit einstweiligen Anordnungen über die Benutzung der Ehewohnung.

55

C. Muster für Anträge in Familiensachen

I. Muster: Regelung der elterlichen Sorge

▼

An das
Amtsgericht
– Familiengericht –

56

Az.:

Antrag

auf Erlaß einer einstweiligen Anordnung

zur Regelung des Sorgerecht

in der Familiensache

---

130 *Gießler* Rn 817.
131 OLG Karlsruhe FamRZ 1991, 1456; OLG Frankfurt FamRZ 1984, 1123.

der Frau ▮▮▮▮

– Antragstellerin –

– Verfahrensbevollmächtigte: Rechtsanwältin ▮▮▮▮ –

gegen

Herrn ▮▮▮▮

– Antragsgegner –

– Verfahrensbevollmächtigter: Rechtsanwalt ▮▮▮▮ –

Namens und in Vollmacht der Antragstellerin beantrage ich in dem anhängigen Scheidungverfahren,

> der Antragstellerin im Wege der einstweiligen Anordnung allein das Sorgerecht für das gemeinsame Kind der Parteien, den/die am ▮▮▮▮ geborene(n) ▮▮▮▮, zu übertragen, wenigstens aber das Recht zur Bestimmung des Aufenthalts.

Begründung:

Die Parteien sind getrennt lebende Eheleute. Ihr jetzt fünfjähriger Sohn ▮▮▮▮ hat sich bis vor zwei Wochen beim Antragsgegner aufgehalten. Seitdem ist er bei der Antragstellerin. Das Sorgerecht steht den Parteien noch gemeinsam zu. Unter dem Aktenzeichen ▮▮▮▮ ist ihr Scheidungsverfahren anhängig.

Das Wohl des Kindes erfordert es dringend, der Antragstellerin das alleinige Sorgerecht zu übertragen. Der Antragsgegner ist nicht imstande, es hinreichend zu versorgen und zu erziehen. Er ist drogenabhängig. Die Antragstellerin hat ihm das Kind überlassen, als er ihr nach einer Entziehungskur versichert hatte, er sei von seiner Sucht geheilt. Tatsächlich ist er aber wieder rückfällig geworden. Dies wirkt sich so aus, daß er sich weder um das Kind noch um den Haushalt kümmert, obskure Leute in die Wohnung aufnimmt und drei- bis viermal in der Woche erst spät abends nach Hause kommt. Das Kind ist sich dann selbst überlassen. Die Antragstellerin hat dies von einer Nachbarin erfahren und den Antragsteller daraufhin in seiner Wohnung aufgesucht. Welche unsäglichen Zustände sie dabei angetroffen hat, ergibt sich im einzelnen aus ihrer beigefügten eidesstattlichen Versicherung. Die Antragstellerin hat das Kind daraufhin mitgenommen.

322

Das Kind zeigt bereits deutliche Zeichen von Verwahrlosung und Verhaltensstörungen ▓▓▓ .

Die Antragstellerin lebt in geordneten Verhältnissen ▓▓▓ . Sie hat ihre Berufstätigkeit auf eine Teilzeitbeschäftigung reduziert, um ihren Sohn intensiv betreuen zu können und für ihn einen Platz in einem Kindergarten gefunden.

Den vorgetragenen Sachverhalt mache ich mit der beigefügten eidesstattlichen Versicherung der Antragstellerin glaubhaft.

Nach alledem entspricht es dem Wohl des Kindes, der Antragstellerin bereits mit einer einstweiligen Anordnung allein das Sorgerecht zu übertragen.

(Rechtsanwältin)

Anlage: eidesstattliche Versicherung der Antragstellerin vom ▓▓▓

▲

II. Muster: Regelung des Umgangs

▼

48

An das   57
Amtsgericht
– Familiengericht –
▓▓▓

Az.: ▓▓▓

Eilt sehr!

Bitte sofort vorlegen

Antrag auf Erlaß einer einstweiligen Anordnung zur Regelung des Umgangs

in der Familiensache
der Frau ▓▓▓

                                                                            – Antragstellerin –

– Verfahrensbevollmächtigte: Rechtsanwältin ▓▓▓ –

gegen

Herrn ▓▓▓▓

– Antragsgegner –

– Verfahrensbevollmächtigter: Rechtsanwalt ▓▓▓▓ –

Namens und in Vollmacht des Antragsgegners beantrage ich in dem anhängigen Scheidungsverfahren,

> der Antragsstellerin im Wege der einstweiligen Anordnung aufzugeben, das gemeinsame Kind ▓▓▓▓ der Parteien, geb. am ▓▓▓▓, spätestens am 2. Weihnachtstag um ▓▓▓▓ Uhr dem Antragsgegner an seiner Wohnung ▓▓▓▓ in ▓▓▓▓ zu übergeben und ihr für den Fall der Zuwiderhandlung ein Zwangsgeld bis zu ▓▓▓▓ DM anzudrohen.

Begründung:
Die Parteien sind getrennt lebende Eheleute. Ihr im Antrag genanntes Kind befindet sich bei der Antragstellerin. Das Sorgerecht steht den Parteien gemeinsam zu. Unter dem Aktenzeichen ▓▓▓▓ ist ihr Scheidungsverfahren anhängig.

Der Antragsgegner hat das Kind seit einem Monat nicht mehr gesehen. Die Antragstellerin läßt vereinbarte Besuchstermine aus fadenscheinigen Gründen ausfallen. Sie beabsichtigt jetzt, mit dem Kind die bevorstehenden Weihnachtstage bei ihrer Mutter in Süddeutschland zu verbringen. Dies hat ihm die Antragstellerin eröffnet, als er gestern mit ihr eine Besuchsregelung für die Feiertage treffen wollte.

Der Antragsgegner ist nicht mehr bereit, sich weiter hinhalten zu lassen. Das Kind ist bei ihm genauso gut aufgehoben wie bei der Antragstellerin. Es hat ein vertrauensvolles Verhältnis zu ihm. Ein Besuch wenigstens am 2. Weihnachtstag ist das mindeste, was der Antragsgegner erwarten kann. Da die Antragstellerin dies nicht freiwillig einsieht, muß das Gericht ihm dazu verhelfen.

Den vorstehenden Sachverhalt mache ich mit der beigefügten eidesstattlichen Versicherung des Antragsgegners glaubhaft.

(Rechtsanwalt)

Anlage: eidesstattliche Versicherung des Antragsgegners vom ▓▓▓▓

▲

III.   Muster: Herausgabe eines Kindes

▼

An das

Amtsgericht

– Familiengericht –

Az.:

Eilt sehr!

Bitte sofort vorlegen

Antrag auf Erlaß einer einstweiligen

Anordnung auf Herausgabe eines Kindes

in der Familiensache

der Frau

– Antragstellerin –

– Verfahrensbevollmächtigte: Rechtsanwältin   –

gegen

Herrn

– Antragsgegner –

– Verfahrensbevollmächtigter: Rechtsanwalt   –

Namens und in Vollmacht der Antragstellerin beantrage ich in dem anhängigen
Scheidungsverfahren,

> den Antragsgegner im Wege der einstweiligen Anordnung sofort und ohne
> mündliche Verhandlung zu verpflichten, das gemeinsame Kind   der
> Parteien, geb. am   , an die Antragstellerin herauszugeben, einen vom
> Gericht zu bestimmenden Gerichtsvollzieher. mit der Vollstreckung zu be-
> auftragen und ihn zu ermächtigen, die Anordnung notfalls mit Gewalt durch-
> zusetzen, insbesondere den Widerstand des Antragsgegners zu überwin-
> den, seine Wohnung zu durchsuchen und die Unterstützung von Polizeibe-
> amten in Anspruch zu nehmen.

Ich beantrage außerdem,

die der Antragstellerin im Scheidungsverfahren bewilligte Prozeßkostenhilfe auf dieses einstweilige Anordnungsverfahren auszudehnen.

Begründung:

Die Parteien sind getrennt lebende Eheleute. Unter dem Aktenzeichen ist ihr Scheidungsverfahren anhängig.

Das Familiengericht hat der Antragstellerin mit Beschluß vom (Az.) die elterliche Sorge für das im Antrag genannte jetzt sechsjährige Kind übertragen. Es hält sich seit dem vergangenen Wochenende beim Antragsgegner auf. Er hat das Kind im Rahmen seines Umgangsrechts abgeholt und weigert sich, es zurückzubringen. Zur Begründung hat er der Antragstellerin bei einem Telefongespräch am erklärt, das Kind wolle bei ihm bleiben.

Der Antragsgegner enthält der Antragstellerin das Kind widerrechtlich vor. Er ist daher zu Herausgabe verpflichtet. Das Kind ist bei ihm auch gesundheitlich gefährdet. Es ist Diabetiker und auf regelmäßige Medikamente sowie eine strenge Diät angewiesen. Sonst droht ein Schockzustand mit unabsehbaren Folgen. Der Antragsgegner zieht obskure alternative Heilmethoden vor, die medizinisch nicht abgesichert sind. Er hat darauf immer bestanden, als die Parteien noch zusammen lebten. Es ist daher zu befürchten, daß er seine Vorstellungen jetzt durchsetzt. Das entspräche nicht dem Wohl des Kindes.

Zur Glaubhaftmachung des vorstehenden Sachverhalts lege ich eine eidesstattliche Versicherung der Antragstellerin und ein ärztliches Attest des Dr. über die Krankheit des Kindes vor.

Wegen der besonderen Eilbedüftigkeit ist eine sofortige Entscheidung erforderlich und der Gerichtsvollzieher gemäß § 33 FGG zu Zwangsmaßnahmen zu ermächtigen, um weitere Verzögerungen zu vermeiden.

Die Antragstellerin ist nach ihren persönlichen und wirtschaftlichen Verhältnissen nicht in der Lage, die Kosten des Verfahrens zu tragen. Das ergibt sich aus den im Scheidungsverfahren überreichten Unterlagen. Ihre Einkommens- und Vermögensverhältnisse haben sich seitdem nicht verbessert. Ihr ist daher auch für das einstweilige Anordnungsverfahren Prozeßkostenhilfe zu bewilligen.

(Rechtsanwältin)

Anlagen:

1) eidesstattliche Versicherung der Antragstellerin vom

2) Ärztliches Attest des Dr.   vom

IV. Muster: Benutzung der Ehewohnung

An das

Amtsgericht

– Familiengericht –

59

Az.:

Eilt sehr!

Bitte sofort vorlegen

Antrag auf Erlaß einer einstweiligen Anordnung

über die Benutzung der Ehewohnung

in der Familiensache

der Frau

– Antragstellerin –

– Verfahrensbevollmächtigte: Rechtsanwältin   –

gegen

Herrn

– Antragsgegner –

– Verfahrensbevollmächtigter: Rechtsanwalt   –

Namens und in Vollmacht der Antragstellerin beantrage ich in dem anhängigen Scheidungsverfahren,

> der Antragstellerin im Wege der einstweiligen Anordnung sofort und ohne mündliche Verhandlung die gesamte Ehewohnung der Parteien in   ,

███████-Straße Nr. ███████ zur alleinigen Benutzung zuzuweisen und den Antragsgegner zu verpflichten, die Wohnung zu räumen.

Ich beantrage außerdem,

die der Antragstellerin im Scheidungsverfahren bewilligte Prozeßkostenhilfe auf dieses einstweilige Anordnungsverfahren auszudehnen.

Begründung:

Die Parteien leben in der Ehewohnung, die sie gemeinsam gemietet haben, getrennt. Unter dem Aktenzeichen ███████ ist ihr Scheidungsverfahren anhängig.

Der Antragsgegner ist der friedlichste Mensch, solange er keinen Alkohol trinkt. In angetrunkenem Zustand wird er rabiat und tobt herum. Er hat dann die Antragstellerin auch schon wiederholt verprügelt. Die Antragstellerin hat es dennoch immer wieder mit ihm versucht, dann aber einsehen müssen, daß ihre Hoffnungen Illusionen waren, die Trennung innerhalb der Wohnung herbeigeführt und sich zur Scheidung entschlossen. Danach war der Antragsgegner zunächst bemüht, den Alkohol zu meiden. Das schien ihm anfänglich auch zu gelingen, in letzter Zeit aber nicht mehr. Nachdem er die Scheidungsklage erhalten hatte, wurde es immer schlimmer. Der Antragsgegner hat der Antragstellerin aufgelauert, sie beschimpft, in der letzten Woche wieder verprügelt und gestern mit einem Messer bedroht. Die Antragstellerin fühlt sich ihres Lebens nicht mehr sicher.

Um dies alles glaubhaft zu machen, überreiche ich eine eidesstattliche Versicherung der Antragstellerin und ein ärztliches Attest des Dr. ███████ über ihre Verletzungen bei dem Vorfall aus der vergangenen Woche.

Hiernach ist es dringend geboten, der Antragstellerin die eheliche Wohnung allein zuzuweisen. Solange der Antragsgegner darin lebt, ist die Antragstellerin akut gefährdet. Eine Aufteilung der Wohnung zwischen den Parteien reicht nach den Übergriffen des Antragsgegners nicht aus. Die Antragstellerin kann ihm bei den räumlichen Verhältnissen nicht ständig aus dem Weg gehen. Es ist ihr nicht zuzumuten, auszuziehen, weil sie die beiden Kinder zu betreuen hat.

Der Antragsgegner muß außerdem gezwungen werden, die Wohnung zu räumen. Freiwillig ist er dazu nicht zu bewegen.

Die Antragstellerin ist nach ihren persönlichen und wirtschaftlichen Verhältnissen nicht in der Lage, die Kosten des Verfahrens zu tragen. Das ergibt sich aus den im Scheidungsverfahren überreichten Unterlagen. Ihre Einkommens- und Vermögensverhältnisse haben sich seitdem nicht verbessert. Ihr ist daher auch für das einstweilige Anordnungsverfahren Prozeßkostenhilfe zu bewilligen.

(Rechtsanwältin)

Anlagen:
1) eidesstattliche Versicherung der Antragstellerin vom
2) Ärztliches Attest des Dr.　vom

▲

V.　Muster: Benutzung des Hausrats

▼

An das　　　　　　　　　　　　　　　　　　　　　**60**
Amtsgericht
– Familiengericht –

Az.:

Antrag auf Erlaß einer einstweiligen Anordnung
über die Benutzung des Hausrats

in der Familiensache
der Frau

– Antragstellerin –

– Verfahrensbevollmächtigte: Rechtsanwältin　　　–

gegen

Herrn

– Antragsgegner –

– Verfahrensbevollmächtigter: Rechtsanwalt ▨▨▨ –

Namens und in Vollmacht der Antragstellerin beantrage ich in dem anhängigen Scheidungsverfahren,

1) dem Antragsgegner im Wege der einstweiligen Anordnung aufzugeben, folgende Hausratsgegenstände an die Antragstellerin herauszugeben: ▨▨▨

2) die der Antragstellerin im Scheidungsverfahren bewilligte Prozeßkostenhilfe auf dieses einstweilige Anordnungsverfahren auszudehnen.

Begründung:

Die Parteien sind getrennt lebende Eheleute. Unter dem Aktenzeichen ▨▨▨ ist ihr Scheidungsverfahren anhängig.

Die Antragstellerin hat bei ihrem Auszug aus der Ehewohnung den gesamten Hausrat zurückgelassen. Er gehört den Parteien gemeinsam. Sie benötigt dringend wenigstens die herausverlangten Sachen, denn ▨▨▨. Der Antragsgegner hat es abgelehnt, mit ihr auch nur darüber zu reden, obwohl er mit dem auskäme, was ihm verbliebe. Er verfügte dann nämlich noch über ▨▨▨. Die Antragstellerin ist daher auf die beantragte einstweilige Anordnung angewiesen, um mit dem notwendigsten ausgestattet zu sein.

Den vorstehenden Sachverhalt mache ich glaubhaft mit der beigefügten eidesstattlichen Versicherung der Antragstellerin.

Die Antragstellerin ist nach ihren persönlichen und wirtschaftlichen Verhältnissen nicht in der Lage, die Kosten des Verfahrens zu tragen. Das ergibt sich aus den im Scheidungsverfahren überreichten Unterlagen. Ihre Einkommens- und Vermögensverhältnisse haben sich seitdem nicht verbessert. Ihr ist daher auch für das einstweilige Anordnungsverfahren Prozeßkostenhilfe zu bewilligen.

(Rechtsanwältin)

Anlage: eidesstattliche Versicherung der Antragstellerin vom ▨▨▨

▲

VI. Muster: Herausgabe persönlicher Sachen

▼

An das   61

Amtsgericht

– Familiengericht –

Az.:

Antrag auf Erlaß einer einstweiligen Anordnung
zur Herausgabe persönlicher Sachen

in der Familiensache

der Frau

– Antragstellerin –

– Verfahrensbevollmächtigte: Rechtsanwältin   –

gegen

Herrn

– Antragsgegner –

– Verfahrensbevollmächtigter: Rechtsanwalt   –

Namens und in Vollmacht der Antragstellerin beantrage ich in dem anhängigen Scheidungsverfahren,

1) dem Antragsgegner im Wege der einstweiligen Anordnung aufzugeben, der Antragstellerin folgende Sachen herauszugeben:

2) die der Antragstellerin im Scheidungsverfahren bewilligte Prozeßkostenhilfe auf dieses einstweilige Anordnungsverfahren auszudehnen.

Begründung:

Die Parteien sind getrennt lebende Eheleute. Unter dem Aktenzeichen   ist ihr Scheidungsverfahren anhängig.

Als die Antragstellerin aus der Ehewohnung ausgezogen ist, hat sie verschiedene Gegenstände zurückgelassen, die zu ihrem persönlichen Gebrauch bestimmt sind, nämlich   . Außerdem sind persönliche Sachen des von

331

ihr betreuten gemeinsamen Kindes ▨▨▨▨, geb. am ▨▨▨▨, zurückgeblieben ▨▨▨▨.

Die Antragstellerin hat den Antragsgegner wiederholt gebeten, ihr diese Gegenstände herauszugeben. Der Antragsgegner weigert sich ohne nachvollziehbaren Grund. Er muß daher mit einer einstweiligen Anordnung dazu angehalten werden. Die Antragstellerin und das Kind benötigen die Sachen.

Den vorstehenden Sachverhalt mache ich glaubhaft mit der anliegenden eidesstattlichen Versicherung der Antragstellerin.

Die Antragstellerin ist nach ihren persönlichen und wirtschaftlichen Verhältnissen nicht in der Lage, die Kosten des Verfahrens zu tragen. Das ergibt sich aus den im Scheidungsverfahren überreichten Unterlagen. Ihre Einkommens- und Vermögensverhältnisse haben sich seitdem nicht verbessert. Ihr ist daher auch für das einstweilige Anordnungsverfahren Prozeßkostenhilfe zu bewilligen.

(Rechtsanwältin)

Anlage: eidesstattliche Versicherung der Antragstellerin vom ▨▨▨▨

▲

VII. Muster: Unterhaltsanordnung

▼

An das

62

Amtsgericht

– Familiengericht –

Az.:

Antrag auf Erlaß einer einstweiligen Anordnung
zur Regelung von Unterhaltsansprüchen

in der Familiensache

der Frau

– Antragstellerin –

– Verfahrensbevollmächtigte: Rechtsanwältin   –

gegen

Herrn

– Antragsgegner –

– Verfahrensbevollmächtigter: Rechtsanwalt   –

Namens und in Vollmacht der Antragstellerin beantrage ich in dem anhängigen Scheidungsverfahren,

1) den Antragsgegner im Wege der einstweiligen Anordnung zu verpflichten, ab Eingang dieses Antrags an die Antragstellerin einen monatlichen Ehegattenunterhalt in Höhe von   DM und zu ihren Händen für das gemeinsame Kind   , geb.am   , einen monatlichen Unterhalt in Höhe von   DM zu zahlen, fällig jeweils zum 1. Werktag eines jeden Monats im voraus;

2) die der Antragstellerin im Scheidungsverfahren bewilligte Prozeßkostenhilfe auf dieses einstweilige Anordnungsverfahren auszudehnen.

Begründung:

Die Parteien sind getrennt lebende Eheleute. Unter dem Aktenzeichen ▢▢▢ ist ihr Scheidungsverfahren anhängig.

Der Antragsgegner kommt seinen Unterhaltsverpflichtungen gegenüber der Antragstellerin und dem bei ihr lebenden gemeinsamen Kind ▢▢▢, geb. am ▢▢▢, trotz wiederholter Zahlungsaufforderungen nicht nach. Die Antragstellerin benötigt die Beträge dringend. Sie betreut das Kind und ist bis auf nicht bedarfsdeckende Einkünfte in Höhe von monatlich ▢▢▢ DM netto aus einer schon überobligatorischen Halbtagstätigkeit als ▢▢▢ mittellos. Das monatliche Nettoeinkommen des Antragsgegners beläuft sich auf ▢▢▢ DM. Er trägt davon gemeinsame Verbindlichkeiten der Parteien in Höhe von monatlich ▢▢▢ DM ab.

Glaubhaftmachung: anliegende eidesstattliche Versicherung der Antragstellerin und Verdienstabrechnungen des Antragsgegners für die Zeit von ▢▢▢ bis ▢▢▢

Die Unterhaltsansprüche der Antragstellerin und des Kindes errechnen sich danach wie folgt: ▢▢▢

Diese Beträge macht die Antragstellerin mit dem Anordnungsantrag geltend.

Die Antragstellerin ist nach ihren persönlichen und wirtschaftlichen Verhältnissen nicht in der Lage, die Kosten des Verfahrens zu tragen. Das ergibt sich aus den im Scheidungsverfahren überreichten Unterlagen. Ihre Einkommens- und Vermögensverhältnisse haben sich seitdem nicht verbessert. Ihr ist daher auch für das einstweilige Anordnungsverfahren Prozeßkostenhilfe zu bewilligen.

(Rechtsanwältin)

Anlage:

1) eidesstattliche Versicherung der Antragstellerin vom ▢▢▢
2) Verdienstabrechnungen der Firma ▢▢▢

▲

VIII. Muster: Unterhaltsarrest

▼

An das

Amtsgericht

– Familiengericht –

▨▨

Eilt!

Bitte sofort vorlegen

Antrag auf dinglichen Arrest

der ▨▨

– Antragstellerin –

– Verfahrensbevollmächtigte: Rechtsanwältin ▨▨ –

gegen

den ▨▨

– Antragsgegner –

Namens und in Vollmacht der Antragstellerin beantrage ich, ohne mündliche Verhandlung folgenden

Arrestbefehl

zu erlassen:

1) Zur Sicherung der Zwangsvollstreckung wegen einer der Antragstellerin gegen den Antragsgegner zustehenden Unterhaltsforderung in Höhe von ▨▨ DM sowie einer Kostenpauschale von ▨▨ DM wird der dingliche Arrest in das Vermögen des Antragsgegners angeordnet.

2) Durch Hinterlegung von ▨▨ DM wird die Vollziehung dieses Arrestbefehls gehemmt und der Antragsgegner berechtigt, die Aufhebung des vollzogenen Arrestes zu beantragen.

Begründung:

Die Parteien sind getrennt lebende Eheleute. Unter dem Aktenzeichen ▨▨▨ des Familiengerichts ▨▨▨ ist ihre Scheidungsklage anhängig. Die Antragstellerin hat am ▨▨▨ die in Kopie beigefügte einstweilige Anordnung erwirkt, wonach der Antragsgegner ihr ab ▨▨▨ Ehegattenunterhalt in Höhe von monatlich ▨▨▨ DM zu zahlen hat.

Anstatt zu zahlen hat der Antragsgegner Vorbereitungen getroffen, sich nach Brasilien abzusetzen. Die Antragstellerin hat dies von einem Makler erfahren, der das Wohnhaus des Antragsgegners zum Kauf anbietet. Er teilte ihr mit, der Antragsgegner habe ihm am ▨▨▨ – also in der Woche nach dem Erlaß der einstweiligen Anordnung – den Maklerauftrag erteilt und dazu bemerkt, er wolle möglichst schnell zu Geld kommen, um sich in Brasilien eine neue Existenz aufzubauen.

Glaubhaftmachung: anliegende eidesstattliche Versicherungender Antragstellerin und des Maklers ▨▨▨

Die Antragstellerin läuft danach Gefahr, ihre künftigen Ansprüche aus der einstweiligen Anordnung nicht mehr oder nur noch unter erschwerten Bedingungen beitreiben zu können. Zur Sicherung ist ein Arrest erforderlich, der sich auf den Bedarf der nächsten fünf Jahre erstreckt. Vorher kann die Antragstellerin ihren Bedarf nicht selbst decken ▨▨▨. Hieraus errechnet sich der beanspruchte Betrag.

Die Kostenpauschale setzt sich wie folgt zusammen: ▨▨▨

(Rechtsanwältin)

Anlagen:
1) eidesstattliche Versicherung der Antragstellerin vom ▨▨▨
2) eidesstattliche Versicherung des Maklers ▨▨▨ vom ▨▨▨

▲

IX. Muster: Verfügungsantrag auf Entbindungskosten und Unterhalt der nichtehelichen Mutter

▼

55

An das Amtsgericht   64
– Familiengericht –

Antrag auf Erlaß einer einstweiligen Verfügung

der Frau

– Antragstellerin –

– Verfahrensbevollmächtigte: Rechtsanwältin   –

gegen

Herrn

– Antragsgegner –

Namens und in Vollmacht der Antragstellerin beantrage ich,

dem Antragsgegner aufzugeben, der Antragstellerin   DM zu zahlen.

Begründung:
Die Antragstellerin ist im 5. Monat schwanger. Sie wird voraussichtlich um den
        entbinden.

Glaubhaftmachung: anliegende ärztliche Bescheinigung des

Der Antragsgegner ist der Vater des Kindes. Er hat in der Empfängniszeit
        bis   der Antragstellerin beigewohnt.

Glaubhaftmachung: anliegende eidesstattliche Versicherung der Antragstellerin

Der Antragsgegner schuldet der Antragstellerin daher gemäß § 1615 l Abs. 1 BGB die Erstattung der Entbindungskosten und Unterhalt für die Zeit von sechs Wochen vor und acht Wochen nach der Geburt.

Die Entbindungskosten betragen voraussichtlich   DM.

Glaubhaftmachung: anliegende Auskunft des Krankenhauses ▒▒▒▒

Davon sind die Leistungen des Arbeitgebers abzusetzen. Sie belaufen sich auf ▒▒▒▒ DM.

Glaubhaftmachung: anliegende Bescheinigung der Firma ▒▒▒▒

Danach verbleiben ▒▒▒▒ DM.

Der wöchentliche Verdienstausfall beträgt ▒▒▒▒ DM, wie sich ebenfalls aus der Bescheinigung der Firma ▒▒▒▒ ergibt.

Das sind in 14 Wochen ▒▒▒▒ DM, so daß der Antragstellerin insgesamt ▒▒▒▒ DM zustehen. Diesen Betrag macht sie gemäß § 1615 o Abs. 2 und 3 BGB im Wege der einstweiligen Verfügung geltend.

(Rechtsanwältin)

Anlagen:

1) ärztliche Bescheinigung des ▒▒▒▒ vom ▒▒▒▒
2) eidesstattliche Versicherung der Antragstellerin vom ▒▒▒▒
3) Auskunft des Krankenhauses ▒▒▒▒ vom ▒▒▒▒
4) Bescheinigung der Firma ▒▒▒▒ vom ▒▒▒▒

▲

X. Muster: Verfügungsantrag auf Unterhalt für das nichteheliche Kind

56

▼

65   An das Amtsgericht
– Familiengericht –

▒▒▒▒

Antrag auf Erlaß einer einstweiligen Verfügung

der Frau ▒▒▒▒

– Antragstellerin –

– Verfahrensbevollmächtigte: Rechtsanwältin ▒▒▒▒ –

gegen

Herrn

— Antragsgegner —

Namens und in Vollmacht der Antragstellerin beantrage ich, dem Antragegner aufzugeben, am Tage der Geburt des Kindes der Antragstellerin an die Antragstellerin   DM zu zahlen und bis dahin zu hinterlegen.

Begründung:

Die Antragstellerin ist im 5. Monat schwanger. Sie wird voraussichtlich um den   entbinden.

Glaubhaftmachung: anliegende ärztliche Bescheinigung des

Der Antragsgegner ist der Vater des Kindes. Er hat in der Empfängniszeit   bis   der Antragstellerin beigewohnt.

Glaubhaftmachung: anliegende eidesstattliche Versicherung der Antragstellerin

Der Antragsgegner schuldet dem Kind Unterhalt. Der Regelunterhalt beträgt gemäß § 1612 a BGB in der 1. Altersstufe der RegelbetragVO voraussichtlich   DM monatlich. Das sind in drei Monaten   DM. Diesen Betrag macht die Antragstellerin gemäß § 1615 o Abs. 1 und 3 BGB im Wege der einstweiligen Verfügung geltend.

(Rechtsanwalt)

Anlagen:

1) ärztliche Bescheinigung des   vom
2) eidesstattliche Versicherung der Antragstellerin vom

▲

XI. Muster: Zahlung eines Prozeßkostenvorschusses

▼

66   An das

Amtsgericht

– Familiengericht –

▨▨▨▨▨

Antrag auf Erlaß einer einstweiligen Anordnung
wegen eines Prozeßkostenvorschusses

in der Familiensache

der Frau ▨▨▨▨

– Antragstellerin –

– Verfahrensbevollmächtigte: Rechtsanwältin ▨▨▨▨ –

gegen

Herrn ▨▨▨▨

– Antragsgegner –

– Verfahrensbevollmächtigter: Rechtsanwalt ▨▨▨▨ –

Namens und in Vollmacht der Antragstellerin beantrage ich in dem anhängigen Scheidungsverfahren,

dem Antragsgegner im Wege der einstweiligen Anordnung aufzugeben, an die Antragstellerin einen Prozeßkostenvorschuß in Höhe von ▨▨▨▨ zu zahlen.

Begründung:

Die Antragstellerin beansprucht nach § 1360 a Abs. 4 in Verbindung mit § 1361 Abs. 4 Satz 4 BGB für den gleichzeitig eingereichten Scheidungsantrag, auf dessen Inhalt Bezug genommen wird, und dieses Anordnungsverfahren einen Prozeßkostenvorschuß.

Sie hat kein Einkommen und betreut die beiden Kinder der Parteien. Der Antragsgegner verdient monatlich ▨▨▨▨ DM netto und ist daher leistungsfähig.

340

Glaubhaftmachung: anliegende eidesstattliche Versicherung der Antragstellerin

Der verlangte Betrag errechnet sich wie folgt:

1) Klage

   Streitwert: DM

Anwaltsgebühren		DM
Auslagenpauschale		DM
Mehrwertsteuer		DM
Gerichtskostenvorschuß		DM

2) Anordnungsverfahren

   Streitwert: DM

Anwaltsgebühr		DM

Summe		DM

Die Antragstellerin hat den Antragsgegner mit Schreiben vom   vergeblich aufgefordert, den Vorschuß zu bezahlen.

(Rechtsanwältin)

Anlage: eidesstattliche Versicherung der Antragstellerin vom

▲

XII. Muster: Sicherung eines Zugewinnausgleichs-anspruchs

58

▼

67 An das
Amtsgericht
– Familiengericht –

░░░░

Eilt sehr!

Bitte sofort vorlegen

Antrag auf Erlaß einer einstweiligen Verfügung

der ░░░░

– Antragstellerin –

– Verfahrensbevollmächtigter: Rechtsanwalt ░░░░ –

gegen

den ░░░░

– Antragsgegner –

Streitwert: ░░░░ DM

Namens und im Auftrag der Antragstellerin beantrage ich – wegen der Dringlichkeit ohne mündliche Verhandlung –,

> den Antragsgegner im Wege der einstweiligen Verfügung zu verpflichten, wegen eines voraussichtlichen Zugewinnausgleichsanspruchs der Antragstellerin Sicherheit in Höhe von ░░░░ DM zu leisten;

> hilfsweise: wegen dieses Anspruchs und einer Kostenpauschale in Höhe von ░░░░ DM den dinglichen Arrest in das Vermögen des Antragsgegners anzuordnen.

Begründung:
Die Parteien sind miteinander verheiratet. Die Antragstellerin hat gegen den Antragsgegner unter dem Aktenzeichen ░░░░ Klage auf vorzeitigen Ausgleich des Zugewinns erhoben.

Ihr Anspruch errechnet sich mindestens wie folgt:

Die Durchsetzung ist gefährdet, weil   .

Die Antragstellerin kann deshalb nach § 1389 BGB eine Sicherheitsleistung verlangen. Sie muß befürchten, diesen Anspruch mit einer Klage nicht mehr durchsetzen zu können, weil   . Deshalb ist eine vorläufige Regelung dringlich.

Zur Glaubhaftmachung sind beigefügt

(Rechtsanwalt)

▲

§ 10 Vorläufiger Rechtsschutz nach Urteilen

Nach **rechtskräftigen Urteilen** benötigt der Gläubiger keinen vorläufigen   1
Rechtsschutz mehr. Er kann ohne weiteres aus dem Urteil vorgehen. Will
der **Schuldner** dies verhindern, muß er beim Vollstreckungsgericht Vollstreckungsschutz beantragen (§ 765 a ZPO). Dies ist aber nur in krassen
Ausnahmefällen erfolgversprechend. Das Vollstreckungsgericht kann vorläufigen Rechtsschutz gewähren, indem es bis zur endgültigen Entscheidung die Zwangsvollstreckung durch eine einstweilige Anordnung – gegen
oder ohne Sicherheitsleistung – vorläufig einstellt, oder die Fortsetzung der
Zwangsvollstreckung von einer Sicherheitsleistung des Gläubigers abhängig
macht (§ 765 a Abs. 1 Satz 2 in Verbindung mit § 732 Abs. 2 ZPO). Voraussetzung ist, daß der Schuldner **besondere Härtegründe** im Sinne des § 765 a
Abs. 1 Satz 1 ZPO glaubhaft macht. Das sind vor allem konkrete Gefahren
für das Leben oder die Gesundheit des Schuldners infolge der drohenden
Vollstreckungsmaßnahme.[1]

Nicht rechtskräftige Urteile werden von Amts wegen für vorläufig voll-   2
streckbar erklärt. Der **Gläubiger** kann aus ihnen vorgehen, setzt sich dann
aber der Gefahr eines verschuldensunabhängigen Schadensersatzanspruchs
aus, wenn das Urteil im Rechtsmittelverfahren aufgehoben oder geändert
wird (§ 717 Abs. 2 ZPO).

Die Vollstreckung hängt im allgemeinen von einer **Sicherheitsleistung** des
Gläubigers ab (Ausnahmen: § 708 Nrn. 1 – 3 ZPO). Kann er sie nicht oder
nur unter erheblichen Schwierigkeiten leisten, ermöglicht ein **Antrag nach
§ 710 ZPO** eine Vollstreckung **ohne Sicherheitsleistung**, wenn die Aussetzung der Vollstreckung dem Gläubiger einen schwer zu ersetzenden oder
schwer absehbaren Nachteil bringen würde oder aus sonstigen Gründen unbillig wäre. Der Gläubiger muß den Antrag bis zum Schluß der mündlichen
Verhandlung stellen, auf die das zu vollstreckende Urteil ergeht, und die
Voraussetzungen des § 710 ZPO glaubhaft machen (§ 714 ZPO). Das Urteil

---

1 *Thomas/Putzo* § 765 a Rn 9 mit weiteren Beispielen aus der Rechtsprechung.

wird dann ohne Sicherheitsleistung für vorläufig vollstreckbar erklärt. Ausreichend ist nach herrschender Meinung auch ein Antrag erstmalig in der Berufungsinstanz,[2] über den dann vorab entschieden werden kann (§ 718 ZPO). **Erhebliche Schwierigkeiten** für die Sicherheitsleistung liegen vor, wenn der Aufwand zu einer unzumutbaren Beeinträchtigung der Lebenshaltung führte oder z.B. ein Kreditspielraum erschöpft ist.[3] **Schwer ersetzbar** ist ein Nachteil z.B. bei gefährdeten Vermögensverhältnissen des Schuldners. Eine Verzögerung der Vollstreckung ist **unbillig** bei einer Verurteilung zu einer Leistung, die der Gläubiger für seine Lebenshaltung oder Erwerbstätigkeit dringend benötigt.

Der Gläubiger kann außerdem aus **Zahlungsurteilen** ohne Sicherheitsleistung nach einer zweiwöchigen Wartefrist (§ 750 Abs. 3 ZPO) die **Sicherungsvollstreckung** betreiben (§ 720 a ZPO). Er ist dann ähnlich gesichert wie durch einen Arrest. Der Schuldner ist zur Abwendung gegen Sicherheitsleistung befugt, wenn nicht der Gläubiger vorher Sicherheit geleistet hat (§ 720 a Abs. 3 ZPO).

3   Der **Schuldner** kann der Vollstreckung mit einem **Schutzantrag nach § 712 ZPO** vorbeugen, der ebenfalls vor dem Schluß der mündlichen Verhandlung zu stellen ist (§ 714 ZPO). Er muß glaubhaft machen, daß ihm die Vollstreckung einen nicht zu ersetzenden Nachteil bringen würde (Rn 10). Das Gericht kann ihm danngestatten, die Zwangsvollstreckung durch Sicherheitsleistung abzuwenden, und – wenn er dazu nicht in der Lage ist – das Urteil nicht für vollstreckbar erklären oder bei Zahlungsansprüchen die Vollstreckung auf die Sicherungsmaßnahmen des § 720 a ZPO beschränken.

Versäumt der Schuldner einen Schutzantrag, obwohl die Gründe hierfür bereits erkennbar und nachweisbar waren, scheidet nach gefestigter Rechtsprechung des Bundesgerichtshofs eine Einstellung der Zwangsvollstreckung in der **Revisionsinstanz** regelmäßig aus.[4] Nach der Auffassung verschiedener

---

2 *Stein/Jonas/Münzberg* § 714 Rn 3; *Thomas/Putzo* § 714 Rn 5.
3 *Stein/Jonas/Münzberg* § 710 Rn 2.
4 Z.B. BGH NJW 1996, 2103 f.; NJW-RR 1988, 1530.

Oberlandesgerichte soll dies auch bei einem Einstellungsantrag in der **Berufungsinstanz** gelten.[5]

Rechtsmittel oder Rechtsbehelfe des Schuldners hindern den Gläubiger   4
nicht an der Vollstreckung aus einem noch nicht rechtskräftigen Titel. Er
kann hieraus vorgehen, solange der Titel besteht. Wird er später aufgehoben,
sind die Folgen einer bereits durchgeführten Zwangsvollstreckung unter Umständen nicht mehr oder nur sehr schwer rückgängig zu machen. Der Schuldner ist auf Schadensersatz- oder Rückabwicklungsansprüche angewiesen und
damit vor allem dem Risiko der Insolvenz des Gläubigers ausgesetzt.

Der Schuldner kann eine Zwangsvollstreckung nur verhindern, indem er sich
gegen den Titel zur Wehr setzt und zugleich beantragt, die **Vollstreckung
einstweilen einzustellen.** Ordnet das Gericht dies an, sind weitere Vollstreckungsmaßnahmen unzulässig. Der Schuldner braucht dem Vollstreckungsorgan nur eine Ausfertigung des Einstellungsbeschlusses vorzulegen
(§ 775 Nr. 2 ZPO).

Eine Einstellung der Zwangsvollstreckung erstreckt sich nicht nur auf den
Titel, sondern auch auf einen **Kostenfestsetzungsbeschluß,** der aufgrund des
Titels ergangen ist.[6] Sie wirkt – wenn sie nicht auf kürzere Zeit begrenzt ist
oder nachträglich abgeändert wird – bis zur Entscheidung über das Rechtsmittel oder dessen Rücknahme.

Auf Einstellungsanträge ist besonders bei Titeln zu achten, aus denen der
Gläubiger ohne Sicherheitsleistung vollstrecken und bei denen der Schuldner die Vollstreckung auch nicht durch Sicherheitsleistung abwenden darf.
Das sind vor allem rechtskräftige Urteile, nicht rechtskräftige Versäumnisurteile und Vollstreckungsbescheide, Beschlüsse, einstweilige Verfügungen
und einstweilige Anordnungen. Bei ihnen sind Schadensersatz- oder Rückabwicklungsansprüche aus einer ungerechtfertigten Vollstreckung nicht gesichert.

---

5 KG JP 2000, 215; OLG Köln JurBüro 1997, 553 f.; OLG Celle OLGZ 1993, 475, 476; OLG Karlsruhe
   NJW-RR 1989, 1470 f.; OLG Frankfurt NJW 1984, 2955; a.A. OLG Düsseldorf NJW-RR 1987, 702;
   Thomas/Putzo § 719 Rn 4; *Zöller/Herget* § 719 Rn 3; *MüKo/Krüger* § 719 Rn 6.
6 OLG Stuttgart Rpfleger 1988, 39.

5 Die Einstellung der Zwangsvollstreckung richtet sich bei Rechtsmitteln, die verhindern sollen, daß ein Titel rechtskräftig wird, nach **§ 707 ZPO**. Dazu gehören vor allem Berufungen (§ 719 Abs. 1 ZPO), Einsprüche gegen Versäumnisurteile und Vollstreckungsbescheide (§ 719 Abs. 1 ZPO) sowie Widersprüche gegen Arrestbefehle und Verfügungsbeschlüsse (§ 924 Abs. 3 Satz 2 ZPO). Gleichgestellt sind Fälle, in denen der Schuldner nach der Versäumung einer Rechtsmittelfrist Wiedereinsetzung in den vorigen Stand verlangt, die Wiederaufnahme eines rechtskräftig abgeschlossenen Verfahrens begehrt oder nach einem Vorbehaltsurteil – unabhängig, ob rechtskräftig oder nicht – das Nachverfahren betreibt (§ 707 Abs. 1 ZPO).

6 Bei Klagen gegen rechtskräftige Titel, die sich auf nachträglich entstandene Tatsachen stützen, und bei Klagen Dritter ist die Zwangsvollstreckung unter den Voraussetzungen des **§ 769 ZPO** vorläufig einzustellen. Dazu gehören Vollstreckungsabwehrklagen (§ 767 ZPO), Drittwiderspruchsklagen (§ 771 ZPO) und Abänderungsklagen nach § 323 ZPO.[7]

Umstritten ist, ob auch bei Schadensersatzklagen nach § 826 BGB gegen rechtskräftige Titel vorläufiger Rechtsschutz analog § 769 ZPO zu erlangen ist[8] oder nur mit einer einstweiligen Verfügung.[9] Bei Zweifeln über die Auffassung des angerufenen Gerichts ist ein Antrag auf Erlaß einer einstweiligen Verfügung mit dem Hilfsantrag zu empfehlen, die Zwangsvollstreckung analog § 769 ZPO vorläufig einzustellen.[10] Der Verfügungsantrag kann lauten, dem Antragsgegner die Zwangsvollstreckung aus dem Titel zu untersagen und ihn zur Herausgabe der vollstreckbaren Ausfertigung an einen Gerichtsvollzieher als Sequester zu verurteilen.

7 Das Gericht kann in allen Fällen die Zwangsvollstreckung gegen Sicherheitsleistung des Schuldners einstweilen einstellen, einzelne Vollstreckungsmaßnahmen aufheben oder anordnen, daß der Gläubiger die Vollstreckung

---

7 BGH NJW 1986, 2057.

8 So: OLG Zweibrücken MDR 1992, 76; OLG Karlsruhe FamRZ 1986, 1141; *Zöller/Herget* § 769 Rn 1; *MüKo/Schmidt* § 769 Rn 4; *Schuschke/Walker* vor § 935 Rn 8.

9 So: BGHZ 50, 115, 122; OLG Stuttgart NJW-RR 1998, 70; OLG Frankfurt NJW-RR 1992, 511; OLG Hamm MDR 1987, 505; OLG München NJW 1976, 1748; *Thomas/Putzo* § 769 Rn 2; *Baumbach/Lauterbach/Hartmann* § 769 Rn 2 f.

10 *Peglau* MDR 1999, 400 ff.

nur gegen Sicherheitsleistung fortsetzen darf. Unter besonderen Voraussetzungen ist auch eine Einstellung der Zwangsvollstreckung ohne Sicherheitsleistung zulässig.

Das Verfahren über einen Einstellungsantrag verursacht **keine Gerichtsgebühren**. **Anwaltsgebühren** fallen nur an, wenn das Gericht über den Einstellungsantrag verhandelt. Der Anwalt erhält dann 3/10 der in § 31 BRAGO vorgesehenen Gebühren (§ 49 Abs. 1 BRAGO). Mit einer mündlichen Verhandlung ist im allgemeinen nicht zu rechnen. Der Schuldner kann daher in geeigneten Fällen ohne Kostenrisiko beantragen, die Zwangsvollstreckung ohne, hilfsweise gegen Sicherheitsleistung einzustellen.

Die **Art einer Sicherheitsleistung** bestimmt das Gericht. Trifft es keine Bestimmung und vereinbaren die Parteien nichts anderes, sind bestimmte Geldbeträge oder mündelsichere Wertpapiere zu hinterlegen (§ 108 Abs. 1 Satz 2 ZPO). Zweckmäßiger und billiger sind häufig Bürgschaften, in der Regel einer Bank oder Sparkasse (§ 239 Abs. 1 BGB). In Betracht kommen nur selbstschuldnerische Bürgschaften (§ 239 Abs. 2 BGB). Sie dürfen keine Bedingung oder Befristung enthalten. Will eine Partei eine Sicherheit in dieser Form leisten, muß sie dies ausdrücklich beantragen.

Das Gericht kann gemäß § 732 Abs. 2 ZPO auch nach einer Erinnerung   8
gegen die Erteilung einer Vollstreckungsklausel (§ 732 ZPO) und nach einer Vollstreckungserinnerung (§ 766 ZPO) die Einstellung der Zwangsvollstreckung anordnen. Dies geschieht von Amts wegen, um Zeit für eine Sachentscheidung zu schaffen. Die Parteien können die Anordnung nur anregen.

Zu einem Aufschub der Zwangsvollstreckung führt schließlich bei bestimmten Räumungsurteilen die Bewilligung einer Räumungsfrist (Rn 22 ff.).

A. Einstellung der Zwangsvollstreckung nach den §§ 707, 719 ZPO

9   Der Schuldner kann nach einer Berufung, einem Einspruch gegen ein Versäumnisurteil oder einen Vollstreckungsbescheid, einem Wiedereinsetzungsantrag, einer Wiederaufnahmeklage und im Nachverfahren nach einem Vorbehaltsurteil die Einstellung der Zwangsvollstreckung beantragen, wenn er das **Rechtsmittel eingelegt**, die Wiedereinsetzung bzw. Wiederaufnahme beantragt oder den Rechtsstreit im Nachverfahren fortgesetzt hat. Ein Antrag auf **Prozeßkostenhilfe** – z.B. für eine Berufung – genügt nicht.[11]

Ausschließlich zuständig ist das Gericht, das über den Rechtsbehelf zu entscheiden hat, nach einer Berufung gegen ein Vorbehaltsurteil das für das Nachverfahren zuständige Gericht.[12] Im Anwaltsprozeß besteht **Anwaltszwang**.

Für einen Einstellungsantrag bestehen nur Erfolgsaussichten, wenn der Angriff des Schuldners gegen den Titel zulässig und nicht völlig aussichtslos ist. Dies kann das Gericht erst nach der **Begründung des Rechtsmittels** beurteilen. Deshalb besteht z.B. vor einer Berufungsbegründung in der Regel kein Anlaß, die Zwangsvollstreckung für die Dauer der Instanz einzustellen.[13] In Betracht kommen allenfalls **zeitlich begrenzte Anordnungen**, etwa bis zum Eingang der Begründung oder der Äußerung des Gegners hierzu. Dies sollte der Schuldner dann ausdrücklich beantragen.

Das Gericht entscheidet über einen Einstellungsantrag **nach pflichtgemäßem Ermessen**, wobei es die wirtschaftlichen Auswirkungen auf den Gläubiger und den Schuldner abzuwägen hat. Dem Vollstreckungsinteresse des Gläubigers ist dabei im allgemeinen der Vorrang einzuräumen.[14]

Unter welchen Voraussetzungen der Schuldner eine Einstellung der Zwangsvollstreckung erreichen kann, wird im folgenden nur für die in der Praxis

11 *Stein/Jonas/Münzberg* § 707 Rn 2; *Zöller/Herget* § 719 Rn 3.
12 OLG Nürnberg NJW 1982, 392.
13 OLG Köln NJW-RR 1987, 189.
14 OLG Düsseldorf NJW-RR 1987, 702; OLG Köln NJW-RR 1987, 189.

relevantesten Fälle der **Berufung** und des **Einspruchs gegen ein Versäumnisurteil oder einen Vollstreckungsbescheid** dargestellt. Dies gilt sinngemäß auch für Wiedereinsetzungsanträge, Wiederaufnahmeklagen und Nachverfahren nach Vorbehaltsurteilen. Die Einstellung der Vollstreckung aus einstweiligen Verfügungen, Arresten und einstweiligen Anordnungen wird dort behandelt.

I. Einstellung ohne Sicherheitsleistung

1. Berufung

Eine Einstellung der Zwangsvollstreckung ohne Sicherheitsleistung setzt neben einer zulässigen und nicht völlig aussichtslosen Berufung voraus, daß der Schuldner eine **Sicherheitsleistung nicht aufbringen** kann und daß ihm durch die Vollstreckung ein **Schaden** entstehen würde, der später **nicht wiedergutzumachen** ist (§ 707 Abs. 1 Satz 2 ZPO). Dies muß er glaubhaft machen. 10

Die nachgewiesene Weigerung einer Bank, eine Bürgschaft zu stellen, ist noch kein hinreichender Beleg dafür, daß der Schuldner **keine Sicherheit leisten** kann, weil hierdurch andere Sicherheiten nicht ausgeschlossen sind.[15]

Bei Zahlungstiteln droht ein **nicht wiedergutzumachender Schaden**, wenn die Vollstreckung die wirtschaftliche Existenz des Schuldners zerstörte[16] oder seine Betriebsstätte, Arbeitsplätze oder Kundennetze gefährdete.[17] Nicht ausreichend sind im allgemeinen Kreditschäden durch die Abgabe einer Offenbarungsversicherung,[18] Vertrauenseinbußen im Geschäftsverkehr[19] oder der drohende Konkurs einer schon in Liquidation stehenden Gesellschaft.[20]

---

15 OLG Hamm OLG-Report 1995, 167.
16 BGH NJW 1955, 1635.
17 OLG Frankfurt MDR 1982, 239.
18 BGH LM Nr. 1 zu § 109 ZPO.
19 BGH NJW 1952, 425 f.
20 BGH BB 1986, 2018.

Ist der **Gläubiger** nicht in der Lage, einen Schaden zu ersetzen, weil er **mittellos** ist, so kann das Gericht anordnen, daß er nur gegen Sicherheitsleistung weiter vollstrecken darf. Der Schuldner ist dadurch hinreichend geschützt und auf eine Einstellung der Zwangsvollstreckung ohne Sicherheitsleistung nicht angewiesen.

Bei einer Berufung gegen ein **zweites Versäumnisurteil** (§§ 513 Abs. 2, 345 ZPO) ist die Zwangsvollstreckung aus ihm nach § 719 Abs. 1 Satz 2 ZPO ohne Sicherheitsleistung einzustellen, wenn es nicht in gesetzlicher Weise ergangen ist oder die Säumnis unverschuldet war (Rn 11). Die Voraussetzungen des § 707 Abs. 1 Satz 2 ZPO brauchen daneben nicht vorzuliegen, weil nach § 538 Abs. 1 Nr. 5 ZPO – anders als bei einem Einspruch gegen ein Versäumnisurteil – schon allein der formale Mangel zur Aufhebung des Urteils führt.[21]

2. Einspruch

11 Die Zwangsvollstreckung aus einem **Versäumnisurteil** oder **Vollstreckungsbescheid** darf nach einem Einspruch nur dann ohne Sicherheitsleistung eingestellt werden, wenn entweder das Versäumnisurteil oder der Vollstreckungsbescheid nicht in gesetzlicher Weise ergangen ist **oder** die Säumnis unverschuldet war (§§ 719 Abs. 1 Satz 2, 700 ZPO). Ersteres muß das Gericht von Amts wegen feststellen, letzteres der Schuldner glaubhaft machen.

Ein Versäumnisurteil ist z.B. dann **nicht in gesetzlicher Weise ergangen**, wenn das Vorbringen des Klägers nicht schlüssig war (§ 331 Abs. 2 ZPO), ein Vollstreckungsbescheid, wenn der Schuldner vor der Ausfertigung Widerspruch erhoben hatte (§ 699 Abs. 1 Satz 1 ZPO).

Eine **unverschuldete Säumnis** im Verhandlungstermin, bei der Anzeige der Verteidigungsabsicht im schriftlichen Vorverfahren oder beim Widerspruch im Mahnverfahren kann der Schuldner mit Gründen glaubhaft machen, die

---

21 *MüKo/Krüger* § 719 Rn 9; *Gottwald* § 719 Rn 6.

nach § 233 ZPO eine Wiedereinsetzung in den vorigen Stand rechtfertigten.

Ob daneben auch die Voraussetzungen des § 707 Abs. 1 Satz 2 ZPO vorliegen müssen, also daß der Schuldner eine **Sicherheit nicht aufbringen** kann und ihm durch die Vollstreckung ein **nicht wiedergutzumachender Schaden** entstehen würde, ist umstritten. Verschiedene Oberlandesgerichte haben dies bejaht,[22] andere verneint.[23]

II. Einstellung gegen Sicherheitsleistung des Schuldners

1. Berufung

Für einen Antrag, die Zwangsvollstreckung gegen Sicherheitsleistung des Schuldners einzustellen, besteht kein Rechtsschutzinteresse, wenn ihm dies schon im Urteil aufgrund eines Vollstreckungsschutzantrages nach § 712 Abs. 1 Satz 1 ZPO gestattet ist.

12

Ein Teil der Rechtsprechung verneint das Rechtsschutzbedürfnis auch bei Zahlungstiteln, aus denen der **Gläubiger** nach § 709 ZPO nur **gegen Sicherheitsleistung vollstrecken** darf.[24] Die Sicherheitsleistung muß dann aber ausreichend hoch bemessen sein. Sonst deckt sie nicht die Risiken der Vollstreckung ab. Behauptet der Schuldner, daß ihm ein höherer Schaden drohe, muß er dies glaubhaft machen. Hierauf ist insbesondere bei Unterlassungstiteln – vor allem in Wettbewerbsverfahren – zu achten.

2. Einspruch

Eine Einstellung der Zwangsvollstreckung gegen Sicherheitsleistung des Schuldners kommt hier immer in Betracht und ist in der Praxis der **Regelfall**.

13

---

22 Z.B. KG NJW 1987, 1338, 1339; OLG Frankfurt MDR 1982, 588; OLG Hamburg NJW 1979, 1464 f.

23 Z.B. OLG Celle NJW-RR 2000, 1017; OLG Köln NJW-RR 1988, 1467 f.; OLG Hamm MDR 1978, 412.

24 Z.B. OLG Köln ZIP 1994, 1053; NJW-RR 1987, 189 f.; OLG Hamburg MDR 1990, 931; OLG Frankfurt NJW-RR 1986, 486, 487; a.A. z.B. OLG Celle MDR 1987, 505.

Der Gläubiger ist dadurch bis zu einer streitigen Entscheidung meistens hinreichend gesichert und der Schuldner auf die Einstellung angewiesen, weil der Gläubiger sonst aus dem Titel (Versäumnisurteil oder Vollstreckungsbescheid) ohne weiteres vorgehen kann.

III. Weitere Anordnungen

14 Das Gericht kann sowohl nach einer Berufung als auch nach einem Einspruch gegen ein Versäumnisurteil oder einen Vollstreckungsbescheid die weitere Vollstreckung von einer **Sicherheitsleistung des Gläubigers** abhängig machen. Diese Anordnung kommt nur in Betracht, wenn der Gläubiger ohne Sicherheitsleistung vollstrecken darf, oder wenn die angeordnete Sicherheit zu gering bemessen war.

Die Einstellung der Zwangsvollstreckung bewirkt, daß keine weiteren **Vollstreckungsmaßnahmen** durchgeführt werden dürfen; bereits eingeleitete bleiben bestehen. Das Gericht kann zusätzlich ihre **Aufhebung** anordnen. Die Zwangsvollstreckung darf dann aber noch nicht beendet sein. Außerdem muß der Schuldner Sicherheit leisten. Erforderlich ist ein speziell darauf gerichteter Antrag des Schuldners. Er bietet sich vor allem bei **Kontenpfändungen** an.

Hat das Gericht in einem mit der Berufung angefochtenen Urteil die **Sicherheitsleistung zu hoch oder zu niedrig** bemessen, kann die davon betroffene Partei dies beanstanden und eine Herauf- oder Herabsetzung verlangen. Hierüber ist auf ihren Antrag vorab zu verhandeln und zu entscheiden (§ 718 Abs. 1 ZPO). Dies gilt auch, wenn der Beklagte ein gegen Sicherheitsleistung vorläufig vollstreckbares Urteil teilweise angefochten hat und der Kläger deshalb aus ihm nur gegen eine geringere Sicherheitsleistung vollstrecken will.[25]

---

25 *Thomas/Putzo* § 718 Rn 3; *Groeger* NJW 1994, 431 f.

IV. Rechtsmittel

Die Entscheidung über den Einstellungsantrag ergeht durch **Beschluß**. Das 15
Gericht muß ihn begründen, wenn es den Antrag zurückweist oder eine Einstellung der Zwangsvollstreckung ohne Sicherheitsleistung des Schuldners anordnet.[26]

Der Beschluß ist **grundsätzlich unanfechtbar** (§ 707 Abs. 2 Satz 2 ZPO). Das Gericht kann ihn auf Antrag jederzeit abändern.[27]

In Fällen **„greifbarer Gesetzwidrigkeit"** läßt die herrschende Meinung eine 16
sofortige Beschwerde zu. Der Bundesgerichtshof[28] hält Entscheidungen für „greifbar gesetzwidrig", die mit der geltenden Rechtsordnung schlechthin unvereinbar sind, weil sie jeder Grundlage entbehren und inhaltlich dem Gesetz fremd sind.

Oberlandesgerichte haben dies z.B. in Fällen **angenommen**, in denen an dem Beschluß ein unzuständiger Richter mitgewirkt hatte,[29] bei einer Ablehnung eines zulässigen Einstellungsantrags mit der Begründung, eine Einstellung der Zwangsvollstreckung sei in dem Verfahren nicht zulässig[30] sowie bei einer Einstellung der Zwangsvollstreckung ohne Antrag[31] oder ohne Begründung des Schuldners für seinen Antrag.[32] Grob falsch kann auch eine Einstellung ohne rechtliches Gehör des Gläubigers sein. Das Gericht braucht ihm nur dann keine Gelegenheit zur Stellungnahme zu geben, wenn der Schuldner Umstände vorgetragen hat, die eine sofortige Entscheidung nahelegen.[33] Das OLG Celle[34] hat eine sofortige Beschwerde für zulässig gehalten, weil das Landgericht eine Einstellung ohne Sicherheitsleistung nach § 719 Abs. 1 Satz 2 ZPO von den Voraussetzungen des § 707 Abs. 1 Satz 2

---

26 *Thomas/Putzo* § 707 Rn 10; *Zöller/Herget* § 707 Rn 19; *MüKo/Krüger* § 707 Rn 10.
27 KG FamRZ 1990, 86, 87; OLG Celle MDR 1986, 63; OLG Hamm FamRZ 1985, 306 f.
28 NJW 1998, 1715.
29 OLG Frankfurt MDR 1988, 63.
30 OLG Koblenz FamRZ 1985, 1272.
31 OLG Hamm FamRZ 1990, 1267.
32 OLG Jena OLG-NL 1997, 65.
33 OLG Celle Nds Rpfl 1990, 43; MDR 1986, 63; OLG Hamm FamRZ 1985, 306, 307.
34 NJW-RR 2000, 1017.

ZPO abhängig gemacht hatte (Rn 11). Nicht ausreichend ist eine falsche Beurteilung der Erfolgsaussicht des Rechtsmittels.[35]

Ob eine **fehlende Begründung** des Einstellungsbeschlusses zu einem Beschwerderecht führt, ist umstritten. Dies wird überwiegend verneint.[36] Die Oberlandesgerichte Stuttgart[37] und Karlsruhe[38] haben eine Einstellung der Zwangsvollstreckung aus Unterhaltstiteln nach § 769 ZPO ohne Begründung für greifbar gesetzwidrig gehalten.

17   **Unanfechtbar** sind auch bei „greifbarer Gesetzwidrigkeit" **Beschlüsse der Berufungsgerichte** (§ 567 Abs. 3 Satz 1 und Abs. 4 Satz 1 ZPO).

B.   Einstellung nach § 769 ZPO

18   Bis zu einem Urteil über eine **Vollstreckungsabwehrklage** (§ 767 ZPO), eine **Drittwiderspruchsklage** (§ 771 ZPO) und eine **Abänderungsklage** (§ 323 ZPO) kann das Gericht auf Antrag dieselben Anordnungen treffen wie nach § 707 ZPO. Eine **Einstellung ohne Sicherheitsleistung** ist unbeschränkt zulässig. Der Schuldner braucht nicht glaubhaft zu machen, daß er sie nicht aufbringen kann und daß ihm die weitere Vollstreckung einen nicht zu ersetzenden Nachteil bringen würde. Die **Aufhebung von Vollstreckungsmaßregeln** ist bei einer Drittwiderspruchsklage auch ohne Sicherheitsleistung statthaft (§ 771 Abs. 3 Satz 2 ZPO).

I.   Antrag

19   Ein Einstellungsantrag ist zulässig, sobald der Kläger die **Klageschrift eingereicht** hat. Er kann den Einstellungsantrag darin aufnehmen, sollte ihn dann aber besonders hervorheben, damit das Gericht ihn nicht übersieht.

---

35 OLG Brandenburg OLG-NL 1996, 239.
36 OLG Köln NJW-RR 1988, 1467; OLG Karlsruhe FamRZ 1988, 634 f.; OLG Zweibrücken JurBüro 87, 298; *Thomas/Putzo* § 707 Rn 19; *Zöller/Herget* § 707 Rn 22; *Stein/Jonas/Münzberg* § 707 Rn 23; a.A. OLG Köln JurBüro 1993, 627.
37 MDR 1998, 620 f.
38 FamRZ 1993, 225 f.

Ein Antrag auf Bewilligung von **Prozeßkostenhilfe** genügt nach herrschender Meinung nicht, weil der Kläger nach § 769 Abs. 2 ZPO in dringenden Fällen schon vor einer Klage die Einstellung der Zwangsvollstreckung beim Vollstreckungsgericht beantragen kann.[39]

Zuständig ist das **Prozeßgericht**, bei dem die Klage anhängig ist, bei einer Berufung das Berufungsgericht. In dringenden Fällen – insbesondere wenn eine Versteigerung unmittelbar bevorsteht und die Zeit nicht mehr ausreicht, eine Entscheidung des Prozeßgerichts herbeizuführen – kann sich der Schuldner vor und nach der Erhebung der Klage an das **Vollstreckungsgericht** wenden, in dessen Bezirk die Zwangsvollstreckung stattfindet (§ 769 Abs. 2 ZPO). Dort entscheidet der Rechtspfleger (§ 20 Nr. 17 RPflG). Er bestimmt eine Frist, innerhalb der die Entscheidung des Prozeßgerichts beizubringen ist. Nach dem Ablauf der Frist wird der Einstellungsbeschluß wirkungslos und gegebenenfalls durch die Anordnung des Prozeßgerichts ersetzt.

20

Der Antrag unterliegt dem **Anwaltszwang**. Der Kläger muß die zur Begründung vorgetragenen Tatsachen glaubhaft machen (§ 769 Abs. 1 Satz 2 ZPO).

Das Gericht entscheidet nach pflichtgemäßem Ermessen. Dabei sind vor allem die Aussichten der Klage und die Nachteile zu berücksichtigen, die beiden Parteien drohen.

II. Entscheidung und Rechtsmittel

Die Entscheidung über den Einstellungsantrag ergeht durch Beschluß, der zu begründen ist.[40] Das Gericht darf seine Entscheidung auf Antrag jederzeit abändern.

21

---

39 OLG Schleswig WM 1992, 263, 264; OLG Köln FamRZ 1987, 963; OLG Karlsruhe FamRZ 1984, 186 f.; *Thomas/Putzo* § 769 Rn 7; *Zöller/Herget* § 769 Rn 4; *MüKo/Schmidt* § 769 Rn 11; a.A. *Stein/Jonas/Münzberg* § 769 Rn 7.

40 OLG Karlsruhe FamRZ 1993, 225 mit weiteren Rechtsprechungsnachweisen; *Thomas/Putzo* § 769 Rn 10; *Zöller/Herget* § 769 Rn 6; *MüKo/Schmidt* § 769 Rn 24.

Beschlüsse des Prozeßgerichts unterliegen nach überwiegender Auffassung – ebenso wie Einstellungsbeschlüsse nach § 707 ZPO (Rn 16) – in Fällen „greifbarer Gesetzwidrigkeit" der sofortigen Beschwerde.[41] Eine Übersicht über die Rechtsprechung der einzelnen Oberlandesgerichte hat *Lemke* in MDR 2000, 18 zusammengestellt. Davon ausgenommen sind Entscheidungen der Berufungsgerichte. Gegen Beschlüsse des Rechtspflegers nach § 769 Abs. 2 ZPO ist die befristeten Erinnerung zulässig (§ 11 Abs. 1 RPflG).

C. Räumungsfrist

22   Vor der Vollstreckung aus **Räumungsurteilen über Wohnräume** werden Schuldner geschützt, wenn ihnen das Gericht eine **Räumungsfrist** bewilligt (§ 721 ZPO). Sie sind dann auf einen Vollstreckungsschutz nach § 765 a ZPO nicht angewiesen, der nur unter engen Voraussetzungen gewährt werden kann. Das Mietverhältnis bleibt während der Räumungsfrist beendet. Der Gläubiger kann aber erst nach dem Ablauf der Frist aus dem Räumungsurteil vorgehen. Der Mieter schuldet bis zu seinem Auszug den vereinbarten Mietzins oder – nach Wahl des Vermieters – eine Entschädigung in Höhe der ortsüblichen Miete (§ 557 Abs. 1 Satz 1 BGB). Beabsichtigt er, vor dem Ablauf der Räumungsfrist auszuziehen, muß er den Vermieter hiervon unverzüglich unterrichten. Sonst muß er ihm entgangene Mieteinnahmen ersetzen.[42]

Eine Räumungsfrist ist auch bei **gerichtlichen Räumungsvergleichen** vorgesehen (Rn 28), **nicht** aber bei Räumungstiteln aufgrund eines Zuschlagsbeschlusses nach § 93 ZVG,[43] eines Beschlusses nach § 148 Abs. 2 InsO,[44] einer einstweiligen Verfügung[45] und einer einstweiligen Anordnung nach § 620

---

41   So zuletzt OLG Zweibrücken FamRZ 1999, 1000 f. und weitere Nachweise bei *Stein/Jonas/Münzberg* § 769 Rn 15 in Fußnote 60 und *Schuschke/Walker* § 769 Rn 14 in Fußnote 34.

42   LG Mönchengladbach DWW 1992, 215; *Belz in Bub/Treier* Kap. VII Rn 32.

43   OLG München OLGZ 1969, 43; LG Kiel NJW 1992, 1174; LG Hamburg MDR 1971, 671 f.; a.A. LG Münster MDR 1965, 212.

44   *Zöller/Stöber* § 721 Rn 1.

45   LG Hamburg NJW-RR 1993, 1233; *Thomas/Putzo* § 721 Rn 1; *Zöller/Stöber* § 721 Rn 1.

Nr. 7 ZPO über die Benutzung der Ehewohnung.[46] In Verfahren über die Zuweisung einer Ehewohnung kann das Familiengericht nach § 15 HausrVO eine Räumungsfrist bewilligen (§ 9 Rn 53).

Eine Räumungsfrist kommt nur bei **Wohnräumen** in Betracht. Der Schuldner muß sie nicht angemietet haben. Es reicht aus, wenn er in den Räumen wohnt. Die Bewilligung einer Räumungsfrist ist daher auch bei Räumungsurteilen zulässig, die auf dem Eigentumsrecht des Gläubigers (§ 985 BGB) beruhen.[47] **Ausgenommen** sind nach § 721 Abs. 7 ZPO Wohnräume in bestimmten Ferienhäusern und Ferienwohnungen in Ferienhausgebieten (§ 564 b Abs. 7 Nr. 4 BGB), von einer juristischen Person des öffentlichen Rechts angemietete und Personen mit dringendem Wohnbedarf oder in der Ausbildung überlassene Wohnräume (§ 564 b Abs. 7 Nr. 5 BGB) sowie Zeitmietverhältnisse unter den Voraussetzungen des § 564 c Abs. 2 BGB.

23

Bei Mietverhältnissen über **Wohn- und Geschäftsräume** kann grundsätzlich keine Räumungsfrist bewilligt werden, wenn die Räume in einem einheitlichen Vertrag vermietet worden sind und die gewerbliche Nutzung überwiegt.[48] Welche Nutzungsart überwiegt, ist dem Vertragszweck zu entnehmen.[49] Hinweise können sich aus den Mietzins- und Flächenanteilen ergeben, die auf den Wohnraum und auf den Geschäftsraum entfallen. Bei überwiegend gewerblicher Nutzung kommt nach herrschender Meinung eine Räumungsfrist für die Wohnräume in Betracht, wenn sie baulich und funktional selbständig sind und daher getrennt von den Geschäftsräumen herausgegeben werden können.[50]

Über die Räumungsfrist entscheidet das mit der Räumungsklage in erster oder zweiter Instanz befaßte Prozeßgericht im Räumungsurteil (§ 721 Abs. 4 Satz 1 ZPO). Ein förmlicher **Antrag** ist nicht erforderlich, aber vor dem Schluß der mündlichen Verhandlung zu empfehlen. Der Anwalt kann sonst

24

---

46 OLG Hamburg FamRZ 1983, 1151.
47 LG Mannheim WuM 1965, 121; *Zöller/Stöber* § 721 Rn 2.
48 BGH NJW 1977, 1394; *Zöller/Stöber* § 721 Rn 2.
49 OLG Stuttgart NJW 1986, 322; OLG Hamburg ZMR 1995, 120.
50 OLG Hamburg MDR 1972, 955; LG Hamburg MDR 1993, 444 f.; *Thomas/Putzo* § 721 Rn 1; *Zöller/Stöber* § 721 Rn 2; *Belz in Bub/Treier* Kap. VII Rn 23.

in Regreß genommen werden.[51] Wird ein Räumungsschutzantrag im Urteil übergangen, ist hierüber in einem Ergänzungsurteil zu entscheiden, wenn der Schuldner dies binnen zwei Wochen nach der Zustellung des Räumungsurteils beantragt; das Gericht kann auf Antrag die Zwangsvollstreckung bis zur Entscheidung einstweilen einstellen (§§ 321, 721 Abs. 1 Satz 3 ZPO). Zulässig ist stattdessen auch eine sofortige Beschwerde nach § 721 Abs. 6 ZPO.[52] Bei Urteilen auf **künftige Räumung** setzt die Bewilligung einer Räumungsfrist stets einen Antrag voraus, wenn das Gericht nicht schon im Urteil eine Räumungsfrist gewährt hat. Der Schuldner muß den Antrag spätestens zwei Wochen vor dem Tage stellen, an dem nach dem Urteil zu räumen ist (§ 721 Abs. 2 ZPO). Das Gericht entscheidet hierüber durch Beschluß.

25 Die Entscheidung, ob und für welchen Zeitraum eine Räumungsfrist bewilligt wird, steht im **Ermessen des Gerichts**. Es hat dabei das Interesse des Räumungsschuldners an der Beibehaltung seiner bisherigen Wohnung gegenüber dem Interesse des Gläubigers an der alsbaldigen Räumung abzuwägen. Die Parteien müssen die maßgebenden Gesichtspunkte vortragen. Das Gericht ermittelt sie nicht von Amts wegen.

Bestimmte **Kündigungsgründe** können gegen eine Räumungsfrist sprechen. Das sind besonders schwerwiegende Vertragsverletzungen des Mieters, wie z.B.
- schwere Störungen des Hausfriedens,[53]
- verbale oder tätliche Angriffe gegen den Vermieter oder Mitmieter[54] oder
- Beschädigungen der Wohnung.[55]

Muß der Vermieter eine Fortsetzung dieses Verhaltens befürchten, ist ihm im allgemeinen nicht zuzumuten, dem Mieter weiter die Wohnung zu überlassen. Das gleiche gilt

---

51 OLG Hamm NJW-RR 1995, 526 f.
52 *Zöller/Stöber* § 721 Rn 9; *Stein/Jonas/Münzberg* § 721 Rn 9.
53 LG Münster WuM 1991, 563.
54 AG Helmstedt WuM 1987, 63.
55 *MüKo/Krüger* § 721 Rn 10.

■ bei einer Kündigung wegen Mietrückständen, wenn auch in Zukunft nicht mit Zahlungen zu rechnen ist.[56]

Zu berücksichtigen sind weiter die Möglichkeiten des Mieters, auf dem lokalen Wohnungsmarkt eine geeignete **Ersatzwohnung** zu finden. Er muß sich hierum bemühen, sobald die Wirksamkeit der Kündigung auf der Hand liegt[57] und dann darlegen, was er unternommen hat. Zu erwarten sind aber nur zumutbare Bemühungen. Sie können auch von subjektiven Schwierigkeiten des Mieters oder seiner Angehörigen abhängen, wie z.B. ihrem hohen Alter[58] oder Erkrankungen.[59] Von einem Sozialhilfeempfänger ist nicht zu erwarten, daß er einen Makler beauftragt oder Wohnungsanzeigen aufgibt.[60] Behauptet der Gläubiger, der Schuldner hätte bei hinreichenden Bemühungen eine Ersatzwohnung finden können, muß er sie nennen.[61]

Zugunsten des **Räumungsschuldners** kann überdies z.B. ins Gewicht fallen die ungewöhnlich lange Dauer des Mietverhältnisses,[62] die Notwendigkeit, bei einem sofortigen Umzug ein Kind zu einem ungünstigen Zeitpunkt umzuschulen[63] oder innerhalb kurzer Zeit zweimal umziehen zu müssen, weil eine Ersatzwohnung zu einem späteren Zeitpunkt bereits vorhanden ist.[64]

Zugunsten des **Räumungsgläubigers** ist nicht zu berücksichtigen, daß er die Wohnung schon weitervermietet hat.[65] Bei einer Kündigung wegen Eigenbedarfs kommt es darauf an, wie dringend dieser ist.[66]

Die **Länge der Räumungsfrist** ist so zu bemessen, daß sie voraussichtlich zur Beschaffung einer Ersatzwohnung ausreicht. Die bewilligten Fri-

26

---

56 *MüKo/Krüger* § 721 Rn 10 mit Nachweisen aus der Rechtsprechung in Fußnote 36.

57 LG Hamburg WuM 1987, 62 f.; *MüKo/Krüger* § 721 Rn 12.

58 LG Mannheim WuM 1968, 203; LG Münster WuM 1968, 83; LG Kaiserslautern ZMR 1968, 54.

59 LG Kaiserslautern ZMR 1968, 54; LG Itzehoe WuM 1967, 86.

60 LG Mannheim WuM 1993, 62.

61 LG Mannheim ZMR 1967, 188.

62 LG Essen WuM 1967, 209; LG Dortmund WuM 1965, 120.

63 LG Berlin NJW-RR 1989, 1358; *MüKo/Krüger* § 21 R1.

64 LG Dortmund WuM 1989, 387; LG Stuttgart Rpfleger 1985, 71; LG Mannheim ZMR 1970, 371; LG Köln ZMR 1970, 373.

65 LG Mannheim MDR 1967, 596; LG Essen WuM 1966, 120; LG Heilbronn WuM 1966, 49.

66 LG Köln WuM 1971, 134.

sten schwanken in der Praxis gewöhnlich zwischen drei und sechs Monaten. Die Räumungsfrist kann auf Antrag verlängert oder abgekürzt werden (§ 721 Abs. 3 ZPO), darf aber insgesamt ein Jahr nicht übersteigen (§ 721 Abs. 5 ZPO). Ein **Verlängerungsantrag** muß spätestens zwei Wochen vor dem Ablauf der Räumungsfrist beim Gericht eingegangen sein. Das Gericht entscheidet hierüber durch Beschluß. Eine Fristverlängerung setzt voraus, daß sich der Räumungsschuldner hinreichend um eine Ersatzwohnung bemüht hat.[67] Ein Verlängerungsantrag hat insbesondere Aussicht auf Erfolg, wenn der Schuldner eine neue Wohnung gefunden hat, sich aber der Einzug noch verzögert.[68]

27   Wird über die Räumungsfrist im Urteil mitentschieden, können sich die Parteien gegen die Entscheidung über den Räumungsanspruch mit der **Berufung** wenden (bei einem Versäumnisurteil mit dem Einspruch) und im Berufungsverfahren auch die Entscheidung über die Räumungsfrist überprüfen lassen. Wollen sie nur die Versagung, Gewährung oder Bemessung der Räumungsfrist beanstanden, ist – ebenso wie bei Beschlüssen über Räumungsschutzanträge (Rn 24 und 26) – eine **sofortige Beschwerde** zulässig (§ 721 Abs. 6 ZPO). Eine weitere Beschwerde ist nicht statthaft.[69] Der Räumungsschuldner muß daher keine Berufung einlegen, wenn er ausziehen will und nur auf eine Räumungsfrist angewiesen ist. Das Beschwerdeverfahren ist billiger.

28   Eine Räumungsfrist kann nach § 794 a ZPO auch bewilligt werden, um die Zwangsvollstreckung aus einem **gerichtlichen Räumungsvergleich** über Wohnräume zu verhindern. Erforderlich ist ein Antrag des Räumungsschuldners spätestens zwei Wochen vor dem vereinbarten Räumungstermin bei dem Amtsgericht, in dessen Bezirk der Wohnraum liegt. Es entscheidet durch Beschluß, der mit der sofortigen Beschwerde angreifbar ist. Eine bewilligte Räumungsfrist kann auf Antrag verlängert oder abgekürzt werden.

Vielfach werden an die Gewährung einer Räumungsfrist nach einem Räumungsvergleich **strengere Anforderungen** gestellt als sonst, weil die Par-

---

67   BGH NJW 1990, 2823.
68   *Zöller/Stöber* § 721 Rn 7.
69   *Zöller/Stöber* § 721 Rn 9 mit Nachweisen aus der Rechtsprechung.

teien den Zeitpunkt der Räumung ausgehandelt haben. Der Schuldner soll sich hiernach nicht auf Umstände berufen können, die ihm beim Abschluß des Vergleichs bereits bekannt waren[70] oder die er schon durch grobes Verschulden nicht vorhergesehen hatte.[71] Dies ist aber umstritten.[72] Umstritten ist auch, ob der Schuldner in einem Räumungsvergleich wirksam auf einen Räumungsschutzantrag nach § 794 a ZPO verzichten kann.[73]

D. Muster

I. Muster: Schutzantrag des Gläubigers nach § 710 ZPO

▼

An das
Amtsgericht/Landgericht

Az.:

In dem Rechtsstreit

./.

beantrage ich namens und in Vollmacht des Klägers,

das zu erlassende Urteil ohne Sicherheitsleistung des Klägers für vorläufig vollstreckbar zu erklären.

Begründung:
Ein der Klage voll stattgebendes Urteil ist nach § 709 Satz 1 ZPO gegen Sicherheitsleistung des Klägers für vorläufig vollstreckbar zu erklären. Der Kläger kann den Geldbetrag nicht aufbringen. Mit seinem Handwerksbetrieb verdient er monatlich nicht mehr als   DM. Er verfügt über kein Privatvermögen.

29

---

70 LG Kiel WuM 1993, 355; LG Waldshut Tiengen WuM 1993, 621; *Zöller/Stöber* § 794 a Rn 2; *Schuschke/Walker* § 794 a Rn 3; *Baumbach/Lauterbach/Hartmann* § 794 a Rn 4.

71 *MüKo/Wolfsteiner* § 794 a Rn 4; *Belz in Bub/Treier* Kap. VII Rn 41.

72 A.A. z.B. LG Mannheim ZMR 1994, 21 f.; *Musielak/Lackmann* § 794 a Rn 5.

73 Bejahend: *Belz in Bub/Treier* Kap. VII Rn 44; verneinend: *Zöller/Stöber* § 794 a Rn 7.

Das Betriebsvermögen ist seiner Hausbank als Sicherheit für Darlehen übereignet. Von ihr kann er kein weiteres Darlehen erhalten. Sie ist auch nicht bereit, eine Bürgschaft zu stellen.

Glaubhaftmachung: anliegende eidesstattliche Versicherung des Steuerberaters des Klägers und Bestätigung der Hausbank

Bei einem Aufschub der Vollstreckung bis zur Rechtskraft des Urteils wäre die Existenz des Klägers gefährdet. Er benötigt das Geld dringend zur Tilgung von Darlehen, die er nur deshalb aufnehmen mußte, weil die Beklagte ihren Zahlungsverpflichtungen nicht nachgekommen ist. Die Bankzinsen kann er nicht länger tragen.

Glaubhaftmachung: anliegende eidesstattliche Versicherung des Klägers

Es ist daher geboten, das Urteil ohne Sicherheitsleistung des Klägers für vorläufig vollstreckbar zu erklären (§ 710 ZPO).

(Rechtsanwalt)

Anlagen:
1) eidesstattliche Versicherung des Steuerberaters ▬▬ vom ▬▬
2) Schreiben der ▬▬ – Bank vom ▬▬
3) eidesstattliche Versicherung des Klägers vom ▬▬

▲

II. Muster: Schutzantrag des Schuldners nach § 712 ZPO

▼

30 An das
Amtsgericht / Landgericht
▬▬

Az.: ▬▬

In dem Rechtsstreit

▬▬ ./. ▬▬

beantrage ich namens und in Vollmacht des Beklagten,

1) Die Klage abzuweisen,
2) hilfsweise, das Urteil nicht für vorläufig vollstreckbar zu erklären.

Begründung:

Die Klägerin verlangt zu Unrecht die Herausgabe der Lastkraftwagen

Sollte das Gericht den Beklagten dennoch verurteilen, entstünde ihm durch die Vollstreckung ein nicht zu ersetzender Nachteil. Der Beklagte betreibt mit den Fahrzeugen ein Transportunternehmen, das er einstellen müßte, weil er keine anderen Wagen hat und auch nicht über die finanziellen Mittel verfügt, sich Ersatzfahrzeuge zu beschaffen.

Glaubhaftmachung: anliegende eidesstattliche Versicherung des Klägers und seines Steuerberaters

Der Beklagte ist nicht in der Lage, die Vollstreckung durch eine Sicherheitsleistung abzuwenden, weil er das Geld nicht aufbringen kann. Er ist vermögenslos. Sein Transportunternehmen wirft nur geringe Gewinne ab. Um Darlehen hat er sich schon früher vergeblich bemüht. Banken verlangen Sicherheiten, über die der Kläger nicht verfügt. Dies alles ergibt sich ebenfalls aus den beigefügten eidesstattlichen Versicherungen.

Es ist daher geboten, ein Herausgabeurteil nicht für vorläufig vollstreckbar zu erklären (§ 712 ZPO). Dem stehen keine überwiegenden Interessen der Klägerin entgegen. Die Klägerin ist auf die Fahrzeuge nicht angewiesen

(Rechtsanwalt)

Anlagen:
1) eidesstattliche Versicherung des Klägers vom
2) eidesstattliche Versicherung des Steuerberaters   vom

▲

III. Muster: Antrag auf Vorabentscheidung nach § 718 Abs. 1 ZPO

61

▼

31 *An das*

Landgericht / Oberlandesgericht

Az.:

In dem Berufungsrechtsstreit

./.

beantrage ich namens und in Vollmacht des Berufungsklägers,

den Ausspruch zur vorläufigen Vollstreckbarkeit in dem angefochtene Urteil dahingehend abzuändern, daß die vom Kläger und Berufungskläger zu leistende Sicherheit auf ____ DM herabgesetzt wird und über diesen Antrag vorab zu verhandeln und zu entscheiden.

Begründung:

Der Kläger wendet sich mit der bereits eingelegten und begründeten Berufung dagegen, daß ihm das Gericht in I. Instanz nur ____ DM zugesprochen hat. Der Beklagte hat Anschlußberufung mit dem Antrag eingelegt, die Klage insgesamt abzuweisen. Das Urteil ist unabhängig davon zu beanstanden, weil die Sicherheitsleistung bei dem zuerkannten Betrag zu hoch bemessen ist. Der Kläger kann aus dem Urteil die titulierte Hauptforderung nebst Zinsen sowie aufgrund der Kostenentscheidung eine Quote von ____ % seiner verauslagten Gerichtskosten und seiner außergerichtlichen Kosten vollstrecken. Das sind insgesamt rund ____ DM. Ein höherer Schaden kann dem Beklagten aus der Vollstreckung nicht entstehen. Das Gericht hat die Sicherheitsleistung dennoch auf ____ DM festgesetzt. Das ist bei weitem zu viel. Der Kläger beabsichtigt, die Zwangsvollstreckung zu betreiben. Es wird daher gebeten, die Sicherheitsleistung neu festzusetzen (§ 718 Abs. 1 ZPO). Der Kläger ist mit einer Entscheidung im schriftlichen Verfahren einverstanden. Wenn der Beklagte dies nicht will, wird gebeten, möglichst bald einen Termin zur mündlichen Verhandlung zu bestimmen.

(Rechtsanwalt)

IV. Muster: Einspruch gegen Vollstreckungsbescheid

▼

An das
Amtsgericht

32

Az.:

Eilt sehr!

Bitte sofort vorlegen

Antrag auf Einstellung der Zwangsvollstreckung

In der Mahnsache

 ./.

lege ich namens und in Vollmacht des Antragsgegners gegen den am
zugestellten Vollstreckungsbescheid vom

Einspruch

ein und beantrage,

1) die Zwangsvollstreckung aus dem Vollstreckungsbescheid ohne – hilfsweise gegen – Sicherheitsleistung einzustellen;

2) die Sache wegen des Einstellungsantrages unverzüglich an das Streitgericht abzugeben.

Begründung:
Der Rechtspfleger hätte den Vollstreckungsbescheid nicht erlassen dürfen. Der Antragsgegner hatte bereits am Tage nach der Zustellung des Mahnbescheids den ausgefüllten und unterzeichneten Vordruck mit seinem Widerspruch zum

Amtsgericht gebracht und dort einem Wachtmeister übergeben, der ihn in die Geschäftsstelle bringen wollte.

Glaubhaftmachung: anliegende Kopie der Durchschrift des Widerspruchs und eidesstattliche Versicherung des Antragsgegners

Ob der Rechtspfleger den Widerspruch übersehen hat oder ob er nicht zur Akte gelangt ist, weiß der Antragsgegner nicht. In jedem Fall ist der Vollstreckungsbescheid nicht in gesetzlicher Weise ergangen, so daß die Zwangsvollstreckung aus ihm gemäß § 719 Abs. 1 Satz 2 ZPO in Verbindung mit § 700 Abs. 1 ZPO ohne Sicherheitsleistung einzustellen ist.

Dem Antragsteller steht der geltend gemachte Zahlungsanspruch auch nicht zu. Dazu werde ich im einzelnen Stellung nehmen, sobald er ihn begründet hat.

(Rechtsanwalt)

Anlagen:
1) Kopie der Durchschrift des Widerspruchs vom
2) eidesstattliche Versicherung des Antragsgegners vom

V. Muster: Einspruch gegen Versäumnisurteil

33 An das
Amtsgericht / Landgericht

Az.:

Eilt sehr!

Bitte sofort vorlegen

Antrag

auf Einstellung der Zwangsvollstreckung

In dem Rechtsstreit

░░░░░ ./. ░░░░░

lege ich für den Beklagten gegen das am ░░░░░ verkündete und am ░░░░░ zugestellte Versäumnisurteil

Einspruch

mit dem Antrag ein,

das Versäumnisurteil aufzuheben und die Klage abzuweisen.

Ich beantrage außerdem,

die Zwangsvollstreckung aus dem Versäumnisurteil ohne Sicherheitsleistung einzustellen,

hilfsweise: gegen Sicherheitsleistung, auch durch eine selbstschuldnerische, unbefristete und unbedingte Bürgschaft der ░░░░░-Bank.

Begründung:

Die Zwangsvollstreckung aus dem Versäumnisurteil ist gemäß § 719 Abs. 1 Satz 2 ZPO ohne Sicherheitsleistung einzustellen, weil es nicht in gesetzlicher Weise ergangen ist. Der Beklagte war zum Verhandlungstermin am ░░░░░ nicht ordnungsgemäß geladen und daher nicht säumig. Ich hatte in dem vorangegangenen Mahnverfahren als Prozeßbevollmächtigter des Beklagten Widerspruch gegen den Mahnbescheid erhoben und hätte daher gemäß § 176 ZPO zum Verhandlungstermin im Streitverfahren geladen werden müssen. Das ist jedoch nicht geschehen. Die Terminsladung ist dem Beklagten zugestellt worden. Diese Zustellung war unwirksam.

Die Klage ist unbegründet. Dem Kläger steht der geltend gemachte Zahlungsanspruch nicht zu ░░░░░ (Begründung).

(Rechtsanwalt)

▲

369

VI. Muster: Berufung

34 An das

Landgericht/Oberlandesgericht

▓▓▓▓▓

Eilt sehr!

Bitte sofort vorlegen

Berufung und Berufungsbegründung mit
Antrag auf Einstellung der Zwangsvollstreckung

In dem Rechtsstreit

der ▓▓▓▓▓

– Klägerin und Berufungsbeklagte –

– Prozeßbevollmächtigte I. Instanz: ▓▓▓▓▓ –

gegen

den ▓▓▓▓▓

– Beklagten und Berufungskläger –

– Prozeßbevollmächtigter: ▓▓▓▓▓ –

lege ich namens und in Vollmacht des Beklagten gegen das am ▓▓▓▓▓ zugestellte und in beglaubigter Abschrift beigefügte Urteil des Amtsgerichts/Landgerichts ▓▓▓▓▓ vom ▓▓▓▓▓ (Az. ▓▓▓▓▓)

Berufung

mit dem Antrag ein,

das angefochtene Urteil zu ändern und die Klage abzuweisen.

Ich beantrage weiter, möglichst bald und ohne mündliche Verhandlung,

die Zwangsvollstreckung aus dem angefochtenen Urteil bis zur Entscheidung über die Berufung ohne Sicherheitsleistung einzustellen.

Begründung:

Das Amtsgericht/Landgericht ▒▒▒▒▒ hat der Klage zu Unrecht stattgegeben. Der Klägerin steht der geltend gemachte Zahlungsanspruch nicht zu. An dem Urteil ist im einzelnen folgendes zu beanstanden:

▒▒▒▒▒

Das Urteil wird nach alledem keinen Bestand haben. Das ist aufgrund der vorgelegten Belege, die der Beklagte nachträglich gefunden hat, schon jetzt nahezu sicher. Dem Beklagten droht ein nicht zu ersetzender Nachteil, wenn der Kläger dennoch die Zwangsvollstreckung betreibt. Seine wirtschaftliche Existenz wäre dadurch gefährdet. Er hat sich mit Krediten als Unternehmensberater selbständig gemacht und besitzt kein Vermögen. Der Kläger kann nur mit Pfändungs- und Überweisungsbeschlüssen auf künftige Honoraransprüche zugreifen. Die Kunden würden dann ihre Geschäftsverbindung mit dem Beklagten abbrechen, so daß er Konkurs anmelden müßte. Der Beklagte ist auch nicht in der Lage, die Zwangsvollstreckung durch Sicherheitsleistung abzuwenden. Er verfügt nicht über die erforderlichen Mittel und hat seinen Kreditrahmen ausgeschöpft.

Glaubhaftmachung: anliegende eidesstattliche Versicherung desBeklagten

Die Zwangsvollstreckung aus dem angefochtenen Urteil ist daher gemäß § 707 Abs. 1 Satz 2 in Verbindung mit § 719 Abs. 1 ZPO ohneSicherheitsleistung einzustellen.

(Rechtsanwalt)

▲

VII. Muster: Abänderungsklage

65

▼

35 An das
Amtsgericht
– Familiengericht –

░░░░░░

Abänderungsklage mit Antrag auf Einstellung der Zwangsvollstreckung
des ░░░░░░

– Klägers –

– Prozeßbevollmächtigte: ░░░░░░

gegen

die ░░░░░░

– Beklagte –

Streitwert: ░░░░░░ DM

Namens und in Vollmacht des Klägers erheben wir Klage mit dem Antrag,

das Urteil des ░░░░░░ vom ░░░░░░ dahin abzuändern, daß eine Unterhaltspflicht des Klägers gegenüber der Beklagten seit der Zustellung dieser Klageschrift entfällt.

Wir beantragen weiter,

die Zwangsvollstreckung aus dem Urteil bis zur Entscheidung über die Abänderungsklage ohne – hilfsweise gegen – Sicherheitsleistung einzustellen.

Wir bitten, der Beklagten die Klageschrift umgehend zuzustellen und baldmög-
lichst über den Einstellungsantrag zu entscheiden.

Begründung:
Der Kläger ist durch das in Kopie beigefügte Urteil des ░░░░░░ vom ░░░░░░
rechtskräftig verurteilt worden, an die Beklagte, seine frühere Ehefrau, eine
monatliche Unterhaltsrente von ░░░░░░ DM zu zahlen. Dem lag folgende Berechnung zugrunde: ░░░░░░

Die Einkommensverhältnisse der Parteien haben sich nach der letzten mündlichen Verhandlung wesentlich verändert. Die Beklagte kann danach keine Unterhaltszahlungen mehr verlangen.

Der Kläger verfügt jetzt nur noch über monatlich ▓▓▓▓ DM. Sein Nettoeinkommen ist nach der beigefügten Verdienstbescheinigung der Firma ▓▓▓▓, bei der er als ▓▓▓▓ beschäftigt ist, geringfügig auf ▓▓▓▓ DM im Jahresdurchschnitt gestiegen. Seine Belastungen haben sich aber wesentlich erhöht. Hinzugekommen sind ▓▓▓▓.

Der Kläger mußte sie aufnehmen, weil ▓▓▓▓.

Die Beklagte ist finanziell besser gestellt. Sie hat eine Arbeitsstelle als ▓▓▓▓ bei der Firma ▓▓▓▓ gefunden und verdient dort nach ihren eigenen Angaben in dem beigefügten Schreiben vom ▓▓▓▓ monatlich ▓▓▓▓ DM netto. Warum sie dennoch im letzten Absatz des Schreibens auf Unterhaltszahlungen bestanden hat, versteht der Kläger nicht.

Aus den beigefügten Unterlagen ergibt sich, daß die Abänderungsklage offensichtlich begründet ist. Die Beklagte muß daher keine Nachteile befürchten, wenn bis zur Entscheidung die Zwangsvollstreckung entsprechend § 769 ZPO ohne Sicherheitsleistung eingestellt wird. Sie verdient genug, um sich selbst unterhalten zu können.

Den Gerichtskostenvorschuß in Höhe von ▓▓▓▓ zahlen wir per Gerichtskostenstempler bei.

(Rechtsanwalt)

Anlagen:
1) Urteil des ▓▓▓▓ vom ▓▓▓▓
2) Verdienstbescheinigung der Firma ▓▓▓▓ für das Jahr ▓▓▓▓
3) Schreiben der Beklagten vom ▓▓▓▓

▲

VIII. Muster: Antrag auf Bewilligung einer Räumungsfrist während der Räumungsklage

36 An das

Amtsgericht

Az.:

In dem Rechtsstreit

./.

beantrage ich namens und in Vollmacht der Beklagten,

1) die Klage abzuweisen,

2) der Beklagten für den Fall ihrer Verurteilung eine Räumungsfrist von mindestens 6 Monaten zu bewilligen.

Begründung:

Die Räumungsklage ist unbegründet. Die vom Kläger vorgetragenen Kündigungsgründe liegen nicht vor. Der Kläger stützt sie auf Behauptungen, die nicht zutreffen. Tatsächlich hat sich folgendes ereignet

Sollte die Beklagte dennoch zur Räumung verurteilt werden, ist ihr eine Räumungsfrist zu bewilligen. Die Beklagte ist im 5. Monat schwanger. Vor und unmittelbar nach der Niederkunft ist ihr ein Umzug nicht zuzumuten. Geeignete Ersatzwohnungen sind auf dem örtlichen Wohnungsmarkt auch rar. Dies dürfte gerichtsbekannt sein. Die Beklagte benötigt daher einige Zeit, um eine neue Wohnung zu finden. Den Kläger würde eine Räumungsfrist nicht übermäßig belasten. Die Beklagte zahlt pünktlich die vereinbarte Miete. Die Kündigungsgründe hat der Kläger vorgeschoben. In Wirklichkeit will er das Mietverhältnis mit der Beklagten nur beenden, weil sie sich geweigert hat, einer Mieterhöhung zuzustimmen.

(Rechtsanwalt)

374

IX. Muster: Antrag auf Ergänzungsurteil nach § 721 Abs. 1 Satz 3 ZPO

67

▼

An das   37
Amtsgericht

Az.:

In dem Rechtsstreit

 ./.

beantrage ich namens und in Vollmacht des Beklagten,

    1) das Urteil vom   dahingehend zu ergänzen, daß dem Beklagten eine Räumungsfrist bis zum   bewilligt wird;

    2) die Zwangsvollstreckung aus dem Urteil bis zur Entscheidung über diesen Antrag ohne Sicherheitsleistung einzustellen, hilfsweise gegen Sicherheitsleistung.

Begründung:

Das Gericht hat den Beklagten zur Räumung der Mietwohnung in   verurteilt, in dem am   zugestellten Urteil jedoch nicht über eine Räumungsfrist entschieden, obwohl der Beklagte im Schriftsatz vom   beantragt hatte, ihm für den Fall seiner Verurteilung eine Räumungsfrist zu bewilligen. Über diesen Antrag ist daher noch durch Ergänzungsurteil zu entscheiden (§ 721 Abs. 1 Satz 3 in Verbindung mit § 321 ZPO). Die zur Begründung vorgetragenen Tatsachen treffen nach wie vor zu. Da dem Beklagten eine Räumungsfrist nichts mehr nutzt, wenn der Kläger die Wohnung aufgrund des Urteils zwischenzeitlich zwangsweise räumen läßt, ist bis zur Entscheidung eine Einstellung der Zwangsvollstreckung geboten (§ 721 Abs. 1 Satz 3 ZPO).

(Rechtsanwalt)

X. Muster: Antrag auf Verlängerung einer bewilligten Räumungsfrist

38 An das

Amtsgericht

Az.:

In dem Rechtsstreit

./.

beantrage ich namens und in Vollmacht des Beklagten,

die in dem Urteil vom bewilligte Räumungsfrist bis zum zu verlängern.

Begründung:

Das Gericht hat dem Beklagten im Urteil vom eine Räumungsfrist bewilligt, die am abläuft. Diese Frist reicht nicht aus. Der Beklagte hat sich intensiv um eine geeignete Ersatzwohnung bemüht.

Glaubhaftmachung: anliegende eidesstattliche Versicherung des Beklagten

Seine Bemühungen waren schließlich auch erfolgreich. Er hat einen Mietvertrag über eine Ersatzwohnung abgeschlossen. Das Mietverhältnis beginnt jedoch erst am .

Glaubhaftmachung: anliegende Kopie des Mietvertrages

Ein früherer Einzug ist nicht möglich, weil die Wohnung noch von einem Vormieter genutzt wird. Zur Überbrückung des verhältnismäßig kurzen Zeitraums von Monaten kann der Beklagte keine andere Wohnung finden. Ein Zwischenumzug wäre ihm auch nicht zuzumuten. Der Beklagte zahlt seine Miete pünktlich. Eine weitere Verzögerung des Auszugs übervorteilt daher den Kläger nicht.

(Rechtsanwalt)

376

Anlagen:

1) eidesstattliche Versicherung des Beklagten vom

2) Kopie des Mietvertrages vom

▲

Literaturverzeichnis

Kommentare:

Baumbach/Hefermehl, Wettbewerbsrecht, 21. Auflage 1999 (zitiert: Baumbach/ Hefermehl)

Baumbach/Lauterbach/Albers/Hartmann, ZPO, 58. Auflage 2000 (zitiert: Baumbach Lauterbach/Bearbeiter)

Beck'scher VOB-Kommentar, VOB Teil B, herausgegeben von Ganten, Jagenburg und Motzke, 1997 (zitiert: Beck'scher VOB-Komm./Bearbeiter)

Gottwald, Zwangsvollstreckung, 3. Auflage 1999 (zitiert: Gottwald)

Großkommentar HGB, begründet von Staub, 4. Auflage 1999 (zitiert: Bearbeiter in Großkomm. HGB)

Jacobs/Lindacher/Teplitzky, UWG Großkommentar, ab 1991 (zitiert: Großkomm./ Bearbeiter)

Keidel/Kuntze/Winkler, Freiwillige Gerichtsbarkeit, 14. Auflage 1999 (zitiert: Keidel/Bearbeiter)

Köhler/Piper, UWG-Gesetz gegen den unlauteren Wettbewerb, 1995 (zitiert: Köhler/Piper)

Münchener Kommentar zur Zivilprozeßordnung, Band 2 und 3, 1992 (zitiert MüKo/ Bearbeiter)

Musielak, ZPO, 1999 (zitiert: Musielak/Bearbeiter)

Palandt, BGB, 59. Auflage, 2000 (zitiert: Palandt/Bearbeiter)

Schlegelberger, Handelsgesetzbuch, Band III/1. Halbband, 5. Auflage 1992 (zitiert: Schlegelberger/Bearbeiter)

Schuschke, Vollstreckung und vorläufiger Rechtsschutz, Band I, Zwangsvollstreckung §§ 704 bis 915 h ZPO, 2. Auflage 1997

Schuschke/Walker, Vollstreckung und vorläufiger Rechtsschutz,Band II, Arrest, einstweilige Verfügung, §§ 916 bis 945 ZPO, 2. Auflage 1999 (zitiert: Schuschke/ Walker)

Stein/Jonas, Kommentar zur ZPO, von §§ 253 bis 510 b 20. Auflage, seit 1979, von §§ 1 bis 252 und ab §§ 511 ff 21. Auflage, seit 1993 (zitiert: Stein/Jonas/Bearbeiter)

Thomas/Putzo, ZPO, 22. Auflage 1999 (zitiert: Thomas/Putzo/Bearbeiter)

Wieczorek/Schütze, Zivilprozeßordnung und Nebengesetze, 3. Auflage, seit 1994 (zitiert: Wieczorek/Bearbeiter)

Zöller, Kommentar zur ZPO, 21. Auflage 1999 (zitiert: Zöller/Bearbeiter)

Lehrbücher und Monographien:

Ahrens/Spätgens, Einstweiliger Rechtsschutz und Vollstreckung in UWG-Sachen, 3. Auflage 1997 (zitiert: Ahrens/Spätgens)

Bergerfurth, Der Ehescheidungsprozeß, 12. Auflage 2000 (zitiert: Bergerfurth)

Berneke, Die einstweilige Verfügung in Wettbewerbssachen, 1995 (zitiert: Berneke)

Bub/Treier, Handbuch der Geschäfts- und Wophnraummiete, 3. Auflage 1999 (zitiert: Bearbeiter in Bub/Treier)

Dunkl u. a., Handbuch des vorläufigen Rechtsschutzes, 2. Auflage 1991 (zitiert Dunkl/Bearbeiter)

Gießler, Vorläufiger Rechtsschutz in Ehe-, Familien- und Kindschaftssachen, 3. Auflage 2000 (zitiert: Gießler)

Gloy, Handbuch des Wettbewerbsrechts, 2. Auflage 1997 (zitiert: Gloy/Bearbeiter)

Kleine-Möller/Merl/Oelmaier, Handbuch des privaten Baurechts, 1992 (zitiert: Hdb. priv. Baur./Bearbeiter)

Melullis, Handbuch des Wettbewerbsprozesses, 3. Auflage 2000 (zitiert: Melullis)

Nirk/Kurtze, Wettbewerbsstreitigkeiten, 2. Auflage 1992 (zitiert: Nirk/Kurtze)

Pastor/Ahrens, Der Wettbewerbsprozeß, 4. Auflage 1999 (zitiert: Pastor/Ahrens/Bearbeiter)

Rahm/Künkel, Handbuch des Familiengerichtsverfahrens, 4. Auflage 1994 (zitiert: Bearbeiter in Rahm/Künkel)

Teplitzky, Wettbewerbsrechtliche Ansprüche, 7. Auflage 1997 (zitiert: Teplitzky)

Traub, Wettbewerbsrechtliche Verfahrenspraxis, 2. Auflage 1991 (zitiert: Traub)

Weise, Praxis des selbständigen Beweisverfahrens, 1994 (zitiert: Weise)

Werner/Pastor, Der Bauprozeß, 9. Auflage 1999 (zitiert: Werner/Pastor)

Stichwortverzeichnis

fette Zahlen = §§, magere Zahlen=Randnummern; der Zusatz „M" vor einer mageren Zahl kennzeichnet, daß unter dieser Randnummer ein Muster zu finden ist.

Benutzerhinweise zur CD-ROM

Auf der dem Werk beiliegenden CD-ROM sind sämtliche abgedruckten Formulare als Datei enthalten. Im Druckwerk sind zu jedem Formular Referenznummern vergeben, die Sie aus dem jeweils neben dem Formular angeordneten CD-ROM-Symbol entnehmen können.

Sollten Sie die **Textverarbeitung Word für Windows** verwenden, haben Sie die Möglichkeit, nach der Ausführung der nachfolgend beschriebenen Installationsroutine die Formulare direkt zu übernehmen und wie gewohnt zu bearbeiten.

Falls Sie eine **andere Textverarbeitung als Word für Windows** verwenden, so können Sie die Formularmuster direkt über das Menü „Datei, Datei öffnen" Ihrer Textverarbeitung laden. Voraussetzung ist, daß ihre Textverarbeitung einen entsprechenden Importfilter (RTF, DOS-Text . . .) hat und daß dieser Filter auch installiert wurde.
Alle Formulare stehen auf der CD-ROM zusätzlich
- als RTF-Dateien im Verzeichnis \rtf,
- als MS-DOS-(ASCII-)Textdateien im Verzeichnis \txt und
- als WINDOWS-(ANSI-)Textdateien im Verzeichnis \ansi.
Die Textdateien (MS-DOS und Windows) beinhalten nur den reinen Text ohne Formatierungen.

Sollten Sie auf eine Installation auf Platte verzichten wollen, können Sie als Word für Windows-Benutzer die Formulardateien auch direkt von der CD über „Datei, Öffnen" laden oder über „Einfügen, Datei" in Ihre eigenen Dokumente einfließen lassen.

Installation unter Word für Windows

Es sind folgende **EDV-Voraussetzungen** zu beachten:
- Windows 3.1 x und höher
- Microsoft Word für Windows, Version 6.0 deutsch oder höher
- ca. 2 MB freier Platz auf einer Festplatte.

Wählen Sie im Programm-Manager aus dem Menü „Datei" die Option „Ausführen". Unter Windows 9x bzw. Windows NT 4.x die Funktion „Ausführen" im Startmenü. Starten Sie dann das Programm Setup.exe von der CD-ROM. Folgen Sie danach bitte den weiteren Anweisungen am Bildschirm.

Bei Nutzern von **Word 2000** kann der Hinweis auf dem Bildschirm erscheinen, daß die Makros aktiviert werden müssen. Dies wird in Word 2000 über das Menü „Extras, Makro, Sicherheit" eingestellt. Wählen Sie mindestens die Sicherheitsstufe „Mittel", besser „Niedrig", aus und starten Sie die CD-ROM erneut. Beachten Sie jedoch, daß die Einstellungen für alle Word-Dokumente gelten. Im Einzelfall kann es demnach sinnvoll sein, vor dem Öffnen eines „unsicheren" Word-Dokumentes die Sicherheitsstufe wieder auf „Hoch" zu setzen.

Während der Installation wird, falls nicht bereits vorhanden, eine eigene Programmgruppe „AnwaltVerlag" für die Anwendung eingerichtet. Zum Öffnen der Formulare unter Word für Windows genügt ein Doppelklick auf die Ikone „Vorläufiger Rechtsschutz" in der Programmgruppe AnwaltVerlag.

Sie können die Formulare auch öffnen, indem Sie unter Word für Windows über „Datei, Öffnen" das Zentraldokument VorlRS.doc im Zielverzeichnis (normalerweise C:\AnwVerl\VorlRS) laden.

Zur **Auswahl des gewünschten** Formulars nutzen Sie die Inhaltsübersicht, indem Sie auf die entsprechende Formular-Ikone (⊟) doppelklicken. Durch die Inhaltsübersicht bewegen Sie sich mit den bekannten Cursortasten bzw. mit der Maus.

Darüber hinaus können Sie über die **Symbolleiste**

das gewünschte Formular durch Eingabe der Dokument-Nr. öffnen. Klicken Sie dafür auf die Ikone „Öffne Dokument Nr." (dritte von rechts) und geben Sie die Nummer des Formulars ein.

Wenn Sie ein Formular verändern wollen, so müssen Sie zunächst **den Schreibschutz aufheben** – dazu gibt es eine Ikone (zweite von links) in der Symbolleiste.

Sie können innerhalb des Dokumentes mit der Ikone „Nächstes Feld" (zweite von rechts) **von Feld zu Feld** springen. Bei Benutzung dieser Funktion wird der Schreibschutz der Formulare automatisch aufgehoben.

Sollten Sie den **Originalzustand eines Dokumentes wiederherstellen** wollen, legen Sie die CD-ROM in das entsprechende Laufwerk und benutzen die Ikone „Dokument-Wiederherstellen" (dritte von links).

Für die Bedienung der einzelnen Programmfunktionen beachten Sie bitte auch die **Hinweise im Hilfetext**, den Sie über die Ikone „Hilfe zur Formularsammlung" (erste von rechts) erhalten.

Rechtsmittel in der anwaltlichen Praxis

Rechtsmittel in der anwaltlichen Praxis
Erläuterungen und Muster für alle Verfahrensarten

Von RA Ralf Rödel und
RA Thomas Dahmen
2. Auflage 2001, ca. 670 Seiten,
gebunden, CD-ROM mit Mustern
liegt bei,
Subskriptionspreis bis drei Monate
nach Erscheinen 148,– DM, danach
168,– DM
ISBN 3-8240-0327-9
Erscheint Dezember 2000

Der Erfolg für den Mandanten setzt immer voraus, daß der Anwalt in jedem Verfahrensabschnitt richtig agiert und reagiert. Prozessuale Fehler lassen sich selten wieder gutmachen. Damit der Anwalt sofort die richtige Entscheidung treffen kann, geben die Autoren alle erforderlichen Hinweise zur Wahl des geeigneten Rechtsmittels und stellen die entsprechenden Schriftsatz- und Begründungsmuster zur Verfügung. Die Zulässigkeitsvoraussetzungen des einzelnen Rechtsmittels werden ebenso erläutert wie die Folgen und der sich daraus ergebende weitere Handlungsbedarf. Prozeßtaktische Anregungen sollen gewährleisten, die Rechtsmittel möglichst effektiv einzusetzen. Außerdem informieren die Autoren über die wichtigen Fristen und Fristverlängerungen sowie das Recht der Prozeßkostenhilfe. +Abgerundet wird das Werk durch zahlreiche gebührenrechtliche Hinweise
Behandelt werden u.a. folgende Verfahrensarten unter Berücksichtung der unterschiedlichen Instanzen:

- Zivilverfahren
- Strafverfahren
- Verwaltungsprozeß
- Arbeitsgerichtsverfahren
- Sozialgerichtsverfahren
- Finanzgerichtsverfahren
- Verfahren vor dem EuGH
- Verfassungsbeschwerdeverfahren
- Menschenrechtsbeschwerdeverfahren
- Verfahren der Freiwilligen Gerichtsbarkeit
- Insolvenzverfahren
- Schiedsgerichtsverfahren

Auf der beigefügten CD-ROM sind alle Antrags-, Schriftsatz- und Begründungsmuster enthalten, die direkt in die eigene Textverarbeitung übernommen werden können.

DeutscherAnwaltVerlag

Wachsbleiche 7 · 53111 Bonn · **T** 0228 91911-0 · **F** 0228 91911-23

Die erfolgreiche Berufung im Zivilverfahren

Wesentliche Voraussetzung für den Erfolg einer Berufung ist die Beherrschung des Verfahrensrechts. Der Rechtsmittelführer muß wissen:

• Sind erstinstanzliche Festellungen unumstößlich?
• Kann er deren Überprüfung in der Berufungsinstanz erzwingen?
• Wann ist eine Ergänzung des Sachvortrages möglich?
• Wie ist der entsprechende Berufungsantrag zu fassen?

Der Anwalt kann nur ökonomisch arbeiten, wenn er weiß, welchen Anforderungen seine Berufungsbegründung genügen muß und in welchen Fällen eine Bezugnahme auf andere Schriftsätze ausreichend ist. Dem Berufungsgegner sagt das Verfahrensrecht, wann der Sachvortrag des Berufungsführers näheren Eingehens bedarf und wann dessen Sachvortrag auf sich beruhen kann. Aus den Erfahrungen der täglichen gerichtlichen Praxis zeigt der Autor auf, wie Sie Zulässigkeitshürden überwinden und ein Scheitern an den Klippen des Verfahrensrechts vermeiden.

Von RiOLG Dr. Rolf Meyke
1. Auflage 1999, 247 Seiten,
broschiert, 78,– DM
ISBN 3-8240-0313-9

Darlegen und Beweisen im Zivilprozeß

Rechtsfortbildung vollzieht sich immer mehr über das flexiblere Prozeßrecht. Materielles Recht und Prozeßrecht lassen sich deshalb nicht trennen. Auch wer als Anwalt nicht forensisch tätig ist, muß die Entwicklung des Prozeßrechts kennen, wenn er sachgerecht beraten will. Das Werk stellt die Entwicklung im Prozeßrecht und ihre praktische Relevanz dar. Der Autor erläutert praxisorientiert das Beziehungsgeflecht der prozessualen Rechtsfiguren, Freiheit und Grenzen des Richters in ihrer Anwendung sowie die Folgen, die sich daraus für Taktik und Strategie des anwaltlichen Handeln ergeben.

Von RiOLG Dr. Rolf Meyke
1. Auflage 1998, 181 Seiten,
gebunden, 78,– DM
ISBN 3-8240-0224-8

DeutscherAnwaltVerlag

Wachsbleiche 7 · 53111 Bonn · **T** 02 28 9 19 11-0 · **F** 02 28 9 19 11-23